PAULO

N. T. WRIGHT

PAULO

UMA BIOGRAFIA

Traduzido por
ELISSAMAI BAULEO

THOMAS NELSON
BRASIL®

Rio de Janeiro, 2024

Título original: *Paul: A Biography*

Gerente editorial *Samuel Coto*
Editor *André Lodos Tangerino*
Assistente editorial *Bruna Gomes*
Preparação *Davi Freitas*
Revisão *Jean Xavier e Gisele Múfalo*
Projeto gráfico e diagramação *Sonia Peticov*
Capa *Rafael Brum*

CIP-BRASIL. CATALOGAÇÃO NA FONTE
SINDICATO NACIONAL DOS EDITORES DE LIVROS, RJ

W934p
Wright, N. T. (Nicholas Thomas)
Paulo: uma biografia / N. T. Wright; traduzido por Elissamai Bauleo. — 1. ed. — Rio de Janeiro: Thomas Nelson Brasil, 2018.
480 p.

Tradução de: *Paul: a biography*
ISBN 978-85-6699-772-9

1. Paulo, Apóstolo, Santo. 2. Santos cristãos — Biografia. 3. Apóstolos — Biografia. I. Bueno, Elissamai. II. Título.

18-53322

CDD: 225.92
CDU: 929:27-36

Thomas Nelson Brasil é uma marca licenciada à Vida Melhor Editora, LTDA.

Rua da Quitanda, 86, sala 601A — Centro
Rio de Janeiro — RJ — CEP 20091-005
Tel.: (21) 3175-1030
www.thomasnelson.com.br

Em memória de Carey Alison Wright
12 de outubro de 1956 — 3 de junho de 2017

SUMÁRIO

LISTA DE MAPAS

PREFÁCIO

O APÓSTOLO PAULO É UMA DAS POUCAS PESSOAS do mundo antigo cujas palavras ainda têm a capacidade de saltar da página e nos desafiar. Quer concordemos com ele, quer não (quer *gostemos* dele, quer não!), as cartas de Paulo são pessoais e intensas; às vezes, emotivas, e outras, provocativas; na maioria dos casos, densas, porém nunca monótonas. Mas quem era ele? O que o motivava? Por que essa carreira missionária aparentemente imprevisível teve tamanha e profunda influência no mundo de Roma e da Grécia antiga e, portanto, em nosso mundo atual?

Qualquer resposta digna deve pressupor o estudo histórico e teológico detalhado das cartas de Paulo em debate com a erudição em progresso. Tentei fazer isso em *The Climax of the Covenant* (1991/1992) [O ponto culminante da aliança], *Paul and the Faithfulness of God* (2013) [Paulo e a fidelidade de Deus], na coletânea de ensaios intitulada *Pauline Perspectives* (2013) [Perspectivas paulinas] e no levantamento de pesquisas modernas (sobretudo anglófonas) *Paul and His Recent Interpreters* (2015)[1] [Paulo e seus intérpretes atuais]. Entretanto, as

[1]Todas publicadas por SPCK em Londres e pela Fortress Press em Mineápolis.

perguntas do biógrafo são sutilmente diferentes, tendo em vista que estamos à procura do homem por trás dos textos.

Seguindo os passos da maioria dos historiadores, tento encaixar toda evidência relevante dentro do modelo mais simples possível; além disso, não considero uma virtude tomar partido cedo demais contra a autoria paulina de algumas das cartas, nem contra a historicidade de Atos dos Apóstolos (com base, talvez, no fato de Lucas tê-lo escrito muito tempo depois dos acontecimentos, inventando material que se encaixasse em sua teologia). Cada geração deve começar o quebra-cabeças com todas as peças na mesa e ver se elas podem ser plausivelmente encaixadas a fim de criarem um caso de *prima facie*. Particularmente, parto de dois grandes pressupostos: primeiro, que Paulo abordou o problema retratado em Gálatas a partir da região sul do mesmo território; segundo, ele estava aprisionado em Éfeso quando redigiu as Cartas da Prisão. No primeiro caso, estou seguindo, dentre muitos outros, Stephen Mitchell: *Anatolia: Land, Men and Gods in Asia Minor*, vol. 2, *The Rise of the Church*[2] [Anatólia: terra, homens e deuses na Ásia Menor, vol. 2, O surgimento da igreja]. No segundo, estou em dívida com muitos autores, incluindo um trabalho mais antigo feito por um predecessor meu em St. Andrews — George S. Duncan: *Paul's Ephesian Ministry: A Reconstruction*[3] [O ministério de Paulo em Éfeso: uma reconstrução]. Descobri que essas hipóteses são completamente coerentes com os dados históricos, teológicos e biográficos. Você encontrará referências a fontes primárias nas notas de rodapé, mas procurei não listá-las de maneira exagerada, especialmente no que diz respeito a Atos.

Uma pequena observação sobre estilo: a despeito de protestos, mantenho o *e* em caixa baixa em "espírito (santo)" por corresponder à

[2]Stephen Mitchell, *Anatolia: Land, Men, and Gods in Asia Minor* [Anatólia: terra, homens e deuses na Ásia Menor], vol. 2, *The Rise of the Church* [O surgimento da igreja] (Oxford: Clarendon, 1993).

[3]George S. Duncan, *Paul's Ephesian Ministry: A Reconstruction* [O ministério de Paulo em Éfeso: uma reconstrução] (Londres: Hodder and Stoughton, 1929).

minha própria tradução, usada por mim aqui[4] (traduções de citações do Antigo Testamento são minhas ou da NVI), particularmente porque Paulo, ao escrever a palavra grega *pneuma*, não tinha a opção de distinguir entre maiúscula e minúscula; de qualquer maneira, o objetivo das cartas era que fossem lidas em voz alta. A palavra *pneuma* tinha de encontrar seu caminho em um mundo onde havia tons diferentes de significado filosófico e religioso, sem a ajuda de marcadores visíveis, e isso por si só estabelece algo importante a respeito de Paulo, o qual contava e vivia uma mensagem judaica modelada por Jesus em um mundo confuso e controverso.

Sou grato a diversos amigos e colegas que leram as versões preliminares deste livro, completamente ou em partes, e ofereceram sugestões, correções, adições e esclarecimentos. Eles não são responsáveis pelos erros que ainda permanecem. Particularmente, tenho em mente Simon Kingston, Scot McKnight, Mike Bird, Mike Gorman, Max Botner, Craig Keener, Andrew Cowan, John Richardson e Jonathan Sacks.

Todos os editores foram de grande auxílio e encorajamento. Tenho em mente Mickey Maudlin, Noël Chrisman e os colegas da HarperOne, bem como Sam Richardson, Philip Law e os colegas da SPCK. Sou, mais uma vez, grato a todos os meus colegas e alunos de St. Andrews por seu encorajamento e entusiasmo; sou grato também à minha doce família por seu apoio constante. Dedico este livro em memória de Carey Wright, minha amada cunhada, que, como Paulo, proveu amor e alegria incansáveis àqueles ao seu redor.

TOM WRIGHT
Dia da Ascensão, 2017
St. Andrews

[4]*The New Testament for Everyone* [Novo Testamento para todos] (Londres: SPCK, 2011); *The Kingdom New Testament* [Novo Testamento do Reino] (São Francisco: HarperOne, 2011).

O mundo de Paulo

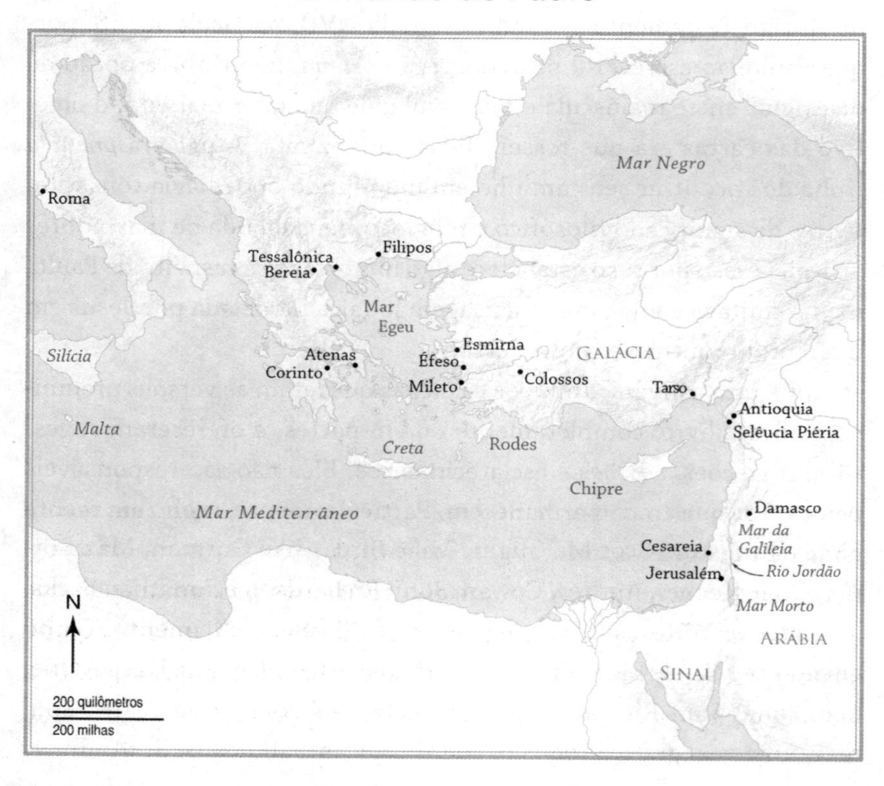

INTRODUÇÃO

A CULTURA HUMANA NORMALMENTE se desenvolve na velocidade de uma geleira, mas nós, modernos, acostumados com mudanças bruscas e revoluções dramáticas, precisamos nos lembrar de que as coisas nem sempre foram assim. Aliás, a regra tem sido devagar e sempre, e invenções ocasionais que transformam repentinamente a vida humana para o bem ou para o mal (roda, prensa móvel, pólvora, internet) são raras.

Por isso, acontecimentos que se desdobraram há dois mil anos no sudeste da Europa e na Ásia Ocidental ainda são, em retrospecto, tão surpreendentes quanto na época em que ocorreram. Um homem enérgico e falador, mas pouco atraente e de etnia desprezada ia de cidade em cidade falando sobre o Único Deus e seu "filho", Jesus, estabelecendo, entre aqueles que aceitavam sua palavra, pequenas comunidades e escrevendo-lhes cartas, cujo material explosivo é tão recente nos dias de hoje quanto no tempo em que foi primeiramente ditado. Paulo contestaria a sugestão de ter mudado o mundo; Jesus, teria dito ele, havia-o feito. Aquilo, porém, que disse a respeito do Messias, bem como a respeito de Deus, do mundo e do que significa ser genuinamente humano, foi criativo e convincente, mas também polêmico, e, desde então, o mundo não seria mais o mesmo.

Considere os seguintes fatos impressionantes. Levando-se em conta as traduções-padrão modernas, as cartas de Paulo ocupam, em média, menos do que oitenta páginas; e mesmo quando tomadas como um todo, elas são mais curtas do que qualquer dos diálogos de Platão ou dos tratados de Aristóteles. É seguro dizer que essas cartas, página por página, geraram mais comentários, mais sermões e seminários, mais monografias e dissertações do que quaisquer outros escritos do mundo antigo. (Outro exemplo são os evangelhos que, tomados como um todo, são uma vez e meia o tamanho das obras de Paulo). É como se oito ou dez pinturas pequenas de um artista obscuro se tornassem mais procuradas, estudadas, copiadas e avaliadas do que todas as obras de Rembrandt e Ticiano, Monet e Van Gogh.

Tal fato gera uma série de questões para qualquer historiador ou aspirante a biógrafo: Como isso aconteceu? O que esse pequeno homem enérgico tem que outros não tinham? O que pensava fazer e por quê? Como alguém com sua origem e formação, que já havia gerado santos e eruditos, embora ninguém como Paulo, veio a falar, viajar e a escrever dessa forma? Este é o primeiro desafio do livro: entrar na mente, no entendimento, na ambição (se é que "ambição" é a palavra certa) de Paulo, o apóstolo, conhecido inicialmente como Saulo de Tarso. O que, no fundo do seu coração, motivava-o?

Esta pergunta conduz imediatamente à segunda. Quando Saulo se deparou com a notícia a respeito de Jesus, sua mente não era um quadro vazio; na verdade, ele se dirigia, a toda velocidade, na direção oposta. Mais de uma vez ele lembra seus leitores de que havia sido criado em uma escola de pensamento judaico que aderia estritamente às tradições ancestrais. Na juventude, Saulo de Tarso havia se tornado uma luz condutora nesse movimento, cujos membros tinham o propósito de urgir aos concidadãos judeus a uma obediência mais radical aos códigos antigos e desencorajá-los de qualquer desvio, por todos os meios possíveis, mesmo pelo uso, se necessário, de violência. Mas por que tudo isso mudou? O que exatamente aconteceu na estrada de Damasco?

Isso estabelece um problema para o leitor de hoje, e é melhor que o mencionemos logo de cara, embora sejamos capazes de tratá-lo dando um passo de cada vez. O termo "estrada de Damasco" tornou-se proverbial, referindo-se a qualquer transformação súbita de fé particular ou caráter, qualquer forma de "conversão" — seja "religiosa", "política" ou até mesmo estética. Podemos imaginar um crítico dizendo que, tendo previamente detestado a música de David Bowie, teve agora uma experiência do estilo "estrada de Damasco" e passou a amá-la. Esse uso proverbial contemporâneo acaba interferindo em nossa compreensão, dificultando nosso entendimento do acontecimento original. O mesmo ocorre com a própria linguagem de "conversão". Hoje, essa palavra pode remeter a alguém cuja "conversão" se deu do ateísmo secular ou agnosticismo para alguma forma de fé cristã, ou talvez a alguém que se "converteu" de uma "religião", tal como o budismo ou o islamismo, a uma "religião" chamada "cristianismo" — ou vice-versa, obviamente. Assim, muitos presumem que, na estrada de Damasco, Saulo de Tarso foi "convertido" de uma coisa chamada "judaísmo" para algo chamado de "cristianismo" — e que, em seu pensamento maduro, estava *comparando* essas duas "religiões" e explicando o motivo pelo qual o cristianismo era melhor. Contudo, se abordarmos francamente as questões desse ponto de vista, jamais entenderemos Saulo de Tarso ou Paulo, o apóstolo.

Em primeiro lugar, e como sinal de que há curvas delicadas a serem percorridas, a palavra "judaísmo" no mundo de Paulo (do grego, *ioudaïsmos*) não se referia ao que chamaríamos hoje de "religião". Na verdade, e mais uma vez como sinal de que há desafios pela frente, a própria palavra "religião" passou por uma mudança de significado. Nos dias de Paulo, "religião" consistia em atividades divinamente relacionadas que, juntamente com a política e a vida comunitária, mantinham uma cultura unida e interligavam os membros dessa cultura às divindades e uns aos outros. No mundo ocidental moderno, "religião" tende a significar crenças individuais e práticas relacionadas a Deus, supostamente distintas de cultura, política e vida comunitária. Para

Paulo, "religião" entrelaçava-se com todos os aspectos da vida; entretanto, para o mundo ocidental moderno, religião é algo à parte.

Quando, então, naquela que foi provavelmente sua primeira carta, Paulo fala sobre como "no judaísmo [...] superava a maioria dos judeus de [sua] idade",[1] a palavra "judaísmo" não se refere a uma "religião", mas sim a uma *atividade*: a propagação e defesa zelosa do estilo de vida ancestral. Do ponto de vista de Saulo de Tarso, os primeiros seguidores de Jesus de Nazaré eram um exemplo primário do comportamento transgressor que devia ser erradicado caso o objetivo de Israel fosse honrar a Deus. Ele era, portanto, "zeloso" (termo[2] com o qual se autodenominava, indicando o uso de violência física, não apenas sentimentos fortes) na perseguição do povo cristão, e era isso que ele queria dizer com *ioudaïsmos*. Todo o possível deveria ser feito para erradicar um movimento que impediria os verdadeiros propósitos do Único Deus de Israel, cujos planos divinos Saulo e seus amigos acreditavam estar, enfim, às portas de um cumprimento glorioso — até Saulo vir a acreditar, na estrada de Damasco, que esses planos haviam sido, de fato, gloriosamente cumpridos, mas de uma maneira jamais imaginada.

Saulo, portanto, apresenta uma questão dupla para o historiador, além das muitas questões que apresenta para alunos de cultura, "religião" e fé antigas: como Paulo chegou a transformar o mundo? Afinal, podemos supor que ele era um candidato surpreendente para tal papel. Ele talvez fosse um mestre de tradições judaicas, ou quem sabe um reformador, mas jamais o tipo de ativista que estabelece, de cidade em cidade, pequenas células de pessoas distintas, muitas das quais gentílicas, e as incendeia com uma esperança que as une e as faz regozijarem-se. Não o tipo de filósofo que ensina as pessoas não apenas novos pensamentos, mas toda uma nova forma de pensar. Não o tipo de mestre espiritual que repensa até mesmo o conceito de oração.

[1]Gálatas 1:14.
[2]Gálatas 1:14; Filipenses 3.6.

Mas como isso aconteceu? E, além do impacto inicial, por que o movimento de Paulo foi tão bem-sucedido? Por que essas pequenas comunidades, fundadas por um judeu itinerante, transformaram-se naquilo que viria a ser "a Igreja?" Esse é o primeiro conjunto de perguntas das quais tratamos neste livro.

O segundo conjunto de perguntas dá a isso uma mudança radical: como Saulo, o perseguidor, tornou-se Paulo, o apóstolo? Que tipo de transição foi essa? Trata-se, em algum sentido, de uma "conversão"? Paulo "mudou de religião"? Ou podemos aceitar o próprio relato de que, ao seguir o Jesus crucificado e ao anunciar que o Deus de Israel o havia ressuscitado dentre os mortos, Paulo estava, na verdade, sendo leal às suas tradições ancestrais, embora de uma maneira que nem ele nem qualquer outro havia antecipado?

Sem dúvida, essas questões confundiam os contemporâneos de Paulo, que era visto com grande suspeita, inclusive por outros seguidores de Jesus. Teria incluído seus compatriotas judeus, alguns dos quais reagiram de modo tão violento para com ele quanto ele mesmo o havia feito no início do movimento de Jesus. Teria certamente incluído os povos gentílicos nas cidades para as quais foi, muitos dos quais pensavam que ele era tanto louco quanto perigoso (e um bom judeu para "dar pontapés", segundo alguns teriam dito com desprezo). Por todo lugar aonde ia, pessoas teriam indagado quem ele era, o que pensava estar fazendo e o que significava a um judeu nacionalista linha-dura tornar-se fundador de comunidades multiétnicas.

Essas questões não parecem ter trazido tanta confusão ao próprio Paulo, ainda que, conforme veremos, ele próprio tivesse suas próprias fases de trevas. Paulo havia refletido sobre elas e chegado a respostas sólidas e aguçadas, mas elas continuaram a desafiar leitores e pensadores desde então, e eles confrontam um mundo particularmente moderno que tem sido confuso sobre muitos aspectos diferentes da vida humana, incluindo às vezes aqueles rotulados pela delicada palavra "religião". Paulo confronta o nosso mundo da mesma forma como confrontara o seu, com questões e desafios, e este livro, uma biografia de Paulo, é uma tentativa de tratar dessas questões. Espero que ele também ofereça esclarecimentos aos desafios.

NÃO FORAM ESSAS AS PERGUNTAS QUE, de início, estimularam-me ao estudo sério de Paulo, mas isso não tem importância, pois, uma vez que você começar a lê-lo, não demorará muito para que ele o leve a outras perguntas. Estudando Paulo durante a adolescência com amigos que tinham o mesmo objetivo (houve muitos estilos diferentes de rebelião cultural na década de 1960, e fico feliz que o estudo paulino tenha sido o meu), eu tinha a tendência de me focalizar em questões teológicas básicas. O que precisamente era "o evangelho" e como ele "funcionava?" O que significava ser "salvo" e, de fato, "justificado" — e como saber se isso lhe aconteceu particularmente? Se você foi "justificado somente pela fé", por que deveria se preocupar com a maneira pela qual se comportaria desde então? Ou, se você realmente "nasceu de novo" e passou a ser habitado pelo espírito, não deveria levar uma vida perfeita de impecabilidade? Havia algum meio termo entre ambas as posições? Se sim, como isso faria sentido? A fé em si era algo que o indivíduo "faz" para obter a aprovação de Deus, ou trata-se apenas da introdução sutil de "boas obras" pela porta dos fundos? Paulo ensinava "predestinação?" Se sim, o que ela significava? E quanto aos "dons espirituais?" Só porque Paulo falou em línguas, quer dizer que também devemos fazê-lo? Paulo estava realmente preocupado, em sua carta aos Gálatas, com o fato de que seus convertidos sucumbiriam à circuncisão. Visto que nenhum de nós sentiu esse tipo específico de pressão, qual seria o equivalente em nosso mundo? Será que Paulo se opunha a todos os "rituais religiosos?" Se sim, o que isso significaria para a vida eclesiástica e para a liturgia, incluindo o próprio batismo?

Essas perguntas circundavam nossa ávida mente jovem à medida que ouvíamos mensagens, nos envolvíamos na vida eclesiástica e lutávamos com os textos. Líamos Paulo à luz da preocupação de segmentos da Igreja nas décadas de 1960 e 1970, porém, é óbvio que não queríamos saber a opinião deste pregador ou daquele professor, mas o que o próprio Paulo pensava. Críamos (de modo até certo ponto irrefletido) na "autoridade" da Escritura, incluindo as cartas de Paulo, e estávamos à procura, portanto, do que o próprio Paulo procurava nos dizer. Estávamos, em outras palavras, tentando perscrutar a história antiga, embora não enxergássemos dessa maneira — e, mesmo se o fizéssemos, resistiríamos à ideia. (Isso é particularmente irônico no meu caso, já que História Antiga era parte do meu currículo de graduação). Conforme críamos, as palavras de Paulo, inspiradas por Deus, eram cheias do esplendor da verdade divina, e seu significado devia ser buscado em oração e fé em vez de investigação histórica — embora, por certo, essas mesmas palavras, se alguém as deseja entender, requerem um estudo cuidadoso precisamente da abrangência lexical do mundo da época.

Para nós, as cartas de Paulo existiam em um tipo de bolha santa, inalterada pela irregularidade e confusão da vida diária do primeiro século, e isso nos permitiu presumir, despreocupadamente, que quando Paulo falava de "justificação", estava se referindo àquilo que teólogos do século XVI e pregadores do século XX se referiam com o termo, assim como nos deu licença para supor que, quando ele chamava Jesus de "filho de Deus", queria dizer "segunda pessoa da Trindade". Quando, porém, você diz que está procurando pelo significado original, sempre descobrirá surpresas. História é sempre uma questão de tentar pensar com a mente de pessoas que pensam distintamente de nós; e História Antiga, em particular, introduz-nos a algumas formas de pensamento bem diferentes das dos séculos XVI e XX.

Apresso-me em acrescentar que ainda vejo as cartas de Paulo como parte da "Escritura Sagrada" e ainda penso que oração e fé são parte vital e não negociável na tentativa de entendê-las, assim como acredito que aprender a tocar piano sozinho é parte importante na tentativa de alguém entender as improvisações de Schubert. Cedo ou tarde, porém, à medida que os argumentos continuam e as pessoas tentam essa ou aquela teoria e começam a ler Paulo em grego e a perguntar pelo significado desse ou daquele termo grego no primeiro século, descobrem que os maiores comentaristas estavam apoiados nos ombros de historiadores antigos e, em particular, de lexicógrafos, e chegam, independentemente da rota que escolhem, às perguntas deste livro: quem Paulo foi realmente? O que pensava que estava fazendo? Por que "funcionava" e, nesse contexto, qual a natureza da transformação que lhe sobreveio na estrada de Damasco?

HAVIA AINDA OUTRA BARREIRA ÓBVIA entre meu "eu" adolescente, estudioso da Bíblia, e uma leitura histórica de Paulo. Ao menos até meus trinta anos, presumia, sem sombra de dúvidas, que o objetivo do cristianismo era que as pessoas "fossem para o céu depois da morte". Hinos, orações e sermões (incluindo as primeiras centenas dos meus próprios sermões) apontavam todos para essa direção. Assim também, ao que tudo indicava, acontecia com Paulo: "Somos cidadãos do céu", escreveu.[3] Presumia-se que as linguagens de "salvação" e "glorificação", centrais a Romanos, a maior carta de Paulo, significavam a mesma coisa: ser "salvo" ou "glorificado" significava "ir para o céu", nem mais nem menos. Tínhamos por certo que a questão da "justificação", considerada amplamente a doutrina principal de Paulo, era sua resposta principal ao modo como a "salvação" funcionava na prática. Assim, por exemplo, "aos que justificou, também glorificou"[4] significava: "primeiro você é justificado e, depois, acaba indo para o céu". Em retrospectiva, creio que, em nossa busca diligente pela Escritura, procurávamos por respostas bíblicas corretas a *perguntas medievais*.

Acontece que essas não eram as perguntas feitas pelos cristãos do primeiro século, e nunca havia ocorrido, para os meus amigos e para mim, que, se queríamos esquadrinhar pessoas do primeiro século, cuja expectativa era de sua "alma" deixar o presente mundo material para trás a fim de "ir para o céu", descobriríamos adeptos do platonismo como Plutarco, e não cristãos como Paulo. Nunca havíamos percebido que o modelo "céu e inferno" que aceitávamos cegamente era um construto da

---

[3]Filipenses 3:20.
[4]Romanos 8:30.

Alta Idade Média, ao qual reformadores do século XVI trouxeram novas perspectivas importantes, mas cuja interpretação era, na melhor das hipóteses, uma distorção da perspectiva do primeiro século. Para Paulo e todos os demais cristãos primitivos, o importante não eram "almas salvas" sendo resgatadas *do* mundo e levadas a um "céu" distante, mas a própria *unificação* do céu e da terra em um grande ato de renovação cósmica, no qual o corpo humano também seria renovado com o objetivo de ocupar seu devido lugar nesse novo mundo. (Quando Paulo diz: "Nossa cidadania [...] está nos céus", continua logo em seguida dizendo que Jesus virá *do* céu, não para levar-nos para lá, mas para *transformar o presente mundo* e nós com ele). Essa esperança de "ressurreição", ou seja, de um novo corpo para uma criação reconstruída, não significa que devemos repensar apenas no "destino" final e em nossa esperança futura. Em outras palavras, muda-se tudo também durante o trajeto.

Uma vez que temos clareza a esse respeito, obtemos uma perspectiva "histórica" em três sentidos diferentes. Em primeiro lugar, começamos a ver a importância de tentar descobrir aquilo que o Paulo do primeiro século queria realmente dizer em comparação com o que teólogos e pregadores posteriores presumiam que ele estava falando. Afinal, história significa pensar com a mente de outras pessoas, e aprender a ler Paulo envolve mais do que isso, não menos.

Em segundo lugar, quando começamos a apreciar "o que Paulo estava de fato dizendo", descobrimos que ele mesmo estava falando de "história" no sentido de "o que acontece no mundo real", no mundo de espaço, tempo e matéria. Paulo era um judeu que cria na bondade da criação original e na intenção do Criador de renovar seu mundo, e seu evangelho de "salvação" dizia respeito ao Messias de Israel "recebendo o mundo por herança", conforme havia sido prometido em Salmos. O que Deus havia feito em Jesus e por meio dele foi, da perspectiva de Paulo, a inauguração de um movimento céu-e-terra, não a oferta de uma nova esperança "de outro mundo".

Muitos céticos em nosso próprio tempo concluíram que o cristianismo é irrelevante para o "mundo real", e muitos cristãos concordaram, supondo que, se insistirão na dimensão "celestial", têm de negar a importância da dimensão "terrena". Todas essas teorias de divisão-de-mundo, ainda que bem-intencionadas, perdem de vista o quadro geral, e, embora Paulo não cite a oração de Jesus para que o Reino de Deus venha "na terra como no céu", todo seu pensamento e sua carreira foram construídos a partir do pressuposto de que essa nova realidade histórica de céu-e-terra havia sido gerada em Jesus e estava sendo desencadeada pelo espírito.

Em terceiro lugar, portanto, no que diz respeito a Paulo, seu próprio contexto "histórico" era importante. O mundo no qual ele vivia era o mundo em que o evangelho irrompera, o mundo ao qual o evangelho estava desafiando, o mundo que o evangelho transformaria. Seu contexto mais amplo — a massa complexa de países e culturas, mitos e histórias, impérios e artefatos, filosofias e oráculos, príncipes e cafetões, esperanças e medos — esse mundo real não representava um panorama incidental a uma mensagem "atemporal" que poderia, em princípio, ter sido anunciada por qualquer um e em qualquer cultura. Ao descrever o engajamento de Paulo com estoicos, epicureus e outros pensadores em Atenas, Lucas está apenas tornando explícito o que já era implícito no decorrer de todas as cartas de Paulo: que, na linguagem de hoje, Paulo era um teólogo *contextual*. Isso não quer dizer, de maneira nenhuma, que podemos relativizar suas ideias ("Paulo disse isso naquele contexto, mas nosso contexto é diferente; por isso, podemos deixá-lo de lado); pelo contrário: é nesse contexto que a lealdade de Paulo com relação à esperança de Israel se manifesta de modo tão intenso, uma vez que ele cria que, em Jesus, o Único Deus havia agido "quando chegou a plenitude do tempo".[5] Paulo via a si mesmo vivendo no momento mais crucial da história, e, segundo teria reivindicado, seu anúncio a respeito de Jesus *naquela* cultura e *naquele* momento era, em si, parte do plano divino a longo prazo.

---

[5]Gálatas 4:4.

Assim, quando tentamos entender Paulo, devemos fazer o trabalho árduo de entender seu contexto; ou, antes, devemos usar o plural: "contextos". Seu mundo judaico, bem como o mundo multifacetado greco-romano de política, "religião", filosofia e tudo o mais que afetava de mil maneiras diferentes o mundo judaico em meio a ele era muito, muito mais do que uma simples "moldura" dentro da qual podemos exibir um retrato paulino. Na verdade, como é do conhecimento de qualquer diretor de galeria de arte, a moldura de um quadro não é apenas uma borda opcional; na verdade, ela pode ressaltar ou estragar a intenção do artista, facilitando a apreciação ou distraindo o olhar e desvirtuando a perspectiva. Mas, no caso de um personagem histórico como Paulo, a cultura ao redor não é sequer uma moldura: é parte do retrato em si. A menos que entendamos seu formato e suas características-chave, não entenderemos o que motivava Paulo e por que seu trabalho foi bem-sucedido, nossa primeira pergunta principal; além disso, a menos que entendamos particularmente o mundo judaico de Paulo, não saberemos sequer como fazer a segunda pergunta: para Paulo, o que significava a mudança de perseguidor zeloso dos seguidores de Jesus para seguidor zeloso de Jesus?

O PRÓPRIO MUNDO JUDAICO no qual o jovem Saulo cresceu estava aterrado no solo mais amplo da cultura greco-romana, e, como geralmente acontece em história antiga, sabemos menos do que gostaríamos sobre a cidade de Tarso, terra natal de Saulo, porém, o suficiente para formarmos uma imagem. Tarso, uma cidade nobre na Cilícia, dezesseis quilômetros junto ao rio *Cydnus* e a sudeste da atual Turquia, estava nas grandes rotas entre o oriente e o ocidente. (A principal área de terra, a que chamamos atualmente de "Turquia", estava dividida em diversos distritos administrativos, tendo "Ásia" como a parte ocidental, "Ásia Menor" como as partes central e oriental, "Bitínia" ao norte etc. Empregarei o método simples, apesar de anacrônico, de referir-me à região como um todo a partir de seu nome moderno).

Tarso poderia traçar sua história de volta há dois mil anos. Generais renomados, como Alexandre, o Grande, e Júlio César reconheceram sua importância estratégica; o imperador Augusto havia-lhe dado privilégios extras. Tarso era uma cidade de cultura e política, de filosofia e negócios, e entre esses negócios havia uma próspera indústria têxtil, cuja produção de material, feito de pelo de cabra, era usado até mesmo para fazer alojamentos. Essa bem pode ter sido a base do negócio de família: confecção de tendas, profissão na qual Saulo havia sido aprendiz e continuava a praticar. O mundo cosmopolita a leste do Mediterrâneo, compartilhando da cultura deixada pelo império de Alexandre, fluía de diversas maneiras por toda a cidade. Tarso rivalizava com Atenas como centro de filosofia, tanto mais porque metade dos filósofos de Atenas haviam ido para a cidade cem anos antes, quando Atenas apostou no cavalo errado em um jogo de poder Mediterrâneo e sofreu a ira de Roma. No entanto, embora cruéis, os romanos também eram pragmáticos e, estabelecido que estavam no comando, satisfaziam-se em estabelecer acordos.

Um acordo em particular foi firmado com os próprios judeus. Todo mundo nos dias de Saulo, em regiões de Espanha à Síria, tinha que adorar a deusa Roma e *Kyrios Cesar*, "o Senhor César". César Augusto declarara que seu falecido pai adotivo, Júlio César, era, agora, divino; dessa forma, convenientemente adquiriu para si o título *divi filius*, "filho do divino", ou, em grego, simplesmente *huios theou*: "filho de deus". A maioria dos sucessores de César Augusto seguiu seu exemplo, e assim, cultos em homenagem a Roma e ao imperador se espalharam de diversas maneiras e em velocidades diferentes pelo império; no Oriente, território e lar de Saulo, estavam bem estabelecidos desde o início.

Entretanto, os judeus eram implacáveis e jamais concordariam com a adoração ao imperador, iriam adorar o único Deus verdadeiro e estavam dispostos a orar ao Deus de seus ancestrais, a quem acreditavam ser o único digno do nome divino. A antiga oração israelita em grego, língua que agora falavam, fazia um contraste claro entre "senhores". *Kyrios Cesar*? Não, eles declaravam: *Kyrios ho theos, Kyrios heis estin*:

"O SENHOR, nosso Deus, o SENHOR é um".[6] Há um único *Kyrios*: apenas um. Então, o que deveria ser feito? Romanos forçariam judeus a uma concessão, como alguns outros impérios anteriores tentaram fazer? Alguns líderes judaicos propuseram a Roma que, em vez de orarem *para* César, orariam *ao* seu Deus *em favor de* Roma e seu imperador. Seria o suficiente? Sim, e, para César, isso era o bastante, além de um privilégio pragmático especial. Viva e deixe viver, foi esse o mundo no qual o jovem Saulo havia crescido.

Não sabemos por quanto tempo sua família viveu em Tarso, mas lendas posteriores sugerem várias opções, uma das quais que seu pai, ou avô, havia vivido na Palestina e teria se mudado durante uma das agitações periódicas sociais e políticas, que, nesse mundo, sempre trazia conotações "religiosas". O que sabemos de fato a respeito dos familiares de Saulo é que pertenciam à escola judaica mais rigorosa: eles eram fariseus.

A palavra "fariseu" tem tido má reputação por muitos anos. Pesquisas modernas, operando em termos acadêmicos e geralmente não populares, pouco fizeram para dissipar essa impressão, em parte porque a pesquisa em questão tornou as coisas muito mais complicadas, como ela geralmente o faz. A maioria das fontes para o entendimento dos fariseus dos dias de Saulo vem de um período muito posterior. Rabinos dos séculos III e IV d.C. voltavam o olhar para os fariseus como ancestrais espirituais, e, assim, tendiam a projetar neles os próprios questionamentos e a maneira de enxergar as coisas. Ironicamente, para aqueles que tentam localizar Paulo dentro de seu próprio contexto farisaico, os próprios escritos do apóstolo oferecem a melhor evidência para esse contexto no período anterior à guerra entre romanos e judeus no período de 66 a 70 d.C.

Sem dúvida, a evidência de Paulo deve ser aceita com ressalvas em virtude de sua fé recém-encontrada em Jesus; posteriormente, alguns judeus questionaram se ele de fato foi um fariseu. Contudo, outra grande fonte de informações a respeito dos fariseus, Josefo,

[6]Deuteronômio 6:4.

historiador judeu do primeiro século, também requer cautela; sim, ele fala bastante sobre movimentos farisaicos da época, mas tudo que diz é colorido por sua própria situação. Tendo sido general no começo da guerra, passou para o lado dos romanos e reivindicou, ainda por cima, que o Único Deus de Israel havia feito o mesmo — um caso claro e alarmante de tornar Deus à sua própria imagem, por isso, toda evidência requer manuseio cuidadoso. A despeito disso, porém, creio que esteja claro o fato de que Saulo e sua família eram, de fato, fariseus, viviam com um rigor intenso e alegre em obediência às tradições ancestrais e davam o melhor de si para encorajar outros judeus a fazerem o mesmo.

Isso nunca seria fácil em uma cidade como Tarso. Mesmo em Jerusalém, com uma população de maioria judaica e com o próprio Templo, o edifício onde o céu e a terra se uniam, precisamente lá, em meio à sua beleza recém-restaurada, havia pressões culturais de todo tipo, capazes de atrair judeus devotos a uma concessão. A extensão desse desafio foi ainda maior na Diáspora, a "dispersão" dos judeus pelo resto do mundo conhecido, um processo que ocorria por séculos. Pressões culturais e respostas diferentes a elas eram a normalidade no caso da vida judaica à medida que famílias e indivíduos se deparavam com questões como o que comer, com quem comer, com quem fazer negócios, com quem se casar, que postura manter em relação a oficiais locais, impostos locais, costumes e rituais locais, e assim por diante. Decisões tomadas por judeus individuais em todas essas questões serviriam para estabelecê-los aos olhos de alguns como corrompidos demais e, aos olhos de outros, como rígidos demais. ("Liberal" e "conservador", palavras que usamos hoje, carregam muitos pressupostos anacrônicos para servirem de qualquer ajuda neste ponto).

Raramente se via, se é que de fato existiu, uma divisão simples no mundo antigo com judeus de um lado e não judeus de outro. Devemos considerar, antes, uma subcultura complexa em que judeus como um todo viam a si mesmos como amplamente diferentes dos vizinhos não judeus. Dentro disso, subgrupos inteiros de judeus viam a si mesmos como diferentes de outros subgrupos. Partidos e seitas que conhecemos da vida judaica palestina da época (saduceus, fariseus, essênios e uma facção militantemente "zelosa" em seu estágio inicial) podem não ter existido exatamente conforme as descrevemos, sobretudo porque os saduceus constituíam uma pequena aristocracia localizada em Jerusalém, porém, divisões sociais e políticas intrajudaicas teriam persistido. Nós, que hoje estamos familiarizados não apenas com as complexidades culturais e políticas do Oriente Médio, mas também com o desafio ocidental do viver multicultural (homogeneidade branda ou mistura perigosa de identidades particulares?), podemos imaginar uma cidade como Tarso.

Não temos certeza de quantos judeus viviam em Tarso nos dias de Saulo, mas é bem provável que houvesse ao menos alguns milhares em uma cidade de cerca de cem mil habitantes; porém, podemos ter uma percepção clara de como as coisas eram para o jovem Saulo.

Se existem paralelos entre as sociedades complexas de hoje e uma cidade antiga como Tarso, há também uma diferença radical, ao menos quando vista a partir de uma perspectiva ocidental moderna: no mundo antigo, praticamente não existia vida privada. Um número reduzido da aristocracia e os muito ricos podiam se dar ao luxo de certa privacidade, mas, para a grande maioria, a vida era vivida de maneira pública e visível. As ruas eram, em sua maioria, estreitas, e boa parte das casas e cortiços, apertados; havia barulho e odor por toda a parte, e todo mundo sabia a respeito de todo mundo. Podemos presumir que muitos dos judeus de Tarso teriam vivido próximos uns dos outros, em parte por segurança (judeus, ausentando-se da "religião" pública oficial, incluindo celebrações do culto imperial, eram vistos regularmente como subversivos, embora tentassem, em outros aspectos, viver como bons cidadãos), em parte pela facilidade de obter alimento *kosher*. Questões sobre o posicionamento de alguém no leque entre adesão estrita ao código ancestral, a Torá, e o quanto alguém havia se "corrompido" não eram teóricas, porém, diziam respeito àquilo que alguém fazia ou deixava de fazer em plena vista dos vizinhos — e sobre como os vizinhos podiam reagir.

Obviamente, tudo isso envolvia também o local de trabalho. Sabemos, a partir da vida adulta e dos escritos de Paulo, que ele empreendia trabalho manual — "fabricar tendas" provavelmente incluía a confecção de outros bens feitos de couro ou pelo animal, além do produto essencial da tenda em si. (Ao pensar em tendas, nós as imaginamos como equipamento de camping para utilização em lazer, mas, no mundo de Paulo, bem como em algumas partes do mundo de hoje, muitas pessoas se mudavam de um lugar para outro em busca de trabalho sazonal, e até pessoas que permaneciam no mesmo local dependeriam de toldos feitos de tenda e abrigos a fim de conseguir trabalhar debaixo do sol quente). Talvez isso signifique duas coisas.

Em primeiro lugar, que Saulo provavelmente tenha sido aprendiz de seu pai no negócio de família. Não sabemos se o seu pai era um erudito na Torá, embora seja possível que a profunda familiaridade de Saulo com as Escrituras e tradições de Israel, ainda que tenham sido nutridas em sua subsequente educação em Jerusalém, tenham começado em casa. Ser, contudo, aluno ou mestre da Torá não era uma profissão assalariada, e os rabinos nos dias de Saulo, bem como durante séculos depois, obtinham seu sustento por outros meios.

Em segundo lugar, que o mercado para tendas e produtos semelhantes seria amplo. Como potenciais consumidores, podemos imaginar regimentos de soldados; além disso, viajar também era um estilo de vida para muitas outras pessoas no mundo movimentado do início do Império Romano. Parece improvável que um fabricante de tendas judeu, em uma cidade como Tarso, venderia apenas a outros judeus, portanto, podemos presumir com segurança que, por um lado, Saulo cresceu em um lar judaico que observava a Torá com alegria, e, por outro, em um ambiente de trabalho poliglota, multicultural e multiétnico. Adesão estrita à tradição ancestral não significava viver uma vida reclusa e ignorante sobre como o resto do mundo trabalhava, falava, agia e raciocinava.

De fato, a argumentação lógica é algo em que o maduro Paulo era particularmente bom, mesmo que a densidade de seus argumentos ainda seja capaz de desafiar o leitor. Tudo que sabemos sobre ele encoraja-nos a pensar no jovem Saulo de Tarso como uma criança de talento incomum, uma vez que ele lia o hebraico bíblico fluentemente, falava o aramaico do Oriente Médio (língua materna de Jesus e, muito possivelmente, também de Saulo), além do grego, a língua franca da época, idioma em que falava e escrevia com muita rapidez. Além disso, é provável que ele conhecesse ao menos um pouco de latim.

Por si só, essa habilidade multilíngue não o destaca, e muitas crianças, em diversos países, são funcionalmente multilíngues. De fato, na perspectiva mais ampla da história, os que conhecem apenas uma língua é que são os estranhos, mas o Paulo maduro tem algo mais, do qual poucas pessoas, até mesmo em seu mundo, poderiam se gloriar: ele dá a impressão de ter memorizado toda a Bíblia. Paulo se move com elegante facilidade entre Gênesis e Salmos, Deuteronômio e Isaías. O apóstolo sabe como a história funciona e conhece seus altos e baixos, suas voltas e reviravoltas, e também pode fazer alusões complexas com extrema destreza, produzindo trocadilhos e outros jogos de palavras em línguas diferentes. A nova perspectiva radical de visão fornecida pelo evangelho de Jesus é um ângulo novo a partir de textos que ele já sabe do avesso. É certo que Paulo estava familiarizado com outros livros judaicos da época, como Sabedoria de Salomão, e possivelmente com algo da filosofia de Filo, seu quase contemporâneo — Filo e autores da época também conheciam sua Bíblia extremamente bem —, e Saulo se equipara a eles de igual para igual ou até mesmo os excede.

Ainda mais: independentemente de Saulo ter ou não lido filósofos não judeus de seu tempo ou as grandes tradições que remontam a Platão e Aristóteles, ele conhece as ideias, pois as ouviu nas ruas e discutiu-as com amigos. Ele conhece os termos técnicos, os sistemas filosóficos que sondam os mistérios do universo e as funcionalidades interiores do ser humano, bem como as teorias que posicionam os deuses distantes do mundo, como os epicureus, ou que os atraem em um todo único, *to pan*, "o todo", como os estoicos. É improvável que ele tenha lido Cícero, cujo livro, *De Natura Deorum*, datado cerca de um século antes de sua própria obra madura, discutiu todas as opções então disponíveis a um romano educado (obviamente, isso não inclui uma visão de mundo judaica). Contudo, se alguém na loja de tendas começasse a expor as ideias de Cícero, Saulo saberia sobre o que estavam conversando e seria capaz de argumentar com essa pessoa nos próprios termos desta. Ele se sente, assim, completamente à vontade nos mundos da história judaica e da filosofia não judaica, e podemos suspeitar que ele, como alguns de seus contemporâneos, até mesmo gosta do desafio de unificá-las.

De fato, lendo algumas de suas cartas, podemos até pensar que ele havia sido amigo de infância de alguém como o filósofo Epiteto, um pensador prático determinado a tirar a filosofia da sala de aula e levá-la para a rua, tendo em vista que ele emprega manobras retóricas bem conhecidas. Quando diz aos coríntios que a sabedoria humana é inútil, às vezes soa como um cínico; quando fala sobre virtude, um ouvinte casual pode, por um momento, confundi-lo com um estoico. Quando ele escreve sobre a diferença entre o "homem interior" e o "homem exterior", muitos, até hoje, supõem-no como um tipo de adepto do platonismo — embora o que ele diz sobre a ressurreição e a renovação da criação se tornam, então, um problema. O Paulo maduro não teria tido medo de dar impressões como essas; em vez disso, ele crê e diz explicitamente aqui e ali que a nova sabedoria revelada no Messias de Israel pode usar o mundo e incorporar seus *insights* mais elegantes em uma estrutura diferente e mais ampla. A "boa-nova" do Messias abre, para ele, a visão de toda uma nova criação, na qual tudo que é "verdadeiro [...] nobre [...] [e] correto"[7] encontrará lugar.

No entanto, a "boa-nova" messiânica assumia determinado significado principalmente no mundo judaico do primeiro século. Livros inteiros poderiam ser escritos sobre cada aspecto desse mundo, sobretudo no que se relaciona ao jovem Saulo de Tarso; porém, devemos ser breves. Saulo cresceu em um mundo de história e símbolo: uma única história,

[7]Filipenses 4:8 (NVI).

aguardando seu cumprimento divinamente ordenado, e um conjunto de símbolos que focavam nessa história e permitiam aos judeus participarem dela. Se iremos entendê-lo para enxergá-lo como realmente era, devemos compreender isso e perceber que, para ele, não se tratava apenas de um conjunto de ideias; na verdade, era tão básico à sua existência quanto a grande história musical de Bach, Beethoven e Brahms é para o músico clássico de hoje, apenas em um nível ainda maior.

A história era a história de Israel como um todo, Israel como filho de Abraão, Israel como povo escolhido de Deus, escolhido *dentre* os povos do mundo, mas, igualmente, *para* o mundo; Israel como luz para os gentios, povo a partir do qual todas as nações seriam abençoadas; Israel como o povo da Páscoa, o povo resgatado-da-escravidão, o povo com o qual o Único Deus havia entrado em aliança, uma ligação matrimonial em que a separação poderia ocorrer, mas apenas temporariamente. Há sinais no decorrer de todos os escritos judaicos da época (praticamente os últimos dois séculos antes dos dias de Paulo e os dois séculos seguintes) de que grande parte dos judeus, de contextos diferentes, viam sua Bíblia primeiramente não como um compêndio de regras e dogmas, mas como uma única grande história, enraizada em Gênesis e Êxodo, em Abraão e Moisés. A Bíblia de Saulo não era primeiramente um conjunto de fragmentos cintilantes, retratos separados de sabedoria, mas sim uma narrativa enraizada na criação e na aliança, estendendo-se adiante na obscuridade desconhecida.

De fato, ela havia se tornado muito obscura nos séculos que culminaram nos dias de Saulo, e, quer por lerem Isaías, Jeremias ou Ezequiel, quer por seguirem a linha de pensamento ao longo dos livros de Reis e Crônicas, ou simplesmente por lerem os Cinco Livros de Moisés — a "Torá" propriamente dita, de Gênesis a Deuteronômio —, a mensagem era a mesma. Israel foi chamado para ser diferente, convocado a adorar o Único Deus, mas falhou drasticamente e acabou enviado para o exílio na Babilônia. Uma separação pactual havia, portanto, acontecido, e profeta após profeta a anunciaram. O Único Deus abandonara o Templo de Jerusalém à própria sorte, entregando-o nas mãos de estrangeiros.

Onde quer que olhemos nas Escrituras de Israel, a história é a mesma. Qualquer judeu do exílio babilônico em diante que lesse os primeiros três capítulos de Gênesis veria imediatamente a típica história judaica: seres humanos foram postos em um jardim; desobedeceram às instruções e foram expulsos. Qualquer judeu que lesse os últimos dez capítulos de Deuteronômio perceberia seu sentido de forma vivaz e inequívoca: adorem o Único Deus e façam o que ele diz, e o jardim prometido será de vocês; adorem outros deuses e vocês se depararão com o exílio. À época de Paulo, inúmeros judeus (temos evidência em livro após livro dos escritos judaicos pós-bíblicos) liam esses textos também desta maneira: eles criam que *o exílio, em seu significado teológico e político, ainda não havia terminado*. Deuteronômio fala de uma grande restauração vindoura,[8] e Isaías, Jeremias e Ezequiel ecoam todos estes temas: as palavras de conforto em Isaías 40—55, a promessa da renovação da aliança em Jeremias 31, a segurança da purificação e da restauração em Ezequiel 36—37. Sim, alguns judeus (de modo nenhum todos) haviam retornado da Babilônia; sim, o Templo havia sido reconstruído, mas essa não era, e não podia ser, a restauração prometida pelos profetas e por Deuteronômio.

No decorrer desses longos anos de perplexidade, a reclamação dos livros ("pós-exílicos") de Esdras e Neemias soavam do seguinte modo: "Estamos em nossa própria terra mais uma vez, mas somos escravos! Estrangeiros governam sobre nós".[9] E escravos obviamente precisam de um Êxodo, um novo Êxodo, o novo Êxodo prometido por Isaías. Esta era a esperança: que a história essencial dos Cinco Livros (escravidão, resgate, presença divina, terra prometida) seria reativada mais uma vez como resposta tanto do problema da rebelião pactual, registrado em Deuteronômio 27—32, quanto do problema paralelo— e mais profundo — da rebelião humana, exposto em Gênesis 1—3. A solução do primeiro problema seria a chave para a resolução do segundo: uma vez

[8]Deuteronômio 30.
[9]Veja Esdras 9:9; Neemias 9:36.

restaurada a aliança que Deus fez com Israel, então, de alguma forma os efeitos (quem poderia prever?) ressoariam ao redor de todo o mundo.

No centro desse anseio por resgate, anseio pelo novo Êxodo, destaca-se um texto em particular que exercia grande importância na mente de judeus ávidos e esperançosos como Saulo de Tarso. Daniel 9, retomando a promessa de restauração deuteronomista, anuncia precisamente a ideia de um *exílio prolongado*: os "setenta anos" a respeito dos quais Jeremias disse que Israel permaneceria no exílio foram estendidos para *setenta vezes sete* — quase meio milênio de espera até que o Único Deus, por fim, restaurasse seu povo, lidando de uma vez por todas com os "pecados" que causaram o exílio em primeiro lugar. O sistema dos "setenta anos" ressoava com promessas bíblicas do jubileu, tempo em que as dívidas definitivas seriam perdoadas.[10] Judeus devotos do primeiro século se esforçavam para decifrar quando os 490 anos terminariam, geralmente interligando sua interpretação de Daniel com passagens relevantes em Deuteronômio, e essa era a longa esperança de Israel, a narrativa esperançosa estimada por muitos que, como Saulo de Tarso, estavam imersos nas Escrituras e ávidos pela libertação divina há muito prorrogada. Além disso, muitos deles acreditavam que o tempo estava se aproximando, e conheciam o suficiente de cronologia para fazerem um cálculo rudimentar; sendo assim, se o tempo estava se aproximando, obediência estrita à Torá tornava-se ainda mais necessária.

A Torá se fazia ainda mais importante para alguém que vivia, como no caso do jovem Saulo, fora da terra prometida e, assim, longe do Templo. De fato, ela funcionava como um Templo móvel para muitos judeus espalhados mundo afora, contudo, o Templo permanecia central, geográfica e simbolicamente: tratava-se do lugar onde céus e terra se encontravam, formando, assim, um indicador para a promessa definitiva: a renovação e unificação dos céus e da terra, a nova criação, na qual o Único Deus estaria pessoalmente presente para sempre. Não

[10]Levítico 25.

sabemos a frequência com que Saulo viajava para a terra natal para participar, com seus pais, das grandes festas. Lucas descreve Jesus, com a idade de doze anos, sendo levado de Nazaré a Jerusalém para a Páscoa, e sabemos que dezenas de milhares de judeus se juntavam de todas as partes, tanto para a celebração dessa festa quanto para a de outras, como o Pentecostes, a festa da entrega da Torá. Por isso, é bem provável que o jovem Saulo tenha adquirido, desde cedo, o sentido de que todas as vias, espiritual e geograficamente, levavam ao monte onde Davi estabelecera sua capital, a elevação no coração da Judeia onde Salomão, filho de Davi, o sábio arquetípico, havia construído o primeiro Templo. E este era como um imã cultural e teológico, atraindo não apenas céus e terra, mas as grandes histórias e promessas da Escritura.

O Templo também servia, portanto, de ponto central da esperança de Israel.

O Único Deus, conforme nos relatam os profetas, abandonou sua casa em Jerusalém por causa da idolatria e do pecado do povo, porém, profetas sucessivos (Isaías, Ezequiel, Zacarias, Malaquias) haviam prometido que, um dia, ele retornaria. Essa lista é importante, visto que os últimos dois profetas mencionados, Zacarias e Malaquias, estavam escrevendo *depois* de alguns dos exilados terem retornado da Babilônia, depois de terem reconstruído o Templo e recomeçado a rodada regular de adoração sacrificial. Jamais conseguiremos entender a mente de um jovem como Saulo de Tarso (muito menos como ele orava!) até compreendermos o estranho fato de que, embora o Templo ainda retivesse memórias poderosas da presença divina (como o Muro das Lamentações de Jerusalém ainda o faz nos dias de hoje a milhões de judeus, e mesmo aos não judeus, que vão à cidade para adorar, mesmo não crendo que o Único Deus resida agora, de fato, no local), havia uma forte percepção de que a promessa do retorno divino definitivo ainda não havia sido cumprida.

Se isso soa estranho, como soa para alguns, considere o seguinte: duas das maiores cenas das Escrituras de Israel são os momentos quando a glória divina encheu o Tabernáculo no deserto e, em seguida, o Templo de Jerusalém, com presença e poder radiantes.[11] Isaías havia prometido que isso aconteceria mais uma vez, indicando que esse seria o momento quando Jerusalém seria enfim redimida e o Deus de Israel estabeleceria seu Reino em poder e glória visíveis.[12] Em nenhum momento quaisquer dos escritores judaicos posteriores dizem que isso, ou qualquer coisa do tipo, aconteceu de fato. O mais próximo de que podemos chegar é a cena dupla gloriosa em Eclesiástico 24 e 50, escrito por volta de 200 a.C. Na primeira referência, a figura da "Sabedoria" desce do céu para habitar no Templo; na segunda, o próprio sumo sacerdote parece ser quase que uma manifestação visível do Deus de Israel. No entanto, a óbvia propaganda para o sumo sacerdócio aristocrático da época não convenceu após as várias crises que se seguiram. Não, a questão era que *a manifestação ainda não havia acontecido*; ou seja, o Deus de Israel disse que retornaria, mas ainda não o havia feito.

Saulo de Tarso foi educado para acreditar que isso *de fato aconteceria*, talvez muito em breve; ou seja, o Deus de Israel realmente *retornaria* em glória para estabelecer seu Reino em poder global visível. Ele também foi ensinado que havia coisas que os judeus poderiam fazer nesse meio-tempo para manter a promessa e a esperança no rumo certo. Era vital para os judeus manter a Torá com atenção rigorosa a detalhes e defendê-la, bem como o Templo em si, contra possíveis ataques e ameaças; sendo assim, fracassar nesses pontos retardaria a promessa, seria um obstáculo ao cumprimento da grande história. É por isso que Saulo de Tarso perseguiu os primeiros discípulos de Jesus, e é por isso que, quando Paulo, o apóstolo, retornou para Jerusalém pela última vez, houve tumultos.

Tudo isso, retomando o que foi dito em um ponto anterior, estava muito distante do que hoje queremos dizer com "religião". É por isso

[11]Êxodo 40; 1Reis 8.
[12]Isaías 52:7-12.

que geralmente coloco essa palavra entre aspas, a fim de sinalizar o perigo de imaginar que Saulo de Tarso, quer como jovem, quer como um apóstolo maduro, "ensinava uma religião" em algum sentido moderno. Hoje, "religião", para a maioria dos ocidentais, designa uma área independente da vida, um tipo de *hobby* privado para aqueles que gostam desse tipo de coisa, separado, por definição (e, em alguns países, por lei) de política e da vida pública, de ciência e da tecnologia. Nos dias de Paulo, "religião" significava quase que exatamente o oposto — a palavra latina *religio* diz respeito a "interligar" coisas. Adoração, oração, sacrifício e outros rituais públicos tinham o objetivo de unir os habitantes invisíveis de uma cidade (deuses ou talvez os ancestrais) aos habitantes visíveis, os seres humanos vivos, provendo, assim, um modelo vital para o dia a dia, bem como para negócios, casamento, viagem e vida familiar. (Fazia-se uma distinção entre *religio*, observância oficial e autorizada, e *superstitio*, prática não autorizada e talvez subversiva).

O equivalente judaico disso era claro: para Saulo de Tarso, o lugar onde os mundos invisível ("céus") e visível ("terra") se encontravam era o Templo. Se você não pudesse chegar ao Templo, poderia (e deveria!) estudar e praticar a Torá para obter o mesmo efeito. Templo e Torá, os dois grandes símbolos da vida judaica, remetiam à história em que judeus devotos, como Saulo e sua família, criam estar vivendo: a grande história de Israel e do mundo, que, esperavam, estavam atingindo o ponto onde Deus revelaria sua glória de uma maneira nova. O Único Deus enfim retornaria para estabelecer seu Reino, tornar o mundo inteiro em um vasto Templo cheio de glória e permitir a todos, ou pelo menos ao seu povo escolhido, guardar perfeitamente a Torá. Qualquer um que orasse ou cantasse os Salmos regularmente perceberia estar pensando nisso, esperando por isso e orando por isso — dia após dia, mês após mês.

Cercado pela agitada cidade pagã de Tarso, o jovem Saulo sabia perfeitamente bem o que isso tudo significava para um judeu leal: significava manter-se puro de idolatria e imoralidade. Havia templos pagãos e altares em cada esquina, e Saulo devia ter ideia do que se passava nesses ambientes. Lealdade significava manter a *comunidade judaica* pura de todas essas coisas também, afinal, em todos os estágios da história de Israel o povo do Único Deus foi tentado a desistir. Havia uma pressão para o povo ceder e andar conforme o mundo, e, assim, e esquecer-se da aliança era constante, mas Saulo cresceu para resistir à pressão, e isso significava "zelo".

O que nos leva, por fim, ao ponto inicial biográfico que Paulo menciona posteriormente nas cartas. "Zeloso?" — argumenta ele. "Eu perseguia a Igreja!"[13] "Avancei no *ioudaïsmos* além de muitos da minha idade e dentre o meu povo",[14] afirma. "Era extremamente zeloso da tradição dos meus antepassados". De onde vinha esse "zelo?" Na prática, o que ele queria dizer? Se era isso que motivava o jovem Saulo a prosseguir conforme o tique-taque de um relógio, qual mecanismo levava esse relógio a continuar dando corda? E o que significava, conforme ele mesmo declara em sua primeira carta, trocar esse tipo de "zelo" por outro diferente?[15] A abordagem dessas questões nos traz para o verdadeiro ponto de partida deste livro.

[13]Filipenses 3:6.
[14]Gálatas 1:14.
[15]Gálatas 4:17-18

PRIMÓRDIOS

PARTE UM

De Tarso a Jerusalém

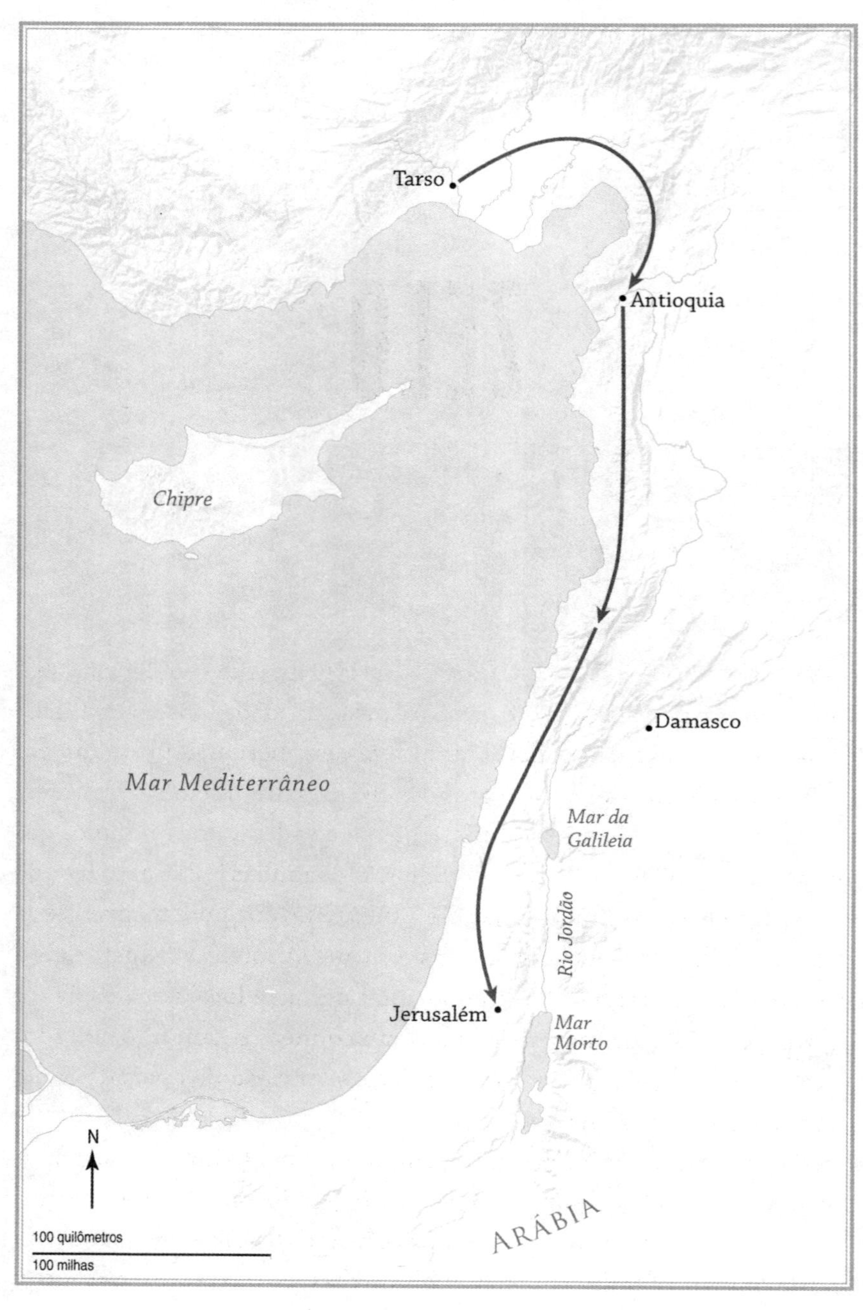

CAPÍTULO 1

ZELO

TUDO COMEÇOU COM UM VELHO CONTO de sexo e violência. Vislumbramos o pequeno garoto, precoce pela sua idade, absorvendo histórias ancestrais e lendo-as sozinho, sem perceber quão incomum era para um menino a leitura de grandes livros, para início de conversa. Há certas atividades (música, matemática e xadrez, por exemplo) nas quais jovens podem se tornar prodígios. Em famílias judaicas, o estudo da Torá pode ser assim: o coração e a mente jovens podem absorvê-la em sua totalidade, sentir seu drama e ritmo, saborear sua história e a promessa ancestral. O jovem pode aprender a se localizar nos Cinco Livros de Moisés da mesma forma como conhece o caminho ao redor de sua própria casa, e sentimos o deleite silencioso dos pais de Saulo em seu entusiasmo jovial.

Não se tratava simplesmente de um conhecimento intelectual. Longe disso. A vida judaica era e ainda é centralizada no ritmo da oração. Vemos o jovem Saulo aprender como amarrar os *tefillin* — pequenas caixas de couro contendo passagens bíblicas-chave — no braço e na cabeça, segundo as instruções de Moisés aos judeus do sexo masculino para uso durante as orações matinais. Vemo-lo recitando Salmos. Ele aprende a invocar o Único Deus sem pronunciar, de fato, o sagrado e inescrutável Nome em si, declarando lealdade três vezes ao dia, como um jovem patriota saudando a bandeira: "*Shema Yisrael, Adhonai Elohenu, Adhonai Echad!*" — "Escute, ó Israel: o SENHOR, nosso Deus, o SENHOR é um!"

Saulo pode ser jovem, porém alistou-se; ele é um soldado leal e será fiel.

O pequeno Saulo logo aprende a antecipar as grandes festas, como a dos Tabernáculos ou da Dedicação, comemorando grandes momentos da história nacional. Em especial, celebraria a Páscoa, com sua história maravilhosa e sua refeição estranha e evocativa ("Por que esta noite é diferente de todas as demais?" — perguntou, enquanto ainda era o mais jovem na família). Ele lê *essa* história, a história da liberdade, no livro que outras gerações conheceriam como Êxodo, o livro da "saída", e essa era a história do que havia acontecido e do que iria acontecer. Isto foi o que o Único Deus fez quando seu povo foi escravizado: derrubou tiranos e libertou seu povo, conduzindo-o para fora do Egito e levando-o à sua "herança", sua terra prometida. Saulo assimila tudo isso, e essa é sua história, a história da qual se apropriará. Ela acontecerá outra vez: um novo, segundo Êxodo, trazendo libertação plena e final, e Saulo exercerá seu papel no drama, há muito tempo em andamento.

O problema era, por certo, que o povo de Deus parecia, vez após vez, inclinado a se desviar e a seguir o próprio caminho, e é aqui que o sexo e a violência entram em cena. Parecia sempre a mesma coisa: Israel queria ser como os *goyim*, os povos, as nações, em vez de distinguir-se, conforme havia sido chamado a ser. É por isso que existiam leis alimentares: *outros* comem todo tipo de alimento, incluindo sague; mas os *judeus* comem apenas alimento "limpo", adotando procedimentos cuidadosos sobre como animais são mortos e preparados. Era isso que a circuncisão deveria demonstrar: *outros* consideram o sexo um brinquedo, mas, para o *judeu*, é o sinal glorioso da antiga aliança. *Outros* não seguem um ritmo de vida; *judeus* guardam o Sábado, deleitando-se na antecipação semanal do futuro prometido por Deus, o dia em que o tempo de Deus e o tempo humano finalmente se encontrariam. Vez após vez, os antigos israelitas haviam se esquecido dessas lições, e coisas terríveis aconteceram. Agora, na memória recente do povo judeu dos dias de Saulo, muitos judeus haviam se esquecido dessas lições outra vez, corrompendo-se, tornando-se como os *goyim*, e, por esse motivo, alguns judeus, incluindo ele próprio — um dos primeiros fatos sólidos que sabemos a respeito do jovem Saulo —, seguiam a tradição antiga caracterizada pelo "zelo"; nesse sentido, a violência seria necessária para desarraigar a impiedade de Israel.

A tradição do "zelo" é parte da história da liberdade, e o jovem Saulo aprendeu-a desde cedo, isto é, que era o povo de Deus contra o resto do mundo, as nações, os *goyim* — e que os *goyim* geralmente venciam. Havia breves *flashes* de história gloriosa: Davi vencendo os filisteus, Salomão ensinando sabedoria para todo o mundo, e assim deveria ser. Apegar-se, porém, a essa história significava reter a esperança em face da experiência, pois longas eras de desapontamento e desastre pareciam ser a norma: dez tribos perdidas e outras duas que permaneciam, arrastadas para o cativeiro, chorando à beira dos rios da Babilônia.

Por que isso aconteceu? Os profetas foram taxativos: por causa do pecado de Israel. Esse foi o acordo estabelecido por Deus em primeiro lugar: "Agora que eu o resgatei, permaneça leal a mim e você viverá na terra. Desvie-se de mim, adore outros deuses, e eu o expulsarei" — assim como aconteceu com Adão e Eva no Jardim.

Contudo, como o pai de Saulo sem dúvida explicaria sábado após sábado, os *goyim* ainda eram uma ameaça e ainda governavam o mundo à sua própria maneira e não criam no Deus de Israel. Eles haviam inventado milhares de deuses particulares e iam de um lado para o outro, seguiam este e aquele caminho, tentando suborná-los, fazendo o melhor para aplacá-los. Além disso, quanto mais você lesse as histórias antigas, veria ainda mais como os *goyim* tentariam afastar judeus leais para longe do Nome, do Único Deus. "Nós" — pelo qual o pai de Saulo não estava querendo dizer "nós, judeus", mas "nós, *perushim*, nós, fariseus" — "precisamos conhecer a Torá, pronunciar a oração de lealdade e permanecer puros. Precisamos agir no tempo certo".

O jovem Saulo sabe precisamente o que isso significa, pois conhece a história da liberdade, os Cinco Livros. Lendo tradições ancestrais, repassando-as constantemente, Saulo encontraria longas passagens em que muita coisa parece não acontecer: regulamentações para o sacrifício, listas de nomes e códigos legais detalhados. Essas passagens são poderosas em si, e, uma vez que você passa a conhecê-las e amá-las, elas têm um tipo de qualidade encantatória. Mas meninos gostam de ação e, de repente, ei-la!

Primeiro, há a estranha história de Balaão.[1] À medida que o povo de Israel se aproxima do fim de sua jornada pelo deserto, chega ao território de Moabe, na margem oriental do Jordão. Israelitas conseguem avistar a terra prometida, e isso é má notícia para Balaque, rei de Moabe, o qual contrata Balaão, um adivinho, para amaldiçoar Israel. A princípio, Balaão se recusa a fazê-lo, mas a recompensa prometida devora sua alma, o que o leva a consentir e a subir em sua jumenta, mas esta enxerga o que Balaão não vê. O anjo do Senhor se põe no caminho, com sua espada desembainhada; a jumenta se desvia da estrada, deita-se e se recusa a continuar. Balaão perde a paciência e agride o pobre animal, momento em que a jumenta lhe fala com voz humana. Os olhos de Balaão são abertos, e ele reconhece a sorte de ter escapado. Assim, em vez de amaldiçoar os israelitas, abençoa-os — não evitando, obviamente, o desagrado de Balaque.

É uma grande história, quase digna de um dos contos de fadas dos irmãos Grimm, mas o verdadeiro impulso da história, o ponto celebrado pela tradição de Saulo, ainda está por vir. Ele ressalta um incidente que acenderá a chama de uma vocação jovial, além de oferecer uma promessa que ecoa outra, ainda mais antiga, que Paulo, o apóstolo, tornará central à sua teologia.

---

[1]Números 22—24.

Ela começa com o problema de Balaão: sem maldição, sem pagamento. Talvez, porém, houvesse outro jeito. Envie as garotas. Diversos homens israelitas, cansados de vagarem pelo deserto e da moralidade sexual estrita, ficaram mais do que felizes em tomar para si uma namorada moabita — o que significava não apenas deslealdade ao Único Deus e sua Torá (bem como às próprias esposas), mas também a adoração de divindades moabitas e a adoção de práticas pagãs. Idolatria e imoralidade andam de mãos dadas, como sempre foi o caso. Israel devia ser a Única Noiva do Único Deus, em uma ligação matrimonial inquebrável, e o rompimento da união matrimonial humana era um sinal, um sintoma da quebra da aliança divina.

O que aconteceu em seguida moldou a imaginação de diversas gerações. O povo se descontrolou. Virou uma bagunça. Uma praga irrompeu — ao que tudo indicava, retaliação enviada pelos céus —, mas eles não se importaram. Um homem trouxe sua garota moabita para sua tenda, em plena vista de Moisés e de toda a comunidade israelita,[2] e isso foi o suficiente! Fineias, um dos filhos de Arão, pegou uma lança, seguiu o homem para dentro da tenda, deparou-se com o casal já no ato sexual e matou ambos com um único golpe.

Foi esse o momento definitivo do "zelo", cujos resultados foram imediatos: a praga cessou; a rebelião acabou, e Fineias, o herói do "zelo" daí por diante, recebeu a incrível promessa de uma aliança particular perpétua: sua família exerceria o sacerdócio para sempre.

Um dos salmos antigos, referindo-se delicadamente ao incidente (o salmo diz: "Fineias se interpôs" ou, possivelmente, "Fineias interveio"), reformula a frase, indicando essa aliança eterna estabelecida entre Deus e Fineias. "Fineias interveio", diz a canção, "*isso lhe foi creditado como justiça*".[3] A palavra hebraica para "justiça", *tzedaqah*, indica um relacionamento: um relacionamento pactual, comprometido. "Deus ter creditado (a ação zelosa de Fineias) como um ato de justiça"

[2]Números 25:6.
[3]Salmos 106:30-31.

significa que sua ação foi a marca da aliança entre Deus e sua família: uma aliança de sacerdócio perpétuo. Zelo foi o emblema exterior de um relacionamento inquebrável.

De qualquer maneira, o jovem Saulo teria conhecido a frase, visto tratar-se do que Gênesis diz a respeito de Abraão. Deus fez promessas abrangentes, mas aparentemente impossíveis, a Abraão; contudo, o patriarca creu nessas promessas, de modo que imediatamente Deus o levou a uma aliança, um acordo vinculativo resumido no Gênesis com a mesma frase: "isso lhe foi creditado como justiça".[4] Em outras palavras, a fé de Abraão tornou-se a marca da aliança que Deus estabeleceu com ele. Era o sinal, o emblema, dessa filiação à aliança. Ressonâncias entre Abraão e Fineias são óbvias para qualquer um que conhece bem os textos, mas essa observação não parte de nós. As duas passagens ocorrem em proximidade uma da outra em um dos textos mais importantes sobre "zelo" dos dias de Saulo: 1Macabeus.[5] Imaginamos o pequeno garoto, ávido por Deus e pela Lei, armazenando tudo isso para referências futuras. Ele será zeloso para com Deus e com a Torá. Talvez Deus o usará como parte do grande momento da renovação da aliança. "Isso lhe foi creditado como justiça." Ninguém podia ter adivinhado o significado mais profundo que essa frase-chave adquiriria no novo mundo que estava por se manifestar.

Saulo de Tarso cresceu conhecendo essa história. Imaginamos o menino, conhecendo como os *goyim* se comportavam nas ruas de Tarso, ao mesmo tempo repugnado e fascinado pelo pensamento de como o povo de Deus continuava agindo da mesma maneira, ao mesmo tempo empolgado e desafiado pelo pensamento do zelo de Fineis. Sexo e violência prendem sua imaginação; e quando Paulo, o apóstolo, descreve a si mesmo no início da vida como alguém consumido pelo zelo por suas tradições ancestrais, estava refletindo sobre a motivação *estilo-Fineias* de sua juventude.

---

[4]Gênesis 15:6.
[5]1Macabeus 2:51-60.

Fineias, entretanto, não era o único modelo exemplar de "zelo". Outro personagem principal é encontrado em um dos livros de Reis, e imaginamos o jovem Saulo devorando sua história também. Depois dos grandes dias de Davi e Salomão, as coisas haviam ido de mal a pior, e a maioria dos israelitas havia começado a adorar Baal, deus cananeu da fertilidade. Como adoração às divindades moabitas, adoração a Baal assumia certas práticas como naturais: naturalmente, rituais de fertilidade e, em seguida, sacrifício infantil (talvez o sacrifício lidasse com as consequências do ritual). Nesse contexto, aparece o profeta Elias,[6] o qual atrai os adoradores de Baal a uma competição, vencida pelo Deus de Israel; por fim, os idólatras são levados à morte, e, mais uma vez, um grande zelo e uma grande vitória.

Tradições posteriores posicionam Elias ao lado de Moisés no que diz respeito a *status* profético, mas, no que concerne a "zelo", como em 1Macabeus 2, Elias é equiparado a Fineias. Quando essas tradições posteriores veem as coisas dessa maneira, não estão apenas celebrando memórias antigas: estão chamando uma nova geração a cumprir novos desafios. Quando Paulo, o apóstolo, refere-se ao seu "zelo" anterior, captamos ecos tanto de Elias quanto de Fineias, e, conforme veremos, a história de Elias tem o seu próprio lado mais obscuro também.

Posicionar Fineias junto com Elias explica boa parte do zelo violento a respeito do qual Paulo posteriormente confessa, mas havia, porém, um elemento extra que o empurrava nessa mesma direção. Memória folclórica, renovada sempre pela festa da Dedicação, uma festa comemorada no inverno, celebrava os atos zelosos de Judas Macabeu ("Judá, o Martelo"), dois séculos antes da época em que viveu Saulo. O rei sírio Antíoco Epifânio ("Epifânio" significa "manifestação divina") tentou fazer com a nação judaica o que, conforme o pai de Saulo recordá-lo-ia, os *goyim* sempre tentaram fazer — sugar a vida do povo judeu e derrubar, de uma vez por todas, sua crença perversa

[6]1Reis 18—19.

e antissocial no Único Deus. Apenas dessa maneira o megalomaníaco Antíoco poderia transformar os judeus em membros dóceis de seu império, e, assim, com um poderio militar vastamente superior, ele profanou o próprio Templo de Jerusalém, estabelecendo adoração e costumes pagãos no santuário. Mas o que o povo judeu deveria fazer?

Muitos deles estavam preparados para fazer concessões (como fizeram seus ancestrais no deserto, segundo Saulo teria ponderado) e concordaram com o novo regime, mas uma família, como Fineias, decidiu agir. Os Livros dos Macabeus contam o zelo pelo Deus de Israel, zelo pela Torá de Deus, zelo pela pureza de Israel — tudo isso enraizado na história que remontava a Abraão e incluía Fineias e Elias dentre seus momentos-chave.[7] Se essa era a história de Israel, é assim que um israelita leal deveria, agora, comportar-se ao lidar com o mesmo problema. Judas Macabeu e seus irmãos começaram a trabalhar, sendo um pequeno grupo revolucionário contra um poderoso império pagão. Contra toda esperança, eles foram bem-sucedidos, derrotando os sírios, reconsagrando o Templo e estabelecendo, por cerca de um século, um Estado judaico independente. O zelo funcionou. Ele demonstrou lealdade completa ao Único Deus. Trouxe liberdade. Já para aqueles que sofreram ou morreram na luta, uma nova visão do futuro surgiu no horizonte: ressurreição. O Único Deus faria um novo mundo e levantaria seu povo, particularmente seu povo leal e zeloso, a uma nova vida corpórea nessa nova criação,[8] e o zelo encontraria sua recompensa definitiva no Reino de Deus, tanto na terra como no céu.

Essas histórias teriam ressoado poderosamente no lar judaico devoto de Saulo. Comunidades judaicas na Turquia e em muitas outras partes do Império Romano viviam de modo relativamente pacífico ao longo dos vizinhos *goyische*, mas eles nunca poderiam prever quando os *goyim* intentariam mais uma vez contra eles ou que meios diabólicos encontrariam para enfraquecer a lealdade pactual dos judeus em relação

[7] 1Macabeus 2:49-68.
[8] 2Macabeus 7.

ao Único Deus. Eles tinham de estar preparados. Saulo veio de uma família que sabia o que isso significava. Significava *ioudaïsmos*: como vimos, não uma "religião" chamada "judaísmo" no sentido ocidental moderno, um sistema de piedade e moralidade, mas a propagação ativa do estilo ancestral de vida — defendendo-o de contra-ataques externos e corrupção interna, impondo as tradições da Torá sobre outros judeus, especialmente quando pareciam estar se corrompendo.

Era esse ar que o jovem Saulo respirava enquanto crescia nos primeiros anos da Era Comum. O melhor palpite tem-no um pouco mais novo que Jesus de Nazaré; uma data de nascimento na primeira década do que hoje chamamos de primeiro século é o melhor a que podemos chegar. Quanto à sua família, descobrimos posteriormente que ele tem uma irmã e um sobrinho vivendo em Jerusalém; pode ser que tenha tido até mais parentes na cidade, embora Tarso ainda constituísse o lar da família, mas, de qualquer maneira, foi para Jerusalém que ele se dirigiu, muito provavelmente durante a adolescência, tendo a mente cheia da Torá e o coração cheio de zelo. *Shema Yisrael, Adhonai Elohenu, Adonai Echad*. Um Único Deus, cujo Nome impronunciável foi substituído na grande oração por *Adhonai* e, em seguida, por *Kyrios* em língua grega, a língua universal da época. Um Único Deus, uma única Torá; um Senhor, um povo, chamado à lealdade. Com essa lealdade vinha a única esperança, a esperança da Páscoa — liberdade, especialmente liberdade do governo de estrangeiros. Todo um novo mundo, com Israel resgatado do perigo de uma vez por todas. Uma nova criação. Um novo Éden.

Não se tratava apenas de um sonho; na verdade, esse era o tempo certo para que tudo acontecesse. Não sabemos se as sinagogas em Tarso ensinariam ao jovem Saulo segredos escondidos dos escritos proféticos, segredos sobre como ele poderia dizer quando o Único Deus agiria, segredos sobre como ele poderia até mesmo experimentar a visão deste Deus pessoalmente, padrões de oração e meditação por meio dos quais alguém poderia obter um vislumbre das realidades celestiais, uma visão avançada do que haveria de ser um dia. Estava tudo lá na Escritura, se tão somente alguém soubesse não apenas onde procurar, mas também como procurar. Havia mestres em Jerusalém que não deixariam o zeloso jovem com dúvidas a esse respeito, e, em casa, em Jerusalém ou em ambos os lugares, Saulo absorveria a empolgação crescente das pessoas enquanto sondavam os escritos proféticos, particularmente o livro de Daniel, encontrando diversas dicas de que o tempo estava próximo, bem como diversas sugestões sobre como deviam orar, preparando-se para o futuro.

O mestre de Paulo em Jerusalém teria se certificado de que ele estava mergulhado nas tradições ancestrais. Gamaliel era um dos grandes rabis do período. Sob sua direção, Saulo teria estudado as próprias Escrituras, claro, e também a Torá não escrita, discussões cumulativas e progressivas dos pontos mais refinados que se desenvolveriam como tradição oral e seriam codificados, quase dois mil anos depois, no *Mishná*. Dentre, porém, as diversas interpretações da Torá da época, havia uma divisão que estava ficando cada vez mais ampla e que resultaria, no século seguinte, em duas crenças radicalmente diferentes sobre o significado de lealdade em um tempo de crise. Saulo foi moldado, ainda jovem, por esses debates, porém a posição pela qual optou não era a mesma defendida por seu grande mestre.

Gamaliel, pelo menos conforme retratado em Atos, defendia a política de "viva e deixe viver". Se as pessoas queriam seguir este Jesus, que o fizessem,[9] pois, se este novo mover vinha de Deus, prosperaria; se não, cairia sobre o próprio peso. Se os romanos queriam governar o mundo, que assim fosse. Judeus estudariam e praticariam a Torá sozinhos. Em linhas gerais, esse havia sido o ensino de Hilel, principal rabino da geração anterior.

Mas tudo indicava que o jovem de Tarso, aluno de Gamaliel, não estava satisfeito com essa abordagem, e seu "zelo" o teria posicionado na escola oposta, seguindo Shamai, rival de Hilel. Shamai sustentava que, se Deus estabeleceria seu Reino na terra como no céu, então os

[9]Atos 5:34-39.

que eram zelosos por Deus e pela Torá teriam de recitar orações, afiar sua espada e se preparar para ação — ação contra pagãos ímpios; sim, quando o tempo fosse propício; ação contra os judeus renegados e corrompidos: de fato, sim, eles também. Lembre-se de Fineias. Tradições judaicas posteriores insistiam que havia um rompimento claro entre seguidores de Hilel e de Shamai, porém, isso reflete, entre outras coisas, tempos amargos relacionados a duas grandes crises: a guerra judaico-romana (66-70 d.C.) e a rebelião de Bar Kokhba (132-135 d.C.), sem mencionar os anos de tensão e inquietude entre ambos os acontecimentos. Nos dias de Saulo, era muito mais viável que visões diferentes fossem debatidas, que um aluno discordasse com um mestre. Nesse sentido, Gamaliel cria em "viver e deixar viver" e Saulo, no "zelo".

Pensei no jovem Saulo de Tarso em novembro de 1995, quando o então primeiro ministro de Israel, Yitzhak Rabin, foi assassinado por um estudante chamado Yigal Amir. Rabin havia tomado parte nos Acordos de Oslo, acordos de paz trabalhados com a liderança palestina. Em 1994, ele compartilhou o prêmio Nobel da paz com seu rival político, Shimon Peres, e com o líder palestino, Yasser Arafat; além disso, Rabin também assinou um tratado de paz com a Jordânia. Tudo isso foi demais para israelitas linha-dura, que viam as ações de Rabin como medida irremediável contra identidade e segurança nacionais. Noticiários descreveram o assassino como um "estudante de direito", mas, na Europa e nos Estados Unidos, essa frase carrega um significado diferente daquele usado atualmente em Israel e diferente também da época de Saulo de Tarso. Amir não estava estudando para ser advogado em uma corte de estilo ocidental; na realidade, ele era um estudante zeloso da Torá, e sua ação, em 4 de novembro de 1995, estava, conforme reivindicaria em seu julgamento, em conformidade com a lei judaica. Amir continua cumprindo prisão perpétua e nunca expressou arrependimento por sua ação. Obviamente, o fim do século XX é bem diferente do século I, porém, "zelo" continua uma constante.

Enquanto eu observava transmissões televisivas naquela tarde de novembro, minha mente se movia de um lado para o outro entre a

Jerusalém moderna e a Jerusalém dos dias de Saulo. Naquela Jerusalém mais antiga, um jovem chamado Estêvão fora apedrejado até a morte — ilegalmente, visto que, sob a lei romana, somente os romanos podiam levar a cabo a pena de morte. Saulo de Tarso, jovem zeloso e estudante da Torá, havia estado lá, observando, absorvendo tudo, guardando a vestimenta dos homens que lançavam pedras, os quais limpavam, cerimonialmente, a cidade do veneno lançado por Estêvão.

Que veneno era esse? Ele dizia respeito ao Templo, o que quer dizer que dizia respeito ao próprio Deus, uma vez que o Templo de Jerusalém era "a casa", ou "o lugar": o lugar onde o Deus de Israel prometera colocar seu nome, sua presença, sua glória — o lugar que o Único Deus havia prometido defender. O lugar onde céus e terra se encontravam, onde se ligavam, onde usufruíam de uma interação gloriosa, porém altamente perigosa. O lugar onde, um ou dois anos antes, um profeta galileu autoproclamado, pouco mais velho que o próprio Saulo, havia causado um reboliço com uma demonstração simbólica. Aquilo parecia, na época, ter a intenção de servir de advertência de juízo divino: o Deus de Israel usaria nações pagãs para destruir o símbolo mais estimado de Israel. Do ponto de vista de Saulo, claro, isso estava totalmente errado, pois todo mundo sabia que haveria outro caminho, que o Único Deus julgaria pagãos ímpios e justificaria Israel, seu povo. De qualquer maneira, autoridades prenderam o profeta depois de sua demonstração, entregaram-no às autoridades romanas e se certificaram de que fosse morto da maneira mais vergonhosa imaginável, tornando claro, de uma vez por todas, que ele não passava de um impostor blasfemo. Quem já tinha ouvido falar de um Messias crucificado?

Agora, porém, seguidores desse Jesus estavam reivindicando que ele havia ressuscitado dentre os mortos e falavam como se o céu e a terra tivessem se interligado, de alguma forma, *nele* — neste homem louco, perigoso e iludido! Eles falavam como se, em comparação com esse Jesus, as antigas instituições de Israel estivessem em um patamar inferior. O próprio Templo, dizia Estêvão, era apenas um expediente temporário, pois Deus estava fazendo algo novo. E, sim, a presente geração estava sob juízo por ter rejeitado Jesus e sua mensagem. Estêvão, correndo risco de vida no julgamento, complicou ainda mais as coisas: "Vejam!" — gritou. "Posso ver os céus abertos, e o filho do homem em pé, à destra de Deus!"[10] Céus e terra se abrem um ao outro, e esse Jesus os sustenta em oração? Blasfêmia! A corte ouvira o suficiente. Estêvão foi levado para fora da cidade e esmagado até a morte com uma chuva de pedras com a aprovação de Saulo. Era esse o tipo de ação que a Torá exigia, e era assim que o "zelo" deveria se parecer.

Daquele momento em diante, o jovem viu o que tinha de ser feito. Diversos dentre os seguidores de Jesus haviam deixado Jerusalém apressadamente depois da morte de Estêvão, preocupados com a possibilidade de mais violência, mas, mesmo assim, continuaram a espalhar o veneno. Por onde quer que fossem, estabeleciam grupos, pequenas células revolucionárias, e propagavam esse novo ensino, colocando Jesus no centro da cena e removendo os antigos símbolos israelitas, incluindo até o próprio Templo. Do ponto de vista de Saulo, se os corruptos das histórias bíblicas antigas tinham sido ruins, estes eram ainda piores, e sua ação poderia atrasar a vinda do Reino e atrair ainda mais ira divina sobre Israel.

Saulo, portanto, partiu como um novo Fineias, um novo Elias. Modelos bíblicos estavam claros. Torá e Templo — até mesmo o Único Deus — estavam sob ataque por esse novo movimento. Com sua Bíblia na cabeça, zelo em seu coração e documentos oficiais de autoridade da parte dos principais sacerdotes em sua bolsa, o jovem Saulo partiu, firme na esperança de que ele também seria reconhecido como verdadeiro membro da aliança: "Isso lhe foi creditado como um ato de justiça". Naquele tempo, Fineias; agora, Saulo.

---

[10]Atos 7:56.

De Jerusalém a Damasco

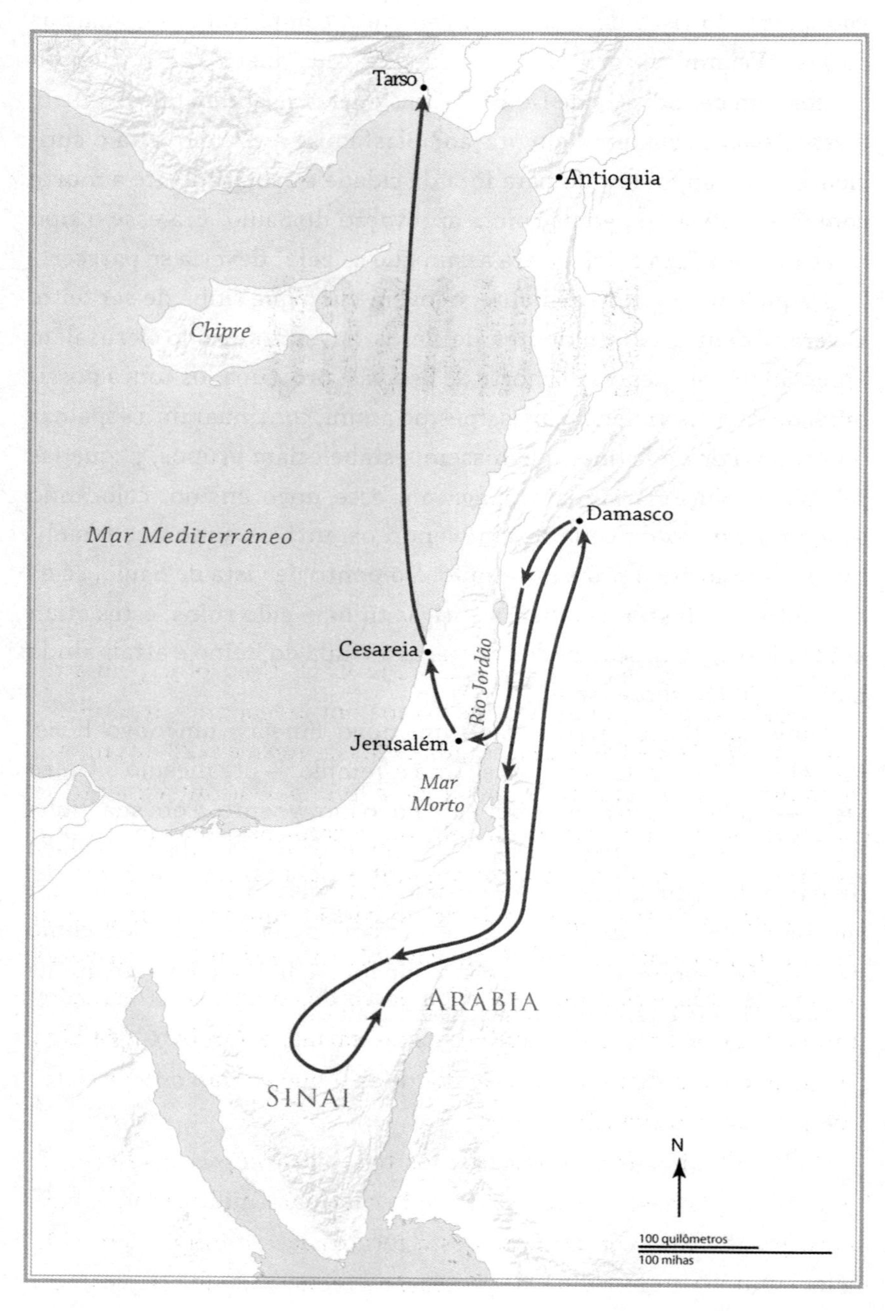

CAPÍTULO 2

DAMASCO

UMA LUZ OFUSCANTE; UMA VOZ DO CÉU. Uma obra-prima de Caravaggio. O perseguidor se transforma em pregador. A festa dedicada à conversão de Paulo é celebrada todos os anos, em 25 de janeiro, em muitas igrejas ocidentais, incluindo a minha. O acontecimento se transformou em uma metáfora cultural, e tradições, por um lado, e uso proverbial, por outro, conspiram juntos para fazerem de Saulo de Tarso, a partir de sua experiência de conversão, tanto famoso quanto obscuro. O incidente, narrado (com variações interessantes) três vezes no livro de Atos, é claramente vital: a partir das próprias observações autobiográficas breves de Paulo em suas cartas, está óbvio que algo cataclísmico sucedeu-lhe naquele dia. Mas o que exatamente aconteceu? E o que isso significava?

Um século depois de Freud, somos todos psicólogos amadores. A "estrada de Damasco", expressão conhecida para milhões, mas cuja noção precisa de onde Damasco está localizada é mínima, tem sido uma armadilha atraente para especulação e reducionismo psicológicos.

Mas o que se passou na mente e no coração de Saulo naquele dia? O que transformou o perseguidor zeloso em um apóstolo zeloso?

Teorias vêm e vão. A visão de Saulo foi o momento em que sua personalidade "renascida" entrou "realmente" em ação. Não, na verdade, foi quando sua culpa residual do apedrejamento de Estêvão voltou para assombrá-lo. Não, foi o que deveríamos esperar quando a tensão entre cobiças interiores de um jovem e exigências exteriores de santidade estrita finalmente explodiram. Na verdade, foi um ataque epilético, ou talvez ele só estivesse desidratado por caminhar debaixo do sol ao meio-dia — e assim por diante. Qualquer explicação servirá, desde que a pergunta não seja incômoda demais. Mas e se... e se o problema diz respeito a algo mais profundo?

Teorias desse tipo são, na verdade, um pouco do que acontece quando pessoas que nunca viram um letreiro em neon são repentinamente confrontadas com um — escrito, porém, em língua estrangeira. Muitos gastam tempo tentando adivinhar como o letreiro pode brilhar da forma como o faz sem ao menos perceber que o letreiro está dizendo. O extravagante poeta inglês John Betjeman coloca-o da seguinte maneira:

Paulo é geralmente criticado
Pelo homem moderno, incomodado
Com sua conversão, dizendo que Freud
Explica tudo. Contudo, ele omite
A parte realmente vital que existe
Que não é como *a conversão aconteceu*
Mas sim naquilo em que Paulo creu.[1]

Betjeman, na realidade, não faz um bom trabalho em explicar aquilo "em que Paulo creu", porém, ele está certo sobre o ponto principal.

[1]John Betjeman, *Uncollected Poems* [Poemas não coletados] (Londres, John Murray, 1982), p. 68.

Perguntar o "como" de sua conversão pode ou não exigir o estudo da psicologia de Paulo, mas é, em última análise, a pergunta errada. De qualquer modo, psicologia histórica pode ser um bom divertimento, mas se mostra inútil na investigação histórica real.

Um breve momento de reflexão deixará isso claro — e é um ponto importante no início da investigação biográfica. Qualquer pastor ou conselheiro treinado, quanto mais um psiquiatra de profissão, sabe perfeitamente bem que o ser humano é um profundo poço de mistérios. Ainda podemos nos surpreender, talvez até nos chocar, quando um amigo de muitos anos, ou mesmo um cônjuge, permite-nos uma pequena olhadela de profundezas interiores insuspeitadas, o que algumas culturas chamam de "coração" e outras, "alma". Mesmo quando o conselheiro é completamente confiável, compartilhando a mesma premissa cultural e os mesmos valores espirituais, será quase sempre bem mais difícil do que podemos supor chegar à raiz da personalidade, às fontes profundas da motivação e às agonias escuras que produzem noites sem dormir ou dias disfuncionais. Quanto mais impossível é no caso da investigação de alguém que viveu dois mil anos atrás em uma cultura muito diferente da nossa.

Além de impossível, esse tipo de estudo é, por sorte, desnecessário para biografia, como o é, de fato, para a história em geral, mas isso não quer dizer que não se possa estudar a motivação humana. Não estamos restritos a falar apenas sobre "o que aconteceu" em termos daquilo que é capturado pela câmera ou pelo gravador; na verdade, o historiador e biógrafo devem se aprofundar o máximo possível, procurando acessar níveis de motivação disponíveis, incluindo narrativas implícitas que correm em determinada cultura ou na mente de um líder político ou de um indivíduo isolado.

Uma tentativa semelhante foi feita antes da preparação para a invasão do Iraque por forças norte-americanas e britânicas e seus aliados, em 2003. Dois intrépidos escritores norte-americanos produziram um estudo de personagens culturais populares (em filmes, programas de TV e revistas em quadrinhos) listados como favoritos de presidentes do século anterior[2] e, vez após vez, os presidentes escolheram o Capitão América, o Lobo Solitário e roteiros de personagens semelhantes, nos quais o herói age fora dos limites da lei para restaurar a paz a comunidades sitiadas. A narrativa parecia preocupantemente familiar, e isso não se tratava de psicanálise, mas de um estudo de motivação. Sendo assim, podemos, em princípio, inspecionar narrativas implícitas que levam as pessoas a tomarem determinada atitude.

Isso foi feito, tomando outro exemplo, por historiadores da Primeira Guerra Mundial. Como historiadores, não podemos fazer uma análise psicológica dos líderes da Alemanha, Rússia, Polônia, Sérvia, França e dos demais países envolvidos — mesmo do secretário britânico de relações exteriores da época, o circunspecto Sir Edward Grey —, e nem devemos tentar, mas o historiador pode, em princípio, sondar o modo como que declarações e ações de tais pessoas revelam um senso de propósito, um entendimento da identidade e do dever nacional, uma *narrativa* de erros passados que devem ser corrigidos, e um sentido, em alguns casos, da chegada de um momento histórico que deve ser aproveitado. Podemos, em outras palavras, estudar o porquê de tantas pessoas, em tantos países, chegarem à mesma conclusão, por volta da mesma época — a saber, que tudo que a Europa precisava era de uma boa e rápida guerra. Isso não é psicologia, e sim o estudo histórico de como e por que o ser humano toma as decisões que toma.[3] História não diz respeito apenas a acontecimentos, mas a motivações, e estas, sem dúvida, flutuam como *icebergs* e contêm mais elementos escondidos do que expostos. Todavia, geralmente há uma boa dose de

[2]John Shelton Lawrence e Robert Jewett, *The Myth of the American Superhero* [O mito do super-herói americano] (Grand Rapids: Eerdmans, 2002); Robert Jewett e John Shelton Lawrence, *Captain America and the Crusade Against Evil: The Dilemma of Zealous Nationalism* [Capitão América e a cruzada contra o mal: o dilema do nacionalismo zeloso] (Grand Rapids: Eerdmans, 2004).

[3]Cf., por exemplo, Margaret MacMillan, *The War That Ended Peace* [A guerra que acabou com a paz] (Londres: Profile Books), 2013, esp. cap. 9.

aspectos visíveis na superfície, normalmente incluindo uma forte narrativa implícita, e podemos estudar isso.

Quando, então, alguém é sacudido até a raiz, de modo que esse alguém emerge do cataclismo em alguns aspectos o mesmo, mas, em outros, radicalmente diferente, não há dúvidas de que várias explicações podem ser dadas. Todavia, tais explicações não devem se anular mutuamente; o que podemos tentar fazer, e o que tentaremos fazer no caso de Saulo de Tarso na "estrada de Damasco" e daí por diante, é tomar o que sabemos sobre nosso sujeito antes do acontecimento e o que sabemos a seu respeito depois do acontecimento, posicionando esses contrastes aparentemente opostos dentro do rico mundo cultural e espiritual judaico de sua época, repleto, por assim dizer, de diversas formas da narrativa judaica principal. Precisamos olhar com cuidado para ver o que emerge não apenas sobre o acontecimento em si, seja ele qual for, mas sobre a maneira com o "zelo" do jovem e ávido aluno da Torá se manifestou como um tipo diferente de "zelo", chamado por ele de "boa-nova", *euangelion*, o evangelho, a mensagem sobre Jesus — o cumprimento, ainda que inesperado, da esperança ancestral.

Alguns a viam na época, e muitos continuam a vê-la desde então, como uma narrativa substituindo outra, e a própria palavra "conversão" tem sido geralmente empregada dessa maneira. Contudo, Saulo — o apóstolo Paulo — enxergava-a como sendo a mesma, uma narrativa que agora demandava uma maneira totalmente diferente, porém justificável, de ser entendida — a narrativa em questão era a esperança de Israel.

Se eu disser que Saulo de Tarso foi criado em um mundo de esperança, muitos leitores me entenderão errado, mas vale dizer que "esperança" e "otimismo" não são a mesma coisa. O otimista olha para o mundo e se sente bem sobre o rumo que está tomando, isto é, as coisas estão melhorando! Tudo vai acabar bem! Esperança, porém — pelo menos conforme concebida dentro do mundo judaico e, em seguida, do início do cristianismo — era muito diferente; ela poderia ser, e geralmente era, uma escolha persistente e deliberada quando o mundo parecia obscuro e não dependia de um *sentimento* sobre o modo com as coisas estavam ou como se moviam, mas de *fé* — a fé no Único Deus. Este Deus havia feito o mundo. Este Deus havia chamado Israel para ser seu povo. A Escritura, sobretudo o livro de Salmos, havia deixado claro que poderíamos confiar no fato de que Deus resolveria tudo no final, seria verdadeiro em suas promessas e, por fim, justificaria seu povo, mesmo se isso tivesse de acontecer do outro lado de um sofrimento terrível.

Nesse sentido, "esperança" não é um sentimento, e sim uma virtude, e você tem de praticá-la, assim como faz com uma peça difícil de violino ou um saque complexo de tênis. Você pratica a virtude da esperança por meio de adoração e oração, invocando o Único Deus, por meio da leitura e da reimaginação da história bíblica, e por meio da retenção consciente do futuro desconhecido dentro das promessas divinas inabaláveis. Saulo havia aprendido a fazê-lo; e Paulo, o apóstolo, muito posteriormente, teria de aprender toda a mesma lição outra vez.

No mundo de Saulo, essas promessas inabaláveis estavam focalizadas em uma única grande história, com um elemento particular que faria toda a diferença. A grande história era a narrativa antiga da liberdade, a história da Páscoa, mas com um ângulo novo: o Único Deus havia libertado seu povo da escravidão do Egito e faria a mesma coisa outra vez. Agora, porém, eles não estavam no Egito, mas sua escravidão, nos dias de Saulo, era mais complicada. Para começar, ninguém nas histórias antigas havia sugerido de que o tempo de Israel no Egito era uma punição por algo feito de errado, mas Israel na Babilônia era uma história diferente. Leia os profetas — é difícil não notar isso. O jovem Saulo, conforme vimos, teria facilmente feito a conexão entre o exílio de Adão e Eva do jardim do Éden e Israel sendo exilado da terra prometida. Adão e Eva escutaram a voz da serpente e deixaram de cumprir seu trabalho no jardim, de modo que lá se foram eles, para um mundo de espinhos e ervas-daninhas, ao passo que os israelitas adoraram ídolos de Canaã e deixaram de amar a justiça, amar a misericórdia e andar humildemente com o Único Deus, e, por isso, lá se foram para a Babilônia.

Em nenhum dos casos (Adão e Eva, de um lado, e Israel, do outro) esse poderia ter sido o fim da história, pois, se fosse, o Único Deus poderia ser acusado de pura incompetência. A história de Israel, começando com o próprio Abraão, sempre havia sido, e nos dias de Saulo era assim percebida, o começo de uma operação de resgate, o início de um longo propósito de retificar o ser humano e, no final, retificar todo o mundo mais uma vez. O projeto humano, o projeto humanos-no-jardim, tinha de voltar ao rumo original. Se, porém, a própria operação de resgate (a família de Abraão) necessitava de resgate, o que fazer, então? Se o bote salva-vidas ficar preso nas rochas, quem virá para ajudar? E como fará isso?

Nos dias de Saulo, estava claro que o projeto Abraão, a vocação de Israel, havia de fato chegado a um ponto em que um resgate se fez necessário. Conforme vimos anteriormente, alguns judeus haviam retornado da Babilônia, enquanto outros estavam espalhados por todo o mundo conhecido; entretanto, o clamor subia de geração em geração, do tempo dos babilônicos até o tempo, quatro séculos depois, quando soldados romanos marcharam pela Terra Santa: "Ainda estamos exilados", e esse "exílio" não era apenas geográfico: era um estado de mente e coração, de políticas e praticidades, de espírito e carne. Enquanto pagãos governavam sobre os judeus, Israel permanecia exilado; enquanto soldados romanos pudessem lhes fazer gestos obscenos enquanto faziam sua oração no Lugar Santo, Israel ainda estava exilado. Ademais, uma vez que o exílio era resultado da idolatria de Israel (nenhum judeu devoto teria contestado esse ponto, visto que os grandes profetas o haviam deixado muito claro), o que eles precisavam não era apenas de uma nova Páscoa, de um novo resgate da escravidão causada por tiranos pagãos. Israel precisava de *perdão*.

Essa foi a notícia alegre sobre a qual os profetas falaram, a palavra de consolo em todos os níveis, do espiritual ao físico, e é por isso que a famosa abertura do poema central do livro de Isaías enfatiza o consolo: "Consolem, consolem o meu povo, diz o Deus de vocês".[4] Quando

[4]Isaías 40:1.

o rei perdoa um criminoso encarcerado, este é liberto; e quando o Único Deus finalmente lida com a idolatria e a impiedade, razões pelas quais Israel foi exilado, então seu povo é finalmente livre e se torna um povo distinto, um povo da Páscoa.

Essa foi a esperança antiga, estimada não apenas por Saulo de Tarso, mas por milhares de seus contemporâneos judeus, mas é claro que nem todos eram "zelosos" como Saulo; poucos, talvez, tinham seu vigor intelectual, mas a maioria estava ciente, por meio da Escritura e da liturgia, das antigas promessas divinas e da tensão entre essas promessas e a realidade atual. De uma forma ou de outra, tratava-se de uma cultura inundada de esperança, esperança esta há muito adiada, mas que, ainda assim, nunca deixou de ser esperança.

Essa é a grande história na qual Saulo e seus contemporâneos viviam. Essa é a narrativa que guardavam na mente e no coração. Essa história dava forma e energia, de mil maneiras diferentes, à sua aspiração e motivação, e ela explica tanto esperança quanto ação. Isso não é psicanálise. É história.

O ELEMENTO PARTICULAR que trouxe tudo isso a um foco nítido e, de fato, a um foco cego na estrada de Damasco dizia respeito ao próprio Deus de Israel. Não somente Israel havia ido para o exílio. De acordo com os profetas, o Deus de Israel havia abandonado Jerusalém e se afastado do Templo, deixando-o suscetível à invasão e destruição. Mas os profetas não pararam por aí: eles prometeram uma grande restauração. Dois dos grandes profetas de Israel, Isaías e Ezequiel, concentraram essas promessas de longo alcance na segurança de que o Único Deus, tendo aparentemente abandonado seu povo à própria sorte, retornaria. "Nivele os montes e preencha os vales" — grita Isaías. "Role o tapete vermelho, pois Deus está de volta!"[5] Sentinelas nas muralhas de Jerusalém gritarão de alegria quando, à vista de todos, eles o virem

[5]Isaías. 40:4–5, paráfrase minha.

retornar para Jerusalém.[6] Um novo templo apareceria, declarou Ezequiel, e a glória divina viria para habitar lá como havia acontecido no Tabernáculo do deserto, no auge da história da liberdade: o livro de Êxodo.[7]

Tudo isso significava que o simbolismo na essência de todos os templos antigos se tornaria, por fim, realidade. Templos eram construídos para reter as esferas divina ("céus") e humana ("terra"), e o Templo de Jerusalém, como o Tabernáculo do deserto antes dele, foi designado como um pequeno modelo funcional de todo o cosmos. Era esse o local onde o Único Deus da criação viveria, habitando em meio ao seu povo. Quando o Templo foi destruído, essa visão se despedaçou, mas os profetas declararam que Deus retornaria um dia. Malaquias, um dos últimos dentre os profetas antigos, insiste com os céticos, muitos anos depois do retorno de alguns judeus da Babilônia, que "o Senhor a quem buscais *virá* repentinamente ao seu templo".[8] Rumores de uma ausência sem fim estavam errados. Ele retornaria, mas seria bom que o povo estivesse preparado...

Desse modo, como alguém se prepararia? O que um judeu devoto deveria fazer nesse intervalo de tempo? Para começar, devia guardar os mandamentos da Torá. Conforme vimos anteriormente, para muitos judeus até mesmo nesse período (isto é, antes da destruição final do Templo em 70 d.C.), a Torá havia se tornado um Templo portátil: independentemente de onde estivessem, em Roma ou na Babilônia, na Grécia ou no Egito, se, em oração, estudassem a Torá, então seria *como se os judeus estivessem no próprio Templo*. A presença divina estaria no templo, não com uma glória reluzente, não com uma coluna de nuvem e fogo, mas, mesmo assim, estaria lá.

Havia também padrões e disciplinas de oração por meio dos quais esse momento glorioso poderia ser antecipado por um judeu devoto

[6] Isaías 52:8.
[7] Ezequiel 43:1–5; Êxodo 40:34–38.
[8] Malaquias 3:1.

(e o jovem Saulo não era nada menos do que um judeu devoto). Havia formas de oração (ouvimos falar a seu respeito por meio de tradições muito posteriores, mas há indicações de que elas já eram conhecidas nos dias de Saulo) por meio das quais essa fusão de terra e céu podia ser concretizada até mesmo por indivíduos. Oração, jejum e observância estrita da Torá poderiam criar condições para que o adorador fosse "arrebatado aos céus" ou para que uma revelação nova do céu fosse dada a alguém na terra — ou ambos. Quem poderia dizer o que exatamente isso tudo significaria na prática, estabelecida, por assim dizer, na fronteira entre linguagem e experiência, tanto naquela época quanto agora? Uma visão, uma revelação, o desvendar de mistérios... como próprio Templo, apenas ainda mais misterioso...

Havia uma tradição centenária de sábios judeus almejando por esse tipo de coisa e, em alguns casos, experimentando-o, e tais histórias datam de volta às narrativas dos patriarcas de Israel. Abraão teve uma visão estranha e inquietante da presença divina como um braseiro ardente e fumegante que passava por animais sacrificiais cortados, estabelecendo a aliança.[9] Jacó, fugindo por sua vida, sonha acerca de uma escada que desce dos céus à terra.[10] José interpreta sonhos para os servos de Faraó e, em seguida, para o próprio faraó, até descobrir, de repente, que seus próprios sonhos de infância são também cumpridos de uma maneira que ele jamais poderia imaginar. [11]Ainda mais próximo do primeiro século havia Daniel, que, como José interpretava sonhos para um rei pagão; então, como Jacó, teve suas próprias visões do céu e da terra em um intercâmbio perigoso, porém glorioso.[12]

Essas memórias informavam a mente dos judeus do primeiro século que estavam no intervalo longo e enigmático entre o tempo quando o Único Deus havia abandonado o Templo e o tempo em que haveria de

[9]Gênesis 15:7–21.
[10]Gênesis 28:10–22.
[11]Gênesis 40–42.
[12]Daniel 2:17–49; 7:1–28.

retornar em glória. Céus e terra se reunificariam, enfim. Mas como? Quando? Respostas interinas foram dadas em vários escritos. Profetas, místicos e poetas escreveram a respeito de sonhos e visões cujo tema principal era o resgate de Israel e a revelação final, salvadora, do Único Deus. Geralmente, aqueles que adotavam a forma literária de "sonho mais interpretação" se fundiam para fornecer a "revelação" (em grego, *apokalypsis*) de coisas normalmente escondidas, e esse era o mundo no qual Saulo de Tarso, herdeiro dessas tradições, praticava sua devoção fervorosa e leal ao Deus de Israel. Esse era o meio de manter a esperança viva, talvez até mesmo ter um vislumbre adiantado de seu cumprimento.

Mais uma vez, localizar Saulo nesse universo não é uma questão de psicologia, mas de história, uma vez que estamos tentando saber o que se passava na mente de um judeu jovem e zeloso, determinado a fazer a vontade de Deus independentemente do custo, ávido por purificar Israel da idolatria e do pecado, e disposto a apressar o tempo em que Deus retornaria para governar seu mundo com justiça e retidão. O que poderia ser mais apropriado para tal jovem do que buscar pessoalmente, por meio da oração e da meditação, essas estranhas e antigas tradições de interação entre o céu e a terra e se tornar, em sua própria mente e coração (e por que não em seu próprio corpo?) parte dessa realidade — um visionário cujo olhar interior, e mesmo exterior, pudesse vislumbrar o mistério definitivo?

Você verá para onde isto está indo (embora Saulo... claro que não!). Há, porém, mais um elemento a ser adicionado à mistura antes de chegarmos lá. Em tradições judaicas posteriores — mais uma vez, devemos presumir que tais tradições têm raízes históricas profundas, embora estejam, agora, longe do nosso alcance —, um texto central para a meditação desse tipo, para o "misticismo" de céu-e-terra (se quisermos chamá-lo assim), era a abertura do livro de Ezequiel. Em uma das cenas mais estranhas das Escrituras, o profeta vê a carruagem celestial sobre a qual o Único Deus atua e a descreve com cuidado imenso, de baixo para cima, começando pelo redemoinho, prosseguindo para as rodas reluzentes e as estranhas criaturas de quatro faces (anjos? Quem sabe?) que a conduzem. (Mesmo a leitura do texto pode deixá-lo confuso. Alguns rabinos posteriores tentaram impedir as pessoas de lê-lo até que atingissem pelo menos a idade de quarenta anos).

Gradual e vagarosamente, o profeta trabalha sua descrição, começando com os seres viventes e as "giratórias", e subindo até o trono para, em seguida, descrever a figura sentada no trono. A partir desse ponto, o profeta fica relutante em descrever o que parece ver: "algo que se assemelhava à forma humana"[13] e cai sobre o rosto como se estivesse morto. Ele, porém, é imediatamente ordenado a ficar em pé para receber sua vocação profética, embora isso seja, à sua maneira, tão assustador quanto a visão em si, e talvez tal vocação apenas possa ser cumprida por alguém que tenha tido tal visão.

Essa passagem em Ezequiel tornou-se um ponto focal de meditação para judeus devotos nos dias de Saulo e posteriormente. Segundo esperavam, contemplar tal cena inspiradora poderia levá-los a um foco pessoal antecipatório ao tão aguardado retorno visível de Deus a Jerusalém, dessa fusão de céus e terra, da própria *raison d'être* do Templo. Isso não dizia respeito somente a uma pessoa tendo o que nós, modernos, chamaríamos de "experiência espiritual gloriosa". Uma visão do trono, uma visão do Templo, diria respeito à união dos céus e da terra. Em outras palavras, estaria relacionada à tão aguardada renovação da Criação em si — a visão profética definitiva.

Quanto mais pondero sobre o que aconteceu com Saulo de Tarso na estrada de Damasco, unindo (como um historiador deve fazer) relatos ligeiramente oficializados no livro de Atos com referências breves e enigmáticas das próprias cartas de Paulo, mais me pergunto se Saulo praticava esse tipo de meditação, pois esse era o tipo de coisa que alguém bem poderia fazer durante as longas e escaldantes horas de jornada de Jerusalém até Damasco. Na famosa pintura de Caravaggio,

[13]Ezequiel 1:26.

Saulo está indo a cavalo; historicamente, um jumento parece muito mais provável. Isso também produziria um eco oblíquo da história que começa com Balaão em sua jumenta e culmina com o momento de zelo de Fineias.

À medida que refletimos sobre o que o apóstolo Paulo veio a dizer sobre o incidente muito tempo depois, seria perfeito sentido supor que ele andava meditando na visão de Ezequiel e buscando, se pudesse, vislumbrar por si mesmo o que os profetas tinham visto. (Presumo que ele estivesse bem abaixo da idade prescrita dos quarenta anos, mas também presumo que a tentativa de proibição tenha sido uma restrição posterior, designada precisamente a manter jovens extremistas longe de problemas). Talvez Paulo estivesse orando o *Shema*: "Escute, ó Israel: o SENHOR, nosso Deus, o SENHOR é um", orando-o como um mantra, repetindo-o no ritmo de sua respiração, ao movimento constante do animal sobre o qual estava assentado. Ore e vigie. Vigie e ore. Permaneça leal ao Deus de Israel. Defenda seu Reino. Ore e vigie. Comece com os seres viventes e as giratórias, e talvez ascenda a partir daí...

Assim, em sua imaginação, ele concebe as criaturas de quatro faces e as rodas, e se concentra nelas. Ele as vê e pondera sobre elas. Ousará ir adiante? Para cima, com oração e pulsar vivificante, para a própria carruagem. Era sua imaginação? Saulo de fato via a carruagem? Seus olhos estavam abertos ou eram apenas os olhos do seu coração abertos a realidades normalmente invisíveis? Ninguém que tenha tido tal experiência é capaz de dar uma resposta científica a tais perguntas, porém, essas perguntas são, em qualquer caso, abandonadas quando céus e terra estão se unindo. Para cima mais uma vez, então, para as partes inferiores do que parece ser uma figura sobre o trono, algum tipo de forma humana. Saulo de Tarso, com sua cabeça cheia das Escrituras e o coração cheio de zelo, ergue os olhos vagarosamente para cima mais uma vez. Ele está vendo agora, com os olhos bem abertos, consciente de estar acordado, mas consciente também de que parece haver uma rachadura na realidade, uma fissura na fábrica do cosmos, e percebe que seu olhar desperto vê coisas tão perigosas que, caso não estivesse tão preparado, tão purificado, tão cuidadosamente devoto, jamais ousaria chegar assim tão perto. Para cima mais uma vez, da cintura para o rosto. Saulo ergue os olhos para ver aquele a quem adorara e servira por toda a vida... e se depara, face a face, com Jesus de Nazaré.

Tentar explicar o significado desse encontro na linguagem da psicologia seria o mesmo que tentar reproduzir uma obra de Ticiano — cheio de pinceladas livres e expressivas — com lápis de cor infantil. Para entendermos a explosão resultante, precisamos de história, precisamos de teologia, precisamos de um forte senso das tensões interiores do mundo judaico do primeiro século e dos propagadores zelosos da cultura judaica. Esse momento despedaçou os sonhos mais ousados de Saulo e, simultaneamente, cumpriu-os; além disso, era (ele o viu neste instante) não somente o cumprimento das Escrituras antigas de Israel, mas também a negação completa do modo como interpretara as Escrituras até esse ponto. *Deus, o Criador, havia ressuscitado Jesus dentre os mortos, declarando não apenas que ele era de fato o Messias de Israel, mas que ele havia feito o que o Único Deus havia prometido fazer, em pessoa*. Saulo havia estado absolutamente certo em sua devoção ao Único Deus, mas absolutamente errado em seu entendimento de quem esse Único Deus era e de como suas promessas seriam cumpridas. Ele havia estado absolutamente certo em sua devoção a Israel e à Torá, mas absolutamente errado em sua visão da vocação e identidade de Israel, e até mesmo no próprio significado da Torá. Sua lealdade ao longo da vida estivera absolutamente certa, embora absolutamente mal orientada, uma vez que ele tinha zelo por Deus, mas não havia entendido a obra deste Único Deus. Tudo agora se concentrava na figura a partir da qual emanava uma luz ofuscante, a figura que agora se dirigia a Saulo como um mestre se dirige a um escravo, a figura que ele reconheceu como o Jesus de Nazaré crucificado. Céus e terra se uniram nessa figura, a qual ordenava Saulo a reconhecer esse fato e reorientar a própria vida em acordo com ela.

Assim, quando a tradição cristã fala da "conversão" de Saulo, devemos parar e refletir. Em nosso mundo, conforme vimos anteriormente, é comum aplicarmos o termo a alguém que se "converte" de uma "religião" para outra, mas não foi isso que aconteceu, pois nem por um segundo Saulo deixou de crer no Único Deus de Abraão, Isaque e Jacó. O que aconteceu foi que... bem, o ocorrido foi que... como ele poderia articulá-lo? Vinte e poucos anos depois ele escreveria sobre ter vislumbrado "a glória de Deus na face de Jesus, o Messias".[14] Essa era uma forma de colocá-lo. Haveria outras maneiras também, e isso nada tinha a ver com "religião", seja no sentido antigo ou no sentido (muito diferente) moderno. Dizia respeito a Jesus — Jesus como o ponto no qual, exatamente como Estêvão, o mártir, reivindicara — céus e terra agora haviam convergido e se fundido. Dizia respeito a Jesus como sendo, em pessoa, a realidade para a qual o Templo havia apontado.

É fácil, em nossa cultura, interpretar isso errado. Muito ainda se fala de Paulo e dos grupos de seguidores de Jesus que cresceram a partir de seu trabalho como se oferecessem um novo tipo de "religião", comparável a ou em competição com alguma coisa chamada de "judaísmo", mas isso é enganoso em diversos aspectos, pois não havia nada chamado de "cristianismo" no primeiro século, apenas grupos de pessoas que criam que Jesus de Nazaré era o Messias de Israel e o Senhor legítimo do mundo. Não havia nada correspondendo ao que agora chamamos de "judaísmo" no primeiro século (conforme vimos, a palavra tinha um sentido ativo de "propagação zelosa do estilo de vida judaico" naquela época), apenas as muitas comunidades de judeus ao redor do mundo, orando ao Deus de Israel, estudando as Escrituras e se concentrando no Templo e na Torá.

O que impulsionou Paulo, a partir daquele momento na estada de Damasco e subsequentemente por toda a sua vida, foi a fé de que o Deus de Israel havia feito o que sempre dissera que faria: que as Escrituras de Israel haviam sido cumpridas de maneira inimaginável; e que Templo e Torá não eram, em si, realidades definitivas, mas sim

[14]2Coríntios 4:6.

sinais gloriosos que apontavam para a frente em direção à realidade de novos céus e nova terra gerada em Jesus. Até o dia de sua morte, Paulo permaneceu intensamente leal ao Deus de Israel, visto, em um foco novo e ofuscante, em Jesus. Nem Paulo, nem as comunidades que fundou, engajavam-se em "religião comparativa". Eles não estavam dizendo: "Tentamos uma forma de ser religioso, mas agora encontramos um método melhor". Ninguém pensava assim no primeiro século, certamente nenhum judeu, pois eles estavam focados naquilo que poderíamos chamar de *escatologia messiânica*: a crença de que o Único Deus agiu de modo decisivo e culminante — e, além do mais, *como* o Messias de Israel. Uma realidade chocante e ofuscante. A realidade que mudaria o mundo.

Guiando-o pela mão, companheiros de viagem conduziram Saulo para dentro da cidade.

SE VOCÊ PROCURAR POR "RUA DIREITA" em Damasco (pelo Google Earth, por exemplo), será direcionado a *Bab Sharqi*, parte de uma estrada romana antiga que vai de leste a oeste ao longo do coração da cidade velha. *Bab Sharqi* é agora a metade oriental de uma rua mais longa, com o quarteirão judaico posicionado em seu lado sul. Em algum lugar desse distrito, Saulo de Tarso foi levado, completamente cego, para um alojamento onde, abismado e aturdido, permaneceu por três dias. Não comeu; não bebeu; não era capaz de enxergar; contudo, orou. É claro que ele orou! "Escute, ó Israel..."

Entretanto, o que essa grande oração significaria agora? Que forma a lealdade ao Único Deus assumiria? Paulo, claro, continuaria a invocar o Único Deus como o Deus de Israel. Mas e se os propósitos de Israel tivessem sido cumpridos em um homem, o rei ungido? E se o Deus de Israel havia feito *em pessoa*, na pessoa deste homem, o que disse que faria, derrotando a própria morte e inaugurando sua nova criação? O que a própria palavra "Deus" significaria? O que a palavra "Israel" agora significaria? (Essa pergunta era encarada por muitos grupos judaicos do período, desde a Seita da Aliança em Qumran aos grupos ávidos apoiando diversos "messias" em potencial ao longo do século seguinte e em diante, cada qual reivindicando uma posição privilegiada quanto aos propósitos divinos). Saulo, conhecendo Salmos, os livros proféticos e, por trás de todos eles, a grande história da criação e do Êxodo, orava e orava.

No terceiro dia, houve uma batida na porta. O pequeno grupo de seguidores de Jesus em Damasco, alguns deles talvez refugiados da perseguição em Jerusalém, haviam tomado conhecimento de que Saulo de Tarso estava vindo para pegá-los, arrastá-los à prisão ou até mesmo à morte. Um membro desse grupo, Ananias, teve uma visão. (Hoje em dia, pessoas desdenham dessas coisas, mas isso geralmente é mero preconceito, pois muitas pessoas em várias culturas ainda falam de sensações estranhas de direção ou até mesmo ordem, sugestões inesperadas que, quando seguidas, produzem resultados igualmente inesperados). Ele deveria ir e colocar as mãos sobre Saulo, a fim de que este recuperasse a visão. Naturalmente, Ananias recuou. O Senhor estava lhe pedindo para cair em uma armadilha, para cair na cova do leão? Não. Como é geralmente o caso (torna-se um tema recorrente no início da narrativa cristã), quando algo precisa ser feito, esse algo é realizado por um discípulo obediente, mas provavelmente ansioso e preocupado. Assim, Ananias parte para sua missão.

Jesus lhe havia dito três coisas a respeito de Saulo. A primeira é que ele estava orando. Há alguns que sugerem que "orar" era, em si, um sinal de que Saulo havia tido uma nova "experiência religiosa", como um ateu secular no mundo de hoje encontrando-se com Deus e orando pela primeira vez; mas isso, claro, é um absurdo. Saulo havia orado por toda a vida e estava agora orando com um novo foco e uma nova perplexidade. A segunda é que Saulo seria um "vaso escolhido" por meio do qual a mensagem seria divulgada ao mundo e a terceira é que ele teria de sofrer por amor de Jesus. Ananias, contudo, não disse isso para Saulo, pois isso caberia ao próprio Jesus deixar claro. Ananias usou outras palavras e ações, e, juntos, ambos introduziram diversos temas que modelarão a vida e a obra de Saulo.

"Irmão Saulo" — começou Ananias. *Irmão?* Sim. Desde o início, a começar do ensino do próprio Jesus, os membros desse estranho novo grupo consideravam um ao outro uma "família" em um mundo onde "família" significava muito mais do que na maior parte das culturas ocidentais atuais. Mesmo antes de Saulo ter sido batizado, Ananias o reconhece como parte integrante do que os antropólogos chamam de "grupo de parentesco fictício". Evidentemente, nesse ponto todos os seguidores de Jesus eram judeus, de modo que já havia um sentido de parentesco estendido dentro do qual essa nova realidade havia sido gerada. Rapidamente, porém, sobretudo por causa da própria obra de Saulo, esse parentesco seria estendido a uma companhia muito mais ampla, criando sérios problemas no caminho, mas sempre fazendo a mesma afirmação forte: "Não há mais judeu ou grego; não há mais escravo ou livre; não há mais 'homem e mulher'; todos vocês são um em Jesus, o Messias".[15] Paulo escreveu essas palavras pelo menos quinze anos depois, mas a verdade que elas expressam já estava contida na saudação de abertura de Ananias.

Ananias explicou a Saulo que Jesus o enviara para que Saulo pudesse ver outra vez e recebesse o espírito santo. Quem sabe o que essas palavras fizeram a Saulo depois de seus três dias de turbulência e cegueira? Seja o que estivesse dentro dele, a evidência exterior era clara: algo semelhante a escamas caíram de seus olhos (outra frase que virou ditado; será que a luz ofuscante chegou a formar algum tipo de camada exterior?), e ele voltou a enxergar. Nós, do mundo moderno, não enfatizamos "milagres", mas, quando nos deparamos com acontecimentos que parecem não cair em nenhuma outra categoria, falamos de milagres como se eles fossem causados por um poder "sobrenatural", fora do mundo que "invade" a cadeia de "causas naturais". Às vezes soa assim, porém, um relato mais bíblico reconheceria a obra estranha e constante de Deus dentro das chamadas causas naturais

[15]Gálatas 3:28.

também, de modo que o novo acontecimento, repentino e chocante, é tido dentro de um *continuum* mais amplo de causalidade divina.

De qualquer forma, os primeiros seguidores de Jesus sabiam muito bem que, assim como o próprio Jesus havia ido por toda parte curando pessoas, assim também a eles havia sido confiado esse dom — não o tempo todo e nunca simplesmente de modo arbitrário, mas com um efeito duradouro e poderoso que carregavam seu próprio peso de evidência. Escrevendo suas cartas alguns anos depois disso, Paulo mencionaria o mesmo tipo de poder para curar operando por intermédio dele e outros — assim como também mencionaria doenças, tanto suas quanto de outros, que não foram curadas, ou não da maneira como se esperava. O mistério permanecia, mas permanecia também o poder.

Assim, Ananias batizou o confuso Saulo, e, como em outras ocasiões no livro de Atos, o batismo aconteceu logo em seguida, assim que a pessoa veio a crer no Jesus crucificado e no Senhor ressurreto. Não houve período de espera, ensino ou preparação; isso ocorreria no devido tempo. O batismo, remetendo ao próprio batismo e de Jesus e, antes dele, à travessia do mar Vermelho na história da Páscoa, delineava a nova família, o novo povo da Páscoa.

O próprio Jesus havia usado a imagem do batismo para falar de sua morte, que se aproximava. Paulo posteriormente deixaria claro que esse mergulho dramático na água e seu ressurgimento falava, em linguagem poderosa e eficaz, sobre a morte e a ressurreição de Jesus e sobre o novo mundo que havia sido gerado por meio desses acontecimentos. Ser batizado era, portanto, morrer e ressuscitar com Jesus, abandonar a velha vida e renascer em uma vida nova. Até onde delineava membros da família, funcionava mais ou menos como a circuncisão para o judeu, exceto, é claro, pelo fato de que a mulher também era incluída. Da mesma forma, era um pouco como o escravo sendo marcado (de modo que o escravo estava agora debaixo da autoridade de um novo senhor), embora, é claro, escravos e livres eram semelhantemente batizados. O aspecto importante era que, tendo sido batizado, o homem agora pertencia ao Messias. Saulo era agora um "homem do

Messias", modelado no padrão de Jesus, o qual havia recapitulado os propósitos divinos para Israel.

Algo mais aconteceu ao mesmo tempo: Saulo recebeu o próprio espírito de Jesus. O quarto e último ponto de imenso significado na ida de Ananias à Rua Direita é que a Saulo foi prometido o dom do espírito, e em sua vida e nos seus escritos subsequentes tudo indica que ele via que isso havia acontecido precisamente naquele momento. A história em Atos não diz que Saulo falou em línguas ou profetizou — inclusive, a ideia de que coisas como essas deviam acontecer para que o dom do espírito fosse genuíno é uma ficção muito posterior. Ao contrário, Atos oferece a declaração impressionante de que não demorou para Saulo ir à sinagoga de Damasco e anunciar que Jesus era o filho de Deus (tema para o qual retornaremos no devido tempo), até porque agora havia um novo poder acoplado a um novo senso de direção.

A proclamação poderosa de Paulo, dirigida pelo espírito, de Jesus como "filho de Deus" dificilmente pode ser chamada de "pregação", se por "pregação" entendemos o tipo de coisa que acontece nas igrejas semana após semana em nosso mundo. Tratava-se de um anúncio público, como um mensageiro medieval ou um arauto, andando pelas ruas com um sino, chamando a atenção das pessoas e declarando que um novo rei havia sido colocado no trono. Este era, de fato, o modo como a palavra "evangelho" seria percebida ao longo do mundo romano da época: como o anúncio de um novo imperador. Assim, a proclamação de Paulo não era uma nova distorção na obra de ensino regular da comunidade judaica local, visto que ele não estava oferecendo conselhos sobre como levar uma vida mais santa, assim como não estava dizendo para as pessoas como ir para o céu depois da morte; o que ele estava fazendo era o anúncio mais exclusivo de todos os tempos: a esperança de Israel havia se cumprido! O Rei havia sido entronizado! Ele estava declarando que o Jesus crucificado era o Messias há muito esperado.

Mas o que acontece quando metade das pessoas da cidade recusa esse novo rei? Não demorou para que Saulo descobrisse a resposta a tudo isso, ainda que não ficasse particularmente surpreso. A comunidade judaica local em Damasco ficou espantada com a mudança súbita desse homem irascível, transformado de perseguidor em proclamador, mas não ficou apenas espantada, como também profundamente ofendida (como, obviamente, o próprio Saulo teria ficado) com a sugestão de que a história de Israel encontraria seu ponto culminante em um Messias crucificado. Pra começar, até onde sabemos, nem todos os judeus nesse período criam em um messias vindouro, e aqueles que realmente esperavam por essa figura previam o Messias como um herói-guerreiro. Ele seria um novo Davi; derrubaria os pagãos ímpios, restauraria o Templo, tornando-o, enfim, apto para o retorno do Deus de Israel e estabeleceria um governo mundial de justiça e paz. Jesus de Nazaré, como todos sabiam, não havia feito nada disso, e Saulo de Tarso poderia produzir quantas "provas" bíblicas quisesse a partir de seus longos anos de estudo. Todavia, a sinagoga em Damasco não ficaria convencida.

ATÉ ESSE PONTO, TEMOS SEGUIDO A HISTÓRIA DE PAULO na estrada de Damasco e, em seguida, na própria cidade mais ou menos conforme a encontramos no livro de Atos. Mas Paulo, em um escrito posterior, injeta, neste ponto, outro episódio na mescla narrativa. Esse episódio extra, quando entendido adequadamente, reforça o desenvolvimento de nossa imagem do jovem zeloso de sangue quente sendo repentinamente travado. Segundo seu próprio relato, Saulo foi para a Arábia.[16] Mas o que isso representava? Por que ele foi? O que significava? Como isso nos ajuda a ver não apenas o que motivou Saulo desde o início, mas também o que estava envolvido em sua transição repentina de perseguidor a apóstolo? Em que isso contribui para o nosso esforço de entender o homem cujos escritos subsequentes modelariam um movimento mundial e, até certo ponto, o próprio mundo?

---

[16]Gálatas 1:17.

Retorno a Tarso

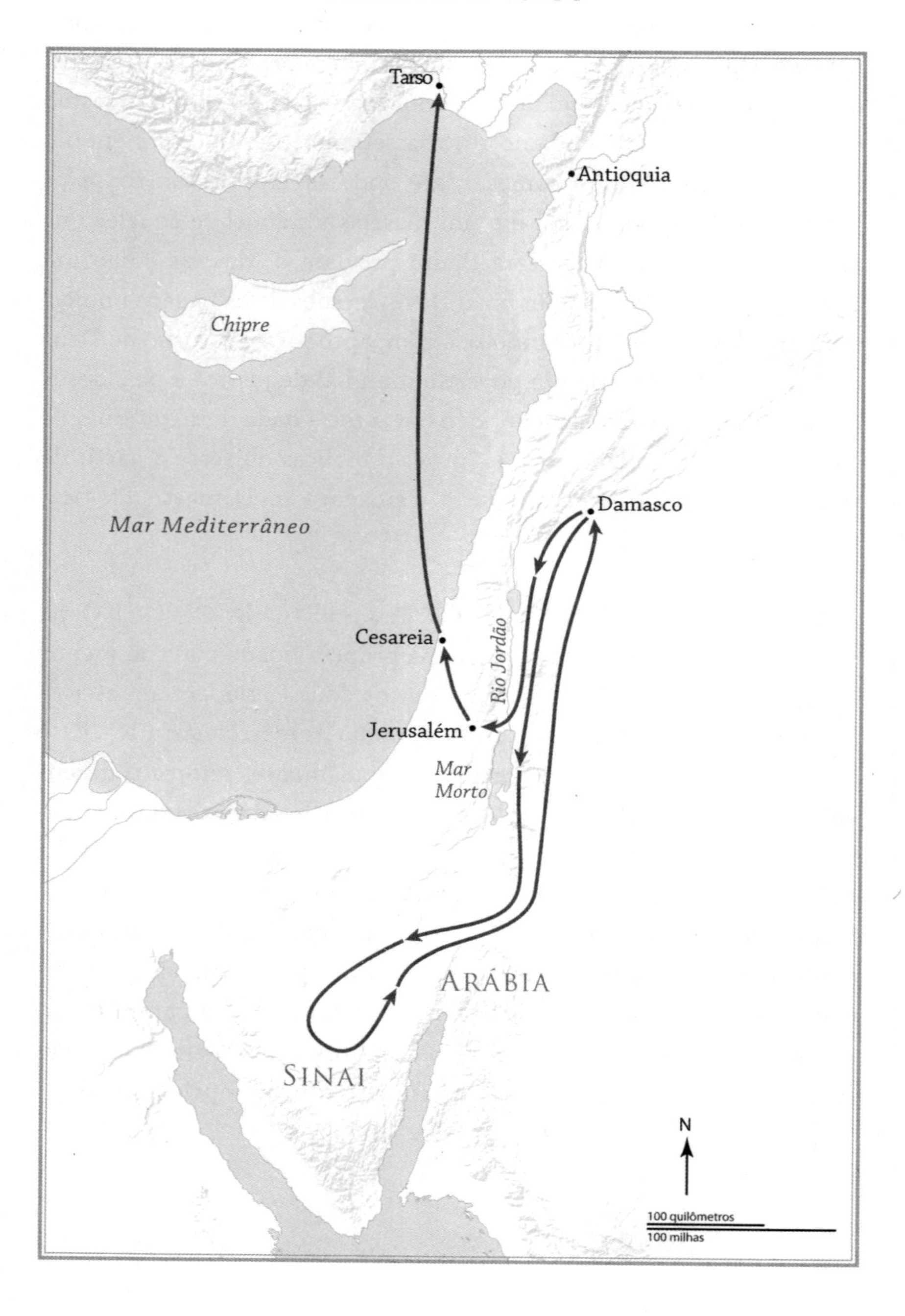

CAPÍTULO 3

ARÁBIA E TARSO

AS CARTAS DE PAULO nos dão alguns vislumbres curiosos de como ele viveu, e um dos mais inusitados é o seguinte:

> Quando Deus, que me separou desde o ventre materno e me chamou por sua graça, desejou revelar seu filho em mim para que eu anunciasse a boa notícia a seu respeito entre as nações, não consultei imediatamente carne e sangue. Nem subi para Jerusalém, para aqueles que eram apóstolos antes de mim. Não. Fui para a Arábia e, em seguida, retornei a Damasco.[1]

Como veremos adiante, Paulo escreve em sua própria defesa. Aparentemente, ele havia sido acusado de extrair, dos apóstolos de Jerusalém, um "evangelho" de segunda mão. Seus opositores, portanto,

---

[1]Gálatas 1:15–17.

estão passando por ele e apelando a Pedro, Tiago e aos demais como aqueles que objetam o modo como uma banda *cover* toca uma antiga música dos *Beatles* e ligam para o Paul McCartney a fim de saberem como ela realmente deveria ser tocada. Paulo está, portanto, insistindo que sua mensagem partiu dele mesmo: ele a havia recebido do próprio Jesus, não de outros membros do movimento. Ela viera, diz ele, "por meio de uma revelação de Jesus, o Messias".[2] "A mensagem" era a notícia acerca do próprio Jesus: ele ressuscitou dentre os mortos e, portanto, era o Messias de Israel e Senhor do mundo. Tudo isso foi "dado" para Paulo na estrada de Damasco. Conhecendo profundamente as Escrituras de Israel, Paulo não precisava de que alguém lhe explicasse o que tudo isso significava. A começar com a história das Escrituras, o lugar central do Jesus crucificado e ressurreto no ponto culminante dessa história, e seu significado, ainda que inesperado e alarmante, nada disso gerava nele dúvidas. Esse é o argumento que ele defende.

Por que a Arábia, então? A resposta obsoleta, óbvia e direta é que Paulo, ávido por dizer às pessoas sobre Jesus, dirigiu-se à Arábia em sua primeira "missão evangelística". Estudiosos e pregadores escreveram e falaram sobre a "atividade missionária de Paulo na Arábia" como se essa interpretação fosse um caso fechado, mas, como geralmente é o caso, a resposta óbvia está quase certamente errada. Mais uma vez, como geralmente ocorre, a dica do que Paulo quer dizer está nas Escrituras que ele conhecia tão bem.

Recordamos que o jovem Saulo de Tarso era, em um sentido judaico e técnico, "extremamente zeloso das tradições ancestrais" — uma linha que aparece em Gálatas imediatamente antes da passagem supracitada. Recordamos, além disso, que, em tradições judaicas dos dias de Saulo, havia dois heróis antigos de "zelo": Fineias, o jovem sacerdote que havia ferido o israelita e a moabita com uma lança, e

---

[2]Gálatas 1:12.

Elias, que ludibriara e matara os adoradores de Baal, divindade cananeia da fertilidade. Fineias é importante para o nosso entendimento de Paulo por razões às quais retornaremos, ao passo que Elias é importante para Paulo sobretudo por nos dar uma dica sobre a jornada do apóstolo à "Arábia".

No primeiro século, a palavra "Arábia" cobria um território amplo. Poderia fazer referência ao antigo reino Nabateu, que, a leste, abrangia um pedaço da Síria — aproximando-se, de fato, de Damasco — e que, ao sul, passando pela atual Jordânia, incluía a península do Sinai. Mas uma das únicas referências ao Sinai no Novo Testamento — de fato, na mesma carta, a carta de Paulo aos Gálatas — nos dá uma localização muito mais específica: o monte Sinai, na península ao sul da Terra Santa e a leste do Egito. O monte Sinai era onde Deus havia descido em fogo e dado a Torá para Moisés; era o lugar da revelação, o lugar da lei, o lugar onde a aliança entre Deus e Israel, estabelecida anteriormente com Abraão, Isaque e Jacó, foi solenemente ratificada. Sinai, o grande monte na Arábia, era, nesse sentido, o lugar dos começos, o lugar para o qual gerações subsequentes olhavam em retrocesso como ponto de partida do relacionamento longo e tumultuoso, o casamento geralmente instável entre este Deus estranho, libertador e exigente e seu povo obstinado e arrogante. Foi para o Sinai que Elias fugiu quando tudo deu errado, e foi também para o Sinai que Paulo de Tarso se dirigiu, pela mesma razão.

Ecos da história de Elias são pequenos, embora significativos. Depois de sua vitória zelosa sobre os profetas de Baal, Elias é confrontado por um mensageiro da rainha Jezabel, uma apoiadora fervorosa do culto a Baal. A ameaça real é direta: Elias corre risco de morte, e então o zelo transforma-se em pânico. Elias foge, chegando ao monte Horebe.[3] ("Horebe" é outro nome para "Sinai" ou o nome de uma montanha próxima, da qual os israelitas partiram para Canaã). Lá, ele

[3]1Reis 19:1–9.

reclama para Deus de que tinha sido "extremamente zeloso para com o SENHOR, o Deus dos exércitos" (em outras palavras, de que havia matado os profetas de Baal), mas de nada adiantou, pois as pessoas ainda estavam se rebelando e apenas ele restara, o último israelita leal. Ele repete essa reclamação uma segunda vez, depois que uma revelação poderosa de vento, terremoto e fogo são acompanhados de um "som de absoluto silêncio", tradução moderna de uma frase hebraica que, na Nova Versão Internacional, aparece como "o murmúrio de uma brisa suave".[4]

Quando Deus finalmente responde, ordena a Elias: "Vá, retorne pelo mesmo caminho em direção ao deserto de Damasco", onde deve ungir novos reis para Síria e Israel e um novo profeta, Eliseu, a fim de substituí-lo.[5] Eles farão o que deve ser feito para remover a adoração de Baal da terra. Além disso, Deus declara para o perplexo profeta: "Deixarei sete mil em Israel" que permanecerá leal.[6] (Paulo cita essa passagem em outra carta, equiparando-se a Elias como o ponto focal de um "remanescente").[7]

Aqueles que têm ouvidos atentos para ouvir já podem captar ecos de Paulo em Gálatas, uma vez que ele tem sido "extremamente zeloso pelas tradições ancestrais", levando-o a usar de violência ao tentar erradicar a heresia. Paulo diz que "foi à Arábia" — assim como Elias — e, "depois, retornou para Damasco"— mais uma vez como Elias. Mas o que isso significa? Por que Saulo foi para a Arábia?

O paralelo com Elias — ecos verbais são tão próximos e a reflexão sobre "zelo", tão exatas, que Paulo deve tê-las intencionado — indica que ele, tal como o profeta, fez uma peregrinação ao monte Sinai a fim de retornar ao lugar onde a aliança havia sido ratificada. Paulo queria ir e se apresentar perante o Único Deus para explicar que tinha sido

[4]1Reis 19:10–15.
[5]1Reis 19:15.
[6]1Reis 19:18.
[7]Romanos 11:3–4.

"extremamente zeloso", mas que sua visão, toda sua visão de mundo, havia virado de cabeça para baixo. E ele recebeu suas instruções: "Retorne e anuncie o novo rei".

O quadro em Atos, ao que tudo indica, é simplista demais. (As histórias mais longas já escritas mais omitem dados do que os registram; ademais, Lucas quer que seu livro se encaixe em um único rolo). Em Atos 9:20-28, Paulo anuncia Jesus na sinagoga de Damasco, até que uma trama contra sua vida o força a deixar a cidade e retornar para Jerusalém. Em algum lugar dessa história deve haver espaço para uma peregrinação do deserto, seguida por seu retorno "mais uma vez para Damasco".

Mas a questão é muito mais importante para um biógrafo do que simplesmente resolver um conflito potencial entre duas fontes. Descobrimos, a partir da jornada da Arábia, algo sobre a própria autopercepção de Paulo, incluindo, nesse ponto, talvez uma nota de boas-vindas de dúvida pessoal em meio ao zelo — o zelo do perseguidor e, então, o zelo do proclamador. Seja a pé, seja em montaria, ninguém viaja por diversos dias por um deserto apenas para encontrar um lugar calmo para orar. Saulo queria estar convicto do fato de que a nova coisa alarmante que lhe havia sido revelada era, na verdade, o cumprimento, o objetivo surpreendente, mas, em última análise, gratificante, dos propósitos antigos do Único Deus, propósitos que haviam sido estabelecidos particularmente na lei dada a Moisés no monte Sinai. Ele queria continuar leal. Saulo estava começando a se dar conta da possibilidade de que, se os propósitos divinos foram cumpridos em Jesus, isso pode significar que toda uma nova fase do plano divino, até então dificilmente imaginado, agora havia sido inaugurada, uma fase em que a própria Torá seria vista a partir de uma luz totalmente nova. E a Saulo, como a Elias, foi orientado a retornar e prosseguir com o trabalho. Elias devia ungir dois novos reis e um profeta, ao passo que Saulo de Tarso devia retornar e dar continuidade ao trabalho profético de anunciar que Jesus de Nazaré era o verdadeiro rei ungido, o Messias, o soberano legítimo do mundo.

Então Saulo retornou para Damasco, aparentemente confirmado em sua autopercepção como um cumprimento profético do papel antigo de anunciar a verdade de Deus e seu rei ungido às nações. Se ele geralmente não tem sido visto dessa maneira, talvez seja porque não prestamos atenção suficiente aos ecos bíblicos que o apóstolo estabelece em diversos lugares em seus escritos, particularmente na própria passagem que temos estudado. Quando Paulo fala de Deus separando-o desde o ventre materno, ecoa deliberadamente o chamado de Jeremias,[8] e quando fala de Deus "revelando" seu filho nele, emprega a linguagem dos místicos judaicos e profetas, que anunciavam esse "desvelar" ou essa "revelação" como parte de um comissionamento divino.[9] Quando, posteriormente, alega que a igreja de Jerusalém "glorificou a Deus por [sua] causa", ecoa Isaías, citando um dos seus capítulos favoritos e reivindicando para si o papel profético do "servo".[10] Paulo continua a ressoar esse capítulo de Isaías em Gálatas 2, quando fala sobre como pensava que poderia "correr ou ter corrido inutilmente". [11]

Paulo, em outras palavras, não está apenas deixando claro em Gálatas 1—2 que seu "evangelho" lhe foi dado diretamente, e não adquirido, em segunda mão, por meio dos líderes de Jerusalém, como também está esclarecendo que seu chamado e comissionamento o posicionaram na antiga tradição profética, seja de Isaías, Jeremias, seja do próprio Elias. Seus opositores estão tentando passar por cima dele ao apelarem para Jerusalém, mas ele está passando por cima de todo mundo ao apelar para o próprio Jesus e para as Escrituras, que prefiguravam não apenas o evangelho, mas também o ministério profético que ele, Paulo, agora recebeu.

Esse, então, é o motivo pelo qual ele foi para a Arábia: entregar sua antiga comissão e adquirir uma nova. Sua lealdade ao Único Deus de

---

[8]Gálatas 1:15; Jeremias 1:5.
[9]Gálatas 1:16.
[10]Gálatas 1:24, ecoando Isaías 49:3.
[11]Gálatas 2:2, ecoando Isaías 49:4.

Israel estava tão firme quanto sempre esteve, e, visto que muitos cristãos, e também muitos judeus, presumiram o contrário (sugerindo, por exemplo, que o apóstolo Paulo era um traidor do mundo judaico ou que nunca o havia entendido para início de conversa), é importante destacar este ponto, até mesmo antes de abordamos a obra principal da vida de Paulo.

À medida que tentamos descobrir exatamente o que aconteceu em seguida, fontes nos apresentam um turbilhão de incidentes, culminando com uma breve visita de Saulo a Jerusalém antes de seu retorno a Tarso. O tempo de Saulo em Damasco, incluindo sua viagem para a Arábia e seu retorno, levou aproximadamente três anos, provavelmente de 33 a 36 d.C. (Questões de cronologia são sempre complicadas, porém as linhas gerais estão claras). Assim, embora o alarme e a ira relacionados à sua proclamação inicial de Jesus tenham sido reais o suficiente, parecem ter levado certo tempo antes de, aparentemente, tornarem-se violentas. Apenas quando as ameaças se tornaram sérias, com sua vida em perigo não apenas com a ameaça da população local judaica, mas também em decorrência ameaça de um oficial local, Paulo fez sua famosa escapatória, evitando guardas nos portões da cidade ao ser baixado pelos muros em um cesto.

Muitos anos depois, Paulo faz bom uso desse incidente para fins de retórica. Em sua segunda carta aos Coríntios, o apóstolo prepara uma lista irônica de todas as suas "conquistas", e o ponto culminante de todos os itens é o tempo em que teve de fugir![12] Era como um prenúncio das coisas que estavam por vir, e mal sabia ele que toda sua carreira seria esboçada a partir desse único incidente: anuncie Jesus como Messias e surgirá oposição de judeus, ofendidos com a ideia de um Messias crucificado, e de autoridades pagãs, preocupadas com a manutenção da paz. Talvez isso incluísse pagãos mais perspicazes, capazes de vislumbrar o ponto (bíblico) de que o

[12]2Coríntios 11:30–33.

Messias de Israel não devia ser um chefe local ou tribal, mas sim, senhor de todo o mundo.

De qualquer maneira, é para Jerusalém que se dirige Paulo, provavelmente em 36 ou 37 d.C. Escrevendo aos Gálatas mais de uma década depois, o apóstolo explica que ficou com Pedro (a quem chama por seu nome aramaico, Cefas) por duas semanas, não vendo nenhum outros dos seguidores de Jesus, exceto Tiago, irmão do Senhor, já reconhecido como figura central no novo movimento. A reunião foi arranjada por Barnabé; os líderes de Jerusalém estavam compreensivelmente desconfiados, mas Barnabé assegurou-lhes que Saulo havia de fato visto Jesus na estrada para Damasco e que, uma vez na cidade, estava realmente anunciando, com ousadia, Jesus como Messias. Até aí, pode-se pensar que estava tudo bem.

Mas o padrão começa a surgir outra vez. Saulo, conhecendo as Escrituras de "capa a capa", tendo uma mente rápida e uma língua afiada, não consegue ficar longe de um debate público; e a exposição pública, por sua vez, coloca-o em apuros, e apuros, poucos anos depois do apedrejamento de Estêvão, é algo que os cristãos desejam evitar a todo custo. Assim, os discípulos escoltam Paulo para o mar em Cesareia e o colocam em um barco de volta para casa, para o sul da Turquia.

É difícil saber o que a comunidade de Jerusalém presumia que fosse acontecer em seguida. Cristãos de Jerusalém estavam em terreno desconhecido, perigoso e inexplorado. Saulo de Tarso, ainda em fervor por ter visto o Senhor ressurreto, ávido por explicar, a partir das Escrituras, a que tudo isso dizia respeito, aparentemente despreocupado quanto à confusão que estava para causar, representava um problema para muita gente. "Que ele volte para Tarso" — provavelmente pensaram. "Em Tarso, pessoas gostam de bons faladores. Além disso, foi de lá que ele veio, afinal...".

SEGUE-SE MAIS OU MENOS UMA DÉCADA DE SILÊNCIO: aproximadamente de 36 a 46 d.C. (como a maioria das datas em história antiga, incluindo boa parte das datas neste livro, estamos lidando com aproximações, com variações de um ano para mais ou para menos). Deparando-se com o período formativo de uma década na vida de alguém, romancistas têm um prato cheio; biógrafos, porém, devem ser mais contidos. Contudo, se enviarmos sondas históricas e biográficas cautelosas ao início e final desse período obscuro, encontraremos pelo menos três temas que precisam ser explorados.

O primeiro, e o mais direto, é este: devemos presumir que Saulo foi treinado na profissão de família, da qual retirava seu sustento. Como vimos anteriormente, Saulo era um construtor de tendas, o que envolvia habilidades gerais com couro e tecido de diversos tipos, bem como a fabricação específica de tendas, toldos etc. Mestres judaicos não esperavam obter renda por meio do ensino; Saulo, como um novo e estranho tipo de mestre judaico, não devia supor que andar por aí anunciando o Jesus crucificado como Messias de Israel e Senhor do mundo resultaria na obtenção de seu sustento. Seu ofício consistia em trabalho físico árduo, e suas cartas apostólicas subsequentes demonstram como ele se orgulhava do fato de obter o próprio recurso por seu trabalho manual. Saulo, agora talvez com trinta anos, estaria vivendo e trabalhando juntamente com sua família e em contato próximo com a rica mistura de povos que passavam pela grande cidade de Tarso.

Um fato importante para a obra posterior de Saulo é que fabricação de tendas era uma profissão móvel, ou seja, desde que tivesse ferramentas de trabalho, ele poderia estabelecer uma loja em qualquer cidade, comprando matéria-prima local e oferecendo produtos regulares à venda. Hoje, quando as pessoas nas igrejas discutem Paulo e suas cartas, geralmente pensam apenas no homem das ideias, alguém que lidava com conceitos grandiosos e difíceis, sugerindo um mundo de bibliotecas, salas de seminário ou o ambiente quieto de estudos do ministro para a preparação de mensagens. Esquecemo-nos facilmente de que o autor destas cartas gastava a maior parte do tempo acordado e com as mangas arregaçadas, realizando um trabalho físico árduo e em clima quente, cujas conversas a respeito de Jesus e do evangelho, talvez dois terços delas, eram conduzidas não em um lugar de adoração e estudo, nem mesmo em um lar privado, mas em uma oficina, pequena e abarrocada. Saulo mantinha os pés no chão e as mãos enrijecidas com o trabalho, mas sua cabeça ainda zunia com a Escritura e com boa-nova a respeito de Jesus e seu coração ainda era zeloso, leal ao Único Deus.

O segundo ponto do qual podemos ter certeza é que ele orou, estudou e descobriu diversas coisas. Deparando-se com suas cartas (escritas uma década ou mais do evento), densas como são e com argumentos concentrados, não podemos deixar de imaginar que, enquanto as escrevia, o apóstolo descobria um território totalmente inexplorado. Sem dúvida ele podia improvisar no momento, mas, em seu pensamento maduro, dá toda evidência de longas horas de contemplação. Saulo gastou uma década silenciosa aprofundando o poço da reflexão bíblica a partir do qual extrairia, posteriormente, a água da qual precisava.

Durante esse período, Paulo teve uma experiência particular da qual, em retrospecto, aprendeu uma lição. Escrevendo para os coríntios em 56 d.C., o apóstolo parece estar zombando do desejo coríntio por acontecimentos "espirituais" espetaculares. "Tudo bem", diz ele — "se devo fazê-lo, então lá vai. Conheço alguém no Messias..." — Paulo nem mesmo dirá ser esse homem, embora isso fique claro. "Este 'alguém' foi tomado e levado ao terceiro céu". (Visto que os céus eram geralmente divididos em sete, a própria declaração pode ter soado um tanto decepcionante). "Não sei" — afirma — "se foi uma experiência corpórea ou uma daquelas coisas extracorpóreas; apenas Deus o sabe. Só sei que esse 'alguém' escutou... apesar de que, na verdade, não me é permitido falar o que foi escutado. Ah, sim, e o mais importante disso tudo é que foi posto em mim um 'espinho em minha carne', um mensageiro satânico, a fim de impedir-me de ficar exaltado demais com essa experiência". O pressuposto na carta está claro: "*Vocês não deveriam fazer este tipo de perguntas, tentando me avaliar em comparação com outras pessoas e suas 'experiências'*. Se me perguntarem, direi apenas que 'sim', que essas coisas aconteceram, mas o ponto principal é que tive de aprender a humildade, entender que 'quando sou fraco, então é que sou forte'".[13]

O ponto subjacente do nosso entendimento de Paulo é que ele continuou com práticas de oração e meditação, pelas quais, conforme sugeri, sua visão da estrada de Damasco ocorreu e, às vezes, conduziu a resultados quase igualmente espetaculares. Talvez isso tenha acontecido para consolá-lo e assegurá-lo em um momento quando as coisas estavam particularmente difíceis em Tarso, sua cidade natal. Talvez o "espinho na carne" era a resistência contínua ao evangelho por parte de pessoas que ele amava ternamente, embora não faltem especulações quanto ao espinho tratar-se de uma enfermidade física, uma tentação recorrente ou mesmo o pesadelo contumaz do apedrejamento de Estêvão, do qual ele mesmo participou e dera sua aprovação sombria. O ponto leva a uma ideia culminante e irônica: Paulo diz aos coríntios que orou três vezes a respeito do espinho, pedindo a Deus para que o removesse. Sem dúvida, os coríntios esperam que ele registre a experiência como uma grande "resposta à oração", da qual poderiam ficar orgulhosos, mas, em vez disso, Paulo revela que a resposta foi "não".

Essa é a única janela que temos sobre os anos silenciosos em Tarso, e Paulo parece estar determinado a mantê-los mais ou menos em silêncio. "Sim, algo aconteceu — mas a questão não é essa". Mesmo nesse contexto, porém, podemos ver sua mente em funcionamento: orando, pensando cuidadosamente acerca das coisas, ponderando.

Podemos inferir bastante sobre o que ele refletia. De tudo o que sabemos sobre Saulo de Tarso, por um lado, e sobre o apóstolo Paulo, por outro, não podemos imaginar que, nesse período, ele tenha deixado de avaliar as coisas, encharcando sua reflexão em orações de estilo judaico, focalizando-as nas Escrituras de Israel e, como muitos outros devotos da Diáspora judaica, engajando-se com toda cultura ao seu redor. Na medida do possível, ele pesquisou as Escrituras antigas,

[13]2Coríntios 12:1-10.

debatendo-as na sinagoga e em sua bancada de trabalho com amigos e familiares. Conforme o via, ele recapitulou seu caminho a partir do "novo fato", isto é, de um Messias crucificado e ressurreto, de volta para o mundo das Escrituras e tradições de Israel, de volta para a longa, obscura e geralmente distorcida narrativa de Israel, na qual tateara durante a trajetória de sua vida sem antes vislumbrar seu verdadeiro objetivo. Saulo releu Gênesis; releu Êxodo; releu toda a Torá e os profetas, especialmente Isaías, e continuou a orar os Salmos. Em retrospectiva (e, ele teria insistido, com uma nova sabedoria que vinha pelo espírito), passou a ver Jesus por toda a parte — não arbitrariamente, não em alegoria ilusória (na única vez que afirma estar usando uma alegoria, é provável que esteja provocando aqueles para quem a alegoria era o método mais utilizado), mas como o ponto infinito, onde linhas paralelas da longa narrativa de Israel se intersectariam com o tempo.

Essas linhas paralelas são centrais ao seu pensamento maduro, bem como fundamentais ao que posteriormente viria a se tornar a teologia cristã. Primeiro, havia a própria história de *Israel*, e, de acordo com os profetas, a história judaica (de Abraão até o exílio e além) se limitaria a um remanescente, mas também se concentraria em um rei vindouro, de modo que o próprio rei seria Israel personificado. Mas, em segundo lugar, havia a história de *Deus* — a história daquilo que o Único Deus havia feito, estava fazendo e prometera fazer. (A ideia de Deus ter uma história, fazer planos e colocá-los em operação parece ser parte daquilo que judeus e os primeiros cristãos queriam dizer ao se referirem a ele como "Deus vivo"). Semelhantemente, essa história também se limitaria a um único ponto: o Deus de Israel retornaria, visível e poderosamente, para resgatar seu povo de seus verdadeiros inimigos e estabelecer um Reino que não poderia ser abalado. "Todas as promessas de Deus", Paulo escreveria posteriormente, "encontram seu 'sim' nele".[14]

---

[14]2Coríntios 1:20.

Saulo percebeu que estas duas histórias, a história de Israel e a história de Deus, haviam intersectado de maneira espantosa, e creio que essa convicção data da década silenciosa em Tarso, se não anteriormente, e ambas as narrativas foram cumpridas no Messias. Jesus era Israel personificado, mas também o Deus de Israel em pessoa. As grandes histórias bíblicas de criação e nova criação, Êxodo e novo Êxodo, Templo e novo Templo, todas coincidem no mesmo ponto. Não se tratava de uma nova religião: tratava-se de um novo mundo, prometido pelo Único Deus, sobre o qual Israel orara dia e noite. Se você tivesse perguntado a Saulo de Tarso, antes do encontro na estrada de Damasco, onde a história de Israel e a história de Deus intersectavam, duas respostas naturais teriam sido o Templo (local no coração da terra prometida, onde Deus prometera viver) e a Torá (palavra de Deus ministrada a Israel e caracterizadora de sua vida nacional). O Templo indicava que o Deus de Israel desejava viver em meio ao seu povo; a Torá, que ele se dirigiria ao seu povo com sua palavra transformadora de vida. Saulo agora enxerga que ambas as respostas apontavam para além de si mesmas e remetiam a Jesus, bem como, obviamente, ao espírito.

Neste novo mundo (isso também se tornou axiomático para o pensamento maduro de Paulo, bem como temático quanto à sua carreira pública), importava o fato de o Deus de Israel ser verdadeiramente o Único Deus do mundo todo, e uma comunidade judaica ortodoxamente integrada em meio a uma cidade agitada e filosoficamente orientada deve ter sido um lugar fascinante para começar a pensar sobre tudo isso. À primeira vista, as Escrituras judaicas parecem exigir que Israel permanecesse separado de todas as nações, dos *goyim*, pois pagãos, como a mulher moabita enviada para seduzir os israelitas no deserto, desviariam Israel. Os judeus deveriam permanecer separados; contudo, repare com cautela e você perceberá, sobretudo nos Salmos e nas predições proféticas a respeito da realeza, que, com a chegada do verdadeiro rei de Israel, seu reinado abrangeria não apenas a nação, mas o mundo todo. Em Tarso, Saulo deve ter refletido sobre o que isso significaria para que Salmos 2 se concretizasse, no qual o Único Deus declara a respeito do verdadeiro rei:

> *Tu és meu filho; eu hoje te gerei.*
> *Pede-me, e te darei as nações como herança;*
> *e os confins da terra como tua propriedade.*
> *Tu as quebrarás com vara de ferro*
> *e as despedaçarás como a um vaso de barro".*[15]

Esse salmo ecoa promessas feitas a Abraão, promessas sobre "herança" e "propriedade", consistindo na terra de Canaã, promessas que foram universalizadas, estendendo-se agora para incluir todo o mundo. Na verdade, o salmo deixa implícita a ideia de que as promessas de "terra santa" eram um prelúdio, remetendo a uma realidade mais ampla. O Deus de Abraão era o Criador, que chamou Abraão (e, posteriormente, Davi) para que, por meio de sua longa história, repleta de desastres e falsos começos, exercesse seu propósito restaurador em todo o mundo.

De fato, esta parece ser a mensagem de outro salmo:

> *Deus reina sobre as nações;*
> *Deus está assentando em seu santo trono.*
> *Os soberanos das nações se juntam*
> *ao povo do Deus de Abraão,*
> *pois os governantes da terra pertencem a Deus;*
> *ele é soberanamente exaltado.*[16]

Una esses dois salmos e acrescente outros, como o Salmo 72 ("Governe ele de mar a mar e desde o rio Eufrates até os confins da terra"[17]),

[15]Salmos 2:7–9 (NVI).
[16]Salmos 47:8–9 (NVI).
[17]Salmos 72:8 (NVI).

mergulhe-os em Escrituras proféticas como Isaías 11 (o "ramo do tronco de Jessé", isto é, o ramo de Davi inaugurará a nova criação de justiça e paz) e você terá uma imagem composta da esperança de Israel: a esperança de um novo mundo, não apenas de um povo resgatado ou renovado, e a esperança de um rei vindouro, de cujo reinado esse mundo surgiria. Coloque tudo isso na mente meditativa de Saulo de Tarso, que está sentindo um novo poder transformando e redirecionando seu "zelo" anterior, e o que resulta disso? Não seria possível cantar esses e outros salmos em uma comunidade judaica como a de Tarso sem deixar de pensar no que poderia significar o fato de *o Jesus crucificado e ressurreto* ser o rei referido em Salmos 2. Como isso aconteceria? Com o que se assemelharia na prática?

Uma ideia não muito diferente dessa: qual o significado de que as promessas a Abraão tenham sido universalizadas? Em que consistiria uma família abraâmica mundial? Como, por assim dizer, ela funcionaria? Essas são questões que subjazem boa parte dos escritos amadurecidos de Paulo. Não podemos imaginar que ele não estivesse desvendando o significado de tudo isso no decorrer dos longos e silenciosos anos em Tarso.

Vislumbramos, então, Saulo em sua bancada de trabalho; Saulo orando e pensando; e, em terceiro lugar, Saulo ouvindo as ideias ao seu redor nas culturas filosóficas, políticas e religiosas da Tarso cosmopolita. Ele absorveria tudo, não apenas como evidência ainda maior de tolice pagã (embora tal tolice abundasse), mas como sinais de que o Único Deus, o criador de tudo, estava trabalhado no mundo e na vida humana, mesmo se essa vida e o mundo como um todo fossem distorcidos e inadequados por causa da adoração a outros deuses. Tarso, como dissemos, borbulhava com ideias — ideias filosóficas, especulação, lógica, conselho sábio e não tão sábio assim a respeito de vida, morte, deuses, virtude e o caminho para uma existência tranquila. A Filosofia não pertencia apenas a uma pequena classe abastada, embora existissem escolas onde era possível estudar Platão, Aristóteles e vários escritores que haviam desenvolvido grandes sistemas manifestos em seus escritos. Perguntas que dirigiam o questionamento filosófico eram perguntas que todos faziam. O que tornava uma cidade "justa" ou um ser humano "sábio" ou "virtuoso"? O que constituía um bom argumento ou um discurso eficiente? Do que o mundo era feito e como ele veio a existir? Qual o propósito da vida e como descobri-lo? Era tão provável que essas perguntas e suas diversas respostas-padrão estivessem presentes tanto no barbeiro e na taverna como em uma classe escolar, com professores e alunos circunspectos.

O modo predominante em Tarso, e em muitas outras partes do mundo mediterrâneo, teria sido algum tipo de estoicismo, com sua visão abrangente de uma ordem mundial divina e unificada em que o ser humano toma parte por meio de sua racionalidade interior, ou *logos*. Apenas uma minoria pertencente à elite adotava a famosa alternativa, o epicurismo, opção que via os deuses, se é que existiam, como uma elite distante e feliz que não se importava com assuntos humanos e certamente não tentava intervir no mundo. As incertezas confusas da "Academia", os sucessores de Platão ("não podemos ter certeza se os deuses existem, mas, para fins de ordem, é melhor deixarmos a religião cívica continuar"), estavam dando lugar, em algum ensino mais novo, a uma visão de mundo semelhante a alguém que subia e descia uma escada, tal como a figura esboçada pelo biógrafo e filósofo Plutarco na geração seguinte à de Paulo. Para Plutarco, o objetivo do jogo era, com o tempo, deixar a esfera maligna de tempo, espaço e matéria e encontrar o caminho para um "céu", da qual a alma pura havia sido temporariamente exilada e para o qual retornaria em regozijo eterno. (Se isso soa em boa parte como o cristianismo ocidental moderno, é um problema que criamos, e certamente não era o que Paulo acreditava).

E tudo isso não passa de um esboço superficial. Havia muitos outros temas e variações de temas, bem como rodadas de discussão sem fim na pequena e apertada loja do fazedor de tendas, na rua, em refeições com amigos e em casa. Tratava-se, podemos suspeitar, de algo ora fascinante, ora frustrante. Como muitos outros judeus de seu tempo, Saulo de Tarso, pensando como judeu enquanto abarcava teorias do restante do mundo, refletiria sobre a semelhança e diferença entre a sabedoria do mundo e a sabedoria de Israel.

Para Saulo, com as visões de Gênesis, Salmos e Isaías próximas de seu coração, retirar-se do mundo estava fora de questão. Se os estoicos tinham uma visão grande e integrada de um mundo unificado, ele também tinha, e se o Império Romano esperava criar uma única sociedade em que todos devotariam lealdade a um único Senhor, ele também. Paulo cria que isso havia sido cumprido pelo Messias de Israel, e, se os platonistas falavam de uma possível interação entre "céu" e "terra", ele também — embora sua visão fosse do céu vindo à terra, não de almas escapando da terra e indo para o céu. Como judeu, ele acreditava que toda ordem criada era obra do Único Deus: ele cria que Jesus, como "Messias homem", havia lidado com o mal que corrompe o mundo e a raça humana e que ele havia começado o tão aguardado projeto de uma nova criação, da qual as comunidades de batizados e cristãos, seguidores de Jesus, formavam o projeto piloto.

Quando ele escreve, posteriormente, que aprendeu a "levar prisioneiros os pensamentos e fazê-los obedecer ao Messias",[18] parece altamente provável tratar-se de uma convicção a que chegara durante a década silenciosa em Tarso. Assim também, quando ele orienta a igreja de Filipos a considerar cuidadosamente "tudo o que for verdadeiro, tudo o que for santo, tudo o que for correto, tudo o que for puro, tudo o que for atraente, tudo o que for de boa reputação; qualquer coisa virtuosa ou digna de louvor",[19] está reconhecendo que a sociedade humana, mesmo no mundo não judaico radicalmente falho, poderia, e de fato almejava, viver bem e de maneira sábia. Tudo isso é parte do monoteísmo de Saulo, renovado e aprofundado por sua fé em Jesus. Saulo sabia que o mundo precisava de redenção, bem como sabia que o mundo ainda pertencia a Deus.

---

[18]2Coríntios 10:5.
[19]Filipenses 4:8.

Assim, proponho que Saulo tenha passado os anos silenciosos em Tarso trabalhando, estudando e orando, unificando em sua mente uma figura maior do Único Deus e sua verdade que combateria o mundo e o flanquearia. Se Jesus era o cumprimento de histórias bíblicas antigas, essa conclusão era inevitável. Contudo, durante todo o tempo, ele deve ter ficado desconfortavelmente ciente de que essa visão, ainda minuciosamente judaica do Único Deus e de seu mundo, remodelada ao redor do Messias crucificado e ressurreto, não era, para dizê-lo de forma educada, compartilhada por seus companheiros judeus. Saulo já deve ter se deparado com a tensão social, cultural, exegética e teológica que permaneceria com ele no decorrer de sua carreira. Fazia algum sentido o Messias de Israel ter vindo para os seus, sem que os seus o tivessem recebido?

Não temos ideia se já havia uma comunidade de Jesus em Tarso, se Saulo era parte de tal coisa ou se ele se encontrava regularmente com um punhado de outros cristãos para partir o pão em nome de Jesus. É difícil imaginar Saulo como um discípulo solitário de Jesus por todos esses anos, mas a história não nos oferece dicas, nem a uma coisa nem a outra, mas certamente não podemos imaginá-lo permanecendo em silêncio. Além disso, falar do Jesus crucificado e ressurreto seria inevitavelmente controverso, pois não se tratava apenas do fato de um Messias crucificado ser visto por muitos judeus como uma ideia blasfema e sem sentido; não se tratava apenas do fato de que a ideia do Único Deus tornando-se *humano* causar um impacto no sistema judaico (embora algumas correntes do pensamento judaico da época talvez tenham explorado tal possibilidade); tratava-se, na mesma intensidade, do fato de as implicações de tudo isso para a forma ancestral de vida ser uma de duas coisas: incompreensível ou incomodante. A própria questão de Paulo sobre como seria se o Único Deus criasse uma única família de "irmãos e irmãs" no Messias tinha, potencialmente, respostas revolucionárias, mas as sociedades tradicionais não acolhem revoluções.

Para Saulo, não se trata de uma questão meramente teórica. Nesse contexto, sondamos, com cautela, uma das partes mais sensíveis da década silenciosa em Tarso. Saulo havia retornado para sua família, e tudo o que sabemos dele indica que ele não teria perdido tempo em dizer-lhes que havia encontrado o Jesus ressurreto, que as Escrituras provavam-no ser o Messias de Deus, que o Único Deus desvendara seu plano antigo em Jesus e por meio dele, e que, pelo poder de seu espírito, esse Jesus estava trabalhando no coração e na vida humana, fazendo algo novo e criando uma nova comunidade. Qual teria sido a reação de sua família?

Naturalmente, nós os imaginamos não sendo rígidos demais com Saulo, até porque muitos jovens, homens e mulheres, deixam o lar por um tempo e retornam com ideias perturbadoras, mas, com o tempo, geralmente sossegam, e os pais sorriem, com indulgência, do entusiasmo jovial de seus filhos. Se, porém, levarmos em conta o fato de Saulo ter aprendido em casa sua tradição de "zelo", o mais provável é que tenha ocorrido uma reação violenta contra ele. Saulo não teria se contido; não teria suavizado sua mensagem. Nada podia pará-lo. Ou Jesus era o Messias, ou não; se sim, seria uma questão de "pegar ou largar". Ninguém poderia demonstrar indiferença e fingir que nada aconteceu. Se o Messias de Israel veio, então Israel deve se reagrupar em volta dele, custe o que custar — todo movimento na história de Israel com aspiração messiânica carregava esse desafio. Imaginamos argumentos, mal-entendidos, acusações de deslealdade às tradições ancestrais — mesmo que Saulo se esforçasse ao máximo ao insistir que o que acontecera com Jesus e estava acontecendo pelo espírito representava o que as Escrituras antigas já falavam desde o início. ("Talvez sim" — seu pai, com um suspiro fatigado, pode ter-lhe replicado — "mas Moisés nunca disse que alguém podia ser parte de Israel sem ser circuncidado...").

Entre outros pontos fortes que emergem, vez após vez, em seu escrito maduro e que devem ser considerados como formativos quanto a esses argumentos constantes, encontramos a visão paulina do que Jesus conquistou em sua morte e ressurreição. Quando se refere a esses acontecimentos arrasadores em seus escritos mais amplos,

Paulo extrai rascunhos diferentes desse poço profundo de reflexão anterior. Em sua essência, enraizado no tema da Páscoa, que Saulo conhecia desde a juventude e que o próprio Jesus tornara temático de sua própria vida e morte, encontramos a ideia de *vitória*. Algo havia acontecido na morte e na ressurreição de Jesus e, como resultado, o mundo era um lugar diferente, embora não parecesse diferente externamente. Saulo, retornando para a Tarso de sua juventude, teria visto os mesmos lugares, os mesmos ídolos e templos, o mesmo padrão de comportamento pagão. Entretanto, o que ele cria sobre Jesus significava que o eixo gravitacional espiritual havia mudado.

O mundo que conhecera era cheio de poderes obscuros, ou, para ser mais preciso, a ordem criada era boa, como afirmado no livro de Gênesis, mas os seres humanos adoravam ídolos, falsos deuses, "forças" dentro da ordem natural e, por isso, eles entregaram a esses seres sombrios um poder que não lhes pertencia por direito. As "forças" haviam usurpado a autoridade devida ao ser humano sobre o mundo, e havia evidências por toda parte. Tarso, como qualquer cidade não judaica antiga, estava repleta de altares, cheia de adoração estranha, cheia de vidas humanas descaracterizadas por práticas desumanizadoras. *Mas Paulo cria que, na cruz, Jesus de Nazaré havia derrotado a força definitiva do mal*, e a ressurreição o provara. Se Jesus venceu a morte, só podia significar que ele havia vencido as forças que levam à morte, o poder corrosivo da idolatria e da impiedade humana.

Esse é um tema sombrio ao qual iremos retornar. Mencionamo-lo desde já, em parte porque Paulo deve ter pensado a respeito dessas questões em seu período inicial, em parte porque ele está na raiz de seu entendimento daquilo que, em retrospectiva, chamamos de sua "missão gentílica". Eis como isso funciona:

Paulo cria que, por meio de Jesus e de sua morte, o Único Deus havia vencido os poderes que mantinham o mundo cativo sob seu domínio, e *isso significava que todo ser humano, não apenas o judeu, poderia ser livre para adorar o Único Deus*. A mensagem libertadora moldada por Jesus incluía perdão de todo pecado cometido, e sua mensagem de perdão significava que não haveria barreiras entre o povo judeu do Messias e o povo não judeu do Messias. Erigir tais barreiras significaria negar que Jesus havia conquistado a vitória messiânica. Saulo, o zelote, aguardava por um Messias que derrotaria hordas pagãs, mas Paulo, o apóstolo, cria que o Messias *havia de fato* derrotado os poderes das trevas que estavam por trás de todo mal. Isso se traduzia diretamente em um dos grandes temas de seu pensamento maduro e, particularmente, seu esforço pastoral: a unidade de todo povo do Messias, atravessando barreiras étnicas, e isso pode ter sido isso uma das coisas que a própria família de Saulo deve ter achado impossível de engolir.

Neste contexto, creio eu, temos a raiz da tristeza constante no coração do Paulo sempre que olha para seus "parentes de carne e sangue".[20] O povo sobre o qual ele agoniza (com "grande tristeza e uma dor sem fim no coração") não corresponde a uma massa generalizada de "judeus incrédulos". Paulo os conhece pelo nome, vê sua face e seu menear de cabeça entristecido. Sua mãe. Seu pai. Ele ouve a voz deles na cabeça, orando o *Shemá* conforme o haviam ensinado, incapazes de compreender que seu extremamente inteligente e completamente devoto filho — irmão — sobrinho — havia abraçado uma heresia tão horrível. Contudo, eles o amavam da mesma forma, visto que Saulo sempre fora honesto quanto ao seu coração, e sabiam também quando ele estava atribulado. Amor e dor são muito próximos um do outro, especialmente no coração terno e dedicado, e Saulo continuou com ambos. Ele escrevia constantemente sobre o amor — amor divino, amor humano, o "amor do Messias", e sofria constantemente a dor que acompanhava esse amor.

Quando falamos de amor, e talvez também de dor, há outro silêncio escondido, contido no silêncio mais amplo dos anos de Tarso. Cedo ou tarde, todo mundo que lê Paulo acaba fazendo esta pergunta. Havia uma mulher? Saulo ficou noivo ou mesmo havia se casado?

---

[20]Romanos 9:1-5

Não há como dizer, e nem devemos nos apressar para preencher o silêncio, contudo, quando Paulo escreve sobre casamento, diz que ficaria feliz se visse todos "na mesma situação"[21] que ele. Ele amplia essa ideia, presumindo que seu público conhece a história e, assim, deixa-a especulativamente obscura para leitores posteriores: "Aos solteiros e às viúvas eu digo que seria melhor para eles permanecerem solteiros, como eu".[22] Por que ele o coloca dessa maneira?

Paulo estava escrevendo numa época em que permanecer solteiro, particularmente para a *mulher*, era vergonhoso, e quem podia dizer em que situação uma pessoa não comprometida acabaria por se meter? A suposição cultural dominante era que um adulto solteiro, particularmente no caso da mulher, era uma certeza de desastre social e moral, mas Paulo, como veremos, desafiava a cultura dominante com a notícia da nova criação, uma nova criação com valores diferentes. Por um lado, ele insiste (contra toda forma de dualismo que considerasse o corpo humano e seus prazeres como desonrosos) que as relações sexuais dentro do matrimônio consistem em uma boa dádiva do Criador a ser celebrada, e, por outro, insiste que o não casamento, o celibato, também era um dom que remetia para além do mundo presente (com sua necessidade de propagar a espécie) e apontava para um mundo completamente novo. E, em meio a tudo isso, Paulo se coloca como um exemplo: "na mesma situação [em que me encontro]". Que situação era essa?

Obviamente, Paulo não havia se casado durante o tempo em que suas cartas foram escritas. Dentre os primeiros mestres cristãos itinerantes, a maioria era casada, e suas esposas os acompanhavam durante as jornadas; Paulo, porém, era diferente (bem como o era, aparentemente, Barnabé).[23] Isso nos deixa com quatro opções: (1) Paulo não se casou, a despeito de a maioria dos judeus ortodoxos se casarem,

[21] 1Coríntios 7:7.
[22] 1Coríntios 7:8.
[23] 1Coríntios 9:6.

geralmente ainda bem jovens. (2) Paulo fora casado, presumivelmente durante a década silenciosa em Tarso, mas sua mulher havia morrido cedo, um caso comum, e ele havia escolhido não se casar outra vez. (3) Talvez sua mulher decidira romper o casamento quando percebeu que ele realmente falava sério quanto a todo esse novo ensino perigoso sobre um Messias crucificado. ("Em tais casos", escreve, "o irmão ou a irmã não fica debaixo de servidão").[24] (4) Ou talvez — e, se tivesse de especular, esta seria minha opção — Paulo tenha sido prometido a alguém desde cedo, provavelmente à filha de algum amigo de família, e voltou para Tarso, ávido por vê-la outra vez, mas também preocupado de como tudo se desenrolaria e também orando para que ela também viesse a conhecer Jesus. Mas ela, ou os pais dela, haviam rompido o noivado ao descobrirem que o enérgico jovem Saulo havia retornado com sua cabeça e seu coração repletos da horrenda insensatez sobre o Nazareno crucificado. Teria Saulo conseguido, como dizemos, "esquecê-la?" Ninguém sabe.

Posteriormente, Paulo teve diversas amigas e colegas, conforme vemos a partir das saudações nas cartas, especialmente em Romanos, e parece tê-las tratado como iguais na obra do evangelho, assim como insistiu, em uma passagem famosa, serem irrelevantes distinções de gênero no que dizia respeito a ser membro da família do Messias.[25] Contudo, havia decidido que, para ele, o casamento estava, agora, fora de questão, não por ser um homem demasiado espiritual e que havia alçado acima desse tipo de vida mesquinha, de segunda-classe (como posteriormente alguns cristãos tentariam simular), nem porque não tinha desejos humanos, mas por ser incompatível com sua vocação particular. Paulo dá a impressão, conforme lemos nas entrelinhas em 1Coríntios, que havia adquirido domínio sobre seus desejos naturais, enquanto reconhecia que tal disciplina exigia vigilância constante.[26]

---

[24]1Coríntios 7:15.
[25]Gálatas 3:28.
[26]1Coríntios 9:26-27

Por que entrar nesses detalhes imponderáveis? Para, antes de examinarmos a carreira pública de Paulo, o que estamos quase prontos a fazer, desafiar a ideia perene de que o apóstolo era misógino. Ele não imaginava que mulher e homem eram idênticos em todos os aspectos, e ninguém no mundo antigo, e não muitos no dia de hoje, pensariam assim. Mas ele via a mulher como participante, em igual medida, do povo de Deus, e também, ao que parece, dentro do ministério público desse povo, e podia ter amizade com mulheres e trabalhar ao lado delas sem desrespeitá-las, tentar seduzi-las ou explorá-las.

Assim, ao voltar para Tarso, o desgosto mais profundo de Saulo não era a perda de uma esposa fatual ou potencial, embora isso também pudesse tê-lo machucado. O que o entristecia muito era a perda, em um sentido muito mais profundo, de muitos que haviam sido próximos dele, que o haviam conhecido desde a juventude e ainda o amavam ternamente. Se ele não era misógino, tampouco era o tipo de judeu que (na caricatura antiquada) odiava outros judeus porque o faziam lembrar-se de si mesmo. Quando Paulo pensa em "judeus descrentes", estes não são, para o apóstolo, uma categoria "teológica", e sim seres humanos reais, pois ninguém sofre com dor incessante no coração por uma abstração sem face ou uma fantasia projetada.

Os dez anos ou mais em que permaneceu em Tarso foram claramente formativos para Saulo, e não podemos sequer imaginar o quanto ele, nesse tempo, deduziu sobre sua vocação futura. Mas em algum momento em meados da década de 40 do primeiro século — cerca de quinze anos depois da crucificação e da ressurreição de Jesus, quando Paulo estava provavelmente com trinta anos de idade —, ele recebeu uma visita que levaria sua vida a uma direção completamente diferente. O que o motivava era, por um lado, o mesmo que sempre o fizera: devoção completa ao Único Deus e "zelo" de trabalhar por sua glória no mundo. Ao fim, porém, de uma década em Tarso, Saulo havia desenvolvido, em considerável detalhe, o que significava o fato de o

Único Deus ter se revelado como o Jesus crucificado e ressurreto. Tratava-se de uma nova dimensão em sua devoção, um novo molde para o seu "zelo", uma nova profundidade de "lealdade". Essa nova dimensão, esse novo molde e essa nova profundidade produziriam uma série de documentos apressadamente escritos, cujo conteúdo, compacto e explosivo, mudaria o mundo.

De Tarso para Antioquia

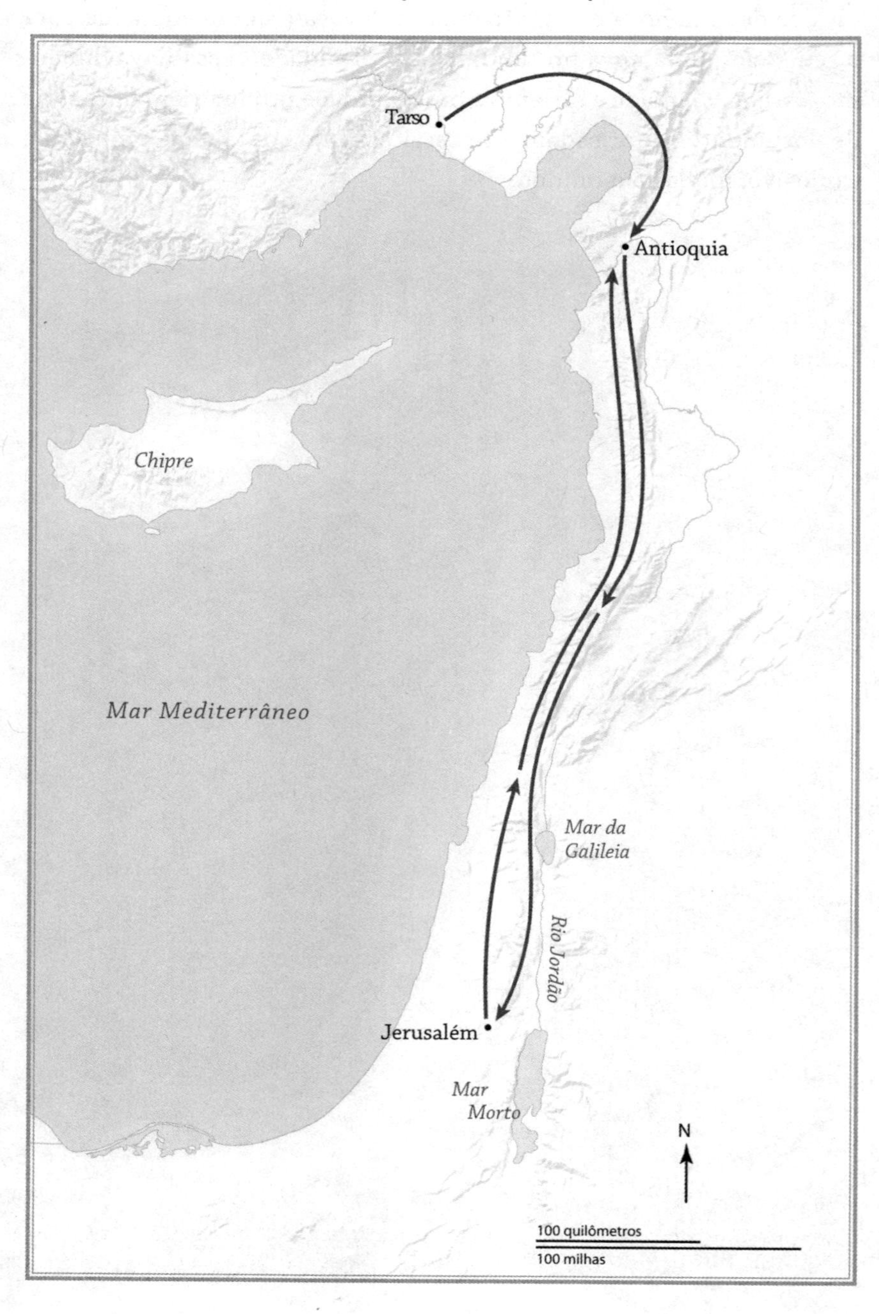

CAPÍTULO 4

ANTIOQUIA

O VISITANTE QUE CHEGOU A TARSO procurando por Saulo foi Barnabé, o qual, recordamos, havia defendido Saulo em sua primeira visita pós-Damasco a Jerusalém. Um dos heróis menores do livro de Atos, Barnabé, homem de espírito generoso, era originário de Chipre, um judeu da tribo de Levi. Seu nome verdadeiro era José, mas Lucas explica que os seguidores de Jesus de Jerusalém lhe apelidaram de Barnabé, cujo significado é "filho do encorajamento". Algumas pessoas têm o dom de levar outros a florescer. Barnabé era uma dessas pessoas.

Assim, quando os líderes de Jerusalém receberam notícias perturbadoras sobre novos acontecimentos na comunidade de Jesus em Antioquia, pensaram em enviar alguém que entenderia tanto a perspectiva de comunidades de fala grega quanto as preocupações da própria igreja de Jerusalém. Barnabé foi, então, uma escolha natural. Em Antioquia, uma muralha havia sido rompida, e uma rachadura surgira em uma barragem antiga. Deveria ser reparada rapidamente? Ou era isso um sinal de que o Único Deus estava fazendo algo novo? Para ver por que tudo isso era importante e por que essa questão em Antioquia moldou a forma como Saulo veria as coisas desde então — e, portanto, uma das razões pelas quais o movimento que veio a existir por intermédio do seu trabalho tornou-se tão extraordinariamente bem-sucedido —, devemos recuar um passo e entender a dinâmica interna da vida judaica dentro de seu contexto cultural mais amplo.

A muralha em questão, a muralha que havia sido rompida, era a divisão entre o judeu e o não judeu. Do ponto de vista judaico, essa divisão era maior do que qualquer divisão social ou cultural, mais importante até do que as outras duas distinções que corriam por todo o mundo antigo: as divisões de escravo e livre, por um lado, e, por outro, de homem e mulher. Conforme notamos anteriormente, a questão de quão alta a muralha entre o judeu e o não judeu deve ser e em quais níveis o judeu deve lidar com os do outro lado era tão controverso antigamente quanto é nos dias de hoje. Pessoas diferentes e, de fato, diferentes líderes de comunidades judaicas estabeleceriam cada qual um limite diferente. Transações comerciais, tudo bem; já constituir sociedade, provavelmente não. Amizade, tudo bem; casamento misto, provavelmente não. Limites seriam estabelecidos, quebrados e então refeitos outra vez — às vezes no mesmo lugar, às vezes não.

Por trás de tudo isso, entretanto, havia sempre um senso de diferenciação entre "eles" e "nós" — indicadores sociais e culturais seriam pontos de referência claros. O que você comia (e não comia), com quem comia (e com quem não comia) — esses seriam os mais óbvios, porém não os únicos. Escritores não judeus da época zombavam dos judeus por seu "sábado", alegando que o judeu queria mesmo um "dia preguiçoso" uma vez por semana; além disso, o fato de os judeus não comerem carne de porco, alimento mais comumente disponível, soava como uma conspiração com ares de superioridade social. Judeus do sexo masculino eram circuncidados, de modo que, caso participassem em um treinamento atlético no ginásio, e isto normalmente envolvia nudez, podiam antecipar comentários maliciosos.

Esses indicadores sociais levantavam por parte dos não judeus uma suspeita mais profunda de que judeus eram ateus, afinal, eles não adoravam os deuses, não participavam dos grandes festivais, não iam a festas nos templos e não ofereciam sacrifício animal em altares locais. O judeu reivindicava que havia apenas um único Templo verdadeiro, aquele que se localizava em Jerusalém, porém, não faltavam rumores, remetendo ao tempo quando o general romano Pompeu havia marchado no Santo dos Santos, que *os judeus não tinham imagem, nem estátua do seu deus*. Eis o porquê da acusação de ateísmo, e o problema com o ateísmo não dizia respeito a crenças teológicas, uma vez que as pessoas acreditavam em todo tipo de coisa estranha, e autoridades permitiam-nas continuarem com sua crença. Não, o problema era profundamente prático. Os deuses eram importantes para a vida e a saúde da comunidade, então, se coisas ruins acontecessem, a razão óbvia era que os deuses estavam irados, provavelmente porque o povo não os estava levando a sério e não estava oferecendo a adoração exigida. Pessoas que não criam nos deuses estavam, portanto, colocando a cidade, toda a cultura ou o mundo inteiro em perigo.

Judeus tinham como responder a isso, ainda que muitos dentre os não judeus sequer tentassem entender suas respostas. Saulo de Tarso teria crescido conhecendo bem esses debates e, durante seu tempo em Tarso, bem como depois de se mudar para a Antioquia, deve tê-los ouvido repetidamente com familiaridade exaustiva. Nosso Deus, o judeu teria dito, é o Único Deus, criador do mundo inteiro e não pode ser representado pela imagem feita por um homem. Demonstraremos quem ele é pelo modo como vivemos, e, se nos unirmos ao mundo em redor na adoração de divindades locais — sem contar a adoração do imperador romano (o que as pessoas estavam começando a fazer enquanto Paulo crescia) —, estaremos cometendo o mesmo erro dos nossos ancestrais. (Na verdade, uma minoria significativa de não judeus admirava o judeu por tudo isso, preferindo sua demarcação de fé clara e limpa e seu comportamento em vez das confusões obscuras do paganismo. Muitos se atrelavam às comunidades da sinagoga como "tementes a Deus". Alguns chegavam ao extremo da conversão plena como "prosélitos"). Todavia, os judeus eram claros sobre o fato de que, caso eles se corrompessem com o mundo pagão ao seu redor, independentemente de como essa "corrupção" seria definida em determinada cidade ou lar particulares, estariam desistindo de sua herança — e de sua esperança.

A herança era algo importante, mas a esperança era ainda mais — esperança de um novo mundo, de que o Único Deus, enfim, se tornaria rei. Em um dia bom, muitos judeus pensariam no Único Deus trazendo paz e justiça para o mundo todo, mas, em um dia mau, alguns pensariam no Único Deus finalmente retribuindo aos gentios aquilo que mereciam, resgatando e justificando seu antigo povo de Israel no processo. Desse modo, o que o povo judeu, particularmente em uma comunidade de Diáspora como Antioquia ou Tarso, pensaria da sugestão de que o Único Deus havia feito o que prometera *ao enviar um Messias crucificado*? O que isso significaria para a identidade judaica? Seria isso boa notícia simplesmente para o povo judeu, ou também o seria para todo o mundo?

Antioquia da Síria, ainda mais do que Tarso, era exatamente o tipo de lugar onde essa questão viria rapidamente à tona. (Vamos chamá-la de Antioquia da Síria a fim de distingui-la de Antioquia da Pisídia, que ficava ao sul da Turquia, local onde Paulo pregaria posteriormente. Ambas rementem à sua fundação por Antíoco Epifânio no início do século II a.C., assim como muitas cidades antigas chamadas de Alexandria remetiam a Alexandre, o Grande, no fim do século IV). Situada na margem do rio Orontes, essa Antioquia estava localizada a cerca de 400 quilômetros ao norte de Jerusalém, no canto noroeste do Mediterrâneo. A cidade compunha um grande cruzamento comercial não muito distante da costa, posicionada entre Oriente e Ocidente, Norte e Sul, semelhante à cidade de Veneza na alta Idade Média.

Antioquia gabava-se de uma mistura agitada de culturas, grupos étnicos e tradições religiosas, incluindo uma população judaica substancial. O general romano Pompeu fizera de Antioquia a capital da nova província da Síria, e Júlio César a elevou ao nível de cidade autônoma. Com uma população de cerca de 250 mil pessoas, a cidade era amplamente considerada, na Antiguidade, a terceira ou quarta cidade mais importante do Oriente, depois de Alexandria, Selêucida e, posteriormente, Constantinopla. Antioquia era um caldeirão clássico de misturas, com representação de todo tipo de grupo social e cultural; assim, não é difícil imaginar ruas lotadas, mercados vendendo frutos exóticos e produtos locais, comerciantes e viajantes, estrangeiros com costumes distintos, animais de carga precisando de comida e água e templos por toda parte. Não era surpreendente que alguns dos primeiros seguidores de Jesus se sentissem à vontade nessa cidade, afinal de contas, todo mundo sentia o mesmo.

Também não surpreendente que, uma vez em Antioquia, os seguidores de Jesus estivessem ávidos por compartilhar a notícia de Jesus com judeus e não judeus. Eles criam que o Messias de Deus havia inaugurado seu Reino e que a nova energia que descobriram ao anunciar essa mensagem era obra do próprio espírito de Deus, derramado de uma maneira nova, pronto para abranger o mundo todo. Mas, se as Escrituras anteciparam que o rei vindouro seria Senhor do mundo inteiro, como a participação nesse reino se restringiria apenas ao judeu?

Alguns dos cristãos vindos de Chipre e Cirene não viam motivos para tal limitação. Em Antioquia, iam por toda parte, compartilhando a mensagem de Jesus também com os não Judeus. Dentre eles, um grande número creu na mensagem, abandonando seu estilo de vida pagão e passando a devotar sua lealdade a Jesus como Senhor. Podemos imaginar como a comunidade judaica reagiu a isso; naturalmente, muitos judeus teriam suposto que esses gentios deviam ir além e se tornarem judeus por completo. Se compartilhavam promessas antigas, não deviam também partilhar da cultura antiga? Que tipo de vida comum essa nova comunidade devia desenvolver? Essas eram as questões que zuniam na cabeça de Paulo, como grandes abelhas agitadas, durante boa parte de sua carreira pública.

De fato, essas eram grandes questões decisivas, das quais o futuro do novo movimento dependia. Antioquia foi o lugar onde elas atingiram um ponto máximo, e Barnabé e Saulo estavam no centro delas. Sua amizade, que foi de firme para flutuante e, em seguida, para trágica, ajudou a moldar a mente e o ensino de Saulo.

Tudo começou quando líderes de Jerusalém enviaram Barnabé para a Antioquia para ver o que estava acontecendo. Embora fosse homem de bom coração, Barnabé não era do tipo que instintivamente precipitava-se a reações negativas, acedendo a preconceitos habituais apenas porque algo novo estava acontecendo. Ele podia ver, na vida transformada e fé transparente dos cristãos gentílicos, que ali estava acontecendo, de fato, a obra da graça divina, que alcançava, com amor generoso, pessoas de diferentes culturas e origens. Barnabé compartilhava do ponto de vista paulino de que, com a morte e a ressurreição de Jesus, as barreiras à inclusão gentílica haviam terminado; nesse sentido, agora a evidência de vidas transformadas, de um novo dinamismo na adoração, e, acima de tudo, do amor (lembrando que, para os primeiros cristãos, "amor" significava vida familiar compartilhada, com obrigações de apoio mútuo) contavam sua própria história, e Barnabé não tinha a intenção de negar tal evidência. Em vez disso, ele reconheceu a obra de Deus quando a viu, alegrando-se nela.

Outros advindos de Jerusalém, deparando-se com a mesma evidência, poderiam ter chegado a uma conclusão diferente. Não demorará para nos depararmos com eles, com aqueles que insistem para que os seguidores de Jesus em Antioquia restrinjam-se ao próprio grupo étnico, pelo menos durante as refeições e, talvez, mesmo durante a ceia do Senhor, o "partir do pão". Muitos judeus teriam presumido que os gentios ainda carregavam uma poluição contagiosa de sua cultura de idolatria e imoralidade, mas não era assim que Barnabé enxergava a questão. Para ele, o importante era a fé leal desses gentios que, com todo o coração, permaneciam leais ao Senhor. Essa nova comunidade não era, assim, definida por genealogia, mas sim pelo próprio Senhor, sendo o sinal de pertencimento a esse Senhor a "lealdade", "fidelidade".

Nesse contexto, deparamo-nos com o tipo de problema que vai de encontro ao leitor sério de Paulo. Um termo grego óbvio para "lealdade" é uma das palavras favoritas de Paulo, *pistis*, geralmente traduzido por "fé", mas que também traz consigo conotações de "fidelidade", "confiabilidade" e, sim, "lealdade" também. A palavra *pistis* poderia significar "fé" no sentido de "crença"— *aquilo em que se creu*, bem como *o fato da crença*, ou até mesmo *o ato de crer* — o que parece já oferecer sentido suficiente para uma palavra pequena. Mas *pistis* também poderia remeter ao comprometimento pessoal que acompanha a fé genuína — nesse caso, a fé de que Jesus agora era "Senhor", o soberano legítimo do mundo. Dessa forma, o termo significa "lealdade" ou "comprometimento", e era isso o que César exigia de seus súditos.

Para Paulo, a palavra significava tudo isso e muito mais; para ele, essa "fé leal" não era nem posicionamento "religioso" apenas, nem posicionamento somente "político". Ela possuía amplitude tal, que em nossa linguagem, como na de Paulo, há dificuldade para expressá-la em termos claros. Para Paulo, essa *pistis*, essa devoção sincera ao Deus revelado em Jesus e o compromisso com ele eram o marcador vital, aquilo que mostrava se alguém realmente pertencia, ou não, a esta nova comunidade. Barnabé já assumira esse posicionamento e via uma única comunidade vivendo uma vida comum. Dizer que ele reconhecia isso como resultado da graça divina não é simplesmente o tipo de fantasia piedosa que alguns podem imaginar, visto que, no Antigo Oriente Próximo, a ideia de uma única comunidade, *atravessando barreiras tradicionais de cultura, gênero, etnia e grupo social* era algo nunca se ouvira. Um novo tipo de "família" passou a existir, e seu foco de identidade era Jesus; seu modo de vida era moldado por Jesus; sua marca distintiva era comprometimento com e fé em Jesus. Barnabé viu isso e se alegrou.

Dizer que esse novo projeto, que essa nova comunidade apresentaria desafios é uma subavaliação e tanto, tendo em vista que o grupo vibrante e empolgado dos seguidores de Jesus em Antioquia estava fazendo algo radicalmente contracultural. No mundo antigo, ninguém mais tentava viver em uma casa onde as antigas muralhas estavam caindo, e também ninguém mais estava fazendo experiências com uma maneira totalmente nova de ser humano. Barnabé deve tê-lo percebido e visto que, a fim de sequer começar a cogitar tal coisa, em vista da enorme pressão que poderíamos categorizar de sociocultural (mas que ressoava também com filosofia, política, religião e teologia), alguém deveria ajudar as pessoas a *ponderar no que tudo isso realmente significava*, e isso haveria de significar a necessidade de ensino.

De fato, tudo remeteria ao lançamento de um projeto (embora não pudessem tê-lo previsto na época) que, em longa retrospectiva, poderíamos chamar "teologia cristã". Se uma comunidade como a de Antioquia devia manter seu equilíbrio como um grupo de seguidores de Jesus naquele mundo de culturas conflitantes, seus membros deveriam compreender duas coisas: por um lado, deveriam criar raízes firmes nas tradições judaicas, nas Escrituras, e, por outro, deveriam ponderar sobre significado preciso do fato de o Messias de Israel, o cumprimento dessas mesmas Escrituras, ter sido crucificado e ressuscitado dentre os mortos. Apenas se aprofundando na história bíblica de Israel e nos acontecimentos concernentes a Jesus, e refletindo, de ângulos muito diferentes, sobre seu pleno significado, tal comunidade poderia manter sua identidade, integridade e determinação. Quem, segundo Barnabé, teria esse tipo de conhecimento, energia e disposição, bem como um jeito especial com as palavras, a fim de comunicá-lo? Havia um candidato óbvio.

Passara-se uma década ou mais desde que Saulo havia ido a Tarso, depois de seu breve tempo em Damasco e então Jerusalém. Não podemos dizer se alguém em Jerusalém ou em Antioquia havia-o visto ou escutado a seu respeito durante esse tempo, entretanto, Barnabé não o esquecera, pois tinha um forte senso de que Saulo era o homem para o trabalho. Tratava-se do início de uma parceria que lançaria a primeira "missão" oficial registrada do novo movimento — e isso também refletiria, dentro de alguns anos, tensões internas dentro desse movimento que ainda aguardavam por uma resolução. Barnabé e Saulo dançariam conforme a mesma música... até que alguém tentasse adicionar à canção um novo ritmo.

Paulo chegou então a Antioquia. Mais uma vez, estava deixando o lar; dessa vez, presumimos, com sentimentos mistos, os quais descreveria posteriormente como "profunda tristeza e uma dor sem fim".[1] Ele trabalhou com Barnabé e com os líderes locais de Antioquia por um ano, ensinando e guiando a nova e crescente comunidade, e eles deram o melhor de si para moldar os novos cristãos e sua vida comum de acordo com raízes bíblicas e com os acontecimentos da "boa-nova" relacionada a Jesus. Por mais que quiséssemos ser uma mosca na parede naqueles primeiros dias, tudo o que podemos ter certeza é que formas de ler as Escrituras e interpretar acontecimentos da vida de Jesus, encontrados plenamente desenvolvidos nas cartas maduras de Paulo, tomavam forma em sua mente e coração, bem como na vida da comunidade. Paulo, o maior teórico do novo movimento, nunca foi *meramente* um teórico, pois praticamente todas as ideias que ele articulou posteriormente haviam sido testadas nas ruas estreitas e populosas de Antioquia.

Lucas afirma que foi em Antioquia, durante esse período, que os seguidores de Jesus foram chamados pela primeira vez de *christianoi*, "o povo do Messias".[2] Essa reivindicação tem sido desafiada por aqueles que salientam, corretamente, que nosso emprego da palavra "cristão" sugere um movimento organizado e separado do mundo judaico, de sorte que não há evidências de algo assim por cerca de uma geração. Os únicos outros lugares no Novo Testamento onde a palavra ocorre são, respectivamente, pelos lábios de Herodes Agripa, zombando de Paulo por tentar "torná-lo um cristão", e em uma carta do primeiro século, na qual Pedro se refere àqueles que "sofriam como cristãos".[3] Em ambos os casos, o termo parece ser usado como um apelido, muito provavelmente como um ato de desprezo, por aqueles que não seguiam Jesus ("loucos do Messias!") e não como uma palavra que os seguidores de

---

[1]Romanos 9:2.
[2]Atos 11:26.
[3]Atos 26:28; 1Pedro 4:16.

Jesus usavam para se referir um ao outro. De qualquer maneira, porém, essa não é a questão. Na Antioquia da década de 40, poderíamos confundir a palavra *Christos* por um nome pessoal. Os seguidores de Jesus — o povo do Messias — estavam, por assim dizer, conquistando para si um nome, e não há razão pela qual não deveriam ter adquirido um nome literal ao mesmo tempo. A escolha mais natural teria sido *christianoi*, povo do Messias, palavra que, como a própria comunidade, como o próprio Saulo de Tarso, tinha raízes judaicas profundas, mas também um novo e estranho alcance e poder.

Esse senso estranho de um novo tipo de vida, presente não só nos primeiros discípulos, mas também nas primeiras comunidades de Jesus, dependia, em grande medida (conforme teriam afirmado), da presença poderosa e do direcionamento do espírito santo. Independentemente da maneira como desejamos relatar esse fenômeno hoje, não podemos começar a entender Saulo, Barnabé e seus colegas sem reconhecer que, à medida que oravam, cantavam, estudavam a Escritura, organizavam sua vida comunitária e anunciavam Jesus a judeus e a não judeus, estavam conscientes de um vigor, de um senso de direção, como nunca antes haviam experimentado. Eles não hesitavam em atribuir essa vitalidade e liderança ao espírito divino, o qual havia sido prometido nas Escrituras e, mais uma vez, alguns anos antes, por João Batista, o precursor de Jesus. Esses primeiros seguidores de Jesus não eram "entusiastas" ingênuos. Já dentro das primeiras décadas, tornou-se necessário desafiar algumas reivindicações sobre a obra do espírito e advertir contra a possibilidade de engano, assim como, de fato, de autoengano, mas não podemos entender as coisas que agora aconteceram a menos que aceitemos o fato de que Saulo e os demais realmente criam que estavam sendo guiados e capacitados pela presença pessoal do Único Deus.

Foi a partir dessa liderança que Barnabé e Saulo se encontraram sendo comissionados para o seu primeiro projeto conjunto. Guiado pelo espírito, um dos "profetas" em Antioquia, um homem chamado Ágabo, advertiu a comunidade de que uma fome estava prestes a atingir o mundo Mediterrâneo. (Diversas evidências remetem ao ocorrido em 46 d.C.). A reação a essa notícia nos diz muito sobre o modo como a comunidade pensava instintivamente, e podemos ter imaginado que uma advertência como essa resultaria em uma ansiedade automática e introvertida. Deviam eles estocar comida? Deviam fazer o que José fez no Egito, armazenando grãos nos dias bons para que perdurassem durante os dias maus? Os seguidores de Jesus em Antioquia decidiram imediatamente não fazer isso; antes, teriam cuidado dos membros da comunidade em pior condição do que a deles, e isso dizia respeito a Jerusalém, lugar onde os primeiros discípulos de Jesus venderam terras, partilharam recursos e, agora, depois de uma ou duas décadas de hostilidade por parte das autoridades (e provavelmente do restante da nação), lutavam para permanecer vivos.

Os seguidores de Jesus que viviam em Antioquia sabiam o que deveriam fazer. Eles nunca haviam pensado em si mesmos como independentes dos seguidores de Jesus que habitavam em Jerusalém, e aqueles dentre nós acostumados com organizações multinacionais, incluindo "igrejas", podemos ter de considerar quão incomum o passo seguinte foi nessa época. Assim como Antioquia foi o primeiro lugar onde vemos um esforço genuíno quanto a um novo tipo de vida comunitária trans*étnica*, assim também, com esta ação, Antioquia foi o primeiro lugar a demonstrar que os seguidores de Jesus pensavam de si mesmos como uma comunidade trans*local*, com responsabilidades mútuas. Os únicos paralelos possíveis são a rede de comunidades de sinagoga (embora não fossem transétnicas) e o exército romano e a administração pública romana (mas todos eles, embora incorporassem não romanos, levavam o selo de César). O que poderia significar, mais à frente, pertencer a um novo tipo de comunidade mundial? Isso também demonstraria ser uma questão gigantesca, para a qual Saulo de Tarso daria uma resposta caracteristicamente inovadora, e isso, mais uma vez, remete ao futuro, para os resultados impressionantes que, no longo prazo, fruiriam do projeto de Saulo.

Barnabé e Saulo foram, então, enviados de Antioquia para Jerusalém com uma oferta em dinheiro para os cristãos da cidade — a data era provavelmente 46 ou 47 d.C. A despeito de outras formas tradicionais de juntar o quebra-cabeças histórico, presumo que essa é a mesma visita que Saulo, escrevendo posteriormente como Paulo, descreve em Gálatas 2:1-10. Faz sentido, pois ele foi para Jerusalém, segundo alega, "por revelação", possivelmente referindo-se à advertência profética de Ágabo. Seu próprio relato da visita termina com os líderes de Jerusalém urgindo-o a que continuasse a se lembrar "dos pobres",[4] e essa exortação certamente tem aplicação geral, pois desde o início os seguidores de Jesus criam que tinham uma obrigação especial com relação "aos pobres" em geral. Mas a exortação também focalizava, em particular, a comunidade de Jerusalém.

Quando o próprio Paulo descreve a visita, entretanto, ele toma o propósito financeiro quase que por certo e foca em algo mais que aconteceu enquanto estava em Jerusalém. Paulo já estava trabalhando em Antioquia por um ano, além de qualquer trabalho público que porventura tenha realizado em Tarso, e, durante esse tempo, estivera falando poderosamente sobre Jesus, tanto a judeus quanto a não judeus, encorajando a comunidade, formada por ambos, para que vivessem como uma única família. Mas o que os líderes de Jerusalém pensariam a respeito desse bravo novo experimento? E se não gostassem da aparência dele, o que isso significaria? Paulo estava perdendo tempo?

Possivelmente, esse pensamento parece tê-lo perseguido em diversos estágios do seu trabalho, isto é, ele se preocupava em estar perdendo seu tempo, correndo "inutilmente".[5] Trata-se de uma alusão a Isaías 49. No versículo 4 do mesmo capítulo, o "servo", cujo propósito é levar a luz de Deus às nações, questiona-se quanto a talvez ter "trabalhado em vão" ou que "gastou sua força de modo frustrante, para nada".

O fato de Paulo expressar essa ansiedade particular em linguagem bíblica significa, obviamente, que ele sabe, na teoria, qual deve ser a resposta, mas, mesmo assim, ele o diz neste contexto em referência à

[4]Gálatas 2:10.
[5]Gálatas 2:2.

viagem a Jerusalém, mais uma vez em sua ansiedade quanto aos tessalonicenses, enquanto aguardava em Atenas e, por fim, escrevendo, de Éfeso, para os filipenses.[6] Ele continua voltando para o mesmo tema, como se quisesse retomar um tema que o perturbava. Seria o caso de tudo ter sido em vão? Mas então, seguindo a linha de raciocínio profética, Paulo concluiria que o "servo" dera voz ao sentimento, e talvez esse sentimento fizesse parte do trabalho. De qualquer maneira, o pensamento não saía de sua mente...

Isso se encaixa bem com o momento impressionante, em sua primeira carta aos coríntios, em que Paulo revela uma das fontes de sua autodisciplina. Um dos aspectos mais conhecidos sobre o pensamento de Paulo é sua visão de que, quando alguém chega à fé em Jesus como Senhor ressurreto, esse acontecimento é, em si, um sinal da obra do espírito por meio do evangelho; se o espírito começou a "boa obra", cujas primícias são a fé, pode contar com o fato de que o espírito terminará o trabalho. É isso o que ele diz em Filipenses 1:6, ideia correlacionada com seu ensino mais amplo em outras passagens, particularmente em Romanos 5—8. Contudo, Paulo sabe que isso não ocorre quando os discípulos relaxam e deixam o espírito fazer tudo, sem que haja qualquer esforço humano envolvido. Pelo contrário. Pensando no atletismo, ele diz que aqueles que continuam treinando têm de exercer grande autodisciplina, e isso se aplica também a ele:

> Não corro sem objetivo! Não luto como alguém que golpeia o ar! Pelo contrário: dou tratamento árduo para o meu corpo e faço dele meu escravo, a fim de que, depois de ter anunciado a mensagem para outros, eu mesmo não acabe sendo desqualificado.[7]

Estava ele, assim, "correndo inutilmente"? Ele convive com essa pergunta implicante. Por um lado, Paulo sabe a resposta perfeitamente

---

[6] 1Tessalonicenses 2:1; 3:5; Filipenses 2:16.
[7] 1Coríntios 9:26-27.

bem. A verdade sobre Jesus, o poder de Deus operando no anúncio do evangelho, a presença do espírito, a testemunha da Escritura — tudo isso aponta numa mesma direção. Mas, por outro lado, Paulo precisa continuar a perguntar. E deve continuar disciplinando seu corpo como um escravo obediente.

Esse vaivém de ansiedade natural e encorajamento biblicamente fundamentado torna-se mais complexo pela dinâmica humana da visita a Jerusalém, levantando uma questão com a qual Paulo lutaria nos anos seguintes: "Eis aqui o dinheiro. A propósito: vocês estão felizes com nossa política atual?" Paulo teria sido o primeiro a dizer que, só porque alguém é generoso com outros, isso não significa que os está compelindo a concordar com suas políticas ou práticas. Subjacente à questão, porém, jaz outra, ainda mais profunda. Essa contribuição financeira sugeria uma demonstração de que judeus e gentios eram parte de uma grande família, de uma parceria, de uma *koinōnia*. Essa palavra grega é geralmente traduzida por "comunhão", mas, no mundo de Paulo, também tinha, dentre outros sentidos, o de parceria comercial, que geralmente coincidiria com laços familiares. Paulo estaria, ao menos implicitamente, pedindo-lhes que percebessem que essa *koinōnia* era o que era porque, em Jesus, o Único Deus havia feito algo novo, e que, por meio de Jesus, eles deviam reconhecer que o Único Deus havia criado um novo tipo de família, uma comunidade que ultrapassa barreiras que nossa tradição manteve cuidadosamente, abrangendo, agora, um vasto território entre Antioquia e Jerusalém.

Essa questão, colocada implicitamente quando Barnabé e Saulo foram para Jerusalém, tinha um único ponto focal. Eles não haviam ido sozinhos: levaram consigo um jovem gentio que havia se tornado um ávido e muito amado seguidor de Jesus, e que era membro da comunidade cristã em Antioquia. Seu nome era Tito. Sem que Barnabé e Saulo perceberam a possibilidade de Tito ser um estudo de caso? Deram-se conta de que poderiam colocá-lo numa posição difícil?

De qualquer forma, eis como tudo aconteceu: os principais líderes de Jerusalém, de acordo com Paulo, estavam felizes com o rumo que

Antioquia estava tomando ao receber os cristãos não judeus como membros plenos da família. Mas outros dentre os seguidores de Jesus que habitavam em Jerusalém não estavam contentes. Eles perceberam que Tito era grego, um não judeu, e que não havia sido circuncidado; portanto, ele não era um "prosélito", — um não judeu que havia se convertido plenamente (havia debates na época sobre se até mesmo a circuncisão seria o suficiente para tornar alguém judeu, mas, para a maioria, seria o suficiente). Eles perceberam que Barnabé e Saulo insistiam que Tito fosse tratado em termos iguais como membro pleno da família, incluindo o compartilhamento de refeições comuns. Esse grupo estava horrorizado. "Este é precisamente o tipo de poluição", contestaram, "que o Único Deus quer que evitemos! Fraternizar com pagãos é o que pôs nossos ancestrais em apuros! Se o Único Deus, que ressuscitou a Jesus, vai cumprir suas promessas e estabelecer seu reino na terra como no céu, libertando-nos de todos os inimigos e males terrenos, certamente não o fará se nos corrompermos em nossa pureza! Ou ficamos com duas mesas, uma para seguidores judeus de Jesus e outra para gentios, ou *Tito deverá se circuncidar*, ou seja, ele terá de se tornar um judeu por completo se vocês querem que seja reconhecido como membro pleno da família de Jesus".

Barnabé e Saulo permaneceram firmes. O problema não era tanto a vergonha e a dor física que a circuncisão causaria a Tito: o que estava em jogo era um princípio teológico. Tratava-se, conforme Paulo declararia posteriormente, de uma questão de "liberdade" — palavra com bagagem, palavra de Páscoa, *slogan* para muitos dentre os judeus que, como Saulo, haviam esperado e orado. Mas agora, com a nova "Páscoa" da morte e da ressurreição de Jesus, um novo tipo de "liberdade" havia nascido. Liberdade para que todos, *judeus e gentios*, compartilhassem, como membros, do novo mundo, da nova família, da nova vida messiânica e cheia do espírito. Se essa era uma nova "liberdade", então qualquer coisa que a desafiasse seria uma forma de escravidão. *Essas pessoas querem nos escravizar*, concluiu Paulo, querem reverter o momento da Páscoa e nos levar de volta para o Egito. Tito foi poupado.

Tiago (irmão de Jesus), Pedro e João, três líderes principais de Jerusalém, ficaram contentes. O ponto de vista deles tinha peso; os três eram conhecidos como "colunas". Para nós, isso pode não passar de uma metáfora morta, mas, para eles, em Jerusalém e com o Templo ainda em pé, tratava-se de uma reivindicação polêmica. Os primeiros seguidores de Jesus, ao que parece, já viam a si mesmos como um Templo alternativo, tendo esses três homens como "colunas": uma sociedade novo-céu-e-nova-terra, vivendo e adorando ao lado do Templo antigo, tornando-o redundante. Em outras palavras, o que Estêvão dissera estava se cumprindo.

Ainda mais impressionante é o fato de Tiago, Pedro e João serem capazes de concordar com Barnabé e Saulo. Templo significava pureza; e pureza, para um judeu leal, normalmente envolvia cuidado extremo ao ter contato com não judeus. O que Barnabé e Saulo vislumbraram, bem como aquilo que (de acordo com Atos) o próprio Pedro já havia vislumbrado na casa do não judeu Cornélio, era um novo tipo de pureza vindo à luz. Uma nova liberdade. Um novo Templo. Um novo *tipo* de pureza. Não é à toa que a confusão abundava, especialmente entre os mais ávidos pelo livramento vindouro de Deus, e também não é de se admirar que alguns judeus leais se ressentissem de Barnabé e Saulo por pressionarem a questão de maneira tão intensa; também não é de se admirar que os dois amigos permanecessem firmes em seu propósito.

Não sabemos, a essa altura, o quanto Saulo argumentou seu caso a partir das Escrituras, porém, os "colunas" lhes deram as mãos nesse assunto e chegaram a um acordo cujos termos aparentemente simples (segundo citados por Paulo em Gálatas) tornam-se mais complicados quanto mais pensamos sobre eles. Tiago, Pedro e João trabalhariam com os judeus enquanto Saulo e seus amigos trabalhariam com povos não judeus. Colocado dessa forma, soa fácil, embora não se encaixe com os fatos, e pode ser que a intenção original tenha sido mais geográfica do que étnica: os "colunas" restringiriam sua proclamação do Messias ao antigo território de Israel, enquanto Saulo perambularia pelo mundo, mas o acordo dificilmente se encaixa com as viagens posteriores de Pedro, seja a Corinto ou, em ultimo caso, Roma. Da mesma forma, uma divisão étnica, com Saulo cuidadosamente evitando trabalhar com o povo judeu da Diáspora, também não faz sentido, uma vez que, em Atos, ele quase sempre começa nas sinagogas, e que, em 1Coríntios, ele fala sobre tornar-se "judeu para os judeus, a fim de ganhar os judeus"[8] e também, na declaração de abertura decisiva de Romanos, ele diz que o evangelho é "primeiro para o judeu, mas também, igualmente, para o grego".[9]

Parece que o acordo que Paulo reporta em Gálatas 2 foi uma disposição temporária, um modo de apaziguar extremistas de Jerusalém, tentando assegurá-los de que seguidores judaicos de Jesus pelo menos não teriam de comprometer sua própria pureza e poderiam continuar a vida sem violar a consciência. O episódio inteiro, com correntes teológicas, pessoais e, inevitavelmente, também políticas, alerta-nos quanto às complexidades e aos desafios sobrepostos que o jovem movimento enfrentava. Em vista do conhecimento bíblico incomparável de Saulo, podemos presumir que isso o alertava também da necessidade de entender e articular poderosamente o que significava o fato de essas Escrituras terem sido cumpridas no Messias crucificado.

Barnabé e Saulo retornaram para Antioquia, tendo completado sua missão, e presumimos que Tito tenha retornado com eles. Acompanhado da equipe estava também outro companheiro jovem, João Marcos, parente de Barnabé e Pedro. Se os dois amigos estavam felizes com o modo pelo qual as coisas ocorreram, isso era inteiramente natural, pois haviam trabalhado bem como uma equipe, o que lhes serviria bem no surpreendente novo desafio com o qual se depárariam.

---

[8]1Coríntios 9:20.

[9]Romanos 1:16.

ARAUTO DO REI

PARTE DOIS

Rumo à Galácia e de volta a Antioquia

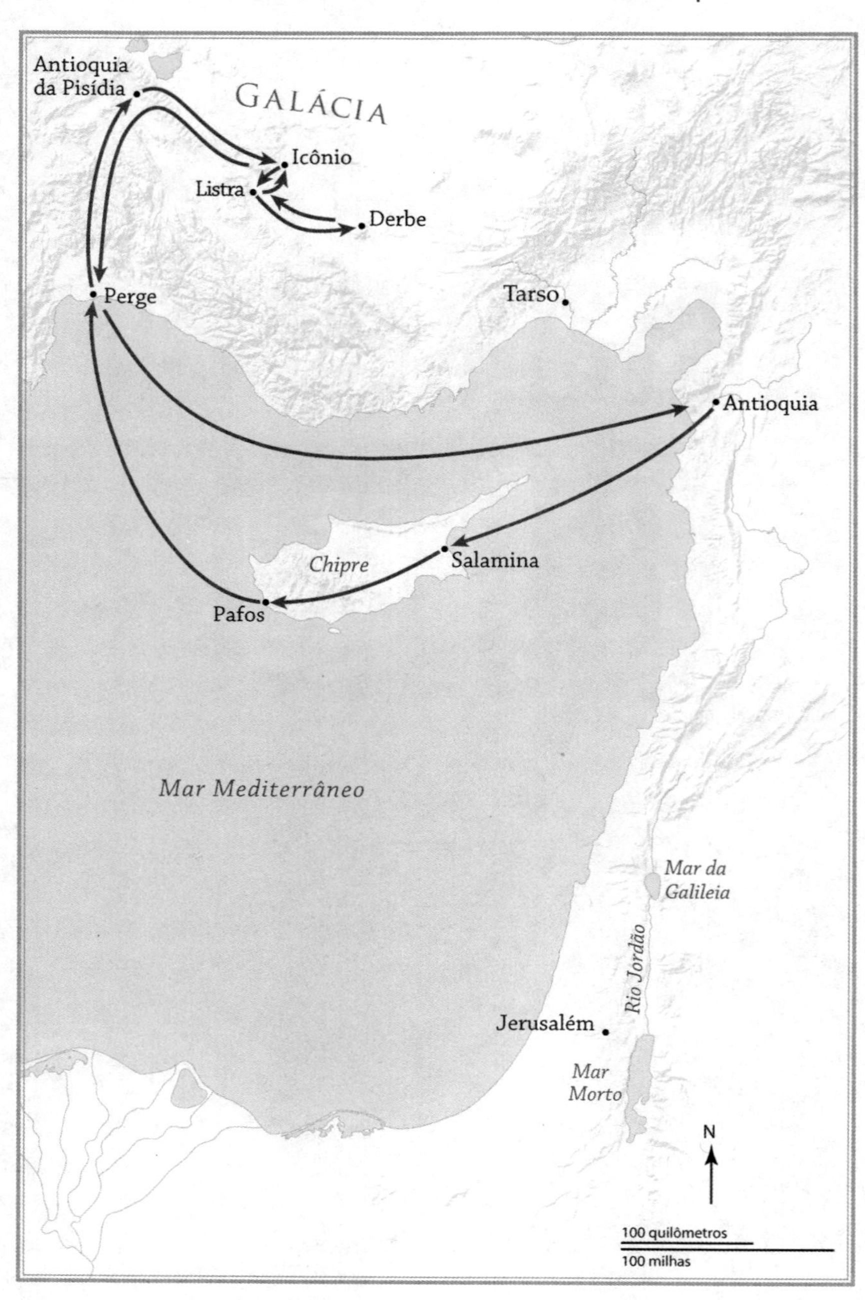

CAPÍTULO 5

CHIPRE E GALÁCIA

A MAIORIA DAS BÍBLIAS IMPRESSAS contém mapas; dentre eles, geralmente há um com as jornadas de Paulo. Comecei a gostar de mapas e de lê-los tão logo aprendi a ler, e, quando o professor nos deu a tarefa de aprendermos a respeito das diversas viagens de Paulo, lancei-me à atividade como com imenso prazer, pois ela se encaixava naturalmente nos estudos clássicos que eu já começava a buscar. Não fazia ideia de que algumas das linhas por mim traçadas com tanta facilidade eram controversas, particularmente aquelas relacionadas ao norte e ao sul da Galácia, mas o que me interessava era o modo como Paulo, incansável e quase implacável, parecia sempre estar se movendo, atravessando cordilheiras, cruzando rios, permanecendo em lugares exóticos, como Éfeso ou Corinto, fazendo bom uso das redes impressionantes de estradas romanas e as oportunidades quase igualmente marcantes de navegar ao longo do mar Mediterrâneo e ao redor do Egeu. Até então, não tinha visitado nenhum dos lugares onde Paulo havia ido, mas um bom atlas e alguns livros com fotografias das cidades principais, bem como outros destaques, como desfiladeiros de montanhas, trouxeram tudo isso à vida.

Naquele estágio, nunca me havia ocorrido perguntar o que exatamente Paulo pensava que estava fazendo, ou por quê. Por que ele deveria ir, para início de conversa? Por que ele foi especificamente para *esses lugares* em vez de outros? Por que (pelo menos de acordo com Atos) ele geralmente começava falando em uma sinagoga? Se tivesse pensado sobre isso, é provável que tivesse simplesmente dito que ele cria que Deus queria que ele falasse às pessoas sobre Jesus e, por isso, tinha de começar de algum lugar. (Isso é, sem dúvida, verdade até certo ponto, porém muito insatisfatória). Um pouco mais adiante, alguém destacou para mim que Paulo tendia a se concentrar em grandes centros populacionais, baseando-se na movimentação comercial das pessoas, entrando e saindo de grandes cidades, a fim de ajudá-lo a espalhar a mensagem. Isso também é legítimo, mas ainda assim deixa de fora algumas questões fundamentais. Aqui, à medida que o vemos lançar a carreira de um missionário itinerante pelo qual se torna célebre e que provê o contexto para suas cartas igualmente famosas, retornamos, mais uma vez, às nossas perguntas básicas. O que o motivava? Por que seu ministério funcionava?

Sua prática de começar em sinagogas — onde geralmente se deparava com ira e hostilidade sempre que as pessoas percebiam do que ele estava falando — coloca nossa pergunta principal em uma nova forma também. O enigma do que aconteceu na estrada de Damasco não diz respeito apenas a um único momento transformador na experiência inicial de Paulo; na verdade, ele colore, e é por sua vez colorido, pela questão difícil do relacionamento entre a mensagem anunciada por Paulo e as tradições de Israel — e como essas tradições eram vistas e vividas fora de Israel, no mundo antigo da Turquia e Grécia. Paulo era mesmo membro leal do povo antigo de Deus? Estava ele reconstruindo a casa ou destruindo-a por conta própria? Essa questão se tornaria rapidamente fonte de séria tensão, não apenas entre Paulo e grupos judaicos locais, mas entre Paulo e alguns dos discípulos de Jesus.

Até certo ponto, as respostas são óbvias. Paulo estava em uma missão cujo propósito era falar às pessoas sobre Jesus e cria que Jesus era o Messias de Israel, o cumprimento das Escrituras, o qual havia sido crucificado, ressuscitado dentre os mortos e exaltado à direita de Deus. Sim, mas esse fato não aborda perguntas subjacentes. Como escrevi antes, presumi, por muitos anos — e muitos leitores ainda o fazem — que o único ponto real de tudo era levar pessoas a "crer" neste Jesus para que pudessem ser "salvas" e "ir para o céu depois da morte". Mas essa não era a preocupação que impulsionava Paulo e Barnabé. Embora tenha trabalhado esse ponto em outros livros, preciso comentar algo sobre o assunto enquanto observamos Paulo partir em travessias e viagens complexas.

Os primeiros cristãos não prestavam muita atenção à questão do que acontecia às pessoas imediatamente após a morte. Se essa pergunta surgisse, a resposta seria que eles estariam "com o Messias"[1] ou, como na resposta de Jesus ao salteador prestes a morrer, eles estariam "com ele no paraíso".[2] Mas eles raramente falavam sobre isso. Os primeiros discípulos estavam muito mais preocupados com o "reino de Deus", o qual começava a se manifestar e ainda se manifestaria, em última análise, completamente, "na terra como no céu". O importante era a restauração definitiva de toda a criação, com o povo de Deus sendo ressuscitado dentre os mortos para assumir seu papel no governo desse novo mundo. Seja lá o que acontecesse às pessoas imediatamente após a morte era, em comparação, sem importância, um mero ínterim. Ademais, ainda que parecesse inacreditável, os primeiros seguidores de Jesus realmente criam que o reino de Deus não era simplesmente uma realidade futura, embora, obviamente, tivesse uma forte dimensão ainda futura. O reino de Deus já havia sido inaugurado por meio dos acontecimentos da vida de Jesus, e, a menos que deixemos isso se fixar firmemente em nossa mente, nunca entenderemos a dinâmica interior da missão de Paulo.

[1]Filipenses 1:23.
[2]Lucas 23:43

Isso está intimamente ligado à ideia de que Jesus era o Messias de Israel. Um vislumbre na história judaica desse período revelará que, se alguém reivindicasse a chegada do Messias, tal reivindicação não seria meramente o que poderíamos chamar de "religiosa". Significaria, antes, que o Único Deus estava agindo, enfim, para cumprir suas promessas antigas, e o modo dessa ação seria estabelecer um novo regime, um novo reino autoritativo. Quando o rabi Akiba declarou, em 132 d.C., que Simeão ben Kosiba era o Messias de Deus, isso significava que Simeão era, agora, o novo governante de um pequeno estado judaico em rebelião contra Roma (esse "reino" durou por três anos antes do desastre final, mas ele demonstra como a lógica funciona). Se alguém saísse por comunidades da Diáspora judaica declarando que Deus enviara, enfim, o Messias de Israel, na época não teria soado como uma mensagem sobre "religião" (o Messias jamais começaria uma nova "religião!"), nem sobre "vida após a morte" (judeus devotos criam há muito que Deus cuidaria deles depois da morte), tampouco envolveria uma nova filosofia. Seria o que chamaríamos de "político", embora, como sempre para os judeus da época, isso também seria profundamente teológico, uma vez que ele seria percebido como o anúncio de uma nova situação, uma nova comunidade cuja lealdade era a um novo Senhor, o desvendamento, enfim, da aliança fiel do Único Deus. Era exatamente isso que Paulo intencionava.

A mensagem de Paulo era, obviamente, nova também em outro sentido, pois não se tratava simplesmente da substituição de um poder político por outro (Jesus em lugar de César). De fato, a visão de Paulo a respeito do reino tanto representava quanto falhava em representar o que as pessoas geralmente querem dizer hoje por "político". Se por "político" você entende o estabelecimento de um Estado de direito respaldado por sanções policiais ou militares (como em qualquer Estado hoje em dia), então está claro que o que Paulo anunciava não era, em hipótese nenhuma, esse tipo de reino. Se, por "político", você entende um sistema por meio do qual um indivíduo ou um grupo impõe sua vontade sobre outros por uma determinada área geográfica, então é óbvio que nada na carreira de Paulo aponta nessa direção. Mas se você usar a palavra "político" como referência a uma nova situação em que as pessoas devotam sua lealdade definitiva e completa a alguém que não seja o governante local comum, ou a alguém além de César no trono de Roma — e se você chamar de "político" o estabelecimento de células de pessoas leais a esse novo governante, celebrando seu governo de resgate e vivendo em novos tipos de comunidades como resultado —, então o que Paulo estava fazendo era, sem dúvida, "político". Tratava-se do fundamento de uma nova *polis*, uma nova cidade ou comunidade, bem no coração do sistema existente. As viagens "missionárias" de Paulo não tinham simplesmente o objetivo de dizer às pessoas a respeito de Jesus para gerar nelas transformação interior pessoal e um novo senso de esperança definitiva, embora ambos fossem vitalmente importantes. Elas tinham o objetivo do estabelecimento de um novo tipo de reino, tanto na terra como no céu, um reino cujo rei é Jesus, o reino — Paulo era extremamente enfático a esse respeito — que o Deus de Israel sempre intencionou estabelecer.

Humanamente falando, tratava-se, obviamente, de um projeto frágil. Estava destinado a sê-lo, visto que sua marca era extraída, desde o início, da morte vergonhosa do Messias. Conforme Paulo insistiria posteriormente, o modo pelo qual o reino se efetivaria seria sempre o mesmo: pelo sofrimento dos cristãos, particularmente dos líderes. Jornadas de Paulo em Atos são cheias de tribulação, perseguição, espancamento, apedrejamento e coisas semelhantes, mas isso apenas ressalta aquilo que, para Paulo, jazia na essência de tudo. Por que agora? Se o mundo era tão hostil, por que não esperar por uma oportunidade melhor? Por que esse seria o momento para que nações não judaicas ouvissem a mensagem? Será que Paulo tinha uma noção de que estaria andando na corda bamba no topo de um vulcão ativo?

Parte da resposta diz respeito à vocação a que Paulo obedeceu. Em Atos 26, reconhecidamente uma das cenas mais cuidadosamente articuladas de Lucas, vislumbramos um senso autêntico de vocação, e isso, de acordo com o relato de Lucas acerca do discurso de Paulo perante Herodes Agripa, foi o que Jesus lhe havia dito na estrada de Damasco:

> Eu o estabelecerei como servo, tanto como testemunha das coisas que você já viu quanto das ocasiões em que aparecerei a você no futuro. Vou livrá-lo dos judeus e também das nações, às quais o enviarei. Você irá lhes abrir os olhos, a fim de que saiam da escuridão para a luz e do poder de Satanás para Deus. Então, elas serão perdoadas dos seus pecados e passarão a ter herança entre os que são santificados por sua fé em mim.[3]

Seria fácil, em meio a esse resumo denso, perder um ponto central. Como muitos judeus de sua época, Saulo de Tarso há muito cria que as nações do mundo haviam sido escravizadas pelos próprios ídolos. Nações adoravam falsos deuses e, no pensamento judaico enraizado pelas Escrituras, aqueles que adoram ídolos tornam-se escravizados por eles, encurralados em uma espiral decrescente de desumanização, e é isso que Paulo quer dizer com "poder de Satanás" — a palavra "satã" é o termo hebraico para "acusador", usado popular e vagamente como referência ao poder obscuro que parece agarrar, distorcer e, em último caso, destruir sociedades humanas e indivíduos. *E Paulo cria que, em sua crucificação, Jesus de Nazaré derrotou o poder das trevas.* Algo aconteceu quando Jesus morreu, resultando no fato de que "o satã", e qualquer outro poder das trevas que porventura esteja englobado sob tal rótulo, não tinha mais nenhuma autoridade fatual. (Paulo explica em vários trechos de seus escritos como isso aconteceu; mas o importante para entendermos sua missão é que isso de fato *aconteceu*, isto é, que o poder das trevas foi derrotado.) A missão de Paulo não era, então, simplesmente persuadir pessoas a crer em Jesus, como se tivesse de começar "do zero"; tratava-se de declarar, a nações não judaicas, que a porta de sua prisão estava aberta, e que, agora, estavam livres para sair. Elas tinham que dar meia-volta, afastar-se de ídolos escravizadores, adorar e servir o Deus vivo.

Estar livre das consequências do passado significa, obviamente, ser perdoado, como Paulo enfatiza nesta passagem de Atos, mas perdão

---

[3]Atos 26:16–18.

não é algo sobre o qual o mundo não judaico havia pensado muito. Antigos deuses pagãos podiam decidir, por qualquer motivo, punir ou deixar de punir alguém, conforme desejassem; mas quando um deus decidia não punir alguém, tal gesto não era interpretado como *perdão*. Além do mais, isso sugeriria um relacionamento muito mais íntimo entre deuses e mortais do que normalmente se imaginava — quando um relâmpago passa por você e atinge a pessoa que está ao seu lado, não costumamos dizer que você foi "perdoado". O que está ocorrendo, ao que tudo indica, é que o conceito *judaico* de perdão, emergindo da ideia da aliança de Israel com o Único Deus e particularmente da noção da renovação da aliança depois de uma desobediência catastrófica, já estava sendo estendido, de modo que as nações do mundo estavam sendo incluídas, atraídas aos braços do Deus criador. Povos gentílicos estavam sendo convidados a descobrir não apenas algum destino cego — cuja alternativa, se possível, era enganar e, quando não, tolerar —, mas perdão pessoal de um Deus vivo; ou seja, estavam sendo convocados a, pela primeira vez, entender a si mesmos como seres humanos, pessoalmente responsáveis perante um Criador sábio. É como se uma órfã, criada por burocratas sem face em uma instituição ameaçadora, conhecesse pela primeira vez os pais que nunca soube que tinha.

O que emerge disso, como lado positivo relacionado à derrota do poder das trevas, é a ideia de uma *nova humanidade*, um modelo diferente da raça humana. Se Jesus derrotou os poderes do mundo em sua morte, sua ressurreição significava a inauguração de uma nova criação, um mundo totalmente novo, e aqueles que viam a si mesmos arrebatados pela "boa notícia" que Paulo anunciava eram atraídos para esse novo mundo e se tornariam, segundo Paulo ensinava, pequenos modelos funcionais da mesma coisa. Enquanto penso em Paulo dando início a esse novo empreendimento, a imagem da corda bamba sobre o vulcão não parece retratá-lo o suficiente, uma vez que o apóstolo estava inventando uma nova forma de ser humano, e devia estar ciente disso. Deve ter se parecido um pouco com a primeira pessoa a perceber que notas soadas em sequência criavam melodia, que notas soadas juntas criavam harmonia e que ordenar a sequência criava ritmo. Se formos capazes de pensar em um mundo sem música e, então, imaginá-la sendo inventada, oferecendo uma profundidade e um poder até então desconhecidos ao espaço, ao tempo e à matéria, então podemos ter um senso da magnitude absurda da vocação de Paulo.

Tudo isso ficará mais claro à medida que prosseguirmos, seguindo Paulo em sua jornada inicial a Chipre, até a parte centro-sul da Turquia e retornando. Podemos datar a viagem mais ou menos em 47/48 d.C.; além disso, mais duas coisas devem ser ditas em termos de introdução às jornadas de Paulo e seu propósito.

Primeiro, se Paulo cria e ensinava que com a morte e a ressurreição de Jesus algo havia acontecido, um acontecimento único por meio do qual o mundo tornara-se agora irrevogavelmente diferente, da mesma forma ele também cria que, ao anunciar a mensagem sobre Jesus (a "boa-nova", o "evangelho), um acontecimento único semelhante poderia, e ocorreria, no coração, na mente e na vida de alguns dos ouvintes. Paulo fala sobre esse acontecimento único empregando o termo "poder": poder do evangelho, poder do espírito em e por meio do evangelho, ou poder da "palavra de Deus". Essas parecem diferentes maneiras de dizer a mesma coisa, a saber, que quando Paulo anunciava a história de Jesus, algumas pessoas descobriam que esse Jesus se tornava uma presença viva, não um simples nome do passado recente; uma presença transformadora, restauradora, inquietante e desafiadora; uma presença que, em certo nível, seria o tipo de coisa associada ao poder divino, mas que, em outro, parecia pessoal — de fato, *humana*. Assim, este se tornou o ponto focal do que foi dito anteriormente: pessoas se afastavam dos ídolos que estavam servindo e descobriam, em Jesus, um Deus *vivo*, o qual realizava obras e mudava a vida das pessoas de dentro para fora. (Que céticos da época, como hoje, poderiam dar — e de fato davam — explicações diferentes do que estava acontecendo não altera o fato de que isso era o que as pessoas diziam acontecer com elas, que era isso que Paulo entendia estar acontecendo e que as consequências eram duradouras, independentemente de todos estarem iludidos ou falando uma verdade perigosa).

A mudança estava destinada a ser drástica. Adoração aos "deuses" — ao grande panteão de deuses gregos e romanos, com diversos outros acrescentados aqui e ali — permeava cada aspecto da vida no mundo de Paulo, e o fato de ele recuar de tudo isso e adorar o "Deus vivo" era muito mais do que o equivalente a, digamos, o Ocidente moderno desistir de jogos de azar e começar a frequentar cultos uma vez por semana — em outras palavras, significaria ações e padrões de vida diferentes a cada hora de cada dia. Talvez o único meio de podermos imaginar algo assim no mundo secular de hoje é pensar em como seria desistir de toda a tecnologia e das comodidades comuns: carro, telefone celular, equipamentos de cozinha, aquecimento central ou ar condicionado. Você teria de fazer tudo diferentemente, só que trabalhando muito mais, tendo em vista que os deuses estavam por toda parte, envolvidos em tudo. No mundo antigo, mesmo que você estivesse em casa, na rua ou na praça pública; participando de festas grandes e pequenas; ou em momentos de crise ou alegria (casamentos, funerais, partindo para uma viagem), os deuses estariam lá para serem reconhecidos, recorridos, agradados ou aplacados. Uma vez que a mensagem de Jesus se firmou, tudo isso tinha de ser desfeito. Vizinhos logo notariam. Ateus eram indesejados na sociedade.

A divindade mais óbvia a ser abandonada era César, e isso nos leva de volta à questão geográfica, do motivo pelo qual Paulo, com todo o mundo aberto diante dele, ter escolhido ir para onde foi. Já mencionei a adoração dedicada a César e a Roma. Seitas se desenvolveram de maneiras diferentes pelo vasto Império Romano, mas, a despeito de variantes, sempre com o objetivo de solidificar o império em si. Pessoas que acreditam que seu governante era de alguma forma "filho de um deus" são menos propensas a se levantar em revolta do que outras, que veem governantes meramente como seres humanos comuns e confusos. E quando a boa notícia de Jesus conclamava seus ouvintes a abandonarem os "ídolos", alguns dentre eles, em pequenas e grandes cidades pelo mundo de Paulo, teriam sido estátuas de César ou de membros de sua família. É como se a estratégia *geográfica* de Paulo tivesse uma conotação silenciosa, porém definitivamente *política*, pois muitos dos lugares-chave de suas viagens — Antioquia da Pisídia, onde nos encontraremos com ele em breve, e também lugares como Éfeso, Filipos e Corinto — eram centros-chave do governo romano e do culto romano a leste do Mediterrâneo. É claro que ele estava a caminho da própria Roma e, em seguida, Espanha, grande centro de cultura e influência romanas. Ligar os pontos das viagens de Paulo, efetivas e planejadas, é como mapear uma procissão real pelos redutos de César.

Não acho, então, que a escolha de Paulo dessas cidades tenha sido puramente pragmática, como se ele escolhesse bons centros a partir dos quais a mensagem poderia fluir adiante, nem era simplesmente o fato de Paulo, ele próprio um cidadão romano por nascimento, ter achado mais fácil viajar pelo vasto Império Romano em vez de para fora dele, embora isso também seja verdade. Suspeito que Paulo estava deliberadamente procurando meios de estabelecer o seguinte ponto: há um único "Senhor", um *Kyrios*, e ele não é César. Comunidades dentre aqueles leais a Jesus (mais uma vez, *pistis*), cujo crescimento se deu como resultado do anúncio do evangelho, eram marcadas por uma confissão dessa lealdade que era extremamente simples e extremamente profunda: *Kyrios Iēsous Christos* — "Jesus, o Messias, é Senhor". Paulo devia saber exatamente como isso soaria, pois estava bem ciente de como a retórica imperial funcionava em moedas e inscrições, e em declarações de lealdade cívica, afinal, ele era um entre meia dúzia de pessoas mais intelectualmente sofisticadas do primeiro século das quais temos evidência que ocupava a posição com Sêneca, Plutarco e um grupo seleto de outros. Ele era, afinal, herdeiro dos Salmos e dos Profetas, que anunciavam um rei vindouro para o qual os reis do mundo teriam de devotar sua lealdade. Paulo e as comunidades que fundou pisavam em território perigoso.

Entretanto, segundo ele teria dito, um território necessário. Essas comunidades, a princípio pequenas, mas em crescimento, eram um experimento quanto a um modo de ser humanidade, de ser humanidade *conjunta*, a qual nunca havia sido testada no mundo antes. Era como uma forma de judaísmo, particularmente em seu cuidado com os pobres, sua ética sexual estrita e sua insistência em um monoteísmo que excluía divindades pagãs, mas era muito diferente do estilo de vida judaico em suas boas-vindas abertas para com todos que estavam arrebatados pela boa notícia de Jesus. Isso por si só era confuso o bastante para a maioria das pessoas, e acrescentar o elemento de aparente subversão política apenas piorava a situação.

Se tudo isso soa como uma receita para desordem social e cultural, estamos na direção certa, pois, como as histórias em Atos testificarão — e as cartas de Paulo enfatizarão —, qualquer um que propagasse esse tipo de mensagem subversiva seria alvo de zombaria, ira e violência. E não demoraria muito, em sua primeira viagem missionária, até que Paulo se deparasse com todos os três.

LUCAS NARRA A HISTÓRIA DA PRIMEIRA viagem missionária de Paulo em Atos 13—14. Como boa parte de Atos, esses capítulos são empolgantes, visto que um acontecimento flui após o outro, com Paulo e Barnabé correndo de cidade em cidade, incitando multidões empolgadas ou hostis. Muitos ouvem a mensagem; alguns creem, outros ficam ofendidos. Pessoas são curadas, às vezes de maneira espetacular, e autoridades locais despertam para o fato de que algo novo está acontecendo. Esses capítulos estabelecem o contexto tanto para longas viagens, para as quais essa pequena viagem serve de prelúdio, quanto para a controvérsia ferrenha em que Paulo, Barnabé e seus amigos serão arrastados não muito depois de retornarem para casa.

Barnabé parece ter tomado a dianteira quando se foram, navegando da Selêucia (porto mais próximo de Antioquia) a Chipre. O próprio Barnabé era natural de Chipre, e a ilha parecia um lugar natural para dar início ao trabalho que tinham em mente. Barnabé provavelmente ainda tinha conexões familiares na cidade; nesse sentido, a pequena viagem marítima teria sido familiar a ele, mas não a Saulo, pois os judeus não eram um povo do mar. Nas Escrituras judaicas, o mar geralmente era uma força tenebrosa, hostil. O sobrinho de Barnabé, João Marcos, acompanhando-os como auxiliar e possivelmente ele próprio "marinheiro de primeira viagem", também teria tido razões para se sentir confortável em Chipre, com familiares e uma cultura de sinagoga que o lembrariam de casa.

A sinagoga era o ponto de partida natural para a mensagem extremamente judaica de Paulo a respeito do tão aguardado Messias, e podemos inferir que o trecho relativamente longo registrado em Atos 13, no qual Paulo fala em profundidade na sinagoga de Antioquia da Pisídia, representa o resumo de Lucas do tipo de coisa que Paulo (cuja função acaba sendo de orador principal do grupo) diria em sinagoga após sinagoga, embora, conforme veremos, com reações variadas. Não ouvimos nada, entretanto, sobre a reação judaica em Chipre, embora o fato de Barnabé e João Marcos retornarem para a ilha posteriormente sugira que tiveram certa resposta positiva, produzindo ao menos uma pequena comunidade de seguidores de Jesus. Aquilo sobre o qual ouvimos de fato diz respeito ao que aconteceu com os viajantes ao chegarem à capital Pafos.

Pafos, a sudoeste da ilha, havia há muito ofuscado a capital anterior, o porto noroeste de Salamina. A cidade ostentava uma longa e importante história, sendo particularmente famosa por seu grande santuário dedicado à deusa Afrodite, comemorando seu legendário local de nascimento. (O templo visto por Paulo e Barnabé foi destruído por um terremoto, em 76/77 a.C.; aquele que podemos avistar hoje é uma substituição posterior). E, como capital, Pafos era, naturalmente, sede do governo romano.

Parte da descrição das funções de qualquer governador romano teria sido manter o controle de tudo que representasse interesse especial, particularmente qualquer ação socialmente subversiva que pudesse acontecer em seu território. Chipre era bem pequena, e é certo que tenham chegado notícias aos ouvidos de Sérgio Paulo sobre três mestres judeus itinerantes, bem como sua mensagem inesperada. (Lucas comenta friamente que Sérgio Paulo era "homem culto", contrastando-o talvez com outros oficiais romanos que aparecem em outros trechos da história).[4] Assim, ele convoca os viajantes para ouvir o que

[4]Atos 13:7.

estava acontecendo, contudo, complicações não demoraram a ocorrer. Havia outro mestre judaico estranho presente, chamado Barjesus, que já tinha reputação local como mágico; e se esse personagem tentava representar um "ponto de vista judaico" perante o governador, ou se usava sua mágica para impressionar ou ganhar a vida, não está claro. As próprias comunidades judaicas locais podem tê-lo visto como um dissidente perigoso; contudo, não há como saber. De uma maneira ou de outra, ele parecia inclinado a se opor e a denunciar Barnabé, Saulo e a mensagem apostólica, e é nesse ponto que temos a sensação de algo novo acontecendo, algo emergindo no posicionamento pessoal e na autoconscientização do próprio Saulo de Tarso.

Até esse ponto, Saulo tem sido, ao que tudo indica, o parceiro júnior, o aprendiz de Barnabé, mas agora ele toma a iniciativa, cheio, ao que tudo indica, de um novo tipo de energia (o tipo de ímpeto que ele e outros dentre os primeiros cristãos atribuíam ao espírito santo) e denuncia Barjesus com determinação e rigor: esse homem não passa de um vilão enganador, um filho do diabo, distorcendo e descaracterizando o plano de Deus. Linguajar forte como esse era comum; a apropriação de linguajar injurioso e a tradição de pronunciá-lo contra um oponente vêm de longa data, mas essas palavras são reforçadas com uma ação em forma de maldição, a saber, cegueira temporária. De repente, o falso profeta se vê tateando no escuro — a história tem um sabor óbvio de justa retribuição, o encantador sendo ele mesmo encantado —, e o governador, confrontado com um novo tipo de poder, crê na palavra dos viajantes. Ele ficou, como Lucas comenta, "admirado com o ensino do Senhor".[5] Por que, questiona o leitor, com o "ensino", não com o "poder?" Presumidamente porque, embora muitas pessoas pudessem exercer truques estranhos, o poder dos viajantes parecia não vir deles mesmos, mas daquele sobre o qual estavam "ensinando", aquele cuja morte, ressurreição e entronização revelaram-no como o verdadeiro *Kyrios*. Com a explicação vinha o poder; e, com isso, Saulo

[5]Lucas 13:12.

parece ter amadurecido. Ele não é simplesmente um mestre ou um profeta trabalhando no contexto da igreja de Antioquia: ele está na linha de frente, encontrando energia e foco súbitos para lidar com um novo tipo de desafio.

O apóstolo emerge não apenas como o novo porta-voz, mas com um novo nome. Lucas muda o foco com a mesma facilidade: "Saulo, cujo nome também é Paulo".[6] Daí por diante, é assim que ele será conhecido e, tanto em Atos quanto nas cartas, é assim que irá referir-se a si mesmo. Por que a mudança?

"Saulo" é obviamente um nome real, pertencente ao primeiro rei de Israel, da tribo de Benjamim. Saulo de Tarso, consciente de ascender da mesma tribo, parece ter refletido sobre o significado do nome, citando, em um ponto, uma passagem sobre a escolha divina do rei Saul e aplicando-a à sua própria vocação.[7] Alguns especularam que ele tenha deixado seu nome deliberadamente de lado, com suas implicações aristocráticas, a fim de usar uma palavra grega conectada ao adjetivo *paulos*, "pequeno, menor" — sinal, talvez, de humildade deliberada, "o menor dos apóstolos", o que é bem possível. Outros propuseram que ele simplesmente escolheu um nome mais conhecido no mundo não judaico mais amplo, compartilhado até mesmo pelo governador na presente história. Como a maioria dos cidadãos romanos, Saulo/Paulo teria mais do que um único nome, e é bem possível que já possuísse o nome de "Paulo" e simplesmente mudasse em contextos diferentes. Entretanto, também é digno de nota que em Aristófanes, autor conhecido de boa parte dos estudantes do mundo grego, *saulos* tinha o significado de "delicado", palavra usada como referência ao homem que andava de maneira exageradamente efeminada. Podemos entender o porquê de Paulo não desejar andar com esse rótulo pelas nações de língua grega. De qualquer maneira, Saulo, de agora em diante, seria "Paulo".

---

[6]Atos 13:9.

[7]Romanos 11:1-2, citando 1Samuel 12:22.

NOSSA SUSPEITA QUANTO A JOÃO MARCOS sentir-se em casa em Chipre é acentuada pelo que acontece em seguida. Os viajantes navegam ao norte de Pafos e chegam à costa da Panfília (atual centro-sul da Turquia), e desembarcam no porto de Perge, onde, então, João Marcos os deixa e retorna para Jerusalém. Isso deixa Paulo com um senso duradouro de traição e suspeita: posteriormente, quando Barnabé tenta iniciar outra viagem e quer dar a Marcos uma segunda chance, Paulo recusa com franqueza levar alguém em quem obviamente não podia confiar. O episódio também levanta outras questões: o que precisamente um assistente tinha de fazer em tais viagens? Cuidar dos preparativos de viagem, de acomodação, de dinheiro? Sair sem ser notado a fim de comprar suprimentos? Carregar bagagem extra contendo rolos das Escrituras? De qualquer maneira, Paulo não esquece, e isso será parte de um conflito posterior com Barnabé, entretanto, ambos dão continuidade, indo da Panfília em direção norte para a costa da região da Pisídia, parte da província romana da Galácia. Eles chegam à cidade conhecida na época como "Nova Roma": Antioquia da Pisídia.

A razão pela qual Antioquia da Pisídia era tida como a "Nova Roma" dizia respeito à sua recente história colonial. Guerras civis que marcaram o mundo romano depois da morte de Júlio César em 44 a.C., deixaram milhares de veteranos militares na Grécia, Turquia e em outros lugares. De qualquer maneira, muitos deles eram originários de outras nações além da Itália, mas todos eles, tendo se alistado para o serviço militar, esperariam ser recompensados. A última coisa que Roma queria era tais pessoas indo para a Itália, muito menos para Roma; a população da cidade já estava inchada, causando desemprego e uma ameaça constante de escassez alimentar. Augusto, portanto, fundou colônias para esses ex-combatentes longe da Itália. Antioquia da Pisídia era a mais importante desse tipo de colônia na região, mantendo seu nome (Antioquia) de sua fundação anterior, embora agora renomeada oficialmente como Colônia Cesareia ("Colônia de César", nome por si só revelador) quando a província da Galácia, da qual formava a cidade sul mais substancial, foi, em 25 a.C., fundada.

Antioquia da Pisídia era o lar de muitos senadores do primeiro século, assim como de outros romanos de alta posição, incluindo Sérgio Paulo, com quem Paulo e Barnabé se encontraram em Pafos. Como era o caso com colônias, a cidade dava o melhor de si para imitar Roma em sua arquitetura, bem como em seu estilo de governo, feriados públicos e todo o seu etos. Em meados do primeiro século d.C., quando Paulo e Barnabé chegaram, o centro da cidade era dominado por um vasto complexo de construções focados no culto imperial, onde estava o próprio templo, juntamente com diversos outros edifícios e um arco triunfal gigantesco, celebrando a vitória de Augusto sobre os moradores da cidade. Outros prédios tipicamente romanos, incluindo um aqueduto e um teatro, são visíveis ainda hoje. Além do mais, esse era um dos lugares onde alguém podia ver, exposto por toda parte nos edifícios públicos, a impressionante obra autobiográfica *Res Gestae*, "Atos do divino Augusto", a qual ele próprio havia inscrito em latim e grego em diversos lugares, incluindo a capital gálata Ancara, localizada mais ao norte. Roma não era conhecida por declarações políticas súbitas. Toda a cidade de Antioquia fazia questão de mostrar quem estava no comando e as implicações "religiosas" da nova realidade imperial. César e Roma eram o foco central da adoração, a qual interligaria a cidade e a região e lhe daria segurança ao conectá-la, de maneira tão óbvia, ao seu patrono definitivo.

Tudo isso forma o cenário para o longo discurso que Lucas atribui a Paulo na sinagoga em Antioquia.[8] Conforme sugeri, Lucas presumidamente intencionava-o como típico do que Paulo diria, sinagoga após sinagoga. Estudos anteriores costumavam lançar dúvidas sobre o fato de tais discursos serem ou não compatíveis com o que sabemos de Paulo a partir das cartas, mas esse discurso em particular, concentrando-se fortemente em Jesus como verdadeiro descendente do rei Davi, foi sujeito a esse tipo de suspeita quando estudiosos tentaram sustentar que Paulo preocupava-se pouco com a messianidade davídica

---

[8]Atos 13:16-41.

de Jesus. Visto, entretanto, por haver boas razões para reverter esse veredito, somos livres para explorar o discurso não apenas em seu contexto obviamente judaico, mas dentro da visão mais abrangente da "Nova Roma". O que significava proclamar o Rei dos judeus em tal contexto? O que, *para Paulo*, isso significava?

Paulo devia sentir que estava se preparando para momentos como esses por toda a vida. O apóstolo contaria a história do antigo Israel de uma maneira que todos reconheceriam, mas com uma conclusão que ninguém conseguira antecipar, uma vez que ressaltaria a escolha original do rei Davi e a promessa de que, com o tempo, Deus enviaria um novo Davi. Então, ele se move rapidamente de Abraão ao Êxodo, passando então pelo estabelecimento na terra, por Samuel, Saul e chegando ao próprio Davi; em seguida, ele pula para a história de Jesus, destacando cuidadosamente o cumprimento das promessas davídicas conforme testemunhadas pela ressurreição de Jesus — citando textos de Salmos e dos Profetas para cumprir esse propósito.[9] Ele está cobrindo todas as bases: a história da Torá (primeira divisão da Bíblia hebraica) é apoiada pelos Profetas e pelos Escritos (segunda e terceira divisões), e o ponto culminante é que a longa esperança de Israel foi cumprida. A lei de Moisés havia terminado com um enigma. Deuteronômio advertira sobre a infidelidade contínua de Israel à aliança e seus resultados, mas agora havia uma saída, pois Moisés podia tê-los levado até este ponto, mas, Deus havia rompido a barreira: o "perdão de pecados" havia ocorrido no tempo e no espaço, uma nova realidade que abria um novo mundo. Mas, como ocorreu com Moisés, a presente geração ouviria? O discurso de Paulo termina com outra advertência profética: algo novo está acontecendo, porém, eles podiam estar olhando para a direção errada e perder completamente o mover de Deus.

Tratava-se, claro, de algo dramático e revolucionário. Paulo havia se sentado e ouvido diversos discursos na sinagoga em sua juventude e devia saber que pessoas não diziam esse tipo de coisa. Ele não lhes

[9]Salmos 2; 16; Isaías 55.

estava dando um novo tipo de exortação moral e certamente, não estava oferecendo uma nova "religião" propriamente dita; também não estava dizendo-lhes (para evitar o óbvio mal-entendido sobre o qual já falei) "como ir para o céu". Paulo estava anunciando *o cumprimento do tão aguardado plano divino*. A aliança mosaica podia levá-los só até certo ponto. A história que começou com Abrão e antecipou a vinda do rei davídico romperia, por assim dizer, a barreira de Moisés e conduziria a uma ordem mundial completamente nova. Nenhum judeu que cresceu aprendendo Salmos (especialmente Salmos 2, citado por Paulo neste contexto e estudado intensamente por outros judeus da época) deixaria de vê-lo. Se o novo Davi havia chegado, então tudo o mais ficaria em segundo plano, incluindo a Nova Roma e seu grande imperador sobre o mar, e isso era tanto empolgante quanto perigoso. Não é de admirar que muitos dos membros da sinagoga, judeus e prosélitos, seguiram Paulo e Barnabé após o encerramento da reunião da sinagoga, pois essa mensagem poderia ser uma farsa total, uma blasfêmia ilusória; contudo, se fosse verdadeira, significava a abertura de um mundo totalmente novo.

Também não é de admirar que, no sábado seguinte, uma grande multidão se reuniu para ouvir o que Paulo estava dizendo, e, desta vez, a comunidade local havia tido uma chance de ponderar sobre que tudo aquilo significava, e os sinais não eram bons. Pode ser que Paulo fosse astuto ao expor as Escrituras, mas ninguém jamais ouvira falar de um Messias *crucificado*, e ninguém havia imaginado que, se o Deus de Israel finalmente fizesse o que havia prometido, alguns dentre os próprios judeus não entenderiam, conforme Paulo, alinhado com a própria Escritura, advertira. Mais uma vez, há, por trás disso tudo, um detalhe obscuro. Se, de acordo com Paulo, esse novo mundo de perdão havia sido aberto e abrangia todos da mesma forma, judeus e não judeus, o que seria das comunidades judaicas estabelecidas no mundo romano, mas ainda frágeis? Nada seria mais o mesmo.

O resultado, conforme ocorrera com o próprio Saulo de Tarso quando jovem, foi *zelo* — zelo pelo Deus de Israel, zelo pela Torá, zelo contra tudo que parecia subverter a ordem ancestral. Alguns dos judeus locais, podemos supor, vislumbraram a possibilidade de Paulo, de fato, estar falando a verdade. A maioria só conseguia ver a ameaça ao seu próprio estilo de vida, o redesenhar drástico da esperança que sempre tiveram. Assim, eles denunciaram Paulo e Barnabé como falsos mestres a desviar Israel, ao que a resposta de Paulo foi citar os profetas mais uma vez, desta vez seu texto costumeiro, Isaías 49: "eu o estabeleci como luz das nações, para que você seja portador de salvação aos confins da terra".[10] A própria reação judaica confirmava seu senso bíblico pleno de que, quando o Deus de Israel fizesse para Israel o que havia prometido, então as nações como um todo entrariam na bênção prometida.

Naturalmente, a notícia deleitou não judeus que escutaram a mensagem de Paulo: eles estavam livres para pertencerem ao antigo povo de Deus! Mas isso, por sua vez, endureceu a reação judaica, levando a uma situação drástica. Não temos ideia se Paulo havia feito contato com os cidadãos mais importantes de Antioquia, embora seja possível, conforme alguns sugeriram, que Paulo tenha partido de Chipre com uma carta de recomendação de Sérgio Paulo. Aristocratas de Antioquia, porém, teriam ficado alarmados, algo comum entre os romanos, por qualquer sugestão de ensinamento novo e subversivo capaz de perturbar o delicado *status quo* social e cultural.

A mensagem de Paulo parecia apontar em direção a um território desconhecido, um novo tipo de comunidade "judaica", reivindicando continuidade com Abrão, Davi e os profetas, mas, agora, incluindo qualquer não judeu que professasse lealdade a Jesus, o recém-conclamado "Messias". Ao mesmo tempo, a mensagem de Paulo e Barnabé parecia conter a ameaça de que qualquer judeu que se recusasse a ver Jesus como seu Messias prometido seria excluído desse novo cumprimento. Visto que Júlio César havia concedido ao povo judaico o privilégio, único entre todos os grupos do império, de não serem obrigados a adorar deuses romanos, é bem possível que ambos os grupos (judeus proeminentes

[10]Isaías 49:6, tradução minha.

e aristocratas de Antioquia) vissem a mensagem apostólica, desde o início, como uma ameaça real de convulsão cívica. Mas e se um grande número de não judeus tentasse reivindicar o mesmo privilégio?

Assim, a visita à Nova Roma termina com o início da nova vida de Paulo: a de um apóstolo sofredor, símbolo visível do Senhor crucificado que ele estava proclamando. A oposição transformou-se em violência, suficiente o bastante para levar Paulo e Barnabé a deixarem apressadamente a cidade, sacudindo até mesmo a poeira dos pés enquanto a deixavam.[11] Contudo, deixaram atrás de si o início de uma nova comunidade, "cheios de alegria e do espírito santo".[12] Havia um sentimento bom com a chegada da primavera, e algo novo havia começado, mesmo que os arautos da primavera, como pássaros migratórios pausando em sua jornada, tivessem de partir apressadamente.

As próximas três cidades seguem em sucessão rápida; Lucas seleciona um incidente em Listra para tratamento particular. Se, de Antioquia, você viajasse na direção leste e seguisse a rua principal (a Via Sebaste) ao longo de montanhas a sudoeste de Antioquia, culminaria na Síria via Tarso, cidade natal de Paulo. O primeiro território ao qual entraria seria a Licaônia, e a primeira cidade que encontraria lá seria Icônio, seguido de perto por Listra e, então, um pouco mais adiante, Derbe.

A região era parte da província romana da Ásia desde o século II a.C., e tornou-se parte da nova província da Cilícia por volta de 80 a.C. Então, acompanhando mudanças dinásticas entre reis vassalos, tornou-se parte da nova província da Galácia em 25 a.C. Tanto Icônio quanto Listra eram colônias romanas, usadas por Augusto para o estabelecimento de veteranos em 26 a.C. Nenhuma delas teve a mesma importância ou vastos edifícios públicos como Antioquia, mas sua relevância como centros de cultura e religião romanas não pode ser subestimada.

Observamos, então, enquanto Paulo segue o padrão já existente. Sua mensagem e missão permanecem firmemente ancoradas nas

[11]Atos 13:51; Cf. Lucas 10:11.
[12]Atos 13:52.

tradições e esperanças de Israel, e ele naturalmente começa com a sinagoga, presumidamente empregando a mesma versão da narrativa que o vimos expondo em Antioquia (Abraão, o Êxodo, Davi... e Jesus). Paulo recebe uma recepção calorosa de alguns ouvintes e a já esperada hostilidade implacável de outros, no entanto, dois fatores diferentes emergem nessas três cidades e na carta que Paulo escreveu para essas igrejas pouco tempo depois.

O primeiro fator é que a mensagem de Paulo sobre o alvorecer de um novo tempo, de uma nova criação repentinamente tomando vida, é simbolizada, de forma dramática, por uma explosão de atividade de cura. Posteriormente, ao escrever a essas igrejas, Paulo se refere aos sinais poderosos realizados em seu meio e que, ao que tudo indica, continuavam a acontecer.[13] Devemos ter o cuidado, a propósito, quanto à palavra moderna "milagre" nessa conexão, uma vez que as pessoas geralmente pensam em "milagres" como "invasão" da ordem natural por uma força externa, mas não era assim que os primeiros cristãos o viam. Para eles, curas dramáticas e inexplicáveis eram tidas como evidência de *nova criação*, do próprio Criador trabalhando de maneira nova, e isso fica especialmente claro no incidente em Listra, ao qual retornaremos em breve.

A segunda característica dessa parte da viagem é o sofrimento. Em Icônio, líderes da comunidade, judeus e gentios, tentam atacar e até apedrejar Paulo e Barnabé[14] — o próprio Paulo é apedrejado e tido como morto em Listra.[15] Ao voltarem pela região depois de sua incursão inicial, a mensagem que transmitem é categórica: o Reino de Deus está de fato penetrando o mundo, mas pertencer a esse novo tempo, esse novo governo divino, significará passar por sofrimento. O "presente tempo" e o "tempo vindouro" estão friccionando um ao outro, como pedras de moinho superior e inferior, à medida que o novo mundo de Deus é gerado. Aqueles que estão arrebatados pela

[13]Gálatas 3:5.
[14]Atos 14:5.
[15]Atos 14:19.

mensagem de Jesus serão pegos no fogo cruzado *e proverão, em si mesmos, evidência ainda maior da mensagem*, a notícia de que um Messias crucificado é agora o Senhor de todo o mundo.

Os paradoxos do apostolado de Paulo são, assim, evidenciados desde o início de sua carreira itinerante. Em certo sentido, toda escrita que posteriormente flui de sua pena torna-se um conjunto complicado de notas de rodapé à realidade que ele já estava descobrindo e modelando. Quando Paulo escreve às igrejas da Galácia e menciona sua visita, afirma que foi "devido a uma fraqueza física que anunciei o evangelho a vocês pela primeira vez".[16] Alguns especulam que Paulo talvez estivesse seriamente enfermo na época, e aqueles que recorrem às "explicações" de epilepsia ou de sérias enxaquecas para o incidente da estrada de Damasco naturalmente fizeram o mesmo nesse contexto também. Como alternativa, alguns sugerem que, quando o apóstolo prossegue seu argumento, dizendo que os gálatas o haviam recebido tão calorosamente que, se pudessem, teriam arrancado os próprios olhos e lhes dado, ele faz uma indicação de que sofria de algum tipo de doença dos olhos.[17] Isso, penso eu, serve de ilustração (e não é o único caso) de uma leitura moderna que deixa de perceber uma metáfora bem conhecida do primeiro século.

Penso ser muito mais provável que as pobres condições físicas às quais Paulo se refere sejam resultado da violência a que foi sujeito. No mundo antigo, assim como no de hoje, a aparência física de figuras públicas exercia influência considerável na forma com eram avaliados, portanto, alguém que aparecesse em uma cidade logo após ser apedrejado ou espancado dificilmente passaria por uma personalidade imponente. Entretanto, os gálatas acolheram Paulo como se fosse um anjo do céu, ou mesmo até o próprio Messias,[18] e, conforme explicaria posteriormente, as marcas físicas de identificação com as quais se importava não eram os sinais da circuncisão, mas "as marcas

[16]Gálatas 4:13.
[17]Gálatas 4:15.
[18]Gálatas 4:14.

de Jesus" — em outras palavras, sinais do sofrimento que passara. Quando, posteriormente, Paulo se depara com sofrimento também em outros níveis, incluindo o que parece ser um colapso nervoso, explica que, a despeito de não gostar, também isso fazia parte do significado de ser um apóstolo.[19]

Outro tema que ressoa pela carreira pública de Paulo emerge primeiramente aqui, em Listra. Ele estava bem ciente, desde a juventude, da cultura religiosa não judaica da antiga Anatólia: muitos deuses, muitos "senhores", muitos contos de movimentação divina, traçáveis desde os tempos do mundo clássico de Homero, porém diversificando-se em lendas locais e folclores. Uma dessas lendas, registradas pelo poeta romano Ovídio, fala de como os deuses gregos Zeus e Hermes vagavam, irreconhecíveis, pela região. Inscrições posteriores do local indicam que essas duas divindades foram posteriormente celebradas em Listra.[20] Assim, não é de surpreender que, quando Paulo cura dramaticamente um homem paralítico de nascença, habitantes locais presumem que os velhos contos haviam se cumprido: finalmente, Zeus e Hermes apareceram. (Lucas, acrescentando um detalhe interessante na narrativa, conta-nos que multidões gritavam boas-vindas na língua licaônica local.) Visto que Hermes é o "mensageiro dos deuses", e já que Paulo parece ser o único a falar, habitantes locais presumem que Paulo é Hermes, e isso significa, por um processo de eliminação, que Barnabé deve ser Zeus. Antes de os apóstolos perceberem o que está acontecendo, a adoração pagã entra em ação. O sacerdote de Zeus traz uma procissão ao encontro de Barnabé e Paulo, trazendo consigo bois e grinaldas, toda a parafernália para um grande sacrifício. Sem dúvida, há música e dança, e os apóstolos acabam em meio a uma clássica celebração pagã.

Nesse ponto, todo instinto e teologia profundos de dois judeus devotos entram em cena: esse é exatamente o tipo de idolatria contra a qual o mundo judaico sempre reagiu. Contos judaicos antigos

[19]2Coríntios 4:7–12; 6:3–10; 11:21–12:10.
[20]Ovídio, *Metamorfose* 8.618–724.

sobre o chamado do próprio Abraão enfatizam seu contexto familiar politeísta e como ele o havia abandonado a fim de seguir o chamado do Único Deus. A lei de Moisés adverte repetidamente contra qualquer tipo de concessão à adoração pagã, e Paulo, embebido na Torá desde criança, nunca se esqueceria da ameaça lançada por Balaão ao enviar mulheres moabitas para tentar homens israelitas a cometerem adultério, o momento quando Fineias ardeu de "zelo", o contexto em que Elias confrontou adoradores de Baal. Desafios posteriores reforçavam a questão. A revulsão mais profunda do monoteísta judaico estava reservada a esse tipo de coisa, e tudo mais que a acompanhava. Desde então, judeus têm acusado Paulo de misturar judaísmo com paganismo, mas essa cena deixa abundantemente claro que, se Paulo parece estar sendo levado pelo vento (ele diria que essa é uma falsa conclusão, mas muitos concluíram assim), não é porque estava se tornando algum tipo de pagão às ocultas, pois ele era um monoteísta tão fervososo e zeloso quanto qualquer outro. Em meio a uma celebração pagã, Paulo reage como alguém que se vê em um poço cheio de cobras, e essa não é uma situação agradável.

Nem se tratava de uma reação irrefletida a "práticas religiosas de outros povos". Em sua obra madura, vemos evidência de que Paulo tinha uma crítica bem concebida do mundo da filosofia e da religião pagã, enraizado em sua crença no Único Deus como *criador* do mundo. Paganismo, cria ele, não passava de uma paródia, pessoas adorando forças do mundo natural sem perceber que deviam sua existência, encanto e poder ao criador que as havia feito em primeiro lugar — e que adorar essas forças era a rota rápida para escravidão e desumanização. Completamente consistente com seu *slogan* "deixar ídolos para servir ao Deus vivo e verdadeiro", Paulo insiste não apenas nesse desafio, mas na narrativa subjacente: por um longo tempo, esse Deus deixou as nações seguirem o próprio caminho, porém, agora, algo novo entrou em cena.

Paulo e Barnabé correm para a multidão e, desfazendo a cuidadosa procissão litúrgica e interrompendo a música, fazem o possível para explicar que sua mensagem é precisamente *o contrário* do que a multidão estava fazendo. Eles, Paulo e Barnabé, não são deuses, mas homens comuns, e o único objetivo de sua visita é pedir que rejeitem tal tolice. Os "deuses" que as pessoas locais invocam são ídolos sem vida, mas eles, os apóstolos, trazem notícias de um Deus que está vivo, o Criador, aquele que supre a necessidade do ser humano. Algo aconteceu para tornar essa mensagem urgente: esse Deus vivo, depois de deixar por muito tempo nações determinarem o próprio rumo, fez algo para desvendar seu poder e propósito. Eis o motivo pelo qual é tempo de deixar toda essa encenação e experimentar o poder e o amor do Deus, perante o qual todos os demais deuses nada representam.

Quando posicionamos este incidente ao lado do sermão de abertura da sinagoga em Atos 13, vemos claramente como a lógica interior da missão de Paulo realmente funcionava. Por um lado, ele está declarando para a comunidade judaica, e em seguida para tudo e todos, que o tão aguardado cumprimento da esperança de Israel havia chegado. A história que começou com Abraão — a história, isto é, de como o Único Deus lidou com os problemas profundos de toda a raça humana e, por isso, da própria criação — alcançou seu propósito. O Deus de Israel derrotou as forças das trevas que haviam mantido as nações cativas e, em um segundo Êxodo majestoso, trouxe Jesus da morte para a ressurreição e, assim, declarou-o como o verdadeiro filho de Davi, o Messias de Israel, e o verdadeiro Senhor do mundo.

Por outro lado, se tudo isso é verdade, isso não quer dizer que os judeus estão certos e os pagãos, errados. Pelo contrário: poderes que prendiam o mundo pagão, bem como falsos "deuses", usados por esses "poderes" para enganar as nações, foram depostos. Zeus, Hermes e os demais foram desmascarados como farsa e simplesmente não existem. Qualquer "poder" que tenham não se origina de sua suposta divindade, mas do fato de que o ser humano, adorando-os, deu às forças malévolas, que usam seu nome como pretexto, a autoridade que Deus sempre intencionou ao ser humano. Eis a razão pela qual, conforme vimos, se esses "poderes" foram depostos e a esperada nova criação começou sob o governo do rei davídico, então as nações do mundo devem ser convidadas a se juntar ao povo que adora o Único Deus, assim como o próprio povo judeu é convidado a receber seu Messias e descobrir, como Paulo insistiu em Antioquia, que o final enigmático das palavras de Moisés a Israel em Deuteronômio 27—32 havia sido resolvido. A história que não podia ir adiante por causa da rebelião e da obstinação contínuas de Israel havia chegado ao seu novo destino, e aquilo que não encontrou solução sob Moisés havia sido solucionado, agora, de uma vez por todas.[21]

A transição é rápida. Prontamente, os licaônios estão prontos para adorar Paulo; pouco depois, estão prontos para apedrejá-lo. Se isso soa extremo — mas, mesmo assim, quem somos nós para julgar uma cultura totalmente diferente? —, pode ser explicado mais facilmente do que podemos imaginar, e não apenas no princípio da inconstância das multidões (como aqueles que gritaram "Hosana" no Domingo de Ramos e "Crucifica!" poucos dias depois). Antes, Paulo havia conquistado um feito extraordinário de cura, e isso não podia ser negado, mas, se o apóstolo não devia ser identificado com alguém do panteão grego, então quem era? Algum tipo de mágico?

O milagre de um é a mágica de outro, e alguém desempenhando feitos poderosos sem a devida sanção pode ser um enganador perigoso. O próprio Jesus havia sido acusado de estar coligado com o diabo. Deuteronômio havia advertido Israel sobre esse tipo de coisa, e uma multidão pagã perplexa estaria pronta para uma explicação semelhante. Talvez Paulo os estivesse enfeitiçando, encantando-os com truques mágicos a fim de armar-lhes ciladas. Seria melhor tirar tal pessoa do caminho, e uma mistura de judeus zelosos com pagãos locais irritados deixa Paulo como morto sob uma chuva de pedras. "Uma vez, fui apedrejado" — afirma, posteriormente.[22] Um único apedrejamento seria o suficiente para acabar com a maioria das pessoas, mas, por alguma razão, Paulo vive para contar a história, talvez deixado inconsciente e, por isso, tido como morto.

---

[21]Atos 13:38-39.
[22]2Coríntios 11:25.

Da mesma forma, tal incidente teria convencido muitas pessoas de que estavam em uma missão suicida e deveriam achar meios menos arriscados de transmitir a mensagem. Contudo, a resolução de Paulo é apenas aguçada. Seus amigos se aproximam e o conduzem para dentro da cidade, e ele explica que esse tipo de sofrimento é precisamente o sinal da colisão de dois mundos; eles estão à beira de um novo mundo, e, se é esse o custo, que seja. Por isso, o apóstolo dará prosseguimento à viagem.

Mais uma visita, desta vez em Derbe, um pouco adiante na mesma estrada. Caso rumassem um pouco mais ao longo da Via Sebaste, Paulo e Barnabé teriam subido a passagem íngreme das Portas da Cilícia nos Montes Tauro e, em seguida, teriam descido para Tarso, cidade natal de Paulo. Pode ter havido razões para não fazer isso. Antes, eles voltam e revisitam cidades onde haviam inaugurado essas pequenas comunidades de nova criação, esse grupo de pessoas que, surpreso, vê-se parte de um movimento judaico e ao mesmo tempo diferente (e, portanto, ameaçador) de qualquer coisa que comunidades judaicas locais haviam produzido antes. Conforme o esperado, Paulo e Barnabé encorajam esses pequenos grupos; urgem-nos a "permanecer na fé", o que poderíamos traduzir bem como "permaneçam leais", leais, em outras palavras, ao Fiel, ao verdadeiro Rei Jesus. Os apóstolos os relembram, com o corpo abatido de Paulo como evidência óbvia, que o "Reino de Deus" definitivo, o governo soberano do Único Deus na terra como no céu, acontecerá "por meio de muito sofrimento".[23] Sofrimento, ao que tudo indica, não é simplesmente algo por meio do qual o povo fiel deve passar para chegar ao seu destino. Ele é o próprio modo pelo qual o poder das trevas que governou o mundo se esgotará, o modo no qual a vitória conquistada pelo Messias na cruz, de uma vez por todas, será implementada no mundo.

Tudo isso Paulo e Barnabé têm gravado em seus pensamentos conscientes e inconscientes, e eles viram o poder de Deus revelado à

---

[23]Atos 14:22.

medida que contaram a história de Israel alcançando seu ponto culminante em Jesus. Eles testemunharam "sinais e maravilhas" de diversos tipos, assim como sofreram e descobriram que isso também é um meio pelo qual o poder de Deus do novo tempo está sendo gerado. E eles viram, em particular, que muitos não judeus, ouvindo a mensagem, responderam com deleite, creram e permaneceram fiéis a Jesus como o Senhor crucificado e ressurreto. O que haviam testemunhado anteriormente na Antioquia da Síria — a criação de uma nova comunidade em que judeus e gentios são capazes de viver juntos porque tudo que os havia separado anteriormente havia sido lidado na cruz — havia se concretizado em cidade após cidade.

Cada elemento contribui com a nossa resposta inicial à primeira pergunta que fizemos sobre as motivações mais profundas de Paulo. Cada elemento contribui para um entendimento mais profundo de nossa segunda pergunta, relacionada à importância do que aconteceu com Paulo na estrada de Damasco. Não há insinuação de que Paulo havia adotado uma "religião" diferente daquela que buscara anteriormente, assim como não há insinuação de que, até aquele ponto, ele havia suposto que, para entrar no "céu", alguém devia agradar o Deus de Israel ao realizar boas obras morais, e que agora ele estava oferecendo um caminho mais fácil ("Você só deve crer!"). Ambas as sugestões, amplamente populares no pensamento ocidental nos últimos séculos, são simplesmente anacrônicas, mas não era assim que judeus ou pagãos da época pensavam, e certamente não é como a mente de Paulo funcionava.

Para Paulo e Barnabé, o importante era que o Deus de Israel, o criador do mundo, havia feito em Jesus aquilo que sempre prometera, cumprindo a narrativa antiga que remontava a Abrão e Davi e rompia a "barreira de Moisés", a longa percepção judaica de que o próprio Moisés advertira sobre a quebra da aliança e sua consequência. E se isso agora aconteceu, se a morte do Messias lidou com "poderes" que haviam prendido judeus e gentios, e se sua ressurreição inaugurou uma nova ordem mundial tanto "na terra como no céu", então nações não judaicas não estavam apenas livres para abandonar os ídolos agora impotentes para servirem ao Deus vivo e verdadeiro, mas até mesmo livres do problema da "impureza" — idolatria e imoralidade, citadas sempre como razões pelas quais judeus não deveriam se confraternizar com gentios —, tudo isso havia sido resolvido. O significado radical da cruz do Messias era a razão, em ambos os aspectos, de que agora deveria existir uma única família, formada por todo o povo do Messias, e talvez isso ajude, no decorrer de nossa análise, com a outra questão que paira sobre o estudo de Paulo: por que esse movimento extraordinário, inaugurado por esse homem enérgico e subversivo, espalhou-se de forma extraordinária?

Como ponto central, todas essas perguntas precisam do reconhecimento de que não se tratava de uma nova "religião" e nem de um novo sistema de salvação extraterreno. Na essência da mensagem, do ensino e da vida de Paulo havia, usando uma frase técnica, uma *escatologia messiânica radical*. Escatologia: o tão aguardado novo dia de Deus havia chegado. Messiânica: Jesus é o verdadeiro filho de Davi, anunciado como tal em sua ressurreição, completando os propósitos anunciados a Abraão e estendidos em Salmos para abranger toda a terra. Radical: na formação de Paulo e Barnabé, nada os havia preparado para essa nova situação, e o fato de que eles agora criam que o que estava acontecendo correspondia às promessas feitas há muito pelo Único Deus não reduziu seu senso de espanto e admiração, pois eles sabiam, em primeira mão, que tal programa se depararia com forte resistência e até mesmo violência. O que não podiam ter previsto ao viajarem de volta pela parte sul da província da Galácia e, em seguida, navegarem outra vez para casa, para a Antioquia (da Síria), era que a nova realidade que haviam testemunhado viria a ser foco de dura controvérsia, mesmo entre os discípulos de Jesus — tampouco podiam ter previsto que ambos, Paulo e Barnabé, estariam em lados opostos no auge da controvérsia.

De Antioquia a Jerusalém

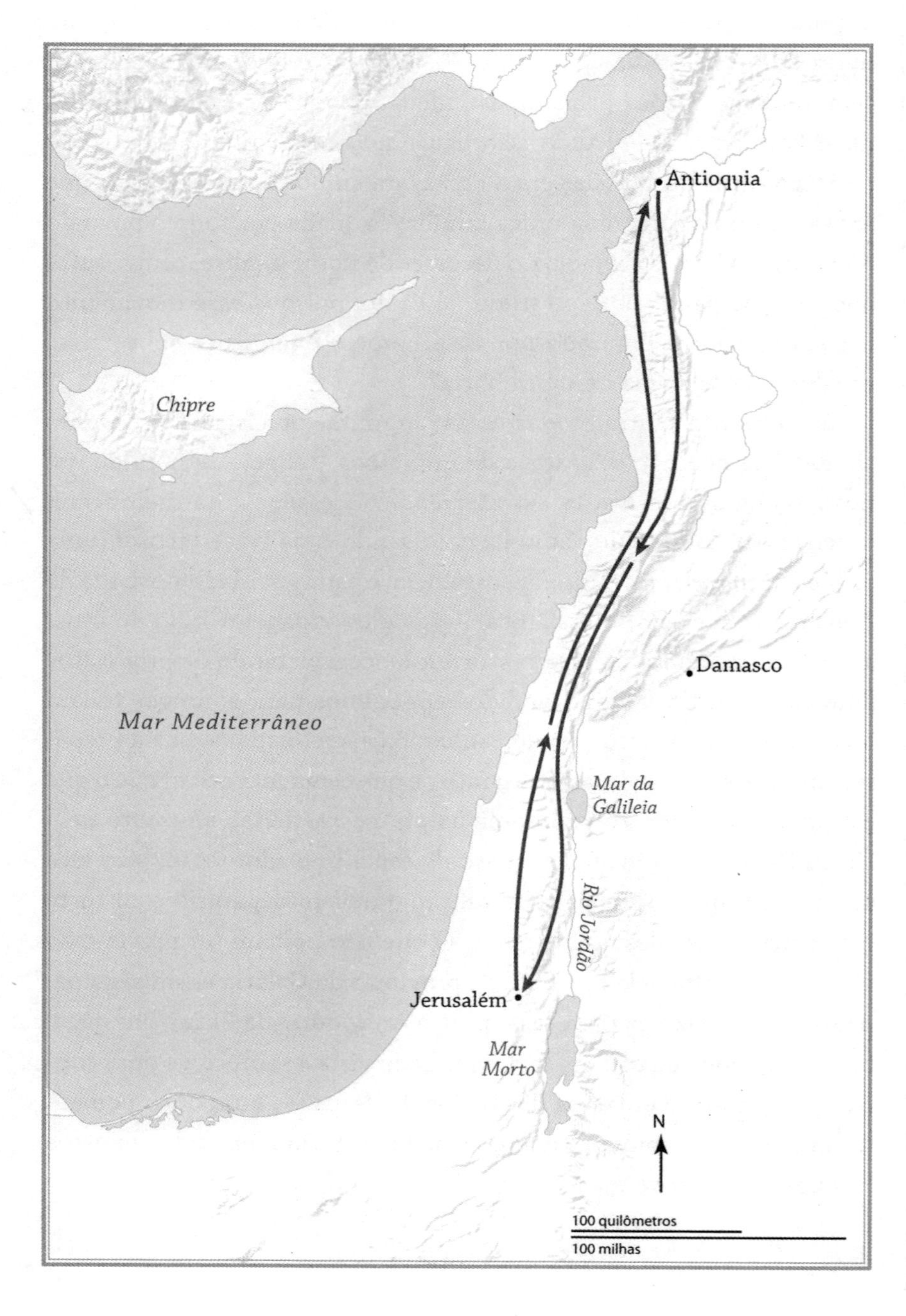

CAPÍTULO 6

ANTIOQUIA E JERUSALÉM

BIOGRAFIA, CONFORME VIMOS, envolve acessar o modo de pensar de pessoas muito diferentes de nós, ao passo que história envolve a tentativa de acessar o pensamento de vários indivíduos e grupos que, embora vivendo numa mesma época, pensavam de maneira muito diferente uns dos outros, bem como de nós. Tentar acompanhar o passo das diversas correntes de pensamento e ação no mundo de Paulo é esse tipo de exercício.

Já exploramos, ao menos de maneira preliminar, diferentes pontos de vista capazes de explicar a reação ao trabalho de Paulo em cidades do sul da Galácia. As autoridades romanas queriam manter a paz e gerar estabilidade social, e os principais cidadãos locais, ávidos por manter a fachada perante o mundo imperial, deram o melhor de si com o mesmo propósito. As comunidades judaicas, querendo viver em paz e ainda assim manter sua integridade, estimavam sua isenção especial da adoração "aos deuses", incluindo, claro, as divindades imperiais. Essas visões de estabilidade foram inevitavelmente interrompidas pela mensagem de Paulo, reforçada, de fato, por feitos poderosos, anunciando o cumprimento das Escrituras de Israel nos acontecimentos messiânicos envolvendo Jesus.

A mensagem gerou uma visão diferente, uma nova realidade social, pois desafiava tabus judaicos comuns contra a confraternização com não judeus não porque Paulo havia repentinamente inventado o ideal de "tolerância" do século XVIII, mas por crer que uma nova ordem mundial nascia. Nela, todo o povo do Messias era bem-vindo em condições de igualdade e era assegurado a todos a condição de "herdeiros" do "reino" que, naquele momento, estava sendo inaugurado. Os eventos da morte e ressurreição de Jesus, e o poderoso dom do espírito divino, significavam que os "poderes" que cativavam o mundo pagão haviam sido destituídos. Da mesma forma, os pagãos que agora criam no Messias estavam livres da profanação da idolatria e da imoralidade.

Tudo isso formava um nexo estreito de crenças no Único Deus por um lado e, por outro, uma nova realidade social e cultural. Às vezes, gerações posteriores tentaram reduzi-lo a uma teologia abstrata, e alguns em nosso próprio tempo tentaram o caminho inverso, enxergando apenas sociologia, mas isso é simplificar demais, pois a visão de Paulo, essencialmente judaica, porém reorganizada ao redor dos acontecimentos messiânicos envolvendo Jesus, era cem por cento teológica e cem por cento sobre a formação e manutenção de uma nova comunidade, e isso significava problema.

Problemas surgiram não apenas no contexto da Anatólia meridional ou do noroeste da Síria. Uma visão demasiado diferente da realidade chegou a Jerusalém, cidade que Paulo conhecia muito bem desde os dias de sua juventude como "zelote".

Nesse tempo, Jerusalém ainda era, em grande medida, o centro do movimento de Jesus. Tiago, irmão do próprio Jesus, era seu reconhecido e insuperável líder; ele reteria esse papel até ser assassinado por ativistas linha-dura em 62 d.C. Pedro e João, dois membros restantes dentre os três mais próximos de Jesus em seus últimos dias (Tiago, irmão de João, havia sido morto por Herodes Agripa no início da década de 40), assim como Tiago pareciam formar um novo tipo de triunvirato: "Pedro, Tiago e João", conforme vimos anteriormente, podiam ser referidos como "colunas", estrutura de sustentação do "novo Templo". Eles criam que o Deus de Israel havia retornado pessoalmente e agora habitava nos seguidores de Jesus e entre eles, e essa crença agora havia criado raízes, provendo aos seguidores de Jesus um forte, porém controverso e perigoso, senso de identidade. Ainda se tratava, obviamente, de uma identidade *judaica*. Como Paulo na Anatólia meridional, mas muito diferente dele nas conclusões a que chegavam, a primeira comunidade em Jerusalém via a si mesma como o cumprimento das promessas antigas feitas a Israel, mas isso não significa que a igreja de Jerusalém pensava de uma mesma maneira. Atos revela divisões sérias, contudo, qualquer um que vivesse em Jerusalém em meados do primeiro século estaria fadado a deparar-se com a seguinte pergunta: quando o Único Deus finalmente fará o que prometeu e libertará seu antigo povo, de uma vez por todas, da vergonha e do escândalo do governo romano? E visto que Roma era amplamente tida como a forma definitiva de governo monstruoso pagão sobre o povo de Deus, como, e quando, o Único Deus destituiria os monstros e estabeleceria, na terra, seu próprio reino inabalável?

Essa pergunta era muito mais urgente em Jerusalém do que era para os judeus na Diáspora. Judeus há muito residentes em cidades como Antioquia da Pisídia, ou mesmo Tarso, haviam encontrado um meio-termo pelo qual poderiam guardar a Torá e permanecer gratos pelo fato de Roma os dispensar daquilo que, de outra forma, seria mandatório: dias especiais, festividades etc. Isso não quer dizer que judeus nessa situação não sonhavam com um futuro diferente, tendo em vista que as Escrituras ainda falavam de um tempo vindouro quando o conhecimento da glória do Único Deus encheria toda a terra. Alguns judeus, dispersos pelo mundo não judaico, enxergariam a si mesmos como uma guarda avançada secreta, apontando o caminho para o tempo que se aproximava daquele "reino" futuro. A maioria, porém, estaria feliz em encontrar um *modus vivendi* que lhes permitisse serem leais a Deus sem a necessidade de uma confrontação direta com as autoridades romanas. Entretanto, as coisas não eram tão simples assim em Jerusalém.

Sabemos sobre a situação em Jerusalém por causa de relatos detalhados e coloridos de Josefo, contemporâneo mais jovem de Paulo e que era tudo, menos um observador neutro. Ele era um rico aristocrata judeu, o qual reivindicava ter tentado as diversas "escolas de pensamento" judaicas e que havia servido como general do exército no início da guerra contra Roma (66—70 d.C.) antes de mudar de lado e terminar os dias em uma pensão imperial romana. Ler essas descrições de Jerusalém em meio ao primeiro século é ser arrastado para um mundo altamente complexo e confuso. Partidos e grupos diferentes; movimentos messiânicos e proféticos; mestres e pregadores — todos reivindicavam que o Deus de Israel estava agindo *aqui* ou *lá* ou *de determinada maneira*, anatematizando, geralmente de forma violenta, aqueles que viam as coisas de maneira diferente ou seguiam líderes rivais. Quando os romanos cercaram Jerusalém nos últimos meses da guerra, crucificando tantos judeus a ponto de ficarem sem madeira para as cruzes, Josefo registra, com pesar, que, de fato, mais judeus haviam sido mortos por outros judeus do que pelos próprios romanos, e isso não era porque os romanos estavam sendo brandos.

A situação não melhorou com a sequência de governadores romanos ineptos enviados para manter a paz durante o período. Houve tempos — sobretudo durante o governo dos dois reis chamados Herodes Agripa, ambos os quais lidavam bem com a família imperial romana — em que a expectativa era de uma resolução, um acordo do tipo viva-e-deixe-viver, mas isso nunca teria sido o suficiente para o zeloso jovem Saulo de Tarso, que ansiava pelo reino definitivo de Deus. A Jerusalém das décadas de 40, 50 e 60 era o lar de toda uma geração cuja visão era linha-dura, que odiava o pensamento de transigência com pagãos e que aguardava por algo mais, como a vitória enviada-do-céu de Ezequias sobre Senaqueribe ou a derrota dos egípcios no mar Vermelho. Como deve ter sido seguir Jesus em uma Jerusalém como essa?

O importante, mais uma vez, era a *lealdade*. De que lado você está? Você é um defensor incondicional do Único Deus e de sua Torá, pronto para fazer o que for necessário para defender a honra de Deus e estabelecer seu reino, ou é um transigente? Está pronto para fazer acordo com o mundo pagão quando lhe cabe? Está preparado para "pegar leve" em seu verdadeiro comprometimento, escolhendo negligenciar o fato de que pagãos adoram ídolos e, como resultado, comportam-se de forma vergonhosa? Afinal, foi assim que a geração do deserto havia se comportado; lembre-se de Balaão, lembre-se da mulher moabita, lembre-se de Fineias e seu "zelo" — e as grandes promessas da aliança que Fineias recebeu como resultado ("isso lhe foi creditado como um ato de justiça"). As Escrituras deixavam bem claro que lealdade plena ao Único Deus significava recusar qualquer transigência com o mundo pagão; além disso, a pressão social e cultural para perseverar nessa lealdade antiga e ser visto como alguém que a cumpre era intensa. Agora, pense em como deveria ter sido seguir Jesus nesse mundo. Você se depararia com um desafio muito diferente daquele enfrentado por seguidores de Jesus na Síria ou na Turquia.

Se, conforme vimos, a igreja de Jerusalém havia por esse tempo estabelecido um senso de identidade como um tipo de movimento paralelo ao Templo, isso não quer dizer que seus membros estavam sendo "antijudaicos"; na verdade, eles estavam se posicionando no mesmo nível que muitos outros grupos, que consideravam a presente hierarquia do Templo (os ricos e aristocráticos saduceus, incluindo a família do sumo sacerdote) corrupta e transigente, cujo fim era servir a si mesma, ávida por fazer acordos com os romanos. A igreja de Jerusalém do primeiro século parece ter vivido, em alguns aspectos, como outros grupos cuja crença era que Deus estava dando início aos "últimos dias" — seja o que for que queriam dizer com isso. Na empolgação dos primeiros estágios, cristãos compartilharam sua propriedade comunitariamente. A disposição desse experimento social pode bem ter contribuído para sua pobreza posterior, pois eles viviam uma vida de oração, jejum, senso de comunidade e cuidado pelo pobre e pela viúva. Até onde sabemos, eles cumpriam fielmente a lei judaica, e, desse ponto de vista, deviam parecer, para muitos observadores, uma variação messiânica estranha do movimento farisaico, unindo lealdade intensa ao Único Deus de Israel à sua própria crença, até então relativamente inarticulada, de que o Único Deus se revelara no *e como o* crucificado e ressurreto portador do reino, a saber, o próprio Jesus.

Duvido que alguém, até mesmo Paulo, poderia ter escrito o livro cujo conteúdo todos gostaríamos de ler: uma análise cuidadosa e precisa daquilo no qual os diversos grupos de Jerusalém criam, de como suas diversas esperanças e expectativas se alinhavam, de quais textos bíblicos empregavam etc. Todos eles, porém, criam na esperança de Israel — esperança de um grande resgate divino, que, para os seguidores de Jesus, já havia sido inaugurado, embora, obviamente, não havia sido ainda implementado totalmente. Todos eles criam em uma lealdade plena ao Único Deus de Israel, porém, havia divisão intensa sobre o que, precisamente, significaria essa lealdade, mas somente um dissidente ousado seria capaz de sugerir que poderiam existir formas de lealdade nas quais tradições ancestrais, concentradas na Torá, deixariam de exercer um papel central. De acordo com Atos, foi o próprio Pedro quem primeiro rompeu o tabu ao pregar e compartilhar a mesa de comunhão com não judeus; o apóstolo recebeu forte validação divina por esse mover radical e persuadiu seus colegas desconfiados de que fizera a coisa certa.[1] No entanto, nem mesmo esse mover parece ter sido refletido no que criam sobre o próprio Jesus. Foi uma decisão pragmática, e o espírito guiou desta maneira; portanto, essa deve ser a vontade de Deus.

Desse modo, continuava fácil, para a maioria dos discípulos em Jerusalém, ver seu movimento como variação da lealdade judaica tendo Jesus como foco. É evidente que Deus atrairia alguns não judeus; isso sempre aconteceu na história de Israel, como o livro de Rute e diversas outras passagens tornam claro. Entretanto, seria difícil imaginar que

[1]Atos 10—11.

o Deus cujas Escrituras advertiam constantemente contra a idolatria declararia, inesperadamente, a própria Torá redundante.

Mas é isso que muitos em Jerusalém, incluindo os seguidores de Jesus, criam que Paulo estava ensinando. Nós o vemos posteriormente, quando retorna para Jerusalém pela última vez em meados da década de 50 depois de viagens extensas por Grécia e Turquia. Tendo acabado de escrever Romanos, o maior tratado cristão das complexas relações pactuais do Único Deus de Israel com seu povo, Paulo se vê falando a uma multidão irada para a qual a mera menção de "ir para os gentios" consiste em evidência clara de que o apóstolo não passa de um condescendente descuidado.[2] Esse tipo de reação a rumores truncados tanto em Antioquia da Síria como nas novas igrejas da Anatólia meridional já estava, pelo que parece, vivo e intenso em meados da década de 40. Afinal, judeus, incluindo aqueles seguidores de Jesus, viajavam regularmente de e para Jerusalém. Todavia, algo tão estranho e dramático quanto a mensagem a respeito de Jesus e seus efeitos seria um óbvio tópico de conversa. A mensagem se espalharia de que Paulo e Barnabé, não satisfeitos em pertencer a uma estranha comunidade mista de Antioquia da Síria, estavam andando pelo mundo dizendo a judeus que não precisavam mais obedecer à lei de Moisés! Se Paulo estava realmente dizendo que Deus havia aberto um caminho por meio dos problemas que Moisés deixou para traz de si — que agora eles podiam ser "justificados" de todas as coisas que ainda eram um problema sob Moisés[3] — então, isso estava basicamente dizendo que a própria Torá podia ser abandonada. Quem poderia prever o tipo de resultado alarmante a seguir?

Tudo isso focalizava o sinal pactual da circuncisão. Alguns judeus da época de Paulo tentaram "explicar" a prática da circuncisão remetendo aos seus efeitos morais, sugerindo que o cortar do prepúcio reduziria a cobiça. Desconheço qualquer evidência de que essa ideia

[2]Atos 21:27—22:22.
[3]Atos 13:38-39.

de fato funcionasse, embora os fortes tabus judaicos contra a imoralidade sexual certamente exercessem um efeito restritivo em contraste com a abordagem normal não judaica. Entretanto, por séculos antes da época de Paulo, a circuncisão havia passado a ter forte valor simbólico. Retomando Gênesis 17 e fortemente reforçado em diversos pontos no Pentateuco, a circuncisão de bebês do sexo masculino no oitavo dia era o sinal obrigatório da participação da aliança. Algumas outras nações tinham práticas semelhantes, mas, à época de Paulo, frases como "a circuncisão" e "o povo judeu" eram praticamente sinônimas, e isso significava que, caso um não judeu do sexo masculino desejasse fazer parte da comunidade judaica, o tal, como os heveus em Gênesis 34, teria de ser circuncidado.[4] É verdade que os profetas, assim como o próprio Moisés, falaram sobre a "circuncisão do coração" como a realidade definitiva para a qual a circuncisão física tencionava apontar — em última análise, essa realidade profunda estava associada com a promessa da renovação da aliança. Contudo, ninguém nos primeiros anos do primeiro século imaginava que, se o Único Deus renovasse de fato a aliança, não judeus não precisariam de circuncisão física para serem incluídos; pelo contrário, a circuncisão tornou-se uma pedra de toque, um símbolo indicador, um sinal, mais uma vez, de *lealdade*.

Quando pensamos em lealdade e na maneira em que uma comunidade se unia na mesma situação política em geral, percebemos o que estava em jogo. Seguidores de Jesus em Jerusalém deparavam-se com problemas desde o início, e muitos haviam se dispersado após a primeira perseguição, porém ainda havia um núcleo unido, concentrado particularmente no próprio Tiago. Pelo menos desde o tempo da morte de Estêvão, seguidores de Jesus haviam sido considerados potencialmente subversivos, desleais ao Templo e sua tradição, e agora essa deslealdade mostrava-se de uma maneira nova: eles estavam aliados a um movimento supostamente relacionado a Jesus, afastado em terras

[4]1Macabeus 2:46; Josefo, *Antiguidades*, 13.257-58, 318.

remotas e ensinando judeus que não precisavam obedecer à Torá! Esse era o tipo de movimento, judeus leais naturalmente pensariam assim, que introduziria uma concessão após a outra, até que qualquer judeu atrelado ao movimento se visse indistinguível dos pagãos. Em Jerusalém, todo judeu leal sabia que os pagãos eram o inimigo ao qual Deus destruiria um dia, assim como afogou os exércitos de faraó no mar Vermelho, mas, em lugares longínquos, na Diáspora, esse novo movimento, ao que parecia, tratava pagãos como parceiros iguais.

A palavra que se propagava nas ruas de Jerusalém, então, talvez fosse que seguidores de Jesus não eram, de fato, judeus leais, e estavam baixando a guarda. As forças das trevas sempre operaram assim, e havia muitos em Jerusalém que estariam à espreita do primeiro sinal de traição em meio ao movimento de Jesus. Vistos já com suspeita, os seguidores de Jesus poderiam estar em perigo. Contra toda esperança, estariam ansiosos para que o movimento de Jesus espalhado pelo mundo (particularmente Paulo, esse homem selvagem) não os levasse a nenhuma tribulação a mais ou a qualquer culpa por associação. Por tudo que escutavam, os sinais não eram encorajadores.

Propostas históricas como essas a respeito da situação real vivida e enfrentada por seguidores de Jesus em Jerusalém e por seus colegas (se é que eram vistos como tal) na Diáspora oferecem uma correção à simplificação excessiva que sorrateira e muito facilmente entraram nas leituras das cartas de Paulo — esse tem sido um problema particular para leitores ocidentais modernos. Nossa filosofia tem pendido pela divisão do mundo em dois: "ciência" lida com "fatos", enquanto "artes" são tidas por lidar com questões nebulosas de significado interior. Semelhantemente, em cultura popular, sentimento interior e motivação ("descobrir quem você realmente é" ou "seguir o coração") são normalmente recorridos como realidade pessoal verdadeira em oposição à mera "identidade" exterior. Alguns tipos de Protestantismo assimilaram profundamente tais conceitos, supondo que "o evangelho" diz respeito, em primeiro lugar, à interioridade, a uma disposição do coração, e em nada à realidade ou ação exterior, seja moral ou "religiosa". Às vezes, as pessoas pensaram que esse era o único e exclusivo significado do ensino de Paulo sobre a "justificação pela fé e não por obras", contudo, as coisas não eram, nem de longe, tão simples.

Nesse clima de pensamento, tem sido fácil para nós imaginar que entendemos o motivo pelo qual Paulo insistia que a circuncisão não mais era mais condição necessária para pertencer à família de Deus. Obviamente, pensamos, o apóstolo estava interessado na realidade interior do indivíduo em vez de naqueles legalistas minuciosos, os quais pensavam que alguém tinha de obedecer a um conjunto de instruções ritualísticas! Ele cria, alegamos, em uma mensagem de amor, e não de lei; de sentimento interior em vez de conformidade exterior; de fé no coração em lugar de religião baseada em regulamentos ou desempenho litúrgico. Particularmente, supomos, Paulo cria que Deus não exigia uma obediência moral perfeita das pessoas, visto que ele, em qualquer caso, sempre preferiu emoções certas (incluindo a "fé") em lugar de ações certas (que poderiam tornar alguém orgulhoso). Poderíamos continuar com outros exemplos.

Tais caricaturas são elas próprias cheias de contradição. Pensar que ter "sentimentos" corretos não torna as pessoas orgulhosas é estar singularmente cego ao pensamento de que o que importa é uma "atitude" correta em questões contemporâneas — pensamento esse em voga atualmente. Mas isso não torna as caricaturas menos poderosas; além disso, nenhuma delas nos ajudará a entender o que aconteceu quando, alarmadas, pessoas ouviram, em Jerusalém, acerca do que Paulo fazia e ensinava.

ASSIM, QUATRO COISAS ACONTECERAM em rápida sucessão. A primeira delas é que Pedro foi para Antioquia e partilhou a vida da igreja por um tempo. Por quanto tempo não sabemos, embora este e os incidentes a seguir — incluindo a escrita da primeira carta de Paulo, aquela às igrejas da Galácia — deve datar por volta de 48 d.C. A segunda é que alguns desceram de Jerusalém à Antioquia reivindicando terem sido enviados por Tiago, e sua visita precipitou um pequeno terremoto na igreja de Antioquia e uma controvérsia descrita pelo próprio Paulo de modo tão duro que coramos, mesmo à distância, ao ouvir, ainda como por acaso, sua denúncia. A terceira, talvez semanas ou meses depois, é que Paulo recebeu más notícias sobre os cristãos não judeus da Anatólia meridional, pequenas comunidades recém-fundadas por ele e Barnabé. Tudo isso está interconectado tão intrinsecamente com entendimento e desentendimento, reivindicação e refutação de judeus e cristãos do primeiro século que o quarto acontecimento se torna particularmente difícil de entender, embora fazê-lo seja de extrema importância. O quarto acontecimento é a escrita de Gálatas, a famosa primeira carta de Paulo.

Paulo então partiu para Jerusalém na esperança de esclarecer tudo com aqueles que pareciam causar o problema — obviamente, eles pensavam que *Paulo* era o causador do problema, pois controvérsias são sempre assim. Gerações de cristãos que leram Gálatas como parte da Escritura Sagrada têm de relembrar a si mesmos de que, se Gálatas é parte da Bíblia, *o é na forma como a temos* — com rugas, pontas afiadas, observações sarcásticas e tudo mais. De fato, talvez seja este o significado de "Escritura Sagrada" — não uma lista calma e serena de verdades a serem aprendidas ou mandamentos a serem obedecidos, mas um livro áspero, o qual nos força a amadurecer o pensamento à medida que passamos a entendê-lo.

De qualquer maneira, não creio que, quando Paulo começou a ditar a carta (podemos dizer que ele a está ditando porque, ao final, destaca escrever a saudação final de próprio punho), pensou: "Isso será parte da 'Escritura'". Entretanto, ele cria que o Único Deus o havia chamado para ser apóstolo aos não judeus, isto é, os gentios, e cria que Jesus havia se revelado a ele e o comissionado com a notícia de sua vitória sobre a morte e seu estabelecimento como Senhor. Paulo cria que o próprio espírito de Jesus trabalhava por meio dele para estabelecer e manter comunidades vivificadoras, cujas próprias vidas haviam sido mudadas pelo poder do evangelho. Paulo cria que agora, como parte de tudo isso, ele tinha a responsabilidade de declarar abertamente o que estava em jogo nas controvérsias em Antioquia, Jerusalém e na própria Galácia. Sua própria e óbvia vulnerabilidade no decorrer desse processo era parte da questão, conforme enfatizaria posteriormente em outra carta. Seu escrito, assim como o próprio evangelho, era parte de uma redefinição radical do que "autoridade" se parecia no novo mundo que o Único Deus havia inaugurado por meio de Jesus.

Entender uma carta como a de Gálatas — em que o autor dita tão rápido e presume tanto conhecimento compartilhado a ponto de pular cem coisas que gostaríamos que tivessem sido expostas mais plenamente — é basicamente como ouvir um único lado de uma conversa telefônica complicada, em que falante e ouvinte presumem uma boa parte das lacunas que o ouvinte deve preencher. É fácil chegar a mal-entendidos, particularmente quando, no caso de uma carta como Gálatas, controvérsias de períodos muito posteriores impuseram sua própria rede de expectativas e, assim, ressaltaram, ou talvez distorceram, alguns dos temas-chave de Paulo. Na medida do possível, quanto mais entendemos sobre o mundo mais amplo dentro do qual toda conversa estava acontecendo, mais veremos o motivo pelo qual Paulo precisava dizer exatamente o que disse.

Retornamos, então, para a sequência de acontecimentos em Antioquia. A primeira ocorrência é de fácil compreensão. Pedro foi a Antioquia, talvez no início de 48 d.C. O motivo de sua chegada é desconhecido, visto que toda sua movimentação não é registrada depois de seu escape surpreendente da prisão, em Atos 12:17; tudo que sabemos é que ele trabalhou como missionário itinerante. O mais importante é saber que, inicialmente, Pedro ficou contente em aceitar a prática local dos seguidores de Jesus, tendo cristãos judeus e cristãos gentios vivendo juntos como "família", compartilhando a mesma mesa. Afinal, era esse o princípio que ele mesmo, Pedro, havia adotado em Atos 10—11 ao visitar Cornélio, justificando sua ação aos críticos em Jerusalém. "Ao que Deus purificou", lhe havia sido dito, "você não pode considerar algo comum".[5] Pedro agira nesse princípio, reconhecendo que o

[5]Atos 11:9.

poder do evangelho havia "purificado" gentios de toda impureza ritual ou moral vista pelos judeus, impureza esta que seria tida normalmente como uma barreira para a intimidade do partilhar das refeições.

Até então, tudo certo. Com o segundo acontecimento, entretanto, tudo muda. Algumas pessoas — não sabemos quem são, porém Paulo diz que "vieram da parte de Tiago", de Jerusalém — chegaram em Antioquia e insistiram que, se aqueles gentios desejassem pertencer à verdadeira família e tomar parte da grande operação de resgate ocasionada pelo Único Deus, teriam de ser circuncidados. Paulo, descrevendo esse momento aos gálatas, diz que isso fez com que Pedro mudasse de ideia. Até esse ponto, ele estava contente em se assentar para comer com gentios cuja fé estava em Jesus, mas agora, vendo que os recém-chegados estavam assumindo uma postura rígida, ele recuou. Em vista do *status* que o próprio Pedro tinha no movimento, não é surpreendente o fato de outros discípulos de Jesus dentre os judeus fazerem o mesmo, e, diz Paulo, "até mesmo Barnabé se deixou levar pela farsa deles".[6]

Não se tratava, então, de uma simples questão de ensino, de desavenças teóricas, mas sim de uma prática que revelava uma crença implícita. A prática original em Antioquia havia refletido a crença de que todo o que cria em Jesus, quer circuncidado, quer não, partilhava da mesma mesa. Os homens que vieram da Judeia para a Antioquia estavam dizendo claramente que o partilhar das refeições com gentios incircuncisos estava errado e que seguidores de Jesus dentre os judeus, como judeus leais, deviam afastar-se.

O caráter duradouro desse momento de choque está concentrado no uso que Paulo faz da frase "até mesmo". Há dor nessa frase, como no caso de alguém que tenta andar estando com o pé fraturado. *Até mesmo Barnabé!* Barnabé passara com ele pelas alegrias e tribulações da missão na Galácia, e ambos haviam compartilhado tudo: orado, trabalhado, celebrado e sofrido lado a lado. Eles próprios haviam

---

[6]Gálatas 2:13.

acolhido à família muitos não judeus. E agora isso. O que havia acontecido, afinal?

Paulo é cuidadoso em não dizer que Tiago foi aquele que, na verdade, enviou as pessoas que chegaram de Jerusalém, entretanto, eles pareciam ter vindo com certa reivindicação de agir sob a autoridade de Tiago, e o foco de sua preocupação, prontamente explicável em vista das tensões em Jerusalém que exploramos momentos atrás, era a importância vital de preservar lealdade à aliança. A circuncisão era inegociável pelo fato de a pureza do povo de Deus ser essencial, e isso significa que, se Deus estava de fato trazendo seu reino, resgatando Israel e o mundo dos poderes das trevas para os quais nações pagãs haviam devotado sua lealdade, uma ruptura profunda era obviamente vital. E também que, se pagãos fossem acolhidos como parte do povo da aliança, aqueles que herdariam a nova criação divina, eles teriam de exibir lealdade ao antigo concerto também, isto é, praticar a circuncisão.

Da perspectiva de uma Jerusalém cheia de judeus zelosos e ávidos, cuja mentalidade era focada no reino, tudo isso fazia sentido, porém, da perspectiva de Paulo, que já havia pensado a respeito do que significava Deus trazer seu reino *por meio de um Messias crucificado*, isso não fazia sentido algum. Paulo passou a acreditar que Jesus não poderia ser simplesmente acrescentado à imagem prévia do reino resgatador de Deus. Os acontecimentos alarmantes e inesperados da morte e ressurreição do Messias, unidos ao senso dramático de renovação pessoal cuja única explicação era o derramar do espírito divino, significavam que tudo havia mudado e um novo mundo havia sido inaugurado. Se alguém tentasse viver nesse novo mundo e ao mesmo tempo procurasse manter a aparência perante aqueles que ainda não haviam percebido quão radical esse novo mundo era, estaria fazendo precisamente isto: "mantendo a fachada", fazendo teatro, acobertando a realidade com uma máscara. Estavam, em suma, "encenando". A palavra grega para "encenar" é *hypokrisis*, da qual derivamos o termo português "hipocrisia".

Podemos imaginar o alvoroço e a confusão, a acusação mútua e a recriminação que se seguiram. Paulo dá um resumo rápido do que ele mesmo disse ao confrontar Pedro; o quanto qualquer um tenha sido capaz de ouvir na confusão, não podemos saber. Ademais, como no caso de outros resumos, devemos presumir que Paulo originalmente falou muito mais do que o registrado, pois o problema era tanto pessoal quanto teológico. Como uma das reconhecidas "colunas", Pedro havia atraído outros seguidores de Jesus consigo ao deixar de partilhar da mesa de comunhão, e, uma vez que Pedro assumiu essa postura por ser uma das personalidades mais bem conhecidas em todo o movimento, teria sido muito difícil a outros judeus não se deixarem afetar. Sem dúvida, era mais difícil para Paulo confrontar Pedro, mas também ainda mais necessário, pois, desde já, Pedro devia ser impedido. Com o tempo, Paulo adquiriu a reputação de ser uma figura intratável e controversa, e sem dúvida havia esse elemento em sua composição, contudo, ao ver um amigo prestes a atravessar a rua ignorando aquele trânsito contínuo e levando consigo um grupo, a atitude mais amorosa que você pode ter é gritar para que todos parem imediatamente, e foi exatamente isso que Paulo fez:

> Quando Cefas veio para Antioquia, opus-me a ele face a face. Cefas estava completamente errado... Quando vi que eles não estavam andando em linha com o evangelho da verdade, disse a Cefas na frente de todos: "Veja! Você é judeu, mas vive como um gentio. Como pode forçar gentios a se tornarem judeus?"[7]

Forçar gentios a se tornarem judeus. Não é isso que Pedro talvez pensasse estar fazendo, mas Paulo vê por detrás da questão imediata (Pedro e outros judeus afastando-se do partilhar das refeições com os seguidores de Jesus dentre os gentios) para a implicação clara e seu resultado. Uma vez que você cria um círculo dentro de outro, envia a

---

[7]Gálatas 2:11,14.

mensagem àqueles que estão no círculo exterior de que devem se mover ao círculo interior, mas Pedro já estava vivendo "como um gentio" — não no sentido de adorar ídolos ou entregar-se à imoralidade sexual, mas no sentido de que havia criado o hábito de comer com pessoas sem se preocupar com a distinção étnica entre judeu e gentio. Desse modo, Pedro estava "completamente errado", e seu comportamento significava que sua postura anterior estava errada, ou sua postura anterior, estando certa, significava que seu comportamento presente estava errado.

Paulo não tinha dúvidas quanto a qual dessas duas opções correspondia à análise correta:

> Nós somos judeus de nascimento, não "pecadores gentios". Contudo, sabemos que uma pessoa não é declarada "justa" por obras da lei judaica, mas pela fidelidade de Jesus, o Messias.[8]

É aqui que, tradicionalmente, intérpretes chegaram à conclusão errada. A questão da "justiça" dominou a discussão teológica ocidental, e a maioria presumiu que, nesse contexto, Paulo muda repentinamente da ideia de Pedro comer com gentios (ou, no caso, não comer) e começa a falar sobre "como alguém é justificado" no sentido ocidental tradicional. Em outras palavras, como alguém previamente "pecador" passa a ser "justo" aos olhos de Deus.

Sem dúvida, Paulo acredita claramente em quão importante é ser resgatado do pecado, mas não é isso que está em jogo em Jerusalém, em Antioquia ou na Galácia — importante é o *status dentro da família da aliança*. A palavra "justo", como é o caso com as traduções grega e hebraica dessa palavra, refere-se a alguém "em um relacionamento certo" com o Único Deus, e o "relacionamento" em questão é a *aliança* que Deus fez com Abraão. Conforme veremos a seguir, na conclusão decisiva do argumento central em Gálatas 3:29, por exemplo, a questão da qual Paulo deve tratar é: como você pode distinguir quem é um

[8]Gálatas 2:15-16a.

verdadeiro filho de Abraão? E sua resposta é focalizada firmemente em Jesus. Assim, o argumento central de Paulo para Pedro é simples: o importante é ser parte da família da aliança, e esta não é definida pela lei judaica, mas sim "pela fidelidade de Jesus, o Messias".

Eis aqui, mais uma vez, a poderosa e multifacetada palavra "fidelidade" — em grego, *pistis*. Conforme vimos, a mesma palavra grega pode significar "fé" em diversos sentidos e também "fidelidade", "lealdade" ou "confiabilidade". Neste e em outros contextos, Paulo parece jogar com o que soa para nós como tendo múltiplos significados; é claro que, para o apóstolo, não parecia ser esse o caso. A questão é que, em um mundo onde a coisa mais importante para um judeu zeloso era "lealdade" a Deus e à sua lei, Paulo cria que: (1) Jesus, o Messias, tinha sido completamente fiel ao propósito divino, "obediente mesmo diante da morte de cruz", como diz em outra passagem;[9] (2) seguir a Jesus, seja qual fosse o preço, tinha de ser visto, por si só, como uma expressão central de lealdade ao Deus de Israel; (3) que os próprios seguidores de Jesus eram distintos por sua fé nele, confessando-o como "Senhor" e crendo que ele ressuscitou dentre os mortos; e (4) se essa lealdade modelada em Jesus era o aspecto vital, *então, nada que a lei dissesse devia se interpor entre um seguidor de Jesus e outro*. Em outras palavras (continuando a descrição de Paulo sobre o que ele disse a Pedro):

> É por isso que nós também cremos em Jesus, o Messias: para que possamos ser declarados "justos" com base na fidelidade do Messias, não com base nas obras da lei judaica. Como sabemos, nessa base nenhuma criatura será declarada "justa".[10]

Isso adiciona outro elemento, o qual Paulo não especifica nesse texto. Se a lei judaica se tornar o padrão de filiação, essa mesma lei questionará duramente qualquer um, incluindo o judeu. Leia Deuteronômio

---

[9]Filipenses 2:8.
[10]Gálatas 2:16b-c.

e veja que Israel como um todo se rebelará, afastando-se do Único Deus, e sofrerá as consequências. Com base nisso, Paulo exorta Pedro (e todos os demais que ouvem a confrontação ou aqueles que escutariam sua carta ao ser lida em voz alta) a pensar com cuidado a posição relativamente nova:

> Pois bem: se, procurando ser declarados "justos" no Messias, nós mesmos somos "pecadores", será o Messias um agente do "pecado"? De maneira alguma! Se eu construo mais uma vez as coisas que eu destruí, demonstro que sou transgressor da lei.[11]

Em outras palavras, se começamos com a categoria judaica normal que Paulo declara anteriormente ("somos judeus por nascimento, não "gentios pecadores"), segundo a qual o gentio é "pecador" automaticamente por não ter a lei, e se alguém como Pedro se vê chamado a viver em condição de igualdade com "gentios pecadores" porque isso é exigido por sua filiação como parte do povo do Messias, isso significa dizer que o Messias agora aceita o "pecado" ou é conivente com ele? Era precisamente esse tipo de pensamento com o qual as pessoas em Jerusalém estavam preocupadas. É como se enxergassem essa situação como uma confraternização com o inimigo justamente quando eles, em Jerusalém, davam o melhor de si para permanecerem leais a Deus e à lei, de modo a apressar o Reino vindouro! Eles podiam ver, na reivindicação de Paulo de seguir o Messias, um falso Messias que desviava as pessoas, e isso, alegariam, é exatamente o que a própria lei advertiu que aconteceria.

Paulo não demora a combater essa linha de pensamento. Se Pedro ou qualquer outro começa desfazendo uma barreira entre judeu e gentio (conforme Pedro havia de fato feito: "Você é judeu, mas vive como um gentio") e então decide reconstruí-la, tudo o que faz é apontar o dedo de volta a si mesmo. Pedro admite que estava errado em "viver

[11]Gálatas 2:17-18.

como um gentio" e recorrer à lei, a qual irá simplesmente lembrá-lo de que, de qualquer maneira, ele é um transgressor da lei.

Há apenas um caminho a seguir: o caminho por onde o Messias trilhou por meio da morte para uma nova vida, e essa jornada é a mesma para todo o povo do Messias, composto de judeus e gentios. Nesse ponto, chegamos à própria essência do entendimento de Paulo a respeito do que aconteceu nos fatos messiânicos envolvendo Jesus. Trata-se do princípio central ao redor do qual sua resposta a três situações muito diferentes — em Jerusalém, na Antioquia da Síria e na Galácia — fora formulada. Paulo o descreve na primeira pessoa do singular ("eu") não por se exaltar como um exemplo brilhante de determinada experiência espiritual; na verdade, o argumento é que, se até ele, um judeu zeloso, teve de trilhar esse caminho, então era óbvio que havia apenas um caminho a seguir:

> Deixe-me explicá-lo assim: por meio da lei eu morri para a lei, para que pudesse viver para Deus. Fui crucificado com o Messias. Estou, entretanto, vivo — embora não seja mais eu, mas o Messias, o qual vive em mim. E a vida que ainda vivo na carne, vivo pela fidelidade do filho de Deus, que me amou e deu a si mesmo por mim.[12]

Por meio da lei eu morri para a lei, para que pudesse viver para Deus. Essa é uma das declarações mais extraordinárias já escritas por um judeu do primeiro século — ou talvez de qualquer século, visto que ela nos diz que Paulo, mesmo considerando-se um judeu leal, tanto a Deus quanto à lei, passara a ver a própria lei como que apontando adiante, isto é, para um tipo de "morte", remetendo a algo além de si, a algo que poderia ser alcançado apenas pela saída de sua própria esfera privada, emergindo a um novo mundo. A própria lei havia previsto um momento em que seria ofuscada por uma nova realidade, uma realidade messiânica, e, embora Paulo não mencione batismo

[12]Gálatas 2:19-20.

nesta passagem (ele o fará no capítulo posterior), a sequência de pensamento por ele descrita é exatamente aquilo de que, em sua visão, o batismo se trata (como em Romanos 6): deixar a vida antiga para trás, atravessando a "morte" para uma vida totalmente nova.

Ademais, visto que Paulo ainda é o mesmo ser humano de carne e osso ("a vida que ainda vivo na carne"), ele agora encontra sua identidade não em sua genealogia ou *status* humano, mas no próprio Messias, na fidelidade e na lealdade do Messias. Se, em outras palavras, o que se deseja é lealdade a Deus e à lei, então a morte e ressurreição do Messias definem, de uma vez por todas, a que isso se assemelha. Quando alguém passa a fazer parte dessa realidade messiânica, então é essa realidade, não seu posicionamento anterior como "judeu" ou "gentio" (juntamente com qualquer outra marca exterior desse posicionamento), a única coisa que importa.

A menção do "amor" do Messias ("que me amou e deu a si mesmo por mim") não é um mero apelo à emoção, embora também o seja. A ideia de um "amor", vindo do Deus de Israel e resgatando pessoas do destino que elas haveriam de experimentar, remonta as antigas narrativas da aliança entre Deus e Israel e do resgate do Êxodo. Paulo desenvolverá esse pensamento em outro lugar, mas, por enquanto, como resumo do que ele disse a Pedro em Antioquia (e com "certas pessoas vindas da parte de Tiago" escutando, certamente chocadas com o que ouviam), o argumento de Paulo chega à conclusão: "Não rejeito a graça de Deus. Se a "justiça" vem pela lei, então o Messias morreu em vão".[13]

Em outras palavras, se Pedro e, implicitamente, aqueles que vieram da parte de Tiago, tentam reestabelecer um movimento de um Jesus de duas camadas, com judeus ao redor de uma mesa e gentios de outra, tudo o que estão fazendo é declarar que o mover soberano do amor de Deus, cujo alcance abrange aqueles que são completamente desmerecedores (ou seja, a "graça"), foi, na verdade, irrelevante. Deus não precisava ter se incomodado. Se a Torá, os Cinco Livros de Moisés, fosse

[13]Gálatas 2:21.

suficiente para definir o povo de Deus de uma vez por todas, então *não haveria necessidade de um Messias crucificado*. Ou, colocando-o de outra forma, se Deus declarou, na ressurreição, que o Jesus crucificado realmente é o Messias, então também declara que Moisés poderia levá-los apenas até certo ponto. Moisés apontava para uma terra prometida, uma "herança", mas ele próprio não podia conduzir o povo até ela. Gálatas diz respeito à "herança" definitiva prometida por Deus, e, como veremos em instantes, Paulo insistia que os "herdeiros" dessa "herança" não poderiam ser definidos pela Torá, mas apenas pelo próprio Messias, o qual é, em última análise, o herdeiro definitivo.

A confrontação entre Paulo e Pedro em Antioquia não se resume a isso. É senso comum entre os intérpretes do Novo Testamento que Paulo perdeu o argumento e, por isso, teve de partir em viagens missionárias posteriores sem o apoio da igreja de Antioquia. Não vejo boas razões para essa conclusão, até porque a distância de Antioquia da Síria em relação à Galácia meridional não é grande, e toda a situação presume que as pessoas poderiam viajar rapidamente (e de fato o faziam) entre as duas cidades. Se Paulo tivesse perdido o argumento, penso ser extremamente improvável mencionar tal argumento, muito menos nos termos que o faz, ao escrever aos gálatas. De qualquer maneira, Paulo retorna posteriormente a Antioquia sem qualquer sinal de problema,[14] mas isso nos leva ao ponto em que devemos dar um passo para trás e examinar o terceiro elemento na situação de Antioquia. O que estava acontecendo na própria Galácia?

A SITUAÇÃO NAS ENTRELINHAS DA CARTA DE PAULO era evidentemente complexa. A fim de reconstruí-la, não nos apoiaremos simplesmente em "leitura-espelho" a partir daquilo que Paulo de fato diz, embora isso seja, até certo ponto, inevitável. Também faremos o máximo para entender a situação mais ampla em Jerusalém, na Galácia e na Antioquia, a base operacional de Paulo.

---

[14]Atos 18:22.

Mais uma vez, devemos evitar simplificações demasiadas, especialmente qualquer sugestão (algo que tem sido comum) de que seguidores de Jesus habitantes da Galácia, tendo sido instruídos em boa teologia reformada, agora aceitavam o arminianismo e o pelagianismo, tentando acrescentar algo mais à dádiva divina da salvação por meio da realização de algumas obras suas. Obviamente, também devemos evitar a sugestão oposta de que Paulo simplesmente tentava manipular comunidades, apresentando um programa "sociológico" e usando argumentos "teológicos" de forma a criar uma cortina de fumaça que obscurecia seu verdadeiro propósito. Ambas as propostas estão equivocadas, e, aparentemente, Paulo entendia os propósitos enraizados do Único Deus como tendo sido cumpridos em Jesus, o Messias; o apóstolo também entendia que tal cumprimento envolvia a criação de um tipo particular de comunidade, e, ao que tudo indica, o que chamamos de "teologia" e "sociologia" faziam parte da mesma realidade.

Entretanto, por volta do mesmo tempo em que "certas pessoas vieram da parte de Tiago" para a Antioquia da Síria, parece que elas, também reivindicando a autoridade da igreja de Jerusalém, vieram para a Galácia. Sua mensagem era semelhante à que o povo de Tiago parecia articular em Antioquia, e essa mensagem era que toda confraternização com os gentios precisava cessar. Qualquer gentio que quisesse ser considerado membro do verdadeiro povo de Israel, a família de Abraão, teria de ser circuncidado, pois o reino de Deus se manifestaria de fato, resgatando o povo de Deus do mundo e seu caminho ímpio, mas o único povo que herdaria esse reino teria de ser circuncidado.

Essa dura mensagem para os pequenos grupos de seguidores de Jesus na Galácia também envolvia um ataque pessoal ao próprio Paulo, o qual, segundo alegavam os mensageiros, sempre foi um representante de segunda classe da mensagem de Jesus. Ele aprendeu seu "evangelho" em Jerusalém, porém, falhou em entender um de seus elementos centrais ou apenas escolheu não o transmitir. Nesse sentido, se os gálatas recorressem ao topo da árvore, à própria Jerusalém, descobririam uma história diferente da contada por Paulo.

Não precisamos de uma análise muito profunda para notar que tudo isso parecia ser urgente para esses mensageiros e, em termos locais, bastante importante para outras tantas pessoas da Galácia meridional. Jerusalém, conforme vimos, estava inundada de especulações zelosas sobre o reino vindouro, no qual os "gentios" eram geralmente os vilões ímpios que, ao final, receberiam sua punição. As pessoas discordavam sobre o que exatamente significava guardar a Torá, mas todo mundo concordava que guardá-la era importante; elas também podiam discordar quanto ao porquê de os gentios representarem uma ameaça às crenças ancestrais e aos anseios de Israel, mas todos concordavam que a ameaça gentílica era real. Assim, qualquer reivindicação de que o Messias de Israel agora recebia gentios em termos iguais na nova comunidade, na qual padrões normais da Torá (incluindo a circuncisão, a marca da aliança) seriam postos de lado, deve ter soado, por assim dizer, como uma contradição. Seria como um casamento aristocrático no qual o noivo, um nobre, chega apenas para anunciar que está fugindo com uma cigana que conheceu na rua. Qualquer gentio que agora pensasse compartilhar das promessas divinas da herança mundial de Israel estava enganado, e qualquer judeu tentado a tratar gentios incircuncisos como "família" comprometia a integridade do povo de Deus, colocando em perigo a própria herança prometida.

Reparamos há pouco a pressão sobre os próprios discípulos de Jesus que habitavam em Jerusalém. Agora, podemos ver quão natural seria para eles querer demonstrar aos amigos e vizinhos desconfiados em Jerusalém quão leais realmente eram, tentando estabelecer corretamente os fatos. Se esses gentios que creram em Jesus simplesmente fossem circuncidados, todo mundo ficaria feliz! A acusação de deslealdade ruiria. E assim, da mesma forma como Saulo de Tarso havia partido uma década antes para buscar e prender aqueles seguidores de Jesus, uma pessoa qualquer — uma figura obscura, desconhecida e presumidamente com alguns amigos — partiu com planos diferentes, embora relacionados — ele alinharia esse novo movimento. Paulo era capaz de reconhecer o que essa pessoa estava fazendo, pois é o tipo de coisa que ele mesmo faria, e é bem provável que ele conhecesse o indivíduo em questão.

Ao mesmo tempo, a pressão sobre as comunidades judaicas da Galácia meridional aumentava. Desde que todo mundo naquela província profundamente romanizada soubesse quem eram os judeus de determinada cidade ou vilarejo particular, tudo ficaria bem. Talvez fossem zombados por seus costumes engraçados, mas pelo menos todo mundo saberia que tinham permissão oficial para renunciar a participação em cultos locais, particularmente os empolgantes novos cultos de Roma e César, celebrados na nova realidade mundial de paz e prosperidade pelo "Senhor" e "Salvador" na própria Roma.

Entretanto, uma das primeiras coisas que aconteciam sempre que um não judeu era alcançado pelo evangelho de Jesus, e também uma das mais importantes, era que ele deixava de adorar ídolos antes venerados depois de ouvir a respeito do amor pessoal do Deus vivo e verdadeiro. Assim, de repente um novo grupo surgiria, em um mundo sem privacidades, onde pessoas sabiam dos negócios umas das outras, e onde o desvio da norma social era rapidamente notado e geralmente ressentido. Esse novo grupo, os seguidores de Jesus, não era judeu — ao menos não obviamente: os homens não eram circuncidados, o sábado não era observado, e assim por diante —, todavia, assim como os judeus, os membros desse grupo ficavam distantes de rituais comuns, isto é, de cerimônias e celebrações semanais, mensais ou anuais. Assim, se os seguidores de Jesus em Jerusalém eram suspeitos de deslealdade por causa de sua atitude com relação ao Templo e à Torá de Israel, os seguidores de Jesus na Diáspora seriam suspeitos de deslealdade com relação à sua própria comunidade, bem como em relação à própria Roma, por causa de sua atitude com relação a cultos locais.

Comunidades judaicas em cidades como Antioquia da Pisídia, Icônio e Listra (todas colônias romanas, conforme sabemos) estavam no meio disso tudo, e o questionamento seria: "Quem são essas pessoas que repentinamente pararam de adorar aos deuses? São judeus ou não? Precisamos saber! Resolvam-no, ou teremos de perguntar-lhes". É provável que comunidades judaicas locais estivessem divididas em sua resposta, mas a pressão social aumentaria. A situação era intolerável, e algo teria de ser feito. Assim, podemos imaginar facilmente líderes judaicos locais desejando pressionar seguidores de Jesus locais a persuadir seus surpreendentes novos amigos, gentios cristãos, a entrarem na linha: "Persuadam-nos a se circuncidarem", urgiam. "Usem o método necessário, qualquer pressão que quiserem, mas façam-no. Caso contrário, estaremos todos em apuros".

Essas reconstruções dos possíveis cenários em Jerusalém e na Galácia são, claro, suposições, porém, se encaixam naquilo que sabemos a respeito do mundo mais amplo da época e com os tipos de desafios que comunidades locais geralmente enfrentavam. Acima de tudo, servem de boa interpretação dessa carta escrita por Paulo. Nem devemos imaginar que essas pressões — o atrito entre diferentes grupos sociais e culturais — eram vistas, quer pelo povo em questão, quer pelo próprio Paulo, como (em nossos termos atuais) "sociológicas" *em vez de* "religiosas" ou "teológicas", mas tais distinções não fazem sentido no primeiro século. Todos sabiam que a adoração divina era central à vida comunal, pois mantinha as coisas unidas e alimentava a estabilidade social. Para os seguidores de Jesus, adorar ao Deus vivo e verdadeiro, o qual agiu dramaticamente nos acontecimentos do evangelho e estava agora agindo poderosamente por seu espírito, gerava e sustentava um novo tipo de vida comunal, retendo-a e alimentando sua estabilidade — com o custo necessário de ruptura dos padrões organizados de toda outra forma de vida comunal da região.

Paulo, portanto, tinha uma tarefa complexa e desafiadora, uma vez que entendia muito bem as diferentes ansiedades, a teia complexa de pressões e ambições sociais, culturais, religiosas e teológicas. Ele veria comunidades fundadas por ele como que encurraladas — e estaria espantado com o quão facilmente eles, ou alguns deles, sucumbiram ao ensino de seja lá quem for que os estava "perturbando". Ele ficaria pessoalmente ofendido (fato que se manifesta em diversos pontos da carta) com a deslealdade dos gálatas depois de tudo que o viram passar em favor deles, mas, acima de tudo, ele estaria espantado com o fato de que pareciam não ter compreendido a ideia central de tudo, o significado do próprio Jesus, de sua morte e ressurreição, e o fato de que, por meio dele, um novo mundo, uma nova criação, passou a existir. Os cristãos da Galácia corriam sério perigo de voltar a retroceder dessa nova realidade para o mundo de antes, como se a cruz e a ressurreição nunca tivessem acontecido, como se o Deus vivo e verdadeiro não tivesse revelado sua aliança de amor de uma vez por todas, não apenas *para* Israel, mas também *por meio da* personificação de Israel, o Messias, para o mundo.

Seria necessário produzir outro livro para trabalhar com a carta aos gálatas e explicar como Paulo, em seu escrito fulminante, acerta em cheio com todas as ferramentas da retórica e da ironia disponíveis e, ao mesmo tempo, com *páthos* e apelo pessoal. Paulo tem muito a dizer, e essas ideias saem de sua mente como se tropeçassem uma na outra.

Ele interrompe sua própria saudação de abertura para insistir que seu "apostolado" era um dom direto de Deus e de Jesus, não uma coisa de segunda mão ou de segunda classe, recebida de um lugar qualquer. "Paulo, apóstolo" — é assim que começa sua carta — e então interrompe a saudação para adicionar, por assim dizer, entre parênteses: "meu apostolado não se origina de fonte humana...". Em seguida, recompõe-se e declara o princípio fundamental: seu apostolado se deriva do próprio Deus, bem como de Jesus, o Messias, nosso *Kyrios*:

> o qual se entregou pelos nossos pecados a fim de nos resgatar do presente século mal, de acordo com a vontade de Deus, nosso pai, a quem seja a glória pelos séculos dos séculos. Amém.[15]

Cada elemento do texto é vital, pois a "boa-nova" anunciada por Paulo diz respeito àquilo que o Único Deus planejou e intencionou. Não se trata de um pensamento súbito, *a posteriori*. A mensagem sobre

---

[15]Gálatas 1:4-5.

Jesus pode soar para judeus em Jerusalém ou na Galácia como uma excentricidade estranha e peculiar, mas, na verdade trata-se da vanguarda da tão esperada nova criação. Esse pensamento é central, e assim permanecerá no decorrer de toda obra de Paulo.

O ponto central diz respeito à diferença entre o "presente século mal" e o novo dia, que já raiou. No texto citado, Paulo afirma a conhecida e difundida crença judaica antiga de que a história mundial é dividida em dois "séculos": o "presente século" de tristeza, vergonha, exílio e morte e o "século vindouro", quando então todas as coisas serão concertadas. Nos séculos anteriores a Paulo, essa foi uma crença comum, permanecendo como norma até boa parte do período rabínico, mas, para ele, algo havia acontecido, pois o Deus vivo havia agido em pessoa, isto é, na pessoa de Jesus, para resgatar pessoas do "presente século" e inaugurar o "século vindouro". Ambos não estavam, por assim dizer, de costas um para o outro, findando-se o primeiro para que começasse o segundo. O novo tempo havia entrado em cena enquanto o "presente século" persistia mais um pouco, e esse era o efeito direto do plano divino pelo qual Jesus "deu a si mesmo pelos nossos pecados": o poder do "presente século" foi, assim, quebrado, e o novo mundo poderia começar. Em certo sentido, toda a carta, e até certo ponto todo o trabalho de Paulo, simplesmente desdobra e explica esse florescer inicial.

É sempre arriscado resumir, mas parte do objetivo deste livro é convidar o leitor a viver no mundo de Paulo de tal maneira que seja capaz de ler suas cartas no contexto original e, assim, compreender o significado pleno do que está sendo dito. Por isso, ressaltaremos, no caso de Gálatas, apenas cinco pontos que ressurgem vez após vez — é claro que cada um deles poderia ser elaborado mais detalhadamente.

Reiterando, o primeiro é que Paulo relembra os gálatas de que o que aconteceu por meio de Jesus é a inauguração de uma nova criação. Acontecimentos messiânicos de Jesus e do espírito não são simplesmente apenas outra opção religiosa, uma distorção nova do tema. Se acaso significam alguma coisa, querem dizer que o Deus criador irrompeu na antiga criação e inaugurou o novo em meio ao velho. Não é de admirar que essa nova realidade seja desconfortável: "circuncisão... não é nada; nem incircuncisão! O importante é a nova criação".[16] Mensageiros de Jerusalém e grupos de pressão locais estão tentando colocar o furacão da nova criação de volta na "caixinha" do velho mundo, mas não há como fazê-lo, pois a morte do Messias derrotou os poderes do mundo, por isso os idólatras dentre os gentios foram libertos de sua antiga escravidão. A análise de Paulo é precisa: "Se tentarem revertê-lo — como fariam, se fossem circuncidados — estão dizendo que não creem na nova criação. Estão dizendo que o Messias não precisou morrer. Estão dizendo que pertencem ao velho mundo. Estão cortando o ramo sobre o qual estavam apoiados".

O segundo é que os acontecimentos do evangelho, assim como o próprio ministério de Paulo, são, de fato, o cumprimento do plano divino, fundamentado na Escritura. A longa explicação de Paulo sobre seus primeiros dias no movimento, designada a refutar a acusação de ter bagunçado seu evangelho por tê-lo recebido em segunda mão, ecoa, vez após vez, o "chamado" dos profetas e do "servo" em Isaías, cuja função era ser luz das nações: "Seja o que for que os mestres judaicos digam a vocês" — Paulo afirma — "posso mostrar-lhes que aquilo que ocorreu através de Jesus *e está acontecendo através do meu próprio trabalho* corresponde com o que a Escritura sempre previu". O próprio comissionamento de Paulo na estrada de Damasco e visitas subsequentes a Jerusalém tornam claro que seu evangelho foi recebido em primeira mão. A única coisa com a qual os apóstolos de Jerusalém contribuíram com o evangelho pregado por Paulo foi dar-lhe apoio. Semelhantemente, o sofrimento de Paulo, testemunhado de perto pelas igrejas da Galácia, era, por si só, uma indicação dramática do evangelho. Em particular (e isso forma o tema central da carta), promessas divinas feitas a Abraão foram cumpridas em Jesus, o Messias. Deus prometeu a Abraão uma família numerosa no mundo todo. Em

[16]Gálatas 6:15.

Salmos e Isaías, a promessa tinha como foco o rei vindouro, o filho de Davi que seria filho de Deus. Em Jesus, Deus fez o que prometeu, inaugurando o movimento por meio do qual a nova criação estava acontecendo, o reino de Deus na terra como no céu, e isso leva Paulo ao terceiro e crucial ponto: *em Jesus, o problema posto por Moisés é resolvido*. O terceiro capítulo da carta aos Gálatas ataca a lealdade ávida demonstrada à Torá pelos zelotes de Jerusalém e seus conterrâneos da Diáspora. O próprio Moisés deixa Israel, ao fim de Deuteronômio, com a advertência de uma maldição, a qual culminará no exílio, conforme ocorrera com Adão e Eva em Gênesis 3. A Torá de Moisés foi dada por Deus para um propósito vital; no entanto, esse propósito era temporário, cobrindo apenas o período até o cumprimento da promessa feita a Abraão. Agora que a promessa se cumpriu, a Torá não tem mais nada a dizer sobre o assunto.

Todo aquele que pertence ao Messias é o verdadeiro "descendente" de Abraão e tem a garantia de herdar a promessa do reino, da nova criação. Abraão creu em Deus, cita Paulo a partir de Gênesis: "e isso lhe foi creditado como um ato de justiça".[17] Eis a frase que, como sugerimos, assombrou Saulo de Tarso desde seus primeiros dias como jovem zelote. Fineias agiu com zelo para com Deus e a lei, "isso lhe foi creditado como um ato de justiça" e Deus estabeleceu com ele sua aliança. Matatias, pai de Judas Macabeu, citou essa frase, referindo-se a Abraão e a Fineias, comissionando os filhos a uma vida de zelo sagrado.[18] Agora, Paulo está reinterpretando tanto a aliança quanto o zelo. Deus cumpriu promessas feitas a Abraão, mas isso não crava uma separação entre judeus santos e gentios ímpios; antes, estabelece uma família de fé do tipo judeu-mais-gentio, conforme Deus sempre intencionara.

O quarto ponto é que isso foi cumprido por meio do tão aguardado "novo Êxodo". Todo judeu sabia da história: escravidão no Egito; vitória divina sobre o faraó; Israel (como "primogênito de Deus") redimido

[17]Gênesis 15:6, conforme citado em Gálatas 3:6.
[18]1Macabeus 2:52,54.

pelo mar Vermelho; o dom da Torá no Sinai; a gloriosa presença divina habitando no Tabernáculo; filhos de Abraão voltando para casa, ou seja, para a "herança" da terra prometida. Paulo reconta essa história em Gálatas 4:1-7, tendo Jesus e o espírito na essência da história. O mundo inteiro está escravizado; Deus enviou seu filho para redimir e seu espírito para habitar; os filhos de Abraão são assegurados de sua "herança". Apesar de tudo, existe um detalhe negativo:[19] Paulo adverte os gálatas de que correm o perigo de se comportar como os israelitas no deserto, os quais queriam voltar para o Egito. No caso de se circuncidarem, então estão dizendo que preferem a escravidão antiga, não a liberdade nova.

Então, final e decisivamente, o Deus vivo criou a família que sempre previra, *uma única família*, marcada *pela fé, pistis*. Deus não prometeu duas famílias a Abraão, uma judaica e outra não judaica — algo sugerido pelo comportamento de Pedro em Antioquia, onde seguidores judeus e não judeus de Jesus deviam comer em mesas separadas. Nem seria o suficiente criar essa única família artificialmente, por assim dizer, simplesmente circuncidando gentios convertidos. Se tomar parte na aliança estivesse disponível por meio da Torá, não havia necessidade de o Messias ter morrido.

Como podemos diferenciar, então, essa família? A única indicação segura é *pistis*: fé, fidelidade, lealdade. Essas três características e mais um pouco. Não, é claro, uma "fé religiosa" generalizada, mas a "fé do Messias", isto é, a fidelidade do próprio Messias, cuja morte venceu o poder do pecado e, assim, livrou pessoas do presente século mal; a fé evocada pela mensagem do evangelho, do tipo que ecoa a própria fidelidade do Messias pela confissão de que Jesus é *Kyrios*, do tipo que crê que Deus o ressuscitou dos mortos; a lealdade que agora se apega a essa mensagem e se recusa a sair do rumo. Paulo pegou um dos temas centrais que haviam motivado tanto judeus de Jerusalém leais à Torá quanto gálatas leais a César na Galácia, substituindo-o por

[19]Gálatas 4:8-11.

uma única palavra, elevada quase a um termo técnico, que denotava lealdade ao Único Deus, vivo e verdadeiro, manifesta agora em Jesus e ativo por meio do seu espírito. Tratava-se de uma lealdade nova, contestada. Sem deixar essa base de significados, no entanto, a palavra *pistis* abrangia muito mais, especialmente o conhecimento pessoal e a confiança que surgia no coração e na mente das pessoas ao ouvirem sobre Jesus, o senso da presença íntima de Deus e do seu amor.

Esta, então, é a famosa doutrina paulina da "justificação pela fé". No sentido de "percepção religiosa", "fé" não é um tipo de experiência humana superior a outras; aqueles, porém, que creem no evangelho e permanecem leais ao Único Deus devem ser conhecidos, e se autoconhecer, como parte de uma única família mundial, prometida a Abraão. Isso, por sua vez, significa compartilhar de uma mesa comum a despeito de todas as diferenças: nem judeu, nem grego; nem escravo, nem livre; nem "homem ou mulher", visto que são todos "um em Jesus, o Messias".[20]

Um novo tipo de comunidade, assim, como a vanguarda da nova criação. Uma nova visão dramática, reivindicando raízes mais profundas das Escrituras de Israel e o mais pessoal dos relacionamentos com o Deus de Israel. Paulo diz aos gálatas que, por serem um povo do novo-Êxodo, verdadeiros "filhos" de Deus, "Deus enviou o espírito de seu filho" ao coração deles, "clamando 'Aba, Pai!'"[21] Desse modo, o espírito antecipa e aponta para a herança definitiva, a terra prometida da própria criação, e qualquer um que tenta atrapalhar essa nova realidade, qualquer um que, por qualquer motivo, tentar arrastá-los de volta para o velho mundo deve ser evitado. À sugestão de que Jerusalém ainda é o centro de tudo, de modo que os líderes da cidade têm a última palavra, exige-se a lembrança de que agora é a Jerusalém celestial que importa.[22] Não pode existir "outro evangelho", seja ele o "evangelho"

[20]Gálatas 3:28.
[21]Gálatas 4:6.
[22]Gálatas 4:26.

de César ou um suposto "evangelho" de Torá-mais-Jesus: "o importante é a nova criação".[23]

O quanto as igrejas da Galácia teriam entendido de tudo isso ao ouvi-lo pela primeira vez é duvidoso, mas a carta seria lida em voz alta, repetidamente — discutida, debatida. Qualquer um que entregasse a carta quase certamente seria chamado para explicar o que Paulo queria dizer. Mestres nas igrejas — sendo a pregação uma parte vital no início da vida da igreja — fariam o melhor para ajudar convertidos a entender as densas referências e alusões bíblicas, mas não sabemos quão eficaz ela foi à época, tampouco sabemos se alguns seguidores de Jesus na Galácia se circuncidaram, se todos decidiram permanecer com Paulo ou optaram por ficar ao lado dos zelotes, preocupados com que gentios se tornassem judeus plenos. (Na próxima vez em que Paulo se encontra na região, Lucas nos relata muito pouco sobre o estado das igrejas em questão). Visto que não sabemos quem havia ido para a Galácia como um missionário oposto a Paulo, não temos ideia do que veio a acontecer a essa pessoa e a seus colegas.

Não que Paulo tivesse tempo para se preocupar com isso. Ele e Barnabé já estavam ajeitando as malas para a viagem a Jerusalém, pois era tempo de discutir, face a face, questões que haviam ameaçado a unidade do novo movimento e, com ele, ao menos do ponto de vista de Paulo, a integridade do próprio evangelho.

PAULO JAMAIS MENCIONA a "conferência de Jerusalém", descrita em Atos 15; por isso, não podemos ter certeza de sua opinião a respeito dela. Está claro que as coisas não podiam continuar como estavam, com diferentes grupos enviando mensagens frenéticas, diversas e contraditórias. No mínimo, se as coisas *continuassem* do jeito que estavam, precipitariam uma grande e permanente fissura entre os seguidores de Jesus.

---

[23]Gálatas 6:15.

Por que isso importaria? É interessante que, a despeito de grandes pressões para a separação, todos os líderes do movimento pareciam, desde o início, valorizar a unidade, mesmo que tivessem sugestões diferentes de como alcançá-la. Em parte, isso pode ter sido pragmático, tendo em vista que eles sofriam múltiplas pressões externas, de modo que precisavam permanecer unidos. Para Paulo, porém, conforme vemos nas cartas, bem como para a liderança de Jerusalém, era importante que os seguidores de Jesus alcançassem um meio de viverem juntos como uma única família, a despeito de tensões inevitáveis que um movimento novo, porém em rápida expansão, experimentaria. Isso ressalta mais uma vez — e será uma característica de boa parte da vida de Paulo — que de fato não havia analogias, no mundo antigo, para um movimento como esse. Conforme vimos, o exército romano e a administração pública, por um lado, e a rede de sinagogas judaicas, por outro, fornecem paralelos parciais, mas Paulo está tentando algo diferente de ambos. O desafio com o qual Paulo e os demais se deparavam era como viver como família estendida, sem ligações sanguíneas e sem os símbolos ancestrais, sem o foco geográfico de Jerusalém e do Templo, e sem uma autoridade central, como a de César.

Assim, eles se dirigiram para Jerusalém: não por razões de geografia sagrada (Paulo agora estava cético quanto a isso, conforme indica em Gálatas quando diz que "a Jerusalém atual" está "em escravidão com seus filhos"[24]), mas porque a cidade era o centro do movimento de protesto que trazia impedimento ao que Paulo e Barnabé estavam fazendo. É quase certo que o encontro tenha ocorrido no fim de 48 ou no início de 49 d.C.

Podemos imaginar a conversa no caminho. Agora, Paulo estaria um pouco inseguro depois da mudança de Barnabé, em Antioquia (presumo que temporária). Paulo, o pensador, o erudito, o mestre, estaria ávido por dar o melhor de si, expondo a Escritura com profundidade

[24]Gálatas 4:25.

e explicando, com detalhes, como a mensagem sobre a crucificação e a ressurreição de Jesus não apenas tornavam claras todas as profecias antigas, mas também remetiam diretamente a um novo dia, no qual todo ser humano, gentio e judeu, seria recebido em uma única família.

Barnabé, conforme suspeitamos, estaria urgindo cautela. Em Antioquia, teria captado sinais dos visitantes de Jerusalém: eles sempre viram Paulo com suspeita, de modo que, quanto mais o apóstolo fizesse sua exposição, mais deixariam de ouvi-la e sentiriam como se os estivesse colocando em uma situação difícil, sem alternativa. Cristãos de Jerusalém podiam não ser capazes de refutar o argumento bíblico de Paulo, mas, ainda assim, não o considerariam completamente e concluiriam que deveria existir alguma falha no argumento, visto que sabiam, de antemão, que Paulo era um personagem perigoso e subversivo. Além disso, Paulo era um ex-perseguidor arrogante, presumindo ser capaz de lhes dizer tudo sobre o significado da obra de Jesus apenas porque conhecia bem sua Bíblia, enquanto eles tinham conhecido Jesus pessoalmente! Talvez Barnabé sugerisse que lhes seria melhor contar histórias do que aconteceu na Galácia, e do que realmente estava acontecendo na própria Antioquia, acerca de como não judeus percebiam o espírito atuar poderosamente em sua vida e comunidade. Desse modo, seria muito mais sábio colocar Pedro e Tiago em evidência, levar Pedro a recontar sua visita a Cornélio e desafiá-los a expor as Escrituras relevantes. Seria melhor deixar o peso teológico com eles.

A viagem em si foi encorajadora, e, à medida que ambos viajavam na direção sul pela Fenícia e Galileia e passavam por Samaria, aproximando-se de Jerusalém, narravam a pequenos grupos de cristãos que encontravam no caminho o que havia acontecido nas igrejas da Galácia. A resposta foi encorajadora, mas isso não apenas teria fortalecido sua resolução: teria lhes dado prática na narração efetiva de sua história. E foi isso que fizeram em Jerusalém, estabelecendo, em uma história após a outra, as coisas extraordinárias que Deus havia feito por intermédio de seu trabalho. Também teriam explicado a oposição violenta que receberam, mas que a coisa importante era a maneira como os gentios haviam sido tomados pelo evangelho e transformados pelo espírito. Podemos imaginar Paulo mordendo os lábios, restringindo seu desejo de expor Gênesis, Deuteronômio, Isaías e os demais livros, e Barnabé lhe atirando olhares de advertência, esperando e orando para que o plano funcionasse.

O plano funcionou.

O partido linha-dura deixou evidente sua posição: conversos dentre os gentios devem ser circuncidados e guardar a Torá. Houve, suspeitamos, uma discussão geral, na qual Paulo e Barnabé exerceram seu papel, restringindo-se de qualquer discurso teológico mais profundo. Muitas pessoas queriam contribuir, e seu testemunho carregava seu próprio poder. Finalmente, Pedro e Tiago levantaram-se para falar.

Pedro voltou, mais uma vez, para o que aconteceu durante sua visita a Cornélio, quando Deus concedeu visivelmente seu espírito aos gentios sem a necessidade de circuncisão. Algo aconteceu a esses gentios; como resultado, tabus judaicos normais, impedindo contato com pessoas impuras, não eram mais relevantes. Além disso, Pedro chamou a atenção para algo que já notamos — um reconhecimento, precisamente entre judeus devotos, de que a lei mosaica em sua totalidade, conforme se apresentava, deixava seus adeptos em maus lençóis, pois simplesmente advertia que Israel tinha um coração duro, resultando na maldição da aliança. Por que, então, judeus seguidores de Jesus deveriam colocar uma restrição sobre gentios convertidos que, segundo as próprias Escrituras, os judeus julgam pesada? Pedro deixou a assembleia sem qualquer dúvida de que a pura graça de Deus, por meio da mensagem de Jesus, havia transformado o coração e a vida de não judeus sem que se sujeitassem a qualquer lei mosaica e sem que se circuncidassem.

Sentimos o suspiro de alívio de Paulo e Barnabé. Ambos trocaram olhares rápidos. É isso que desejavam que Pedro fizesse, reforçando o impacto da própria história missionária de ambos, e agora adicionaram algo mais. A reunião, imaginam, mudou de rumo e foi bem-sucedida.

A palavra final é então reservada para Tiago, que, como sabemos a partir de várias fontes, gozava de enorme respeito não apenas por ser o próprio irmão de Jesus, mas por devotar-se tão assiduamente à oração. Tiago contextualiza todas as histórias estranhas que a assembleia escutou no contexto da Escritura. O que aconteceu, diz ele, é o cumprimento claro de antigas esperanças bíblicas, segundo as quais, quando Deus finalmente enviasse o Messias, o verdadeiro filho de Davi, sua herança abrangeria o mundo todo. Deus reconstruiria "o Tabernáculo destruído de Davi;" como resultado, "o resto da raça humana poderá buscar o Senhor, e todas as nações sobre as quais o nome [de Deus] tem sido invocado".[25] O ponto poderia ter sido feito a partir de outros profetas, ou, de fato, de diversos salmos, mas a mensagem é clara na forma como é apresentada. Expectativas messiânicas de Israel há muito incluíam a promessa de que o filho de Davi seria Senhor de todo o mundo, e isso não indica explicitamente que tal comunidade nova abandonaria restrições do código mosaico, mas todos sabiam que a Torá de Moisés era destinada à nação de Israel. Se outras nações agora se aproximavam, então uma nova dispensação havia sido inaugurada, para a qual restrições mosaicas não eram mais relevantes.

Barnabé e Paulo se permitem um quieto sorriso de gratidão, pois era esse o resultado que esperavam. A crise havia sido evitada.

Eles haviam lidado com o principal ponto em questão — embora não devamos imaginar que todos tenham acatado a decisão mansamente, pois não é assim que as coisas funcionam em comunidades reais. Só porque um pronunciamento oficial foi feito não quer dizer que todas as igrejas o acatarão imediatamente. Entretanto, havia uma importante consequência pragmática. Só porque eles não precisavam ser circuncidados, isso não queria dizer que seguidores de Jesus dentre os gentios estavam livres para se comportar como queriam. Eles deviam ter o cuidado de evitar ser motivo de ofensa aos vizinhos judeus, incluindo os seguidores de Jesus, e, por essa razão, sua

[25]Atos 15:16-17, citando Amós 9:11-12.

liberdade devia ser reduzida em certas áreas. Entre eles, não deveria existir imoralidade sexual (uma das grandes diferenças entre estilos de vida judaico e pagão), nem contato com o que foi "poluído por ídolos" ou "sacrificado a ídolos", nem com carne contendo sangue, isto é, desrespeitando o *kosher* — pelo menos não enquanto em contato próximo com comunidades judaicas. Os seguidores de Jesus deviam ter cuidado quando cercados de questões sensíveis aos judeus.

Contudo, o problema principal, o da circuncisão, foi resolvido. A assembleia concordou em enviar uma carta "aos irmãos gentios", e essa declaração, por si só, estabelecia o ponto de que cristãos incircuncisos eram, de fato, *parte da família*. A carta foi enviada para Antioquia, Síria, Cilícia (Cilícia, faixa ampla do sul da Turquia, havia, naquele período, sido dividida entre as províncias romanas de Galácia e Síria, mas o nome ainda era comumente empregado para designar a região como um todo). Além dos pontos principais, o documento também deixa claro que, embora as pessoas que foram a Antioquia e Galácia tinham vindo de Jerusalém, não tinham sido autorizadas por Tiago e pelos irmãos — uma delicada solução diplomática em todos os aspectos.

Como no caso de muitas soluções diplomáticas, seu objetivo era reter as coisas por um tempo, embora deixasse de abordar muitas questões. Paulo e os demais teriam de prosseguir em lidar com elas, conforme veremos, mas os linha dura de Jerusalém, embora sem dúvida amargamente desapontados por terem perdido a exigência de que gentios convertidos fossem circuncidados, teriam ao menos sido apaziguados pelo pensamento de que as principais causas da poluição gentílica, idolatria e imoralidade sexual, normativas em sociedades não judaicas, seriam evitadas.

Supondo que a história de Paulo tivesse terminado nesse ponto, em 49 d.C., na cidade de Jerusalém, o que diríamos a respeito dele? Se Gálatas fosse a única carta escrita por Paulo, já saberíamos que ele era um homem de enorme alcance e dinamismo intelectuais. É como se a tinta da carta continuasse fresca, cobrindo áreas imensas com traços ágeis, deixando muito a ser preenchido pelo leitor, porém ressaltando intensamente o que realmente importava, o que já viria a definir Paulo: "Fui crucificado com o Messias. Estou, entretanto, vivo — só que não sou mais eu; é o Messias que vive em mim. E a vida que ainda vivo na carne, vivo pela fidelidade do filho de Deus, que me amou e deu a si mesmo por mim".[26] Não há como ser mais claro e mais íntimo do que isso. A própria resposta de Paulo à questão do que o motivava para fazer o que fazia era Jesus — o Jesus crucificado e ressurreto, a materialização viva do amor do Único Deus.

A resposta de Paulo à questão do que aconteceu na estrada de Damasco e seu significado é igualmente claro: "Deus me separou desde o ventre materno e me chamou por sua graça... para que eu pudesse anunciar a boa notícia sobre ele entre as nações".[27] Não se tratava de uma "conversão" no sentido de deixar para trás o mundo judaico e começar a propagar uma nova "religião", mas era uma "conversão" no sentido de que o próprio Messias de Israel, ao morrer, levou consigo todo o mundo, incluindo todo o mundo judaico com suas tradições, a fim de emergir da morte em uma nova forma; também era uma conversão no sentido de que todo aquele que agora pertencia ao Messias compartilhava dessa morte, dessa ressurreição e da nova identidade que a acompanhava. Em momento algum Paulo deixou de ser leal ao Único Deus; todavia, o Único Deus revelou seu antigo propósito na forma chocante do Messias crucificado, e isso mudava tudo, pois se tratava de uma lealdade contestada.

Se tudo isso parece ser surpreendente ou paradoxal, podemos ter certeza de que muitos dos amigos e companheiros ministeriais de Paulo, sem mencionar seus opositores, teriam dito a mesma coisa. A carta que conhecemos como 2Pedro assim coloca a questão, falando das cartas de Paulo (a única referência do Novo Testamento, além do próprio Paulo, a Paulo como um escritor de cartas):

---

[26]Gálatas 2:19-20.
[27]Gálatas 1:15-16.

> Há algumas coisas difíceis de entender nas cartas [isto é, de Paulo]. Para sua própria destruição, pessoas incultas e instáveis distorcem suas palavras, assim como fazem em relação às demais Escrituras.[28]

Não é particularmente surpreendente que alguns achassem as cartas de Paulo difíceis de entender e abertas a descaracterizações; o surpreendente é o fato de as cartas serem tratadas já naquela época como "Escrituras". O que ele estava fazendo para levar essas pequenas comunidades, com todos os seus problemas, lealdades contestadas e ameaças externas, não apenas a sobreviverem, mas também a prosperarem? Essa pergunta é aguçada, até certo ponto, pelo que aconteceu em seguida.

[28]2Pedro 3:16.

De Antioquia para Atenas

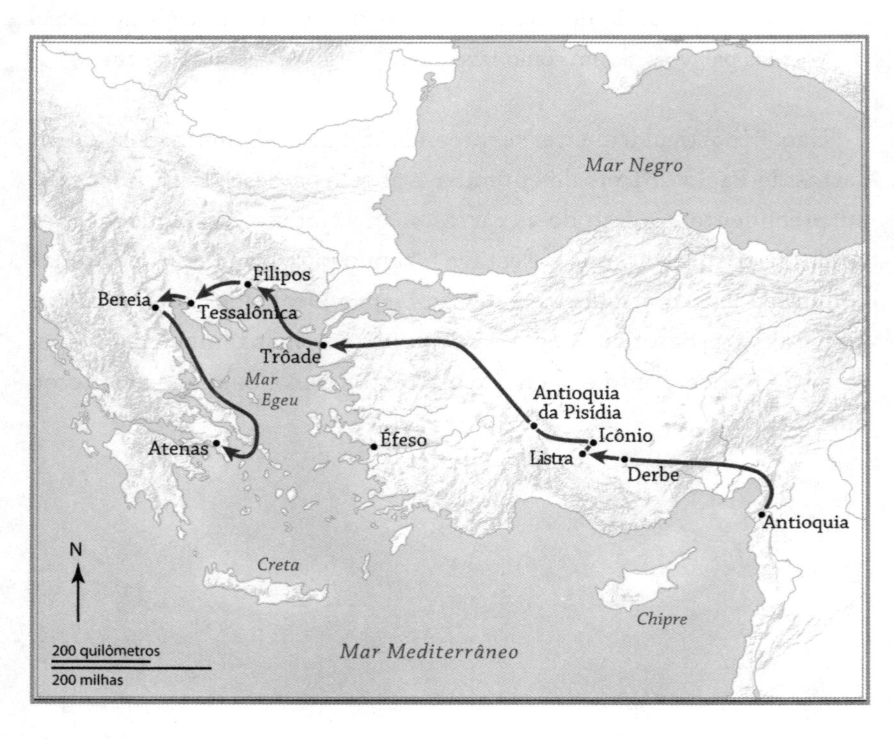

CAPÍTULO 7

RUMO À EUROPA

LUCAS NÃO NOS POUPA DAS MAZELAS DE PAULO. O apóstolo dos gentios pode ser o sujeito principal de Atos, pelo menos na segunda metade, mas há um conto a ser narrado do qual ninguém se sai bem. Posteriormente, Paulo caracterizará sua vocação como "ministério da reconciliação". Todo seu tema em Gálatas, e toda atividade que contextualiza a carta, diz respeito à reconciliação de judeus e gentios em uma só família messiânica, mas, quando o assunto era reconciliação, Paulo deve ter tido um sentimento constante de vergonha e falha, tendo em vista que ele e Barnabé se desentenderam.

Em longo prazo, talvez o desentendimento resultasse do momento alarmante em Antioquia em que Pedro se separa de cristãos não judeus e "até mesmo Barnabé" é levado por sua "farsa". Ao que tudo indica, eles haviam se reconciliado. Juntos, ambos foram para Jerusalém e, lado a lado, defenderam o caso da inclusão gentílica; todavia, a confiança de Paulo em seu amigo e colega recebeu um golpe duro. Se as coisas dessem errado em outra viagem, Barnabé se mostraria totalmente confiável? Sua habilidade para encorajar e ajudar pessoas foi vital no início do próprio trabalho de Paulo, mas a força real de seu caráter, seu desejo de estar ao lado das pessoas e apoiá-las, conduzira-o na direção errada em Antioquia. O mesmo não poderia ocorrer outra vez?

O foco específico da contenda dizia respeito ao sobrinho de Barnabé, João Marcos (supostamente o Marcos do Evangelho que leva seu nome). Era natural que Paulo sugerisse revisitar as igrejas da Anatólia meridional, uma vez que o apóstolo sentia uma ligação próxima com os gálatas e, tendo escrito a carta, desejava visitá-los e ver como as coisas tinham se desdobrado, bem como, conforme ele mesmo disse, ser capaz de usar um tom de voz diferente.[1] Era igualmente natural que Barnabé desejasse levar Marcos, dando-lhe uma segunda chance, e é completamente previsível o fato de que Paulo recusaria.

Ao que tudo indica, era uma questão de confiança. Marcos os havia abandonado na viagem anterior assim que desembarcaram ao sul da Turquia continental, portanto, se esperavam receber ajuda em outra viagem, fazia sentido levar alguém que certamente não os decepcionasse novamente. Contudo, outra questão também deve ser levada em conta: Marcos não era parente apenas de Barnabé, mas também de Pedro; obviamente, Pedro apoiou a missão de Paulo durante a Conferência de Jerusalém; porém, Marcos, um jovem já com um grande ponto de interrogação sobre o seu caráter, podia estar inclinado a assumir a mesma postura que Pedro teve em Antioquia. Devemos supor que ainda havia alguns na Galácia que estavam reivindicando a autoridade de Pedro ou Tiago em suporte à política de duas mesas durante a refeição — em outras palavras, em apoio a alguma versão da agenda da circuncisão? O que Marcos faria, então?

Barnabé, por sua vez, pensaria ser intolerável o fato de Paulo questionar seu julgamento, tendo em vista que ele próprio havia defendido Paulo dez anos antes, enquanto outros permaneciam em dúvida.

[1]Gálatas 4:20.

Agora, queria fazer o mesmo em favor de Marcos. É provável que Barnabé tenha conversado em particular com o jovem e cresse que ele havia aprendido a lição.

Com a conveniência da retrospectiva, podemos pensar nas muitas maneiras nas quais a situação poderia ter sido resolvida amigavelmente. De fato, a solução que surgiu — Barnabé e João Marcos voltando para Chipre, Paulo e mais alguém indo para a Galácia e além — estava ao alcance de ambos e poderia ter sido acordada com oração e encorajamento mútuo. Mas não. Ocorreu o que Lucas chama de *paroxysmos*: uma desavença abrasadora, horrível, amarga. Ninguém saiu bem da confusão, e só Deus sabe o que a jovem igreja de Antioquia achou disso. Devemos presumir que parte do que Paulo escreveria posteriormente sobre evitar o falar irado e amargo já fazia parte de seu ensino ético regular, contudo, nessa ocasião, tudo foi pela janela, deixando não apenas um gosto ruim na boca de todos, mas também uma memória dolorosa.

Assim, Barnabé e Marcos se vão, não apenas para Chipre, mas para fora da narrativa de Atos. Marcos reaparece como um dos companheiros de trabalho de Paulo durante seu aprisionamento em Éfeso, e uma menção posterior indica que ele veio a se tornar um companheiro valoroso.[2] Paulo sabe a respeito da continuação da obra de Barnabé, mas ambos nunca mais trabalham juntos outra vez.[3] Agora, Paulo escolhe um companheiro diferente, Silas (ou Silvano), cidadão romano como ele e membro da igreja de Jerusalém — de fato, um entre aqueles a quem havia sido confiada a carta que os líderes de Jerusalém enviaram às igrejas gentílicas. Fazia sentido. A igreja de Antioquia os envia, encomendando-os à graça de Deus, e eles realmente precisariam dela.

Escritores bíblicos de "história" raramente tiram lições morais explícitas das histórias que contam. O exemplo clássico é a rebelião de Absalão, seguida ao adultério de Davi e ao homicídio de Urias. A conexão

[2]Colossenses 4:10; Filemom 1:23; 2Timóteo 4:11.
[3]1Coríntios 9:6.

não é explícita, mas há uma ligação óbvia entre a atitude casual de Davi com relação ao sexo e a vida humana, por um lado, e, por outro, o abuso sexual e o homicídio que precipitaram a rebelião. No livro de Rute, para uma ilustração mais feliz, o narrador não diz: "E foi isso que Deus fez em seguida". Simplesmente lemos que ela e Noemi chegaram a Belém no tempo da colheita de cevada, e somos levados a descobrir que esse era o tempo e o meio pelo qual, contrariando todas as expectativas, Rute encontra um marido. Podemos também relembrar, nessa conexão, aquela frase que demonstra uma mudança súbita e maravilhosa de enredo no meio do livro de Ester: "Naquela noite, o rei não conseguiu dormir".[4]

Algo semelhante pode estar acontecendo na narrativa de Lucas sobre a jornada de Paulo e Silas de Antioquia a Corinto, provavelmente datada de 49 a início de 51. Depois de Timóteo juntar-se ao grupo em Listra, os três dão prosseguimento à viagem, mas sem um senso real de direção. Tentam uma coisa, depois outra, e a única direção divina que têm é negativa: não este caminho, não aquele. Os missionários seguem na direção norte, ao que parece, pela Frígia e pela Galácia, com o espírito proibindo-os de ir para o leste na província da Ásia (regiões costeiras a sudoeste, concentradas em Éfeso). Em seguida, tentam ir pela Mísia para a Bitínia, na costa do mar Negro, mas, mais uma vez, são impedidos. Como os filhos de Israel no deserto à procura das colunas de nuvem e fogo, os missionários dependem do espírito de Jesus, e o espírito parece permitir-lhes vaguear por esse ou aquele caminho, sem direção definida. Parece que Paulo esperava trabalhar em algumas das partes principais da Anatólia, implantando mais igrejas como fizera na Galácia, mas isso não aconteceu.

Lucas precisa de apenas dois versículos para nos contar tudo isso, porém, a área coberta pela viagem dos missionários não era pequena. Se percorreram as estradas que imaginamos, os evangelistas viajaram por pelo menos 483 quilômetros, de Antioquia até o ponto de

[4]Ester 6:1, tradução minha.

chegada, perplexos e exaustos, na costa noroeste de Mísia — provavelmente, o percurso levou diversas semanas. No início da viagem, eles visitaram igrejas da Galácia meridional e foram encorajados pelo que viram; depois disso, parece não ter havido nenhuma outra atividade, quer evangelística, quer pastoral.

Podemos dizer que esse era um bom tempo para que Paulo e Silas conhecessem melhor um ao outro e agissem como mentores e guias para Timóteo, o qual havia sido convidado a se juntar a eles durante sua passagem por Listra. Contudo, também podemos dizer (e talvez seja exatamente isso o que faz Lucas) que é isso que acontece quando alguém toma decisões precipitadas e com a cabeça quente. Se isso é verdade, este não será o único período no ministério de Paulo em que ele precisará de um tempo para se acalmar. O apóstolo parece ter aprendido com essas experiências, porém o aprendizado foi doloroso.

O ponto positivo nesse período um tanto confuso foi o próprio Timóteo, que era originário de Listra, onde Paulo curou o homem paralítico e foi confundido com um deus grego. Nesse tempo, Paulo tinha cerca de 40 anos (presumindo-se que tenha nascido por volta de 10 a.C.), e Timóteo, provavelmente um adolescente ou iniciando sua fase adulta, parece ter sido como um filho que Paulo nunca teve. Certamente, uma ligação de entendimento e confiança mútua se desenvolveu entre ambos, do tipo que raramente ocorre entre as pessoas.

Timóteo era filho de uma judia convertida e um pai grego. Assim, conta-nos Lucas, Paulo o circuncidou "por causa dos judeus que moravam naquela região, pois todos sabiam que seu pai era grego".[5] A atitude de Paulo nesse contexto deixa muitos leitores perplexos. Recordamo-nos do tempo em que Paulo e Barnabé, indo para Jerusalém com uma oferta, levaram Tito consigo. A despeito de pressão intensa de ativistas linha-dura de Jerusalém, cujo desejo era que Tito se circuncidasse, Paulo permaneceu firme — o apóstolo enfatizou esse

[5]Atos 16:3.

ponto ao escrever para os Gálatas.[6] Em sua missão na Galácia e de volta em Antioquia, Paulo estoicamente resistiu a qualquer sugestão de que gentios convertidos deviam ser circuncidados. Ele próprio havia ido a Jerusalém a fim de defender esse princípio e prevalecido, mas agora Paulo circuncida Timóteo. Qual a sua justificativa?

Vemos, nesse ponto, o início da política delicada que Paulo declara em 1Coríntios 9. Tudo depende de motivação, e se alguém diz que Tito deve ser circuncidado *porque, do contrário, não poderá participar da mesa de comunhão*, Paulo contestará, dizendo que Tito é cristão e pertence à família. Entretanto, o apóstolo quer levar Timóteo consigo para a próxima fase de seu trabalho, e isso implicará, vez após vez, o envolvimento com a sinagoga. Parece improvável que oficiais da sinagoga chegassem ao extremo de conferir a circuncisão de recém-chegados, mas Paulo deseja acalmar qualquer um que porventura duvidasse, assegurando tal pessoa de que todos os membros do seu grupo são oficialmente judeus.

É isso que ele quer dizer ao escrever: "Tornei-me judeu para os judeus, a fim de ganhar os judeus. Tornei-me sujeito à lei para aqueles que estão debaixo da lei, embora eu mesmo não esteja sujeito à lei, para que possa ganhar os que estão debaixo da lei".[7] Essa é uma declaração extraordinária. Como Paulo poderia se tornar "como judeu?" Ele *era* judeu. A resposta deve ser que, ao buscar trabalhar com comunidades judaicas ou fazer trabalhos particulares para judeus, Paulo se comportaria como judeu, tendo o cuidado de observar tabus por amor de seu trabalho, não por crer que Deus o exigia como parte na família messiânica.

Paulo estava andando na corda bamba, sob o risco de ser acusado de inconsistência o tempo todo, todavia, como na questão fundamental do pertencer ao povo do Messias, o importante para Paulo era o próprio evangelho. Ele queria ser capaz de continuar sua prática de adorar na sinagoga e aproveitar cada oportunidade para expor a

[6]Gálatas 2:3-5.
[7]1Coríntios 9:20.

história de Israel (Abraão, Êxodo, Davi e o "exílio" não resolvido) com sua nova e chocante conclusão messiânica, e, para esse propósito, Timóteo, juntamente com o restante do grupo, teria de ser um judeu *bona fide*.

O grupo recebe mais um componente, e mais uma vez Lucas nos pede para ler nas entrelinhas. (Muitas teorias diferentes para explicar isso, porém a mais simples talvez seja a melhor). Paulo e os demais chegam a Trôade, porto localizado na extremidade de uma área montanhosa, a noroeste da atual Turquia. Trôade, próximo ao local da antiga Troia, ficava à beira do Helesponto, o estreito marítimo, tendo cerca de seis quilômetros de largura, famoso na história antiga por separar gregos e persas e na literatura moderna pela tentativa bem-sucedida de Lord Byron, que o atravessou em 3 de maio de 1810. Trôade tinha sido uma cidade estratégica no tempo de Alexandre, mas sofreu consideravelmente durante guerras romanas civis, e sua importância havia diminuído — exceto na medida em que se tratava do porto óbvio para qualquer um que desejasse atravessar para a Grécia continental.

Pode ser, claro, que Paulo e os demais tenham ido para a Grécia porque, tendo sido proibidos de ir para outro lugar, decidiram de antemão que provavelmente continuariam a missão em territórios bem diferentes. Pode até ser que Paulo tivesse alguma ideia de seguir direto para Roma, pela Via Egnácia, a qual eles poderiam acessar em Filipos, no norte da Grécia, atravessando, então, pela Grécia ocidental até a bota da Itália. À medida, porém, que leio a descrição de Lucas sobre toda essa sequência de acontecimentos, penso que algo mais está acontecendo. Penso que Lucas sabia que Paulo, Silas e Timóteo, ao chegarem a Trôade, estavam cansados, desanimados e confusos, e penso que o motivo pelo qual Lucas sabia disso era porque, neste ponto, ele próprio se uniu ao grupo.

Essa é explicação mais simples do fato de que, subitamente, sua narrativa diz "nós" em vez de "eles". Paulo teve uma visão à noite (como normalmente é o caso, recebemos direção quando precisamos, não quando desejamos). Um homem da Macedônia estava em pé diante do apóstolo, rogando: "Atravesse à Macedônia e ajude-nos!" (A visão em si fortalece meu ponto de vista de que Paulo não pensou anteriormente em fazê-lo, mas esperara, até esse ponto, implantar mais igrejas pela região que hoje chamamos de Turquia). Assim, afirma Lucas:

> Quando Paulo teve a visão, preparamo-nos imediatamente para, de alguma forma, chegar à Macedônia, concluindo que Deus nos tinha chamado para lhes pregar o evangelho.[8]

Obviamente, há outras teorias. Sempre há. No entanto, a "navalha de Occam" ainda é útil: fique sempre com a hipótese que exige o mínimo de premissas possíveis. Por isso, embora seja perfeitamente possível que o "nós" nas passagens de Atos seja, digamos, parte de uma fonte disponível a um autor em um período posterior, também é igualmente possível, e em meu julgamento mais plausível, que o "nós" aqui seja a assinatura do autor. Lucas aparece entre aqueles que enviam saudações em três das cartas paulinas (Colossenses, Filemom e 2Timóteo). Não podemos ter certeza, porém sinais sugerem que a pessoa que se une ao grupo em Trôade seria a mesma que, posteriormente, registraria a história.

FILIPOS OFERECIA UM TIPO DIFERENTE DE DESAFIO daqueles com os quais Paulo e Barnabé haviam se deparado na jornada anterior. A cidade havia sido fundada, ou, estritamente falando, alargada e refundada, em um assentamento anterior, por Filipe II, rei da Macedônia de 382 a 336 a.C., e pai de Alexandre, o Grande. A região era importante na antiguidade por causa da boa qualidade de suas minas de ouro, das quais Filipe fez uso considerável, mas o acontecimento mais importante da história de Filipos ocorreu no estágio inicial das guerras civis romanas, quando, na Batalha de Filipos, em 42 a.C., Marco Antônio e o jovem Otávio César derrotaram Bruto e Cássio, os quais haviam

---

[8]Atos 16:10.

assassinado Júlio César, pai adotivo de Otávio, dois anos antes. Em seguida, Antônio e Otávio alargaram a cidade mais uma vez, estabelecendo-a como colônia romana para o assentamento de soldados veteranos. (Como no caso de Antioquia da Pisídia e outras colônias da Galácia meridional, Roma estava ansiosa por não ter velhos soldados indo para a Itália, reivindicando ou simplesmente tomando porções de terra como recompensa pelo serviço leal). Filipos é uma das cidades de Paulo mais bem preservadas, na qual ainda podemos ver o *layout* de ruas, um belo teatro e a Via Egnácia, cujo trajeto percorre de Roma, no Ocidente, a Bizâncio, no Oriente. Em outras palavras, a cidade se localiza precisamente em uma das principais rotas comerciais. Depois de uma travessia direta através da ilha de Samotrácia e o porto de Neápolis, Paulo e seus companheiros chegaram a Filipos.

Uma das grandes diferenças entre Filipos e os demais lugares para onde Paulo se dirigiu em missão era a ausência de sinagogas na cidade, uma informação relevante quando habitantes locais identificaram Paulo como judeu; parece que a cidade sabia o suficiente sobre judeus para ter preconceito contra eles. (Quão frequentemente Paulo deve ter sido aferroado pelo preconceito! Desde criança, o apóstolo cresceu familiarizado com a zombaria costumeira dos gentios contra o seu povo, e agora o mesmo ocorria outra vez). Havia, entretanto, uma *proseuchē*, uma "casa de oração", onde um pequeno número de judeus e "tementes a Deus" (não judeus que desejavam se juntar à adoração na sinagoga) se reunia regularmente. Esse lugar, depois de alguns dias de adaptação, foi o ponto de partida de Paulo e seus companheiros.

A primeira pessoa convertida pelo ministério do grupo foi uma comerciante de Tiatira chamada Lídia, descrita como "vendedora de púrpura". Sua profissão e seu nome correspondem com seu lugar de origem, Tiatira, cidade do distrito de Lídia, na Ásia Menor. Em Lídia, desenvolveu-se uma técnica para a obtenção do prestigiado corante púrpura a partir da raiz da granza, alternativa muito mais barata de produção do corante em relação à extração do molusco, segundo a prática em outros lugares. A sugestão é que Lídia era uma mulher independente e de posses; o fato de liderar uma casa talvez indicasse viuvez ou divórcio. A história de sua resposta ao evangelho aparece de maneira mais direta do que qualquer outro relato em Atos: "O Senhor abriu seu coração para prestar atenção ao que Paulo dizia".[9] Lídia foi batizada, ela e os de sua casa, e insistiu em hospedar todo o grupo: Paulo, Silas, Timóteo e Lucas.

O anúncio de Jesus como Messias de Israel e Senhor do mundo parece não ter provocado tribulações no local onde o pequeno grupo judaico se encontrava. Tribulação, porém, de um tipo diferente não tardaria a vir, assumindo uma forma com a qual Paulo se depararia pelo menos mais uma vez. No trajeto da e para a *proseuchē*, o grupo encontrou uma moça que tinha o que era descrito como "segunda vista", referido por Lucas como um "espírito de adivinhação". Ela era uma escrava que, por fazer previsões ("adivinhações", conforme o chamaríamos), dava grande lucro aos seus senhores. Infelizmente, tanto para os proprietários quanto para Paulo, algo sobre seu grupo e sua mensagem atraíram a atenção da moça. Como em algumas das cenas nos evangelhos, nas quais endemoninhados gritavam a identidade secreta de Jesus, assim também essa moça, em alta voz, anunciava a tudo e todos: "Estes homens são servos do Deus Altíssimo! Eles declaram a vocês o caminho da salvação!"[10]

A frase "Deus Altíssimo" soaria o alarme na mente das pessoas. Muitos no mundo antigo, fartos do complexo emaranhado de deuses pagãos e deusas, vieram a acreditar em um único poder definitivo, uma divindade "altíssima". A frase "caminho da salvação", contudo, é um tanto provocativa. "Salvação" era algo que o Império Romano reivindicava oferecer aos cidadãos (resgate de guerra civil, inquietude social etc.), porém, a frase também poderia se referir, em algumas filosofias, ao "resgate" de almas do mundo ímpio de espaço, tempo e matéria. Os primeiros cristãos, é claro, tinham uma visão poderosa de "salvação"

---

[9]Atos 16:14.
[10]Atos 16:17.

cujo significado não era nada disso, e há uma indicação aqui, como em outras passagens, de que alguém estava falando mais do que sabia.

Imaginamos quão inofensiva a pobre moça parecia enquanto diariamente seguia o grupo e gritava, mas Paulo e seus amigos não queriam esse tipo de atenção. Com o tempo, como no caso do falso profeta em Chipre, Paulo se voltou para a moça e, em nome de Jesus, ordenou ao espírito que a deixasse, ao que o espírito obedeceu imediatamente. Podemos imaginar o olhar de Silas, Timóteo e Lucas. Seria esse outro caso em que o pavio curto de Paulo colocou a si e aos demais em apuros? Tudo indica que sim.

Não levou muito tempo até que os senhores da moça percebessem que sua fonte de lucro se esgotara. A escrava não faria mais predições, nem contaria o futuro; os donos não mais gerariam dinheiro a partir de sua habilidade especial. (Essa é uma das muitas ocasiões em Atos em que gostaríamos de saber o que aconteceu em seguida. Gostaríamos de pensar que talvez Lídia tenha resgatado e adotado a moça, visto que suas outras opções não seriam boas; contudo, não temos informação.). Mas, em vez de reclamar que Paulo havia tirado deles sua fonte de sustento, os senhores da moça saltaram para uma acusação que era, em termos atuais, tanto "cívica" quanto "religiosa", embora com ênfase na primeira opção. Os donos da escrava se apoderaram de Paulo e Silas (por que eles? Timóteo e Lucas misturam-se à multidão nesse ponto?), arrastaram-nos até a praça pública e os levaram aos magistrados. "Estes homens", acusaram, "estão perturbando a nossa cidade! Eles são judeus e estão ensinando costumes que para nós, romanos, não é lícito aceitar nem praticar!"[11]

Esperamos que Paulo, a despeito de sua provação, vivenciava a ironia. A ira e violência com a qual se deparara na Galácia e a oposição à sua estratégia missionária em Jerusalém e Antioquia haviam sido instigadas por grupos judaicos, furiosos do que parecia deslealdade às tradições ancestrais. Agora, o apóstolo estava sendo acusado

[11]Atos 16:20-21.

de ser judeu, ensinando pessoas a serem desleais a Roma! — acusação que soaria desconfortável em um mundo onde as pessoas sabiam que o povo judeu já havia se rebelado contra Roma e poderia fazê-lo outra vez.

Obviamente, estava claro o motivo da acusação, embora a sequência subjacente de pensamento fosse confusa. A expulsão demoníaca (problema inicialmente "religioso") se traduziu rapidamente em uma perda de renda (problema econômico), o qual se transformou, por sua vez, em acusação vingativa de que Paulo e Silas eram judeus (problema ético), ensinando costumes ilegais à prática romana (problema político). Há dúvidas quanto a essa última acusação, visto que não está claro se qualquer lei de Roma proibia romanos de adotarem práticas judaicas; muitos o faziam com impunidade. A única conclusão que podemos tirar da situação (sempre supondo que essa seria a conclusão do próprio Lucas, algo improvável) é que talvez a mensagem sobre Jesus, que exigia ao povo o abandono de "ídolos" e a conversão ao Deus vivo, poderia ser vista como uma mensagem judaica, insinuando às pessoas que abandonassem o culto imperial ou estatal.

Com isso, os acusadores talvez tivessem certa razão. Está claro a partir da acusação, ainda que distorcida, que algum tipo de boato acerca do grupo já circulava em Filipos, como já era esperado, e esses estranhos realmente ensinavam uma mensagem judaica sobre como o Deus de Israel estava fazendo algo incrível, estabelecendo o Messias de Israel como o verdadeiro Senhor do mundo. Assim, embora o argumento e a conclusão dos acusadores tivessem diversas falhas, havia certa medida de verdade no que disseram.

Sem esperar por qualquer processo formal, uma omissão que voltará para caçá-los, os magistrados açoitam Paulo e Silas, fustigando-os com varas e lançando-os na prisão. (Mais uma vez, questionamos o porquê de Paulo e Silas terem sido escolhidos. Timóteo e Lucas devem ter sido deixados de lado ou conseguido se esconder em algum lugar, como na casa de Lídia.) Até onde sabemos, trata-se do primeiro aprisionamento de Paulo, mas não seria o último.

No mundo de Paulo, diferentemente do nosso, aprisionamento não era uma "sentença" em si. Tratava-se do local onde os magistrados colocavam pessoas até decidirem o que fazer com elas. Nenhuma provisão era feita para o bem-estar do prisioneiro, o qual tinha de depender de amigos ou familiares para receber alimento e outras necessidades. O saneamento seria mínimo; roedores e vermes, comuns. O companheirismo não seria a primeira escolha normal de alguém. Alguns dias em um buraco assim poderiam levar alguém a desejar qualquer outro tipo de punição, uma multa pesada ou pelo menos proscrição, se tão somente pudesse sair de tamanho lugar horroroso.

Paulo e Silas não tiveram de esperar muito, e o acontecimento seguinte soa como a sequência de um filme ou um *thriller* cujo final já conhecemos. Os dois homens estavam orando e cantando hinos à meia-noite. Depois de passarem por uma situação difícil e tendo os pés no tronco, não havia muita chance de dormirem, embora possamos imaginar o que os demais prisioneiros pensavam sobre serem mantidos acordados de maneira tão estranha. Este, porém, era o menor de seus problemas, tendo em vista que sentiram todo o edifício tremer. A Grécia setentrional é uma zona de terremotos; de repente, toda a prisão se abalou. Essa era uma péssima notícia para o carcereiro, responsável por manter prisioneiros trancafiados; com portas se abrindo e cadeias se soltando, o pobre homem temeu pelo pior. O carcereiro fez o que muitos oficiais romanos de baixa patente fariam em tais circunstâncias: desembainhou a espada e quase tirou a própria vida em vez de se deparar com a tortura e possível morte por falhar em seu dever.

Paulo tinha outras ideias: "Não se machuque!" — gritou. "Estamos todos aqui!"[12] O carcereiro pediu luz e correu até a prisão. Parece que seu pânico não era apenas pela penalidade com a qual poderia se deparar por deixar prisioneiros escaparem, mas porque ele sabia, como toda a cidade, que Paulo e Silas estavam na prisão sob algum tipo de acusação religiosa; ele estaria bem ciente de tradições nas quais deuses

[12]Atos 16:28.

irados usavam terremotos para fazer seu desprazer conhecido, e isso explica não somente o seu pânico, mas também sua pergunta trêmula: "Senhores", disse, "vocês poderiam me dizer por favor como posso sair dessa bagunça?"[13]

A tradução tradicional dessa pergunta ("o que devo fazer para ser salvo?") faz com que ela soe mais como o clamor de um puritano do século XVII, ansioso sobre como ir para o céu, mas a linguagem de "salvação" funcionava em diversos níveis no mundo antigo. A moça escrava, de quem Paulo expulsara o espírito de adivinhação, clamava que os viajantes anunciavam o "caminho da salvação". O Império Romano oferecia "salvação" aos súditos, significando resgate de guerra, agitação social e destruição. Posteriormente em Atos, quando Lucas descreve o naufrágio, fala de toda tripulação sendo "salva" no sentido extremamente concreto de resgate de afogamento. Assim, é natural levar a pergunta do carcereiro tomado pelo pânico no nível mais óbvio: ele quer que o pesadelo termine, quer evitar problemas, mas então há também o sentido mais profundo, no qual crer em Jesus daria ao carcereiro e à sua casa o acesso imediato à família que já celebrava a vitória de Jesus sobre o pecado e a morte. E há o sentido definitivo: tanto Lucas quanto Paulo criam que, um dia, Deus resgataria toda a criação da "escravidão da decadência", levando-a, juntamente com todo o povo de Jesus, à nova criação, plena e final.

Quais desses pensamentos passaram tão rapidamente pela sua cabeça durante um momento tão bizarro é difícil dizer, ainda que, com seu raciocínio rápido e senso geral de um plano divino, integrado e cósmico, o apóstolo fosse, a princípio, capaz de vê-lo. O que ele diz funciona em todos os níveis: "Creia no Senhor Jesus e serão resgatados, você e os de sua casa".[14] O carcereiro fica mais do que feliz em levar Paulo e Silas para a sua casa, onde recebe a explicação do que crer em Jesus, de fato, significava. Ele busca água e lava a

[13]Atos 16:30.
[14]Atos 16:31.

ferida dos missionários; Paulo e Silas retribuem, batizando o carcereiro e sua casa, talvez usando a mesma água. A iminente tragédia se transforma em celebração na medida em que toda a família compartilha de uma refeição. Não temos ideia do que aconteceu com os demais prisioneiros.

Segue outro desses momentos quando os companheiros de Paulo devem ter pensado que ele estava abusando da sorte. À primeira luz do dia, magistrados enviaram ordens à prisão para que Paulo e Silas fossem libertos e deixassem a cidade. Paulo contestou, produzindo um trunfo que deve ter enviado ondas de choque por toda a localidade: "somos cidadãos romanos!" — protestou. "Fomos açoitados publicamente e, sem processo formal, lançados na prisão. Agora querem livrar-se de nós secretamente? De jeito nenhum! Venham eles mesmos e nos libertem".[15] Paulo está em terreno seguro. O cidadão romano tinha plenos direitos. Agressão pública e aprisionamento sem julgamento era prática comum para não cidadãos, mas, no caso de romanos, seria o suficiente para virar a mesa e colocar os próprios magistrados em sérios problemas, caso Paulo decidisse prosseguir com a ameaça. (Oficiais romanos teriam bom conhecimento a esse respeito desde que Cícero processou Verres, em 70 a.C. A principal acusação contra Verres foi a crucificação de um cidadão romano).

Outra ironia: a acusação inicial era que ele estava ensinando costumes ilícitos aos romanos; ao final, porém, Paulo acaba acusando os próprios magistrados por comportamento ilegal contra romanos. Trata-se, claro, de uma situação maravilhosamente confusa, mas esse é o tipo de coisa que devemos esperar quando um novo mundo está invadindo o velho. A situação termina com um pedido público de desculpas e com os magistrados, claramente sem saber o que fazer em seguida, implorando a saída de Paulo e Silas. A ordem não é cumprida imediatamente, visto que ambos primeiro visitam a casa de Lídia e conversam com o grupo de cristãos ali reunidos.

---

[15]Atos 16:37.

Ao deixarem a cidade, não está claro se Timóteo e Lucas também os acompanham (embora Timóteo alcance Paulo pelo tempo em que o apóstolo está em Bereia), mas Lucas, na cena seguinte, não mais escreve "nós".

FILIPOS ERA UMA CIDADE IMPORTANTE, porém Tessalônica, próximo porto de escala de Paulo, era ainda mais. A cidade jazia em um grande ponto de confluência, e seu papel como principal porto do Golfo Termaico a oeste da península Calcídica garantia sua prosperidade. Tratava-se da capital da província romana da Macedônia, que fora usada por Pompeu, o general romano, como base durante a guerra civil. Nos dias de Paulo, Tessalônica não era uma colônia romana oficial — a cidade alcançaria esse *status* dois séculos depois —, contudo, estava claro que ela representava um grande centro de influência romana.

Em comparação com Filipos, Tessalônica tinha uma população judaica em número suficiente para manter uma sinagoga. O resumo de Lucas a respeito do que Paulo disse nos três sábados em que ministrou ali corresponde tanto a recapitulações anteriores, particularmente a pregação do apóstolo em Antioquia da Pisídia (Abraão, Êxodo, Davi, exílio, esperança), quanto a repetidas declarações do próprio Paulo nas cartas. A mensagem pode ser resumida em dois pontos básicos: primeiro, as Escrituras remetem ao sofrimento, à morte e à ressurreição do Messias de Israel; segundo, Jesus era, e é, esse Messias. A mensagem foi aceita por alguns judeus, por diversos gregos tementes a Deus e por um número significativo de mulheres proeminentes. Pela primeira carta de Paulo aos Tessalonicenses, escrita não muito depois de sua visita inicial, parece que muitos dentre a jovem igreja da cidade haviam sido pagãos politeístas e "se voltaram para Deus, abandonando ídolos para servir ao Deus vivo e verdadeiro".[16] Trata-se claramente inúmeros judeus e gentios.

[16] 1Tessalonicenses 1:9.

Um membro em particular, Jasom, mostrou-se hospitaleiro a Paulo e Silas, deparando-se então com uma onda de ira, suscitada quando, como na Galácia, alguns dentre a comunidade judaica decidiram dar um basta na situação. Uma multidão foi incitada, inclinada à violência; contudo, os missionários itinerantes não podiam ser encontrados. Entretanto, o importante nesse contexto é a natureza política das acusações lançadas no decorrer dos acontecimentos:

> "São estes os homens que têm virado o mundo de cabeça para baixo!" — gritaram. "Agora, chegaram aqui! Jasom os recebeu em casa! Todos eles estão agindo contra os decretos de César, dizendo que existe um outro rei: Jesus!"[17]

Mais uma vez, as acusações são complicadas. Uma objeção judaica à mensagem dos apóstolos (nós judeus não estamos convencidos de que Jesus é realmente o Messias de Israel) é facilmente traduzida em uma acusação de sedição contra Roma (se realmente há um Messias judaico, então, segundo a Escritura, tal pessoa governará o mundo inteiro). De fato, outro rei! Juntamente com isso pode existir uma dica do problema que identificamos como um elemento-chave na situação dos gálatas: se não judeus estão abandonando ídolos e se voltando à adoração do Deus de Israel sem se tornarem formalmente judeus no processo, então estão, de fato, desobedecendo aos decretos de César. Somente judeus verdadeiros tinham essa permissão.

Isso quer dizer, então, que Paulo e os demais estavam "virando o mundo de cabeça para baixo?" Em termos gerais, sim. Exatamente alinhados com o próprio anúncio de Jesus sobre o reino de Deus, que inverteu valores políticos normais e estruturas de poder, Paulo e seus amigos anunciavam e modelavam com a própria vida outro tipo de humanidade, e tudo porque havia um tipo bem diferente de "rei". Não devemos, claro, esperar que a multidão entendesse os aspectos mais

[17]Atos 17:6-7.

detalhados da mensagem cristã. Porém Lucas, resumindo a acusação, parece contente em permitir que o emaranhado da multidão pagã dissesse mais do que sabia. De qualquer modo, Jasom e alguns outros pagaram a fiança estipulada para manter a paz, enquanto Paulo e Silas são levados à noite para fora da cidade e enviados a Bereia, cerca de 80 quilômetros a oeste de Tessalônica, mas fora da rota principal. Eles deixam a cidade às pressas, com um senso de que o pequeno corpo de cristãos está sob ameaça.

A primeira carta escrita por Paulo à comunidade de Tessalônica, provavelmente no fim do ano 50 ou início de 51 d.C., deixa claro que, no tempo relativamente curto em que esteve com eles, estabeleceu um vínculo próximo e de amor com os tessalonicenses. "Fomos bondosos entre vocês", escreve:

> como ama que cuida dos próprios filhos. Sentindo, assim, tanta afeição por vocês, decidimos dar-lhes não somente o evangelho de Deus, mas também a nossa própria vida, porque vocês se tornaram queridos por nós.[18]

Paulo lamenta que, privado de sua companhia "em pessoa, mas não no coração", desejava "vê-los face a face" pela "saudade" que sentia.[19] Tão forte era o sentimento que o apóstolo, ao chegar em Atenas, enviou Timóteo prontamente de volta para Tessalônica a fim de ver como as coisas estavam indo, e ele retornou com uma boa notícia, a qual o apóstolo reportou aos tessalonicenses: "vocês sempre guardam boas lembranças de nós e... desejam nos ver, da mesma forma como nós o desejamos".[20]

Essas pequenas referências, um intercâmbio íntimo de ideias logo após a visita inicial de Paulo, fala-nos muito sobre o modo de viver

---

[18] 1Tessalonicenses 2:7-8.
[19] 1Tessalonicenses 2:17.
[20] 1Tessalonicenses 3:6.

do apóstolo, seu estilo de ensino e engajamento pastoral — e talvez também sobre suas próprias necessidades pessoais. A separação de Barnabé, a longa e aparentemente aleatória viagem pela Anatólia central, com todas as suas preocupantes incertezas, o senso de chegada em uma nova cultura, o impacto do ferimento e do aprisionamento público — tudo isso o teria deixado profundamente vulnerável. Nesse contexto, sentir o amor genuíno e o apoio incondicional do povo que acabara de conhecer, descobrir, por meio do trabalhar do evangelho, uma ligação profunda, pela qual a linguagem de "família" era a única descrição apropriada — tudo isso deve tê-lo consolado e fortalecido.

Como ele havia se preocupado nos primeiros dias sobre ter trabalhado em vão, assim também imagina, sozinho em Atenas, se tudo o que fizera em Tessalônica foi esforço perdido.[21] Mais uma vez, o fato de que ele expressa sua ansiedade à luz do tema do "servo" de Isaías não significa que a ansiedade fosse menos real. Sem dúvida, Paulo faz uma retrospectiva sobre o seu tempo no norte da Grécia com algumas memórias alarmantes, mas também com um sentimento de que agora pertencia a essas comunidades, e elas, a ele, mas isso precisa ser reforçado com notícias. Antioquia, sua base original, está longe. O que ele está descobrindo não é exatamente um novo lar (ele nunca ficaria por muito tempo no norte da Grécia), mas um lugar onde deixara parte de seu coração, um lugar a partir do qual poderia extrair encorajamento verdadeiro ou desapontamento devastador.

Assim, Paulo, Silas e Timóteo rumam para o sul em vez de para o oeste. Prefiro pensar que isso significa mudança de planos. Sugeri anteriormente que Paulo não tinha originalmente a intenção de cruzar o mar Egeu rumo à Grécia, mas, uma vez lá, depois de experimentar uma resposta positiva ao evangelho de *Kyrios Iēsous* nessas cidades tipicamente romanas e de estar na Via Egnácia, deve ter sido tentador percorrer todo o caminho até o porto de Dirráquio, na costa adriática, com o objetivo de atravessar para a Itália, indo diretamente a Roma.

[21] 1Tessalonicenses 2:1; 3:5.

Entretanto, a violência da oposição em Tessalônica e o fato de que teve de deixar a cidade apressada e ocultamente teria dificultado proceder abertamente ao longo da grande estrada Leste-Oeste. Em vez disso, o grupo traça um curso diferente, rumando ligeiramente na direção sudoeste, chegando, em pouco tempo, em Bereia.

A estadia em Bereia é curta, talvez mais curta do que as poucas semanas em Tessalônica, e, por esse tempo, a cidade é um grande centro do culto imperial, bem como a sede da "confederação" macedônica. Como em Tessalônica, há uma sinagoga; no entanto, a comunidade judaica de Bereia aborda a pregação apostólica de forma muito diferente, uma vez que não estão preparados para ouvir cuidadosamente e com espírito generoso tudo o que Paulo diz e a percorrer as passagens mencionadas, conferindo, pela Escritura, se o que o apóstolo dizia correspondia com os textos. Imaginamo-los assentados com Paulo, compartilhando de hospitalidade e vendo cuidadosamente a história de Abraão, o drama do Êxodo, a unção de Davi em Salmos e nos Profetas, os quais antecipavam, através da escuridão do exílio, a possibilidade de um novo alvorecer. Esse estudo compartilhado soa como um início promissor, pois muitos dentre os judeus se tornam cristãos, assim como alguns dos gentios, notavelmente algumas mulheres nobres, as quais talvez estejam entre aqueles que descobririam, na cultura da sinagoga, a bem-vinda mudança do mundo pagão circunvizinho. A ética clara e forte, bem como a fé simples e plena no Único Deus, contrastava acentuadamente com a vida comum do mundo romano. Paulo insiste, escrevendo posteriormente para Corinto, que, entre os cristãos, são poucos os de "nascimento nobre".[22] "Poucos", porém, não significa "nenhum". Os pequenos grupos de seguidores de Jesus compunham uma mistura social, de gênero e origem étnica.

O início promissor em Bereia não durou muito tempo. Em Tessalônica correu a notícia de que os agitadores ainda estavam por perto, e os mesmos judeus que se opuseram a Paulo em Tessalônica foram

[22]1Coríntios 1:26.

atrás dele e agitaram a multidão para que, mais uma vez, causassem problemas. Assim, Paulo teve de novamente fugir, embora aparentemente o alvo da multidão tenha sido apenas ele; por isso, Silas e Timóteo puderam ficar para trás. Teria sido possível viajar a Atenas pelo sul, valendo-se de estradas públicas, porém, o grupo de Bereia que acompanhava Paulo parece ter escolhido levá-lo pelo mar. Ele chegou a Atenas e, despedindo-se dos acompanhantes, insistiu com eles para pedir a Silas e Timóteo que se juntassem a ele o quanto antes.

Seguimos o relato de Lucas sobre a chegada de Paulo na Europa e sua curta estadia em Filipos, Tessalônica e Bereia, o qual pode ser confirmado a partir das próprias cartas de Paulo; contudo, a versão de Lucas pode facilmente nos dar uma falsa impressão. Por destacar os acontecimentos rápidos de chegada, anúncio do evangelho, oposição, perseguição e partida, Lucas registrou uma narrativa empolgante; durante a leitura, porém, devemos nos lembrar de que, na verdade, essas coisas não aconteceram em sucessões rápidas de 24 horas. A sugestão é que Paulo esteve em Filipos por pelo menos diversas semanas, e sua carta à igreja da cidade, escrita alguns anos depois, é tão cheia de amor que não podemos imaginar sua estadia da forma tão curta como uma leitura apressada de Atos pode sugerir. Da mesma forma, descobrimos, a partir da mesma carta, que, quando Paulo estava na prisão (em Éfeso, conforme explicarei adiante), a igreja dos filipenses enviou-lhe dinheiro — e Paulo comenta que eles o fizeram logo após o apóstolo ter deixado a cidade, apoiando seu trabalho também em Tessalônica. Paulo deixou claro que não estava pregando o evangelho com o objetivo de ganhar dinheiro, todavia, aqueles cujas vidas haviam sido transformadas pela pregação e pelo ensino do apóstolo parecem ter, de espontânea vontade, desejado apoiá-lo, e os filipenses eram preeminentes nisso. Um desejo como esse dificilmente é aguçado por uma visita de poucos dias.

Esse conceito é digno de ser elaborado, visto que, quando as pessoas perguntam em nossa época o que fez de Paulo o homem que era, e, em última análise, por que seu projeto foi bem-sucedido, tornou-se moda sugerir que ele era um consumidor difícil, estranho e minucioso que sempre discordava de todos acerca de tudo. Não há dúvida de que Paulo era capaz de agir assim, especialmente quando enxergava com clareza os disparates e as confusões do que outros diziam, quer de um apóstolo como Pedro, quer de magistrados locais, como em Filipos. Entretanto, tudo indica que, nas igrejas do norte da Grécia, Paulo estabeleceu rapidamente uma ligação profunda e duradoura de amor e confiança mútuos. Além disso, é importante enfatizarmos esse fato antes de vermos o apóstolo continuar sua missão no sul da Grécia, onde os relacionamentos nem sempre foram tão fáceis.

Paulo certamente diria que seu sucesso decorria do evangelho. O poder do espírito, por meio da mensagem e da estranha presença pessoal de Jesus, transformava não apenas o coração, a mente e a vida daquele que recebia a palavra, mas também o relacionamento entre falante e ouvinte. "Compartilhando não somente o evangelho de Deus, mas nossa própria vida"[23] — tal frase diz tudo.

Sim, é claro que o próprio Paulo está dizendo isso, mas é difícil acreditar que o apóstolo poderia escrevê-lo a um grupo com o qual permanecera apenas poucas semanas, a menos que *ele mesmo* estivesse convicto de que *o grupo* sabia que tudo quanto escrevera era verdade. Quando imaginamos aquilo que mais fortemente motivava Paulo, devemos pensar que o apóstolo era sustentado e nutrido pelo que viria a chamar de *koinōnia*.

Segundo vimos anteriormente, a tradução comum de *koinōnia* é "comunhão", mas essa moeda se desgastou de muito uso. A palavra também pode significar "parceria comercial"; embora faça sentido, a definição, mais uma vez, não capta a essência. E é a essência que importa. Quando palavras se desgastam, precisamos de imagens: o olhar de prazer quando um caro amigo nos faz uma visita inesperada; o olhar de entendimento de músicos enquanto, juntos, produzem algo completamente belo; o aperto longo de mãos ao lado de um leito

---

[23] 1Tessalonicenses 2:8.

de hospital; o contentamento e a gratidão que acompanham o partilhar de adoração e oração — tudo isso e ainda mais. A outra palavra grega da qual Paulo faria uso é, obviamente, *agapē*, "amor" — porém, uma vez mais, nosso termo em português é tão gasto que podemos facilmente deixar de reconhecê-lo ao nos depararmos com ele, como o míope que deixa de reconhecer a pessoa amada. O que frequentemente não percebemos é que *agapē* significa o mundo, e mais do que o mundo. "O filho de Deus me amou", Paulo escreveu aos gálatas, "e deu a si mesmo por mim". À medida que Paulo ruma pelas cidades do norte da Grécia, vemos com o que esse amor se parece quando traduzido no ministério pessoal e pastoral do apóstolo sofredor e celebrado.

Atenas

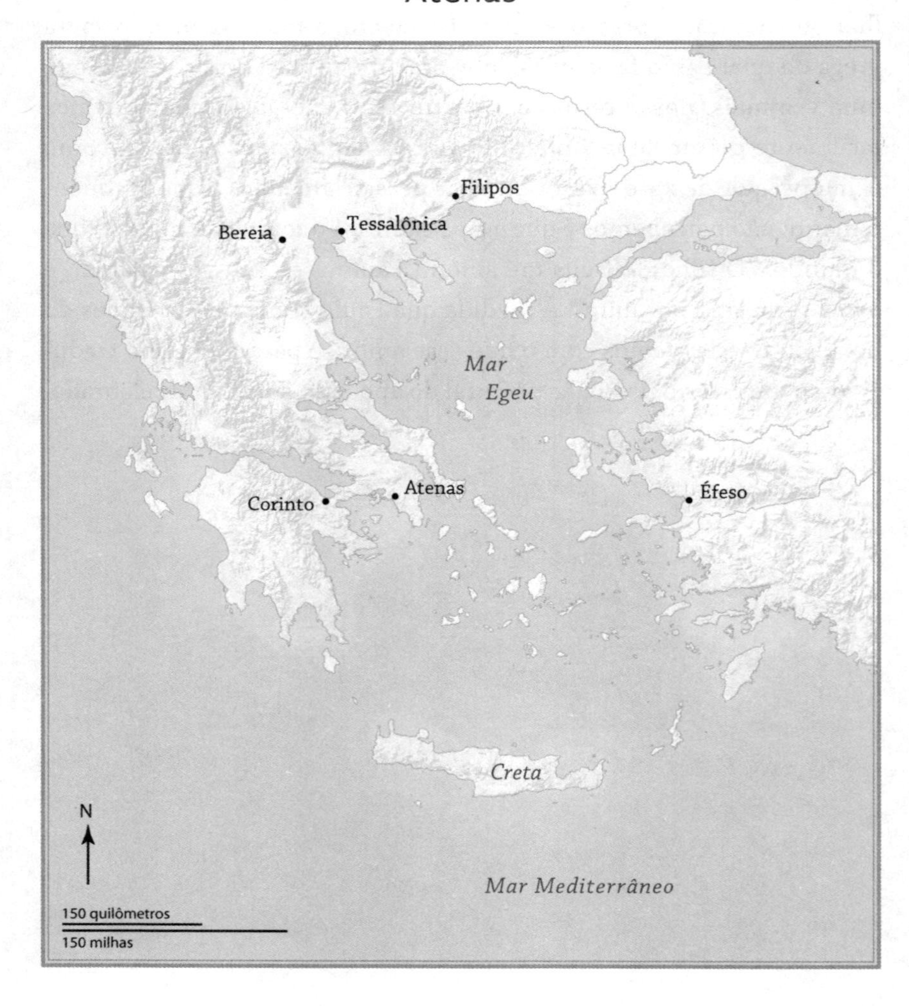
Filipos
Bereia
Tessalônica
Mar
Egeu
Atenas
Corinto
Éfeso
Creta
N
Mar Mediterrâneo
150 quilômetros
150 milhas

CAPÍTULO 8

ATENAS

O PÁRTENON TALVEZ SEJA O ÚNICO EDIFÍCIO de seu período a ser instantaneamente reconhecível hoje — basta olhar uma fotografia. Todos sabem o que ele é, ou pelo menos *onde* fica: em Atenas, centro do mundo clássico. Construído para celebrar a deusa Atena após a vitória contra os persas no século V a.C., a estrutura de mármore, brilhante em sua projeção, perfeita em proporções e estonteante em sua localização sobre a Acrópole funcionava como o ponto focal da adoração em Atenas. Existiam também outros templos, incluindo o menor, mas ainda assim impressionante, Templo de Nice ("Vitória"), construído próximo ao Pártenon por volta de 410 a.C., além de outros espalhados por partes da cidade. O Templo de Júpiter, logo abaixo da colina, era vasto, mas Pártenon era, e continua sendo, único.

Você é capaz de ver a Acrópole muito bem, exibindo o Pártenon, o Templo de Nice e todo o resto a partir de outra colina íngreme, localizada a algumas centenas de metros a noroeste. Este é o Areópago, o

"Campo de Marte" (o deus da guerra), onde, desde os primórdios, o alto conselho de Atenas costumava se reunir. Naquela época, Atenas era governada por "arcontes" (a palavra simplesmente significa "governantes"), dentre os quais nove eram eleitos a cada ano. Ao findar seu tempo de ofício, tornavam-se automaticamente membros do Areópago, colina cujo nome remetia ao corpo que nela se reunia. Embora o *status* e papel do corpo modificassem com o ir e vir de reformas políticas, ele continuou a ser uma influência poderosa na vida pública ateniense; também funcionava como uma corte para julgar crimes graves, incluindo homicídio, incêndio culposo e alguns casos religiosos.

Assim, quando Paulo foi levado ao Areópago, provavelmente no fim do ano 50 ou início de 51 d.C., e quando ele começou declarando que templos aos deuses eram um erro categórico, não devemos supor que estava engajando uma sociedade de debatedores filosóficos. Gerações de leitores, estudando o que ficou conhecido como "discurso do Areópago" em Atos 17:22-31, concluíram que o apóstolo tentava formular, com bases filosóficas, uma declaração de fé cristã. Muitos outros, no período moderno, desejando construir o que às vezes é chamado de "teologia natural" — defesa da existência de Deus e da veracidade do cristianismo apenas pela observação do mundo natural, sem o apelo à revelação divina especial — saudaram esse discurso como precursor de seus esforços. E muitos que desejaram, por diversas razões, resistir tal "teologia natural" olharam para Atos 17 e declararam que, independentemente do que Lucas tinha em mente, o Paulo que conhecemos das cartas nunca teria aceitado esse tipo de discurso, pois isso não correspondia com seu estilo.

Todos esses argumentos, porém, não passam de mal-entendidos. O Areópago era uma *corte*, e Paulo estava sendo julgado. Trata-se de um momento perigoso. Tudo podia ter dado errado. Ao que tudo indica, o apóstolo estava sozinho, à espera de Silas e Timóteo. Parece que Timóteo tinha ido ao seu encontro em Atenas,[1] porém Paulo, ansioso com

[1] 1Tessalonicenses 3:2.

relação à pequena igreja em Tessalônica, não tardou por enviá-lo de volta para ver o progresso da comunidade. A mente do apóstolo está cheia de coisas importantes, e, conforme diz em outra ocasião, batalhas por fora, temores por dentro. Paulo não pode se dar ao luxo, física ou mentalmente, de bancar o filósofo desinteressado, entretanto, é bem característico do apóstolo que aproveite a oportunidade não apenas para fazer sua defesa — embora seja isso o que está fazendo no decorrer do discurso — mas fazê-la de tal maneira que desafie, com considerável habilidade retórica, pressuposições básicas da visão de mundo grega.

Digo "com habilidade retórica", mas é claro que temos apenas um breve resumo daquilo que Paulo disse. Quando lemos o texto grego do discurso de Paulo, conforme relatado por Lucas, na velocidade esperada a um ajuntamento ao ar livre, levamos dois minutos — talvez um pouco mais, se permitirmos algumas pausas retóricas bem elaboradas. É igualmente possível que a corte estivesse atarefada naquele dia e que o caso de Paulo tenha sido programado entre muitos outros, e também que os oficiais da corte lhe tenham dito (como fizeram comigo na Câmara dos Lordes quando debatíamos "morte assistida" e pessoas demais desejavam contribuir com sua opinião) que ele poderia falar por apenas dois minutos, mas acho tal cenário altamente improvável. Não há como provar que o Areópago apressava as atividades, e Paulo, dentre todas as pessoas, jamais desejaria perder uma chance como essa de dirigir-se à corte máxima da orgulhosa capital da cultura antiga, o lar da filosofia, o berço da democracia. Desconfio que ele tenha falado por duas horas em vez de dois minutos, e seu discurso, por si só, formaria um livro, mas Lucas não tem espaço para algo assim no contexto de seu próprio trabalho, por isso, sintetiza-o ao máximo.

O que poderia ter causado o comparecimento de Paulo perante a suprema corte ateniense? Geralmente, diz-se que o mundo pagão antigo era tolerante quanto à diversidade religiosa; em certo sentido, isso é verdade. Muitos "deuses", muitos "senhores" e uma mescla de práticas religiosas fervilhavam nas terras que margeavam o Mediterrâneo, e era comum a adoção de novas divindades por parte de uma cidade, com um templo aqui e um pequeno santuário ali. Cultos como o de Mitra estavam prestes a se tornar populares entre o exército romano, e os novos cultos a Roma e ao próprio César conseguiam um lugar paralelo, às vezes sobrepujando, mas não excluindo, santuários existentes do panteão.

Entretanto, a tolerância era limitada e controlada. Há indícios de que os filósofos foram banidos de cidades por seu ensino; em particular, a própria Atenas orquestrou o julgamento de Sócrates (399 a.C.), visto, desde então, como um dos acontecimentos mais importantes na história da filosofia. Qual fora o crime de Sócrates? Corromper a juventude e *introduzir divindades estrangeiras*. Visto também existirem motivos políticos subjacentes ao julgamento de Sócrates, não podemos ter plena certeza do que isso significava, mas a memória subsistiu. Justamente em Atenas, ciente de sua história longa e distinta, bem como da associação dessa história com a deusa Atena e a vitória contra os persas (pela qual seu *status* de preeminência fora assegurado), ter alguém de fora como Paulo trazendo um novo e estranho ensino teria sido muito mais do que mera curiosidade filosófica. O apóstolo teria sido visto como potencial ameaça à sociedade, à estabilidade e à adoração de divindades, por cuja benevolência a cidade se movia, vivia, e encontrava a razão de ser. Paulo tinha de ser investigado.

Lucas zomba da mistura ateniense de orgulho cívico, por um lado e, por outro, seu mero amor por novidades. "Todos os atenienses e estrangeiros que ali viviam", diz-nos Lucas com ar de desprezo, "não se preocupavam com outra coisa senão falar ou ouvir as últimas novidades".[2] Lucas faz o possível para atenuar a seriedade da acusação contra Paulo; a menção de "estrangeiros que ali viviam" sugere que "Paulo não era o único de fora; além do mais, eles mal podem contestar mais uma ideia nova". Mesmo antes de Paulo chegar ao Areópago para

[2]Atos 17:21.

confrontar a acusação de introduzir ideias teológicas novas, Lucas está insinuando que toda a cidade estava, de alguma maneira, ansiosa por esse tipo de coisa. Mas você não leva alguém à corte máxima de uma cidade a menos que existam sérias questões a serem abordadas, com tons de uma potencial acusação de pena capital. Repito: o Areópago não consistia em uma sociedade de debates filosóficos.

O mais provável é que filósofos debatessem na praça principal; é nesse lugar, bem como na sinagoga, onde Paulo havia começado. Não ouvimos nada a respeito da reação judaica local; nossa atenção é atraída aos debates com epicureus e estoicos. Nesse contexto, Paulo parecia estar em seu ambiente natural — ou, antes, em um de seus ambientes naturais, visto que, obviamente, sentia-se à vontade também na sinagoga, manejando as Escrituras com a fluência tranquila de uma vida dedicada —, mas ele era de Tarso, um dos principais centros de filosofia do mundo antigo, e agora estava em Atenas, o lar definitivo do discurso erudito, cidade de Sócrates, Platão, Aristóteles...

Epicureus e estoicos estavam entre as duas principais escolas filosóficas da época. Havia também a "academia", antiga escola de Platão, a qual começava a florescer outra vez depois de anos de agnosticismo cauteloso. Contudo, os principais concorrentes eram os epicureus, cujo adepto mais famoso era o poeta romano Lucrécio, e os estoicos, dentre os quais se encontravam Sêneca e Epiteto, quase-contemporâneos de Paulo; dos dois, o estoicismo era o mais popular. A justaposição e diferença entre esses dois sistemas pode ser visto em diversos aspectos, mas, para os propósitos de Paulo, o importante era sua visão sobre "Deus" ou "os deuses". O que o apóstolo dizia a respeito do Único Deus não se encaixava nem em um nem no outro, contudo, ele era capaz de ver que ambas as escolas remetiam a coisas para além do que propunham.

A questão-chave dizia respeito ao relacionamento entre "Deus" (ou "deuses") e o mundo, particularmente no que diz respeito à vida humana.

Epicureus sustentavam que, embora os deuses pudessem existir, viviam em um mundo à parte, totalmente separado do mundo humano — o mundo habitado pelo ser humano subsiste sob seu próprio ímpeto. Átomos (pensamento que surgiu no século V a.C. com Demócrito) do ser humano se movem de um lado para o outro, "desviando-se" para lá e para cá, e, então, colidem uns com os outros, produzindo diferentes efeitos, diferentes formas evolutivas de vida. Dessa forma, tudo, tanto no mundo quanto na vida humana, tem causas "naturais" e, na morte, os átomos constituintes são dispersados sem possibilidade de reagrupamento e o ser humano como um todo deixa de existir. Essa visão de mundo continuou a ser a opinião de uma pequena minoria até o século XVIII, e, desde então, tornou-se dominante na cultura ocidental moderna. Muitos imaginam tratar-se de uma "descoberta" moderna.

Estoicos, por sua vez, eram basicamente panteístas. "Deus" e o mundo são mais ou menos a mesma coisa, e a centelha divina de vida, o *logos*, existe dentro de tudo. Esta vida consiste em um fogo ou espírito que anima todo o universo; com o tempo, o universo se extinguirá em um grande momento de conflagração. Depois disso, como a fênix, o mundo todo começará mais uma vez, e acontecimentos tomarão exatamente o mesmo curso de antes; assim, a vida sábia e virtuosa consiste em pensar e agir de acordo com o *logos* interior do mundo. Muitos estoicos, entretanto, dos quais Epiteto era um bom exemplo, embora fossem tecnicamente tão parte da "divindade" quanto qualquer outra coisa, podiam, mesmo assim, dirigir-se ao ser divino em grata e respeitosa adoração.

Certamente, filósofos não eram as únicas pessoas que pensavam sobre essas questões. Muitos dos antigos poetas escreveram de maneira comovente sobre o estranho intercâmbio entre os deuses e o mundo, e alguns remeteram à possibilidade de uma força benéfica por trás do mundo desordenado do panteão pagão. Alguns desses poetas escreviam peças. Uma peça famosa de Ésquilo, dramaturgo do século V a.C., descreve a fundação da própria corte do Areópago, sobre a qual o deus Apolo presidiu — e declarou, entre outras coisas e como parte da lógica de julgamentos por homicídio, que quando as pessoas morrem e seu corpo é derramado no chão, *não há ressurreição.*[3] A negação fazia parte da carta de fundação da corte perante a qual Paulo se encontrava.

Para os filósofos na praça principal, Paulo não passava de mera excentricidade. Sua visão essencialmente judaica de um Único Deus e um universo criado, bem como sua variante cristã específica sobre o assunto, simplesmente não encaixava. Os filósofos zombaram: do que esse homem está falando, indagavam, espalhando palavras por toda parte como quem lança sementes em qualquer direção? A única coisa que perceberam foi que o apóstolo falava sobre um tal de Jesus e alguém, ou algo, chamado "Anastasis" — palavra grega para "ressurreição". Eles presumiram que "Jesus e Anastasis" formavam um par de divindades, e que "Anastasis", substantivo feminino em grego, era cônjuge de Jesus; os dois seriam um casal divino, como Ísis e Osíris (embora, no caso dos deuses egípcios, o feminino seja sempre mencionado primeiro). O resultado, porém, estava claro. Para os filósofos, Paulo parecia proclamar divindades estrangeiras. Ecos do julgamento de Sócrates eram óbvios, e foi por esse motivo que conduziram Paulo ao Areópago.

Esse também é o motivo pelo qual a pergunta de abertura estava longe de ser um convite inocente para a apresentação de um artigo de seminário. Precisamos imaginar as observações iniciais sendo faladas em tom calmo e frio, com uma mensagem de desdém implícita, oferecida por um magistrado presidindo a reunião, o qual sabe que tem o poder de levar a pessoa diante de si a apanhar, ser banida ou, possivelmente, morta. "Podemos saber" — em outras palavras, trata-se de algum mistério ultrassecreto ou nós, meros mortais, somos capazes de entender sua ideia? — "de que se trata este novo ensino que você

---

[3]Ésquilo, *Eumênides* 647–648.

está anunciando? Você está nos apresentando ideias muito estranhas. Queremos saber o que tudo isso significa".[4]

Paulo, assim, está em apuros. Poucas pessoas que estudaram o apóstolo começariam com Atos 17 para explicar quem esse homem extraordinário realmente era ou o que o motivava. Há, todavia, fortes razões para começar exatamente daí. Uma vez que rejeitamos a noção de que o apóstolo tentou alguns argumentos em "teologia natural" e percebemos que ele estava falando em autodefesa e também usando a oportunidade para somar pontos em um contexto mais abrangente, isto é, com o objetivo de neutralizar o tipo errado de reação, vemos o homem trabalhar em sua totalidade. Paulo é tido, claro, como um pensador judeu, não apenas em sua denúncia de idolatria e templos pagãos; não apenas em sua "deixa" final a respeito do Criador do mundo, cuja linha do tempo culminará na prestação de contas do mundo inteiro; não apenas na noção plenamente judaica (e, para os gregos, plenamente ridícula) da ressurreição. O discurso inteiro é judaico, na mesma proporção em que o livro de Provérbios é judaico ou a Sabedoria de Salomão é judaica, levando (conforme Paulo diz em outra passagem) "todo pensamento como prisioneiro, fazendo com que obedeça ao Messias".[5] É o pensamento judaico, com sua caracterização forte do Único Deus como criador de tudo, reivindicando padrão intelectual elevado, capaz de ver o porquê de essa ou aquela filosofia ter mérito, mas sem ter compreendido o quadro geral.

O discurso representa, acima de tudo, o pensamento judaico, que fala da completa transcendência e, ao mesmo tempo, da presença íntima e pessoal do Único Deus. Paulo não cita Salmos ou Isaías, mas podemos ver a influência de sua perspectiva dupla do Único Deus por toda a fala do apóstolo: o Deus soberano, elevado e muito acima da terra a ponto de considerar seus habitantes como gafanhotos, contudo, gentilmente próximo, reunindo cordeirinhos em seu braço e

---

[4]Atos 17:19-20.
[5]2Coríntios 10:5.

guiando a ovelha mãe. Assim equipados, podemos observar inscrições locais, templos monumentais, debates filosóficos e tendências poéticas com equanimidade. Este é Paulo, o judeu, no auge de sua teologia judaica.

Semelhantemente, este também é Paulo, o cidadão romano. Sua experiência em Filipos deve tê-lo ajudado a perceber que, por mais paradoxal que fosse a um seguidor de Jesus partilhar da cidadania oficial do império de César, isso fazia parte de sua identidade e era algo do qual ele podia se beneficiar. Atenas não morria de amores por Roma — romanos haviam saqueado a cidade cerca de um século antes — mas Paulo sabia que, se as coisas ficassem ruins, não lhe custaria ressaltar que sua presença na cidade tinha o apoio judicial do grande império da época. Nem se tratava de algo meramente pragmático. Mais uma vez, suas raízes judaicas serviram de ajuda. Paulo cria (como o próprio Jesus reconheceu no momento mais improvável[6]) que poderes que governam o mundo exerciam seu domínio de acordo com o propósito do Único Deus, o qual lhes pediria contas. Paulo já deve ter percebido que a rede notável de comunicações, particularmente estradas e sistemas judiciais locais, haviam criado condições nunca imaginadas, nas quais um pregador viajante como ele poderia ir com facilidade de uma região para outra. Certamente, o apóstolo sabia que as coisas podiam ir por água abaixo. Sua experiência na Galácia e no norte da Grécia ainda estava recente em sua mente. Parte, porém, de sua fé na providência divina incluía a crença de que o Único Deus havia, certa, porém estranhamente, estabelecido o mundo romano, com toda sua impiedade pagã, da qual teria de prestar contas, como um meio pelo qual, por mais paradoxal que fosse, ele e outros poderiam proclamar Jesus como Senhor. Estaríamos certos em supor que esse conhecimento lhe deu alento.

Judeu e romano, juntos em Paulo, encontram o pensador e viajante grego. Mais uma vez, devemos enfatizar que isso não tinha nada a

[6]João 19:11.

ver (como muitas gerações acreditaram, particularmente quando pensadores europeus modernos desejaram rejeitar algo chamado "pensamento judaico") com Paulo abandonando suas características judaicas e adotando um tipo completamente novo de pensamento. Não. Por razões já declaradas, Paulo, o judeu leal, pode ver toda verdade como verdade de Deus e, por isso, toda observação e debate como observação do mundo de Deus, e também debater sobre o que tudo isso significa. O apóstolo dos gentios está completamente familiarizado com a linguagem e as ideias do pensamento grego. (Desconfio que ele apreciava o fato de que, ao dizer *pneuma*, sabia que aquilo que queria dizer por "espírito" tanto correspondia quanto divergia do que um estoico queria dizer com o termo; também que, ao falar de Jesus como *eikōn theou*, essa ideia de "imagem de Deus" significaria coisas diferentes a pessoas diferentes. Sim, mal-entendidos surgiriam, e ele iria corrigi-los continuamente.) Ele não falaria da posição defensiva de que, a menos que alguém retrocedesse a uma cultura judaica "pura", nada faria sentido, mas da posição elevada de que idolatria e o pensamento falso que ela gera não passam de perversão, distorção da verdade, e que, quando alguém puxa a verdade com força, o nó e o embaraço se desfarão mais adiante.

Desse modo, esse homem complexo carrega em sua própria pessoa uma visão de mundo profundamente bíblica e judaica, levada a um novo e surpreendente foco por Jesus e pelo espírito, mas não abandonada, nem marginalizada. Segundo esse ponto de vista, o apóstolo pode viajar o mundo de Roma e pensar com a mentalidade grega sem medo ou vergonha. Particularmente, sua mensagem da ressurreição de Jesus, sem a qual toda sua vida e obra não teriam significado, contém, em si mesma, a notícia de que a crucificação foi uma vitória, não uma derrota. Sua denúncia de ídolos e templos no discurso do Areópago não se trata simplesmente de uma polêmica de estilo judaico, embora também o fosse: é a posição de alguém que crê que todo e qualquer suposto poder divino do mundo foi destronado, envergonhado, levado na procissão triunfal de outro como ralé derrotada. A vitória de Jesus na cruz, conforme vimos, tem um significado profundamente íntimo para Paulo: "O filho de Deus me amou e deu a si mesmo por mim". Mas essa verdade está interligada com seu significado cósmico: "tendo despojado os poderes e as autoridades de suas armaduras", escreve aos colossenses, "e fez deles um espetáculo público, celebrando, em si próprio, seu triunfo sobre eles".[7] Ele é o homem do Messias, e isso inclui todos os outros elementos que acabamos de listar.

Então, tudo isso está em exposição à medida que ele se dirige aos anciãos da alta corte de Atenas, e seu objetivo principal deve agora estar claro: "*o que vos digo pode soar 'novo,' porém está, na verdade, escondido em vossa própria cultura*. Está bem escondido; de fato, vós a cobristes com superestruturas tolas e desnecessárias. Embora, porém, a notícia específica sobre Jesus e a ressurreição seja um choque para o vosso sistema" — de fato era, e riram do apóstolo por causa disso —, "a verdade subjacente que ela desvenda é uma verdade sobre o mundo e seu Deus e Único Criador, ao qual, em sua melhor forma, vossa cultura, vaga e distantemente, testifica". Paulo não está tentando iniciar com símbolos culturais atenienses e construir um argumento filosófico que chegará à verdade cristã; na verdade, ele tenta, numa única tentativa, refutar a acusação de "anunciar deuses estrangeiros" *e*, ao mesmo tempo, esboçar uma visão de mundo, uma metafísica, na qual deve fazer sentido dizer que o Único Deus desvendou seu propósito para o mundo ao ressuscitar Jesus dentre os mortos. Ele é um tipo de Sherlock Holmes, explicando aos confusos chefes de polícia que suas teorias divergentes sobre o crime têm certa dose de senso comum, mas que existe um contexto subjacente diferente, bem debaixo de seus narizes o tempo todo, mas nunca observado, que resolverá o problema.

Assim, Paulo começa com a famosa inscrição do altar "A UM DEUS DESCONHECIDO". Muito foi escrito por estudiosos a respeito do que tal inscrição originalmente significava, porém Paulo não está

[7]Colossenses 2:15.

preocupado tanto com sua história passada quanto com a excelente oportunidade que a inscrição lhe apresenta. Ele não condena a falta de embasamento teológico dos atenienses ("vejam só vocês, admitindo que pode existir um deus que ainda não conhecem; vamos ver se conseguimos partir desse ponto"), mas parte da ideia de "ignorância", usando-a como nivelador para criticar o mundo inteiro da religião pagã normal.

"Trata-se apenas de *ignorância*", diz ele em tom de voz que os próprios atenienses usariam para rejeitar o pensamento confuso de povos menos sofisticados. Paulo se refere aos ídolos de ouro, prata ou pedra, feitos por seres humanos habilidosos, presentes por toda Atenas e nas demais regiões do mundo. Evidentemente, o apóstolo ecoa a crítica normal feita à idolatria, encontrada, mais uma vez, em Salmos ou Isaías e, próximo da época de Paulo, em um livro como Sabedoria de Salomão; sua defesa também ecoa o que dissera em Listra. Alguns dentre os ouvintes inclinados à filosofia teriam concordado. "Se deixarem essa ignorância de lado", continua, "descobrirão não apenas que ídolos são uma representação pobre e enganosa do Deus verdadeiro, mas também que este Deus não vive em templos feitos por mãos". Por isso, o majestoso Pártenon, visível do outro lado do vale, não tem valor nenhum. "Nosso templo maravilhoso", os atenienses ouvem Paulo dizer, "não passa de um erro categórico!" "Bem como", insiste Paulo, "o tipo de adoração oferecido nos templos. As pessoas tentam *alimentar a divindade*, quando, o tempo todo, é *ele* quem provê tudo para *nós*" (mais uma vez, da mesma forma como Paulo falou em Listra). "Se eu tivesse fome", o Deus de Israel pergunta em Salmos, "o revelaria a você?"[8]

Então quem é o Deus verdadeiro? Com quem se assemelha? Qual a sua relação com o mundo? Neste ponto, Paulo manobra um curso totalmente judaico, reconhecendo as meias-verdades de filosofias dominantes, vendo-as todas, porém, dentro do todo maior que estava

[8]Salmos 50:12.

advogando. O Único Deus é criador de tudo. Como Moisés havia dito (Paulo não se refere a ele, mas a ideia está profundamente enraizada nas Escrituras de Israel), este Único Deus fez todos os povos e repartiu entre eles sua época e lugar. Acima de tudo, Deus queria que eles o *conhecessem* — ignorância nunca fizera parte do plano —, afinal, seu desejo era que o ser humano fosse um reflexo de sua imagem, não fantoches irreflexivos. Estoicos, porém, estão errados: o Deus verdadeiro é o criador de tudo, não a profundidade divina em tudo e todos. Deus é distinto do mundo, mas não (desta vez contra os epicureus) distante dele: "na verdade, ele não está longe de nenhum de nós, 'pois nele vivemos, nos movemos e existimos.'"[9] Um poeta, o estoico do século III a.C., chamado Arato, cuja obra, *Phaenomena*, era, depois de Homero, o poema mais amplamente lido no mundo de Paulo, expressou-o da seguinte forma: "Pois somos sua descendência". Ao citar o poema da forma como o faz, Paulo chega perto do que, tirado do contexto, poderia ser facilmente confundido com estoicismo, e a continuação de seu argumento deixa claro que esse seria um erro sério.

Em primeiro lugar, estoicos nunca sugeriram que ídolos feitos pelo homem fossem uma ideia ruim. Se, conforme criam, a divindade estava em tudo, o resultado seria (embora, claro, ideias populares deveriam ser criticadas) que não havia problema nenhum em ter um ídolo como foco de adoração; todavia, Paulo rejeita tal ideia: mais ignorância, diz ele.

Em segundo lugar, conforme observei, ainda que alguns estoicos como Epíteto falassem calorosamente sobre um relacionamento pessoal com "o divino", a visão paulina, judaica e agora focada em um relacionamento pessoal com o Criador do mundo, move-se para além dessa informação e alcança uma esfera diferente. A intenção de Deus era que as pessoas procurassem por ele! Talvez que até mesmo o buscassem e o encontrassem! Isso não diz respeito apenas ao ser humano entrar em contato com seu "eu" divino interior, tampouco de uma

---

[9]Atos 17:27-28.

"busca por Deus" autopropulsionada e potencialmente arrogante, na qual ele toma a iniciativa enquanto Deus permanece passivo. Deus dá tudo a todos: o que ele espera não é iniciativa, teológica ou epistemológica, mas resposta, e nada semelhante a isso é encontrado no estoicismo, menos ainda no epicurismo.

Em terceiro lugar, o ponto de vista estoico da história era cíclico. Seu vasto turbilhão de tempo, com conflagrações e recomeços periódicos, era o resultado inevitável do panteísmo. Se *to pan*, "o todo", é tudo o que existe, então deve ser o que é para sempre, girando em um grande círculo e repetindo-se de maneira indefinida e exata. Não, diz Paulo; a história é linear. A "ignorância" admitida pela inscrição "A UM DEUS DESCONHECIDO" é um fenômeno temporário. O Criador a permitiu por pouco tempo e agora está preparado para tirar-lhe o véu. A História — o próprio tempo! — está se movendo em direção a um propósito bem diferente, tanto da "conflagração" estoica quanto da ideia epicurista de que tudo se dissolverá à sua composição atômica, e agora o alvo é um dia de justiça definitiva e universal.

Naturalmente, tudo isso contém uma camada extra de ironia e, mais uma vez, ficamos a imaginar se alguém dentre os espectadores baixou a cabeça e questionou consigo: "Paulo, você não está indo longe demais? Será que, agora, provocará os juízes com a ideia de que sua corte 'mais-do-que-superior' não passa, na melhor das hipóteses, de um fórum secundário? Será essa a melhor forma de fazer amigos e influenciar pessoas em Atenas?" Mas Paulo está a todo vapor. Deus estabeleceu um dia "em que há de julgar o mundo com a devida justiça por meio do homem que designou".[10] *Com a devida justiça*. Exagero um pouco na minha tradução para estabelecer o seguinte ponto: penso que Paulo está dizendo que o julgamento vindouro será pautado em justiça verdadeira, não na variedade de segunda categoria fornecida pela alta corte em Atenas! Conforme assegura em 1Coríntios, para ele pouco importa ser julgado por qualquer corte humana, visto que o que

[10]Atos 17:31.

realmente importa é o juízo definitivo de Deus, o qual será baseado em segredos e nas intenções do coração".[11]

Eis aqui, então, o ponto de vista totalmente judaico e messiânico de Paulo com relação ao futuro de Deus, e, assim como alguns outros escritores judaicos da época e em sintonia com outros indícios cristãos do primeiro século, Paulo está ecoando Salmos 2. Nações da terra podem se enraivecer, tramar e se exaltar, elevando-se contra o Deus verdadeiro; porém, ele zombará das nações e lhes anunciará que estabeleceu seu verdadeiro rei, seu "filho", para quem os povos prestarão contas, "por isso", diz o salmo, "sejam prudentes; aceitem a advertência, autoridades da terra".[12] Mais uma vez, percebemos o subtexto de Paulo. Atenas, com todo seu símbolo da coruja, orgulhava-se de ser o lar da sabedoria. Não, Paulo insinua, a verdadeira sabedoria consistiria em reconhecer que o Único Deus Criador agora desvendou seu propósito para o mundo perante todas as nações, e esse propósito está concentrado em Jesus, crucificado e ressuscitado, marcado, portanto, como filho de Deus, aquele por meio do qual Deus cumprirá suas promessas antigas e endireitará, por fim, o mundo.

Paulo conseguiu, assim, contextualizar seu raciocínio e chegar à explicação de "Jesus e *Anastasis*": trata-se de Jesus e da ressurreição! Evidentemente, são novas ideias e "estranhas" no sentido de se originarem do mundo judaico, não produzidas em Atenas e, de fato, opostas ao velho *slogan* de Ésquilo. Contudo, em um nível mais profundo, Paulo sugere dizer algo que não é de modo algum estranho: antes, constitui a realidade para a qual tantos indicadores apontavam. Paulo não está insinuando, nem por um momento, que alguém deveria começar a partir desses indicadores e desenvolver determinado caminho até Jesus e a ressurreição, entretanto, certamente sugere que enigmas e inconsistências — de fato, ignorâncias — no mundo

---

[11]1Coríntios 4:3-4; veja Romanos 2:14-16.
[12]Salmos 2:10.

ateniense e em outras culturas pagãs funcionavam como indicadores apontando às cegas e que Deus, ao revelar seu propósito definitivo para o mundo na ressurreição de Jesus, demonstraria àquele que é capaz de ver que é precisamente para essa realidade que os indicadores apontavam o tempo todo. Sim, trata-se de algo novo. As últimas palavras da defesa de Paulo contradizem explicitamente o que o próprio Apolo havia dito na fundação desta mesma corte, no entanto, essas palavras faziam sentido.

Às vezes, alguns zombaram de Paulo por "falhar" em sua teologia filosófica, e quase ninguém se converteu — embora um membro da corte, Dionísio, veio a crer juntamente com uma mulher chamada Dâmaris e alguns outros. Mas esse não era o ponto. O importante é que *Paulo se retirou do meio deles,*[13] e conseguiu escapar do problema. Se estava num julgamento, Paulo fora absolvido. Jesus e *Anastasis* podiam ser novos, estranhos e até mesmo ridículos aos líderes atenienses, entretanto, Paulo os havia convencido de que a essência de sua mensagem correspondia àquilo que a própria tradição ateniense, lida a partir de determinado ângulo, estivera apontando desde o início.

Sua polêmica contra templos e ídolos deve ter parecido irrealista, e é possível que alguém se posicione no meio de Wall Street e declare que todo o sistema bancário não passa de um erro categórico. Contudo, Paulo tinha um ponto de vista coerente, o qual justificava sua reivindicação de que não estava apenas "introduzindo deuses estranhos". Alguns da corte, ao dizerem: "A esse respeito nós o ouviremos outra vez", não sugere uma segunda audiência *jurídica*. Parece que ao menos alguns perceberam que as palavras de Paulo continham mais substância do que aparentavam, e eles acolheriam outra chance para ponderar tudo, mas Paulo, sabiamente talvez, não permaneceria por muito tempo em Atenas, uma vez que não via

[13]Atos 17:33.

propósito em ceder ao desejo local por novidade. O apóstolo também pode ter percebido que se safar com um discurso diferente do que a corte havia antecipado serviria apenas de expediente temporário e, imediatamente, Paulo prosseguiu em sua missão, ainda viajando sozinho das elevações nobres da cultura ateniense em direção ao mundo agitado e estimulante de Corinto.

De Atenas a Corinto

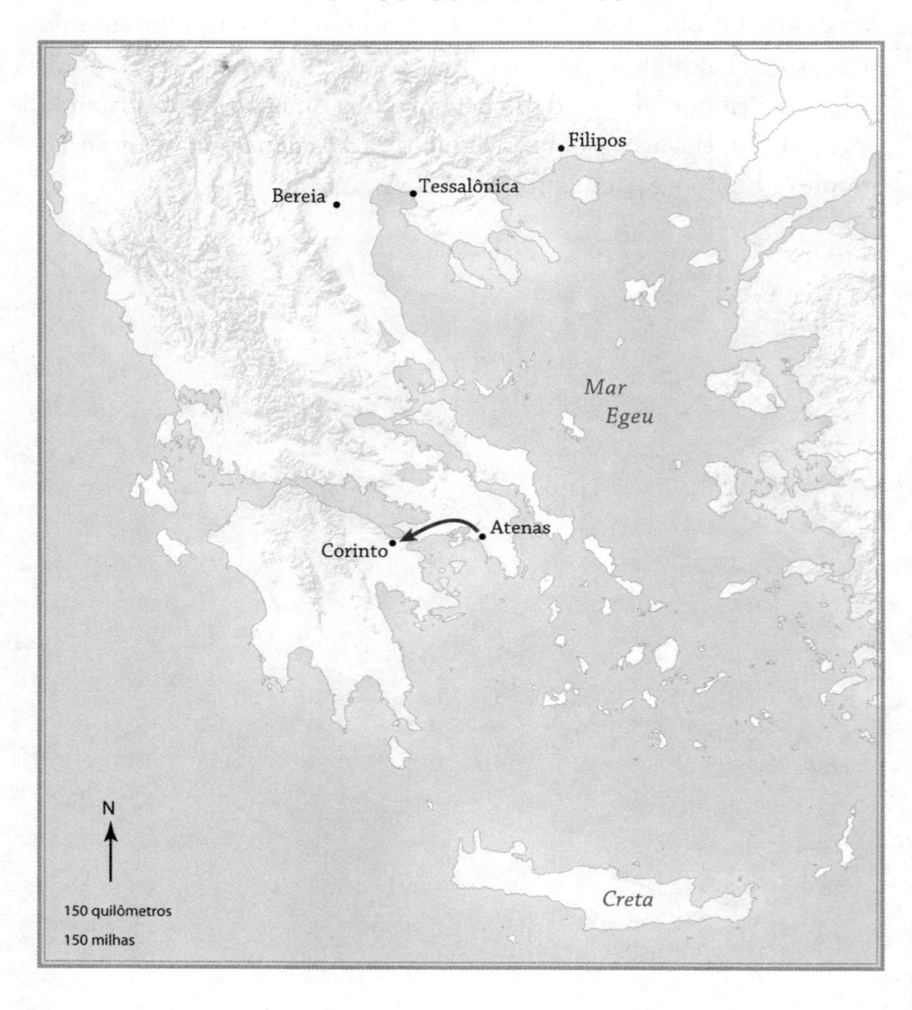

CAPÍTULO 9

CORINTO I

GRAÇAS A PAULO sabemos mais sobre a vida em Corinto do que sobre qualquer outra cidade grega do primeiro século. Poetas como Marcial e Juvenal nos fornecem uma visão (sem dúvida tendenciosa) de Roma nos séculos I e II. Josefo, em um registro totalmente diferente, descreve-nos a Jerusalém de meados do primeiro século descendendo ao caos. Mas Paulo, como subproduto de preocupações pastorais e teológicas, mostra-nos Corinto como uma cidade vívida e lasciva, com distinção de classes e tribunais de justiça; com templos, mercados e bordéis; com jantares, casamentos e festivais. Observamos, de forma única em relação a outras das igrejas de Paulo, como a comunidade aprende a aceitar o que significa ser povo do Messias em um mundo cheio de desafios e questionamentos. E, para os efeitos deste livro em particular, observamos enquanto o próprio Paulo enfrenta novos desafios, novas oportunidades e, sobretudo, novos desapontamentos. De qualquer maneira, Corinto já era famosa, porém Paulo assegura o lugar dessa cidade em qualquer relato de vida metropolitana antiga.

Corinto ocupava uma posição cívica invejável. A Grécia era geograficamente bipartida; suas cidades mais famosas eram Atenas, na região norte, e Esparta, na região sul. A faixa estreita de terra que liga as duas cidades, conducente de tráfego e comércio entre ambas até o dia de hoje, é o Istmo de Corinto, e a própria cidade fica bem ali, a sudoeste do istmo e a sudeste do golfo ocidental. Na antiguidade, realizaram-se tentativas de escavação de um canal através dos seis quilômetros do istmo para permitir aos navios evitar a longa jornada ao redor do Peloponeso, passando diretamente do Adriático ao Egeu (ou vice-versa) por meio do Golfo de Corinto do lado oeste e do Golfo Sarônico no leste. O próprio Nero pegou uma picareta e tentou iniciar um projeto assim em 67 d.C. (usando prisioneiros judeus dos primeiros anos da guerra judaico-romana), mas, como em todas as tentativas anteriores, ele não teve êxito. Preparações alternativas foram feitas com a utilização de uma faixa de rodagem de pedra para arrastar os navios por terra, apesar de todo o trabalho e custo. O canal atual foi finalmente escavado e aberto ao tráfego marítimo no final do século XIX. Mesmo assim, o canal é muito raso, estreito e suscetível à queda de rochas para a realização do que realmente se intencionava. Boa parte dos grandes navios não pode utilizá-lo, e hoje, o que você provavelmente verá no canal são barcos turísticos menores.

Mesmo sem o canal, no entanto, Corinto estava fadada a prosperar. A cidade dispõe de várias nascentes de água doce, tornando o local atraente para moradia e comércio. Além de localizar-se nas principais rotas marítimas e terrestres, Corinto se gaba de uma planície costeira magnífica, notória na antiguidade por sua fertilidade; além disso, também era conhecida por sua moral — ou, melhor dizendo, por sua falta de moral. Trata-se de uma cidade portuária clássica — ainda que, na verdade, os portos propriamente ditos fossem Lequeu, três quilômetros a oeste, e Cencreia, dez quilômetros a leste — onde todo tipo de comportamento humano poderia florescer desenfreadamente. (Um grande templo em homenagem a Afrodite, no topo da acrópole de Corinto, falava por si só, embora a subida até o topo fosse, e continue a ser, muito mais exigente do que a caminhada menos longa até a acrópole ateniense). Após um século na qual ficou em ruínas, tendo sido saqueada pelos romanos em 146 a.C., a cidade foi refundada por Júlio César em 44 a.C., como colônia romana, não muito antes de seu assassinato. (Júlio César foi outro que tentou cavar um canal. De fato, fala-se de uma maldição: César, Nero e Calígula morreram violentamente após a tentativa de dar continuidade ao mesmo projeto). Corinto era a capital da província da Acaia, administrada por um procônsul.

Como no caso de outras colônias, e talvez ainda mais, Corinto orgulhava-se de sua *romanitas*, de sua "romanidade". O novo templo, dedicado ao culto imperial, ainda é proeminente no Fórum de Corinto, erigido deliberadamente em um nível um pouco mais elevado do que os demais templos locais, dentre os quais, conforme o esperado, havia muitos, incluindo os templos de Afrodite, Poseidon (deus dos terremotos e do mar), Apolo e Asclépio, deus da cura. O simbolismo por trás da elevação do santuário imperial acima dos demais era, e continua sendo, óbvio. Embora, pelos padrões da época, Corinto fosse uma grande cidade, aos nossos olhos tudo parece estar próximo. Hoje em dia, ao andarmos pelo centro da cidade, somos lembrados de como era fácil para um habitante saber sobre a vida de todos os demais. Exceto pelos muito ricos, a vida acontecia em público — e Paulo não era rico.

Os membros originais da colônia eram romanos libertos, ex-escravos a caminho de uma escala social ascendente. A colônia também recebeu comerciantes romanos, atraídos pela certeza do lucro em tal posto, que era ideal em termos de comércio e transporte. Como qualquer outra cidade do mundo antigo, Corinto tinha um enorme desequilíbrio social: poucos ricos, muitos pobres. Pelo menos metade da população era composta de escravos, mas, mesmo assim, Corinto ainda era uma cidade cheia de possibilidades, incluindo a chance de mobilidade social, ascendente ou descendente. Por isso, havia enorme probabilidade de que as pessoas prestassem muita atenção aos marcadores de posição social.

Paulo tem poucos marcadores desse tipo, e, à medida que, com dificuldade, caminha de cidade em cidade — talvez tenha levado três ou quatro dias de Atenas a Corinto, presumindo-se que viajou a pé, como de costume —, o apóstolo não chama atenção por sua aparência. É agora início de 51 d.C. Passaram-se apenas algumas semanas, no máximo alguns meses, desde que Paulo fora espancado em Filipos. Desde então, teve de deixar três cidades às pressas e está ansioso sobre a situação dos tessalonicenses após tumultos e ameaças contra Jasom. Além disso, é provável que esteja sem dinheiro. Tendo enviado Timóteo de volta a Tessalônica, Paulo está sozinho. "Fui até vocês em fraqueza", escreveria posteriormente à igreja de Corinto, "em grande temor e tremor".[1] É nesse ponto de sua trajetória, porém, que ele faz alguns novos amigos, os quais estarão entre os mais importantes apoiadores do seu ministério em dias futuros.

Áquila e Priscila (seu nome, nas cartas de Paulo, é abreviado como Prisca) formavam um casal judeu originário do Ponto, na costa do mar Negro, antiga Turquia, mas ambos tinham morado em Roma até que o imperador Cláudio baniu os judeus da cidade por tumultos. É difícil definir com exatidão o que aconteceu, ou mesmo a época. Suetônio, historiador romano, alega que os tumultos haviam sido instigados por "Chrestus", talvez um reflexo traiçoeiro de problemas na comunidade judaica de Roma que reagiu à chegada do evangelho de Jesus, o Messias ("Christus", com a pronúncia longa da vogal do meio), na cidade. Suetônio não data o incidente, mas a convergência de outras evidências torna provável que os tumultos tenham ocorrido por volta de 49 d.C., e a chegada de Áquila e Priscila a Corinto — acrescentando aos muitos comerciantes romanos já presentes — não muito antes de Paulo. Como o apóstolo, Áquila e Priscila fabricavam tendas. Aparentemente, os três não apenas estabeleceram uma amizade instantânea, mas também se tornaram próximos o suficiente para que Paulo se alojasse em sua casa, partilhasse dos negócios e viajasse com eles para Éfeso. À época em

---

[1] 1Coríntios 2:3.

que Paulo escreveu a carta aos Romanos, Áquila e Priscila já estavam de volta a Roma. O modo como Lucas conta a história de como eles se conheceram e começaram sua parceria nos negócios faz com que o momento pareça cheio de esperanças e novas possibilidades.

Como de costume, Paulo começa seu trabalho apostólico (em oposição ao seu trabalho de fabricação de tendas) na sinagoga, e supomos que ele, mais uma vez, ensaie a narrativa familiar: Abraão, Êxodo, Davi, exílio, esperança. Semelhantemente, o foco é o mesmo: a Escritura fala de um Messias que morre e ressuscita; esse Messias é Jesus. É aos ouvintes coríntios, na primeira das duas cartas, que Paulo posteriormente escreve a fim de lembrar-lhes dos termos muito simples de seu anúncio inicial do evangelho:

> O Messias morreu pelos nossos pecados de acordo com a Bíblia; foi sepultado; ressuscitou ao terceiro dia de acordo com a Bíblia; foi visto...[2]

Paulo o resume ainda mais nitidamente: "Quando estive entre vocês...", diz, "decidi nada saber entre vocês, a não ser Jesus, o Messias, especialmente sua crucificação".[3] Isso, no entanto, exigia muita explicação, e sábado após sábado, Paulo dá o melhor de si, discutindo e expondo, conquistando boa parte dos judeus na sinagoga e também vários gregos tementes a Deus. É assim que Timóteo e Silas o encontram quando finalmente o alcançam, tendo Timóteo feito a dupla jornada de Tessalônica para Atenas e agora, Corinto.

Mais tarde, ao descrever sua pregação inicial em Corinto, Paulo faz uma reflexão geral sobre sua experiência de anunciar o evangelho:

> Judeus procuram sinais e gregos buscam sabedoria; nós, porém, anunciamos o Messias crucificado, um escândalo para os judeus e tolice para os gentios. Mas para os que são chamados, tanto judeus como

[2]1Coríntios 15:3-5.
[3]1Coríntios 2:1-2.

> gregos, o Messias é o poder de Deus e a sabedoria de Deus. Porque a tolice de Deus é mais sábia que o ser humano, e a fraqueza de Deus é mais forte que o ser humano.[4]

Em outras palavras, toda vez que Paulo entrava em uma nova cidade ou vilarejo e abria a boca, sabia perfeitamente que sua palavra não fazia sentido a seus interlocutores. Assim como o próprio Jesus, o "sinal" oferecido não era o tipo de coisa que o mundo judeu queria ou esperava. Um Messias crucificado de certa forma era uma contradição.

Quanto ao mundo não judeu, a sugestão de que um *judeu* podia ser o novo "Senhor" sobre todos os demais era ruim o bastante, mas um homem *crucificado*? Todos sabiam que a crucificação era a morte mais vergonhosa e horrível que se podia imaginar. Como, então, tal pessoa podia ser aclamada como *Kyrios*? E, ao responder (como o faria Paulo) que Deus ressuscitou esse homem dentre os mortos, simplesmente confirmaria aos ouvintes de que ele estava, de fato, fora de si. (Mais tarde, um governador romano o acusaria dessa forma, mas Paulo deve ter se acostumado a ouvir isso). Todos sabiam que não existia ressurreição. Era um bom sonho, talvez — embora muitos tenham dito que preferiam deixar o corpo para trás de uma vez por todas —, mas, de qualquer forma, não há por que alguém viver na terra da fantasia.

Paulo parece ter aceitado esse papel — dizendo coisas que levavam os outros a pensar que estava louco ou blasfemando, mas que, então, pareciam carregar um poder vivificador próprio. Era do conhecimento do apóstolo de que alguns, em meio à multidão, podiam até mesmo vê-lo como mágico, alguém que dizia coisas incompreensíveis, com um nome místico lançado no ar, como resultado do qual (surpresa!) algo dramático aconteceria. Alguém seria curado, alguma figura local conhecida seria transformada, tornando-se uma nova pessoa, e Paulo claramente teve de resistir à tentação de supor que esse poder estava, de alguma forma, sob sua posse ou controle, tendo em vista que ele

---

[4] 1Coríntios 1:22-25.

era simplesmente um mordomo, dispensando o poder e a sabedoria de Deus da maneira mais improvável. Mas isso nos fala muito acerca de Paulo: que, pelo menos em sua primeira carta aos Coríntios, ele pôde falar sobre essa vocação paradoxal de maneira deliberadamente afiada e provocativa. Naturalmente, a passagem é trabalhada em termos retóricos; seu objetivo é demonstrar que não há nada tão especial na retórica inteligente. Paulo deve ter gostado disso, até porque sabia que muitos dentre os coríntios, ao perceberem o que ele estava fazendo, apreciariam. Entretanto, o fato é que Paulo, a essa altura, havia feito carreira em contar às pessoas coisas aparentemente absurdas, levando os outros a acharem-no louco ou blasfemo — ou ambos. O apóstolo havia se acostumado com isso, afinal, seu trabalho era esse.

AO CHEGAR, TITO TROUXE NOTÍCIAS de Tessalônica; com isso, é como se derramasse, quase que instantaneamente, alívio e afeição em Paulo, resultando no que conhecemos como 1Tessalonicenses. A carta é famosa por diversas razões, e aqueles que datam Gálatas em um período muito posterior ao que proponho veem-na como a primeira carta de Paulo, ou pelo menos a primeira a sobreviver. De qualquer modo, o tom é completamente diferente do alvoroço frenético de Gálatas. Nada deu errado na igreja de Tessalônica, que perseverara diante da perseguição; e Paulo está orgulhoso, satisfeito com a comunidade, grandemente aliviado por ela não ter cedido à pressão causada pela violenta oposição. Ele lembra os tessalonicenses de como tudo começou com sua visita, de como o simples poder do evangelho transformou-lhes a vida e de como a comunidade experimentou a estranha combinação de sofrimento e alegria que vira nele. Timóteo e Silas (ou Silvano, como é chamado nas cartas) relataram que as notícias da fé recém-descoberta dos tessalonicenses no Único Deus, assim como sua lealdade ao *Kyrios Iēsous*, irradiaram-se por toda a Grécia, de norte a sul, da Macedônia a Acaia.

O resumo de Paulo sobre rumores que circularam pelo país é revelador. Ele inclui o modo como os tessalonicenses o acolheram pessoalmente, receberam sua mensagem e prontamente "se voltaram" — Paulo usa a palavra que traduzimos por "converter", "virar" — dos ídolos "para servir ao Deus vivo e verdadeiro".[5] Evidentemente, a essência disso era a mensagem judaica contra práticas do mundo pagão. Resultados seriam visíveis na rua. Pessoas notariam ("você conhece aquela família aqui da rua? Ela não frequentou uma única festa durante todo o mês!"). Mas a razão pela qual essa antiga mensagem judaica agora tinha poder para mudar a mentalidade e a vida daqueles pagãos é devido ao que aconteceu por intermédio de Jesus: o poder dos ídolos foi quebrado. Se fizéssemos a Paulo a pergunta que historiadores sempre lhe desejaram fazer sobre o porquê de sua mensagem improvável ter, em longo prazo, alcançado tamanho sucesso, sem dúvida sua resposta incluiria esse ponto.

Por meio dessa vitória, Jesus estabeleceu uma nova ordem mundial, *e ele retornaria para completar o trabalho*. Paulo lembra os ouvintes que, como parte da mensagem, ele lhes explicara que o Único Deus faria aquilo que a Escritura havia prometido desde o início e, de fato, o que Paulo havia dito aos juízes surpresos do Areópago: esse Deus colocaria o mundo em ordem de uma vez por todas. Naquele dia, quando toda corrupção e iniquidade humanas se depararem com "ira e fúria", "tribulação e angústia",[6] aqueles que viraram as costas para os ídolos seriam resgatados pelo próprio Jesus.

Paulo, então, reflete sobre o relacionamento profundo que se iniciou naqueles primeiros dias apesar do tempo curtíssimo em que esteve com eles. Sua rápida estadia havia sido o suficiente para que fosse tanto pastor quanto mestre, o modelo de um novo estilo de vida em seu trabalho manual, no suprimento das próprias necessidades e em sua vida pessoal:

> Vocês são testemunhas, assim como Deus, do nosso comportamento santo, justo e irrepreensível entre vocês, os que creem. Sabem que,

[5] 1Tessalonicenses 1:9.
[6] Romanos 2:8-9.

> como um pai trata os próprios filhos, encorajamos e fortalecemos cada um, deixando claro que devem viver de maneira digna de Deus, que os chamou para o seu reino e glória.[7]

Como Paulo está escrevendo de Corinto, o trecho nos lembra dos desafios que enfrentou cidade após cidade. Hoje, é difícil para qualquer trabalhador cristão, em qualquer campo missionário, imaginar o que Paulo passou, exceto no caso daqueles que começam um trabalho totalmente novo. Passados mais de dois mil anos, a maioria das pessoas, em boa parte das culturas, tem pelo menos uma vaga ideia de como um estilo de vida cristão se assemelha, pelo menos em teoria, levando em conta certo ceticismo sobre a verdadeira prática cristã. Contudo, quando Paulo chegava a uma nova cidade, tal expectativa não existia, e ninguém tinha a menor ideia de que existia um novo modo de vida subitamente disponível, muito menos de como ele poderia ser. Paulo precisou modelá-lo do zero. Ele o havia feito e, naturalmente, estava muito feliz por ter funcionado: os tessalonicenses o estavam imitando, inclusive no modo como encaravam o sofrimento. O apóstolo estava transbordando de alegria, considerando a igreja de Tessalônica como um pináculo do trabalho de sua vida até então:

> Quando o nosso Senhor Jesus estiver presente mais uma vez, qual é nossa esperança, nossa alegria e coroa de orgulho perante ele? Vocês! Sim: vocês são a nossa glória e a nossa alegria.[8]

Imaginamos o que se passava na mente das pessoas da igreja de Corinto, entre as quais Paulo estava enquanto escrevia a respeito disso tudo. Estariam eles ocupando um pobre segundo lugar na preferência do apóstolo? Mas talvez — e esse pode ser um *insight* importante sobre o entendimento que Paulo tinha de seu próprio trabalho — a igreja de

[7]1Tessalonicenses 2:10-12.
[8]1Tessalonicenses 2:19-20.

Tessalônica era-lhe particularmente especial precisamente por sua tão breve estadia. O apóstolo não teve tempo de se fixar e administrar o crescimento deles na fé, e tudo aconteceu de modo tão rápido que ele realmente não podia reivindicar qualquer crédito, mesmo se quisesse; o evangelho fez seu poderoso trabalho, pois, afinal de contas, tratava-se da palavra de Deus no coração das pessoas.[9] Assim, quando ele olha para trás, vê a igreja em Tessalônica, próspera em meio ao sofrimento, como grande sinal de que o Deus vivo e verdadeiro está de fato operando por meio da palavra do evangelho. Uma coisa era acreditar que *isso* acontece, como Paulo obviamente fazia há muito tempo, outra coisa era, em território estranho, descobri-lo tão obviamente acontecendo apesar de circunstâncias adversas. Esta carta, escrita nos primeiros dias em Corinto, condiz com fé reafirmada e esperança fortalecida.

Há três coisas que Paulo está ansioso para continuar a anunciar; cada uma delas será importante — e mais do que importante — em Corinto, e aqui temos uma primeira amostra. É como se essas questões estivessem fadadas a surgir justamente pelo fato de a cosmovisão cristã ser tão radicalmente diferente de tudo quanto as pessoas imaginaram antes.

Se fizermos uma lista de três tópicos, começando com "sexo" e "dinheiro", esperamos que "poder" seja o terceiro; neste caso, porém, é *parousia*, a "aparição" de Jesus. O primeiro deles é óbvio, porém precisa ser enfatizado: santidade sexual é mandatória, não opcional, para o seguidor de Jesus.[10] Paulo esclarecerá o que isso significa em termos práticos em sua primeira carta aos Coríntios, contudo, já a razão subjacente a essa regra é esclarecida. Cobiça descontrolada, louca e inflamada é um sinal de *que alguém não conhece a Deus*, pois santidade sexual não é apenas uma "regra", um mandamento arbitrário: é parte do que significa abandonar ídolos e servir ao Deus vivo e verdadeiro; é parte do que exprime a realidade de um ser humano legítimo, cuja

[9]1Tessalonicenses 1:5; 2:13.
[10]1Tessalonicenses 4:1-8.

imagem reflete a glória de Deus. Paulo enfatizará o mesmo ponto novamente nas cartas posteriores de Efésios e Colossenses, mas já nesta passagem ele é explícito, ainda que brevemente declarado. Evidentemente, Paulo teve muitas vezes de interromper seu trabalho de evangelização a fim de prestar ajuda pastoral às pessoas que davam ouvidos ao que ele dizia, mas que ainda estavam presas por hábitos desenvolvidos ao longo da vida. No fim das contas, mudanças de hábitos eram imprescindíveis.

Dinheiro fez parte do discipulado cristão desde o início. Paulo havia concordado com os "pilares" de Jerusalém de que se lembraria "dos pobres"; esse seria um dos sinais da nova comunidade, levado adiante como marca de identificação nos séculos vindouros. Para Paulo, ajuda financeira era simplesmente resultado do "amor", *agapē*, e isso nunca se tratou apenas de sentimentos, mas de apoio mútuo, primeiramente em meio à família de seguidores de Jesus[11] e, em seguida, na medida do possível, para o mundo em geral (repare na ênfase repetida em "boas obras" em prol da comunidade em geral na carta a Tito). É notório que, em um trecho aqui e uma passagem ali, particularmente na segunda carta à igreja de Tessalônica, Paulo já está lidando com problemas de segunda ordem que surgem em qualquer comunidade conhecida por fazer da generosidade um estilo de vida: parasitismo e passividade frente ao trabalho não podem existir na comunidade. Seguidores de Jesus devem "se comportar de maneira que os de fora respeitarão, de modo que ninguém... esteja em dificuldades financeiras".[12] Sexo e dinheiro são importantes, porém, não devem ser adorados. Pureza sexual e generosidade financeira devem ser incorporados ao DNA cristão desde o início.

Uma questão muito mais complicada diz respeito à *parousia*, ou "presença real" ou "manifestação" de Jesus. Evidentemente, sempre foi parte da mensagem de Paulo que o reino, tanto na terra como no

[11]Gálatas 6:10.
[12]1Tessalonicenses 4:12.

céu, já havia sido inaugurado por meio dos acontecimentos relativos à morte e à ressurreição de Jesus; contudo, o processo precisava ser completado, e isso aconteceria no retorno do Messias. Todavia, que linguagem o apóstolo poderia usar para transmitir essa ideia a pessoas de diferentes culturas, visões de mundo e pressuposições metafísicas? Paulo era herdeiro de uma longa tradição judaica, cuja linguagem, rica em metáforas, descrevia como a vida e o poder do reino de Deus ("céu") colidiriam com a esfera humana ("terra"). Seus ouvintes podiam não estar familiarizados com isso, assim como muitas pessoas hoje acham essa linguagem estranha ou incompreensível (ou, pior ainda, alguns *presumem* entendê-la quando claramente não o fazem). Paulo não estava apenas escrevendo sobre uma questão teórica; na verdade, havia uma necessidade pastoral urgente.

O problema existente em Tessalônica era o ensinamento de Paulo de que Jesus, que já havia vencido a morte, voltaria para completar o trabalho. Pelo menos alguns dentre os ouvintes tiveram a impressão de que nenhum deles, tendo se chegado à fé, morreria antes daquele tempo, mas, com a morte de alguns deles, a comunidade começou a se perguntar se a coisa toda era um erro.

Este problema de Tessalônica extrai de Paulo algo que obviamente ele não disse enquanto estava com eles, embora se baseie em crenças que ele há muito já tinha, e sem dúvida seu modo de expressar as coisas se desenvolve com o tempo, em parte quando ele descobre quais linhas de exposição seus ouvintes podem entender facilmente e quais tendem a distorcer. No cerne disso, porém, ele está ensinando não judeus a *pensarem como judeus*, e ambos a pensarem a partir de uma perspectiva judaica radicalmente modificada por Jesus. Trata-se de uma tarefa duplamente difícil, envolvendo nada menos do que a conversão mais difícil de todas: a conversão da imaginação, mas isso é o que se requer de pessoas que desejam entender onde estão e quem são na condição de família de Deus.

Conforme expliquei ao mencionar epicureus e estoicos, o antigo mundo gentílico não tinha uma "escatologia" propriamente dita, um senso de que o tempo estava indo para um determinado lugar, um senso de história cujo propósito final acabaria por se cumprir. A ideia estoica de uma conflagração a cada mil anos não é a mesma coisa, visto ser parte de um processo, de um ciclo, e a única outra "escatologia" séria na época de Paulo era, de modo revelador, aquela oferecida pela nova ideologia imperial, revivida a partir de uma ideia muito mais antiga relacionada a uma sequência de "eras", começando com o ouro e descendo até os metais mais básicos. (Uma variação da ideia é encontrada na sequência dos quatro metais na estátua sonhada por Nabucodonosor, em Daniel 2). Por fim, cantavam os poetas augustos da corte, a idade de ouro retornou! A máquina de propaganda imperial, figurando alguns dos maiores poetas e arquitetos da época, divulgava implacavelmente a notícia de que, com César Augusto, a história havia atingido um surpreendente, porém alegre, alvorecer.

Essa era, sem dúvida, uma mensagem empolgante àqueles que podiam vislumbrar, ao contrário de muitos, a possibilidade de se beneficiar do governo de Roma. A ideia era certamente nova para muitos que viviam em um mundo praticamente sem esperança, exceto para as camadas mais baixas da população, mas, para Paulo, tratava-se apenas de uma paródia da verdade. A verdadeira "idade de ouro" — ainda que ele não a chamasse assim — começou quando o Messias derrotou a morte e ressuscitou dos mortos. Voltando, então, à pergunta dos tessalonicenses, como devemos pensar sobre cristãos que morreram antes do retorno do Senhor?

O fato de Paulo escrever essas coisas estando em Corinto é relevante: é precisamente nas duas cartas que escreve aos coríntios que o apóstolo detalha esses assuntos importantes, mas é em 1Tessalonicenses que ele começa a tratar do assunto. Falando em termos pastorais, Paulo distingue entre depois tipos diferentes de luto.[13] O apóstolo fala aos tessalonicenses que eles não têm o tipo de tristeza *privada de* esperança, nem o senso obscuro, sombrio e horrível característico dos incrédulos, mas sim um pesar *cheio de* esperança, que, embora

[13]1Tessalonicenses 4:13-14.

doloroso em relação à perda, contém em si a forte e clara expectativa do reencontro. Paulo não diz exatamente quando o reencontro acontecerá, pois esse não deve ser o foco da comunidade; a questão é que todos acabarão, por fim, unidos "com o Senhor".

A fim de estabelecer essa ideia, Paulo emprega três imagens bastante diferentes. A primeira é de Moisés descendo do monte, acompanhado pelo som de trombeta, sugerindo que Jesus aparecerá da mesma maneira ao descer do céu. Não devemos cometer o erro de supor que, para Paulo, o "céu" era literalmente "lá em cima", um lugar ao longo do *continuum* espaço-tempo, pois os judeus da antiguidade eram capazes de usar a linguagem de um "universo de três andares" sem supor que ele deveria ser tomado literalmente. O céu (poderíamos dizer) é uma *dimensão* diferente da realidade, não uma localização dentro da *nossa* dimensão. A segunda imagem é a de Daniel 7, de "um semelhante ao filho do homem, subindo com as nuvens" da terra até o céu, justificado, enfim, após seu sofrimento, exaltado à posição de governo e reinado soberanos. Ainda mais, diz Paulo, aqueles que pertencem ao Senhor serão exaltados assim, justificados, compartilhando o trono do Senhor. A terceira imagem remete ao que acontece quando um imperador ou oficial de destaque faz uma visita de Estado a uma cidade ou província. Cidadãos proeminentes, vendo-o chegar, saem ao seu encontro em campo aberto com o objetivo de escoltá-lo majestosamente para a cidade. Semelhantemente, os que estiverem vivos sairão "para o encontro com o Senhor nos ares". Como ele poderia descrever ainda mais a união entre céu e terra? A questão não é que as pessoas serão arrancadas da terra e acabarão "no céu". Como vemos frequentemente em suas cartas, essa nunca é a visão de Paulo; a ideia é que céu e terra se unirão,[14] e aqueles que pertencem ao Messias terão parte nessa nova realidade.

A única declaração "literal" neste texto é a mais central e importante: as pessoas que morreram no Messias ressuscitarão primeiro,[15] ou seja,

[14]Efésios 1:10.
[15]1Tessalonicenses 4:16.

aqueles que morreram crendo em Jesus estão seguros em sua presença e serão ressuscitados quando ele aparecer; então, todos os pontos citados também acontecerão. Toda vez que Paulo menciona esse tópico, sua explicação é um pouco diferente, mas, uma vez que entendemos como a imagem funciona, o sentido subjacente é sempre o mesmo.

Outra imagem, no entanto, desafia os tessalonicenses com outro eco da propaganda imperial. O Senhor virá como um ladrão da meia-noite, justamente quando pessoas estão dizendo "paz e segurança".[16] Quem, naquele tempo, reivindicava oferecer "paz e segurança?" O Império Romano, evidentemente. O Império proclamava, em moedas e outros símbolos, que, com a ascensão de Roma, o mundo inteiro estava "seguro". Tratava-se de uma mentira, claro, um trecho clássico de propaganda política, comparável às mentiras expostas pelo profeta Jeremias.[17]

A sequência de imperadores terríveis — Tibério, Calígula, Cláudio e Nero — já era demasiado ruim, mas então veio "o ano dos quatro imperadores" (69 d.C.), quando todo o mundo romano pareceu entrar em convulsões prolongadas mais uma vez. Não havia nada de "paz e segurança". A resposta de Paulo ao orgulho romano é, mais uma vez, ensinar os convertidos a pensar de modo cristão até mesmo com relação ao próprio tempo:

> Vocês, irmãos, não estão nas trevas; esse dia não os surpreenderá como um ladrão. Vocês todos são filhos da luz, filhos do dia! Não somos da noite nem das trevas... Nós, que somos do dia, devemos ter autocontrole... O Messias morreu por nós para que, quer estejamos acordados quer dormindo, vivamos unidos a ele.[18]

Assim, os seguidores de Jesus devem se acostumar a viver com um tipo de *descompasso* teológico. O mundo ao nosso redor ainda está em

---

[16]1Tessalonicenses 5:2-3.
[17]Jeremias 6:14.
[18]1Tessalonicenses 5:4-10.

trevas, porém nós ajustamos o relógio a um fuso horário diferente. Em termos de visão de mundo, nosso relógio já nos mostra que é dia; por isso, devemos viver como pessoas diurnas, e este é um dos maiores desafios com os quais Paulo se deparou: como ensinar pessoas que nunca pensaram de forma escatológica de que o tempo está indo para determinado lugar e precisam aprender a redefinir seu relógio; como ensinar judeus, cujo pensamento era que o reino definitivo se manifestaria de uma só vez, a pensar que o reino *já* havia invadido a história mundial com Jesus, mas que *ainda não* havia sido consumado e não o seria até seu retorno e renovação de todas as coisas.

Este é um desafio mais familiar para nós no Ocidente moderno, embora nem sempre seja visto dessa maneira. De tempos em tempos, políticos e filósofos proclamam que o mundo entrou em um grande novo tempo com o Iluminismo do século XVIII. Trata-se, dizem eles, de um novo *saeculum*, uma nova "era" na história mundial, e o mundo deve aprender a viver à luz desse tempo. Contudo, geralmente reclamam, as coisas não têm funcionado tão bem quanto deveriam, e nem todo mundo acordou para o admirável mundo novo que pensávamos estar chegando. Esse é um problema particular para aqueles que viram as Revoluções Francesa e Americana de 1770 e 1780, ou a Revolução Russa de 1917 como o início de algum tipo de novo tempo. E então? Como vivemos entre a suposta chegada do novo tempo e sua real implementação? Essa é uma boa pergunta. Ela surge, podemos supor, apenas porque os ideais da Europa revolucionária, especialmente ideais associados com Karl Marx, eram, em si, ecos ou mesmo paródias da escatologia judaica e cristã.

Essa é uma história para outra ocasião, mas reparamos que Paulo, escrevendo aos tessalonicenses durante sua estadia em Corinto, teria muito conhecimento de que uma de suas tarefas principais era ensinar as igrejas a pensar no reino vindouro de Deus dessa forma, isto é, em dois estágios; nesse sentido, saber em que momento estavam seria crucial para o modo como haveriam de viver. De fato, embora a questão da "aparição majestosa" (*parousia*) do Senhor pareça não ter relação nenhuma com as questões anteriores de sexo e dinheiro, elas são, na verdade, correlacionadas, pois, se você já está vivendo no novo mundo, existem novas maneiras de se comportar.

A questão de quando Jesus retornaria e como se daria o acontecimento é o foco principal da segunda carta aos Tessalonicenses, provavelmente escrita de Corinto, pouco depois da primeira. Uma vez que Paulo inclui Silas (Silvano) e Timóteo como coautores, a probabilidade é de que a carta tenha sido escrita ainda durante primeira visita do apóstolo a Corinto, talvez em 51 d.C. Sofrimento e juízo são o tópico dominante: o presente sofrimento da igreja e o juízo vindouro, no qual Deus, finalmente, ordenará tudo.

Nos tempos modernos, tem estado em voga imaginar que os primeiros cristãos viam o juízo vindouro como literalmente o "fim do mundo", o colapso e a destruição do planeta ou de todo o cosmos como o conhecemos. Esta carta, embora repleta de imagens vívidas, torna claro que isso não pode estar certo. O apóstolo adverte os tessalonicenses a não se deixarem perturbar por ninguém que, passando-se por Paulo, escrevesse "que o dia do Senhor já chegou". O "dia do Senhor", — em outras palavras, a versão nova e focalizada em Jesus da antiga esperança israelita do "dia do Senhor" — não significará o fim da presente ordem espaço-temporal. Ninguém devia esperar ser informado a respeito de algo assim pelo sistema postal romano, e, como acontece de modo tão frequente na escrita judaica desse período, o que soa para nós como linguagem de "fim-de-mundo" é usada para denotar e remeter àquilo que poderíamos chamar de grandes acontecimentos mundiais, ascensão e queda repentina de potências governamentais e coisas do tipo, *revestindo-os* de um significado mais profundo, relacionado ao propósito de Deus.

Exemplos clássicos são encontrados em livros como o do profeta Isaías, no qual é empregada a *linguagem* de sol e lua escurecendo e estrelas caindo do céu para *denotar* a queda da Babilônia e para *revestir* o acontecimento com seu significado "cósmico", isto é, que os poderes do céu são abalados![19] Ou veja o caso de Jeremias, que, no início do

---

[19]Isaías 13:10.

seu ministério, profetizou que o mundo retornaria ao caos. Visto que o Templo de Jerusalém era considerado o ponto focal da criação, da união entre céu e terra, a linguagem do profeta era apropriada para denotar a época em que o Templo seria destruído.[20] Jeremias passou muitos anos preocupando-se com a possibilidade de ser um falso profeta, não porque o mundo não chegara ao fim, mas porque o Templo não havia sido destruído.

Esse tipo de linguagem foi usado ao longo de muitos séculos na cultura judaica, que sempre acreditou no vínculo estreito de "céu" e "terra" e via com naturalidade a imagem de "desastre natural" como forma de trazer à tona o sentido do que poderíamos chamar de grandes convulsões sociopolíticas. Na verdade, fazemos exatamente a mesma coisa ainda hoje quando falamos de um "terremoto" político ou de uma eleição que produziu uma "avalanche". As metáforas que usamos parecem tão naturais que nos esquecemos de que são metáforas; e, por serem estranhas ao nosso modo de falar, as metáforas de outros povos são muitas vezes descaracterizadas como se não fossem metáforas. Sem dúvida, Paulo enfrentou o mesmo tipo de problema, movendo-se em meio a uma gama complexa e confusa de culturas.

Então, o que ele estava realmente dizendo aos tessalonicenses ao avisá-los sobre o "dia" vindouro? A melhor maneira de tomar sua linguagem estranha e alusiva é vê-la como extensão natural do que ele diz em 1Tessalonicenses 5. Recordamo-nos que, na passagem em questão, Paulo advertiu sobre aqueles que diziam "paz e segurança" e enfrentariam súbita ruína. Isso só pode significar uma referência codificada à propaganda imperial lançada por Roma, que, alegando ter conquistado o controle do mundo inteiro, oferecia ao cidadão uma garantia de segurança muito além de sua capacidade. Paulo já sabia — todo o mundo judaico já sabia — o que isso significava na prática. A carta foi escrita durante o governo de Cláudio, mas todos sabiam o que o seu antecessor, Caio Calígula, havia tentado fazer.

---

[20]Jeremias 4:23-28.

Ele quase conseguiu. Imperador aos 25 anos, Calígula tornou-se cada vez mais errático e megalomaníaco, insistindo em honras divinas na própria Roma, algo que seus predecessores, Augusto e Tibério, tiveram o cuidado de evitar. Uma barreira permanecia em seu caminho: a permissão dada aos judeus para que adorasse seu próprio Deus à sua maneira. Calígula planejava fazer com Jerusalém o que Antíoco Epifânio fizera dois séculos antes, só que ainda mais: ele converteria o Templo de Jerusalém em um grande santuário, centralizado em uma estátua gigante de si mesmo — em outras palavras, ele seria a imagem divina no lugar santo.

Assim como no caso dos planos grandiosos que fez para o canal de Corinto, nada disso aconteceu. Calígula foi assassinado em janeiro de 41 d.C., seu nome foi removido de registros públicos, e suas estátuas, destruídas; contudo, para muitos judeus que conheciam as Escrituras, principalmente as profecias de Daniel, havia a sensação de que o vasto, caótico e horrível "mistério da iniquidade" havia sido frustrado, porém retornaria. Algo o estava retendo; por enquanto, algo "o restringia".[21] O que isso significava? Alguns pensam que Paulo queria dizer que Cláudio, um tipo diferente de imperador, seguia um tipo de política diferente, mas que, quando Cláudio partisse, outro Calígula surgiria. Outros supõem que Paulo se referia ao poder do próprio evangelho, que o trabalho de anunciar a Jesus como Senhor estabelecia uma cabeça de ponte nas estruturas de poder do mundo, de modo que o grande mal, ao retornar, pudesse ser devidamente derrotado. Em todo caso, o propósito de Paulo não era encorajar a tendência dos tessalonicenses à especulação apocalíptica, mas assegurar-lhes que, apesar de medos e rumores, Deus estava no controle. Jesus era de fato o governador mundial vindouro, e os tessalonicenses, como seu povo, estavam seguros.[22]

Ele tinha mais uma mensagem para eles, lembrando-nos novamente de que, desde o início, a igreja era uma comunidade de apoio

[21]2Tessalonicenses 2:6-7.
[22]2Tessalonicenses 2:13-14.

mútuo. Eis aqui, vinte anos depois da crucificação e da ressurreição de Jesus, uma "família" já se deparando com o problema de pessoas que se aproveitavam da generosidade, do *agapē*! A esse respeito, a instrução de Paulo é clara: quem não trabalha, também não coma.[23] Sem dúvida, a comunidade da época entendeu o recado, mas, para nós, o importante talvez é o que Paulo e os tessalonicenses tinham por certo: que os seguidores de Jesus deviam viver como "família", com todas as suas implicações de apoio mútuo. Paulo enfatizou a responsabilidade individual: "Faça o próprio trabalho em paz" (conforme ele mesmo fizera, deixando deliberadamente o exemplo), "e coma do próprio pão".[24] A igreja moderna ocidental levou o individualismo ao extremo, e há grandes vantagens em se concentrar no desafio a cada membro individual, tanto em termos de fé quanto de trabalho, no entanto, para Paulo, isso não comprometia, mas dava o equilíbrio apropriado, a uma realidade ainda mais fundamental: de que aqueles que pertenciam ao Messias eram "irmãos e irmãs".

AO REFLETIRMOS SOBRE OS EPISÓDIOS vividos nas cidades na Galácia e depois em Tessalônica e Bereia, imaginamos que a obra de Paulo na sinagoga de Corinto resultaria em tumultos, hostilidade local e algum tipo de agitação, bem como em sua fuga da cidade, mas, por alguma razão, isso não aconteceu; na verdade, a situação serviu de estímulo à esperança. De fato, o apóstolo se deparou com a esperada oposição, mas, por esse tempo, Crispo, o líder da sinagoga, tornara-se cristão, o que deve ter causado um alvoroço na comunidade judaica e na cidade de Corinto.

Quando, com o tempo, não foi mais possível para Paulo trabalhar na sinagoga, um dos convertidos dentre os membros tementes a Deus ofereceu um ponto de encontro alternativo — sua própria casa, do outro lado da rua. Mais uma vez, se Paulo fosse uma pessoa muito acanhada, teria escolhido um local menos conflituoso, mas esse nunca foi seu estilo.

---

[23] 2Tessalonicenses 3:10.
[24] 2Tessalonicenses 3:7-9, 12.

Também por volta dessa época, Paulo teve uma visão do próprio Jesus, encorajando-o. "Não tenha medo", assegurou-lhe o Senhor. "Fale. Não fique em silêncio, pois eu estou com você. Ninguém será capaz de levantar sequer um dedo para prejudicá-lo. Há muitos do meu povo nesta cidade".[25] Visões assim, tanto hoje quanto antigamente, não são privilégios. Paulo precisava certificar-se de que deveria permanecer por um período mais longo do que na maioria das cidades anteriores.

É como se Paulo desejasse confusão ao realizar cultos do lado oposto da sinagoga. Mais uma vez, porém, ele não apenas se safou, mas, como no caso de seu pedido público de desculpas em Filipos, saiu-se ainda melhor. Depois de pouco mais de um ano de ensino e pastoreio em Corinto, membros remanescentes da sinagoga — judeus que, diferentemente de Crispo, decidiram não seguir a Jesus — uniram-se para atacar o apóstolo. Recordamo-nos da ironia nas duas acusações anteriores, que devem ter ressoado com o próprio senso de Paulo sobre uma identidade nova e paradoxal. Em Filipos, ele havia sido acusado de *ensinar costumes judaicos*, ilegais aos romanos; em Tessalônica, foi acusado *pela comunidade judaica* de ensinamentos contrários aos decretos de César. Neste ponto, as coisas eram menos específicas, mas, ainda assim, em uma colônia romana orgulhosa, potencialmente ameaçadoras. Paulo foi acusado de "ensinar o povo a adorar a Deus de maneira ilegal".[26]

Ele foi levado para o tribunal de Gálio, irmão do famoso filósofo Sêneca. Gálio havia sido nomeado por Cláudio como procônsul da província da Acaia; uma inscrição de Delfos data o acontecimento com precisão, indicando que Gálio terminou seu mandato em 52 d.C. O tempo de mandato normal era de um ano, embora alguns permanecessem por mais tempo; a probabilidade é que Gálio tenha chegado no final de 51 d.C. Os dezoito meses de Paulo em Corinto provavelmente duraram desde algum tempo no início de 51 a algum tempo no fim de 52 d.C.

[25]Atos 18:9-10.
[26]Atos 18:13.

O que opositores judeus queriam dizer com "adorar a Deus de maneira contrária à lei?" Não há como saber ao certo, mas, do que sabemos, podemos inferir uma resposta interessante e reveladora. Comunidades judaicas tinham permissão oficial para adorar seu próprio Deus, e, pelo que conhecemos das orações de Paulo, o apóstolo fazia uso constante de formulações em estilo judaico, *porém incluindo Jesus nelas*. O exemplo mais conhecido, talvez o mais importante para Paulo, é a oração que ele cita na primeira carta aos Coríntios, incorporando Jesus na oração monoteísta central, o *Shemá*: "Para nós, porém, há um único Deus, o Pai... e um só Senhor, Jesus, o Messias".[27] Essa formulação estava fadada a ser ofensiva para os judeus que não viam Jesus como o Messias de Israel ou a personificação do Deus de Israel, por isso, sugeriram os acusadores, ela deveria ser considerada "ilegal" pelas autoridades romanas, visto que ultrapassa o que havia sido autorizado. Roma tinha, por assim dizer, dado permissão a um inquilino para que trouxesse um piano para o apartamento; Paulo, porém, estava trazendo a orquestra inteira.

É possível, embora menos provável, que eles também tenham sugerido que chamar Jesus de *Kyrios* ou "filho de Deus" e considerá-lo como o verdadeiro rei de Israel fosse algo potencialmente sedicioso contra Roma; isto é, a pequena orquestra de Paulo incluía um trompete, convocando tropas para o combate. Em alguns aspectos, os acusadores estavam certos. Se Paulo estava adaptando liturgias permitidas a uma nova forma, reivindicando ser esse o cumprimento do estilo de vida judaico e a esperança de Israel, é bem possível que estivesse indo além do que Roma pensava ter sancionado ao permitir o culto judaico. Além do mais, denominar Jesus com títulos que César atribuía a si próprio seria lançar toda cautela às favas.

Essa proposta é confirmada, penso eu, pela resposta de Gálio. O procônsul não estava interessado nas acusações judaicas, interrompendo o julgamento antes que Paulo dissesse qualquer coisa; talvez

---

[27]1Coríntios 8:6.

Gálio tivesse ouvido falar de sua loquacidade e não estivesse preparado para ouvir uma longa exposição de ensinamentos judaico-cristãos. O discurso do Areópago não se repetiria. Gálio declarou que as acusações não tinham relação com qualquer conduta ilegal ou cruel. Tratavam-se, antes, de assuntos internos da comunidade judaica, "uma questão", concluiu, "de palavras e nomes de sua própria lei".[28] No que dizia respeito a Gálio, se Paulo quisesse adaptar estilos judaicos de oração, adicionando este ou aquele nome ou título, podia fazê-lo. Gálio se recusava a julgar essas coisas, pois, para ele, as partes deviam resolver o conflito entre si.

Esse foi um acontecimento importante na história da igreja, e nos perguntamos se mesmo Paulo conseguiu antecipá-lo. O que isso significava era que, ao contrário das autoridades de outros territórios que o apóstolo visitou, o governador romano oficial do sul da Grécia ("Acaia") declarou que *seguir Jesus devia ser visto como uma variação do estilo de vida judaico*. De uma só vez, o veredito tirou o espinho que havia feito parte da dor na Galácia, uma vez que significava, dentre outras coisas, que o seguidor de Jesus, ausentando-se do culto imperial (prática que, enfatizamos mais uma vez, não deixaria de ser notada em uma cidade romana orgulhosa), poderia reivindicar a mesma isenção que os vizinhos judeus.

A outra grande diferença entre o que ocorreu em Corinto e o que havia acontecido nos conflitos legais (e ilegais) anteriores de Paulo é que a multidão, sempre um elemento volátil em uma cidade movimentada, discerniu para onde o vento soprava e derramou sua frustração não em Paulo e em seus amigos, mas em Sóstenes, o novo líder da sinagoga. Gálio, que poderia facilmente mandar oficiais para impedir o espancamento, não fez nada.[29]

POUCO DEPOIS, PAULO DEIXOU CORINTO, embora não saibamos o motivo. Parece que queria chegar a Jerusalém, quem sabe para participar de determinada festa, e talvez por isso é que tenha feito voto,

[28]Atos 18:15.
[29]Atos 18:17.

preparando-se de forma tradicional para um ato especial de adoração. Declara-se em Atos, de modo brusco e surpreendente (levando alguns intérpretes a questionar se o verdadeiro Paulo teria alguma vez se comportado assim), que Paulo, enquanto esperava no porto oriental de Cencreia por sua partida pelo mar, teve seu cabelo cortado por causa de seu voto. O estranho disso, pelo menos até certo ponto, é que o corte de cabelo supostamente ocorreria no *final* de um período especial (durante o qual o cabelo voltou a crescer), e não no início; a menos, claro, que o voto fosse levar certo tempo. Nesse caso (e lembrando que Paulo desaprova o homem de cabelo comprido em 1Coríntios 11), faria sentido cortá-lo no início do período da purificação, de modo que, mesmo em um período longo de crescimento subsequente, o cabelo não cresceria *muito*.

A outra coisa estranha, em um nível mais profundo, é que os intérpretes de Paulo por muitos anos abordaram-no com as suposições do protestantismo moderno europeu, no qual a ideia de ele fazer algo tão "católico" — ou tão judaico! — quanto fazer um voto de purificação, cuja exigência seria um corte de cabelo especial, era impensável. Mas isso não passa de preconceito moderno, visto que a doutrina de Paulo sobre justificação pela fé não tem nada a ver com a retidão ou o erro de determinadas práticas devocionais. Como Paulo obviamente ainda se via como judeu leal, adorando o Deus de seus ancestrais na dispensação inaugurada pelo Messias de Israel, não havia razão terrena (ou celestial!) pela qual não deveria envolver-se com certas práticas. O mais estranho ainda, porém, é que Lucas, depois de mencionar o voto repentinamente, nada mais fala sobre o assunto, embora forme uma conexão com outros dois rituais purificatórios praticados por Paulo em sua chegada a Jerusalém, em Atos 21:22-26.

Levando consigo Priscila e Áquila (nada nos é dito sobre Silas e Timóteo), Paulo atravessa o Egeu e ruma em direção a Éfeso, onde o casal permanece. Paulo faz uma breve visita à sinagoga da cidade (agora já sabemos o roteiro: Abraão, Êxodo, Davi, exílio, esperança, Messias), mas está ansioso por continuar sua viagem. O apóstolo navega para Cesareia e, de lá, ruma em direção a Jerusalém, retornando, em seguida, para Antioquia da Síria. A viagem deve ser datada no final de 52 d.C., e sua parte final, subindo de Jerusalém para Antioquia, no início de 53 d.C.

Enquanto viajava — no mar, nas estradas — Paulo orava, e sabemos disso. Quando diz às pessoas "orem o tempo todo", dificilmente o mandamento se aplicaria a todos, exceto a si mesmo.[30] Seria simplesmente uma conversa incessante, um fluir de consciência, um monólogo (ou diálogo) com o Deus que, por seu espírito, estava tão presente quanto o próprio fôlego? Talvez sim, mas, lendo as cartas que Paulo escreveu nos três ou quatro anos seguintes, acho que podemos ser muito mais precisos e focados. Em vários pontos das cartas, o apóstolo parece adaptar orações e liturgias judaicas para incluírem Jesus em reconhecimento à nova vida que irrompeu em meio à tradição antiga. Sabemos, a partir de muitas passagens nas cartas, que ele orava os salmos mirando Jesus, o rei prometido, o sofredor final, o verdadeiro ser humano que, agora, seria coroado de glória e de honra. Podemos conjecturar, pela maneira como o apóstolo facilmente a elabora em seu argumento, que a adaptação impressionante da oração do *Shemá* era sua forma diária, talvez três vezes ao dia, de invocar Jesus, expressar sua lealdade a ele e a seu reino: *Para nós... há um único Deus... e um só Senhor...*[31]

Da mesma maneira, as "bem-aventuranças" da liturgia judaica ("Bendito seja o Deus que...") tornaram-se parte de sua celebração pelo modo com o qual o Único Deus cumpriu seu propósito em Jesus. Paulo fazia orações do Êxodo, orações do reino, orações messiânicas, orações de Jesus. A experiência de Paulo em articular a mensagem absurda a respeito de Jesus e observar como ela cativava, agarrava e mudava a vida das pessoas dava ao apóstolo razões concretas para orar dessa forma e invocar o nome de Jesus e seu poder, buscar sua

[30]1Tessalonicenses 5:17.
[31]1Coríntios 8:6.

proteção, sua direção, seu encorajamento e sua esperança, conhecer sua presença como foco do que ele, no início de sua vida, experimentara como o amor pactual do Único Deus.

Ao acompanharmos a trajetória exterior da vida de Paulo, é fácil esquecer que o caminho interior era tão importante quanto o exterior. A menos, porém, que nos afastemos de suas incansáveis jornadas e o imaginemos orando assim — orando enquanto ele e seus amigos partem o pão em nome de Jesus; orando enquanto espera o próximo navio, pela virada da maré, pelo tempo certo para navegar; orando por amigos doentes e pequenas igrejas recém-fundadas; orando enquanto caminha em direção ao que pode ser um encontro maravilhoso com velhos amigos ou um confronto desajeitado com velhos inimigos — a menos que incluamos a vida de oração em nossa imagem desse homem extraordinário, enérgico, ousado e, contudo, vulnerável, jamais o compreenderemos. Particularmente, não entenderemos o que aconteceu em seguida.

Em todas as etapas dessa jornada, de seu empreendimento missionário extraordinariamente bem-sucedido ao redor do Egeu, de volta a Jerusalém e Antioquia, gostaríamos de saber o que aconteceu. Onde ele ficou? A quem conheceu? O que foi dito, como ele foi recebido, que passagens bíblicas estudaram juntos? Houve novo acordo ou novas tensões? O apóstolo voltou a trabalhar com Barnabé? Encontrou-se com João Marcos? Se sim, o que disseram um ao outro? Ele relatou a Tiago e aos demais em Jerusalém as dificuldades práticas de organizar e manter comunidades de fé ao longo das fronteiras culturais — e, em particular, sobre a maneira como a carta escrita pela igreja de Jerusalém após o concílio foi tanto útil quanto inútil em situações da vida real? Tiago havia escrito sua própria carta ("Carta de Tiago") a essa altura, e eles chegaram a discutir justificação pela fé, obras, e a importância de Abraão? Foi nessa visita que, percebendo tanto as dificuldades enfrentadas pela igreja de Jerusalém quanto a sensação de que seguidores locais de Jesus tinham apenas uma ideia vaga de quem eram seus irmãos e irmãs espalhados pelo mundo, que Paulo concebeu o plano para uma coleta em grande escala como meio de ajuda humanitária a Jerusalém e sinal de unidade ao longo de quilômetros e culturas?

Nada disso nos é dito. O próprio Paulo nunca menciona essa viagem. Lucas a descreve em um único versículo: "Então ele subiu a Jerusalém, saudou a igreja e retornou para Antioquia".[32] Nossa fonte nos dá um sentimento de calmaria antes da tormenta.

[32]Atos 18:22.

Viagens pela Ásia Menor

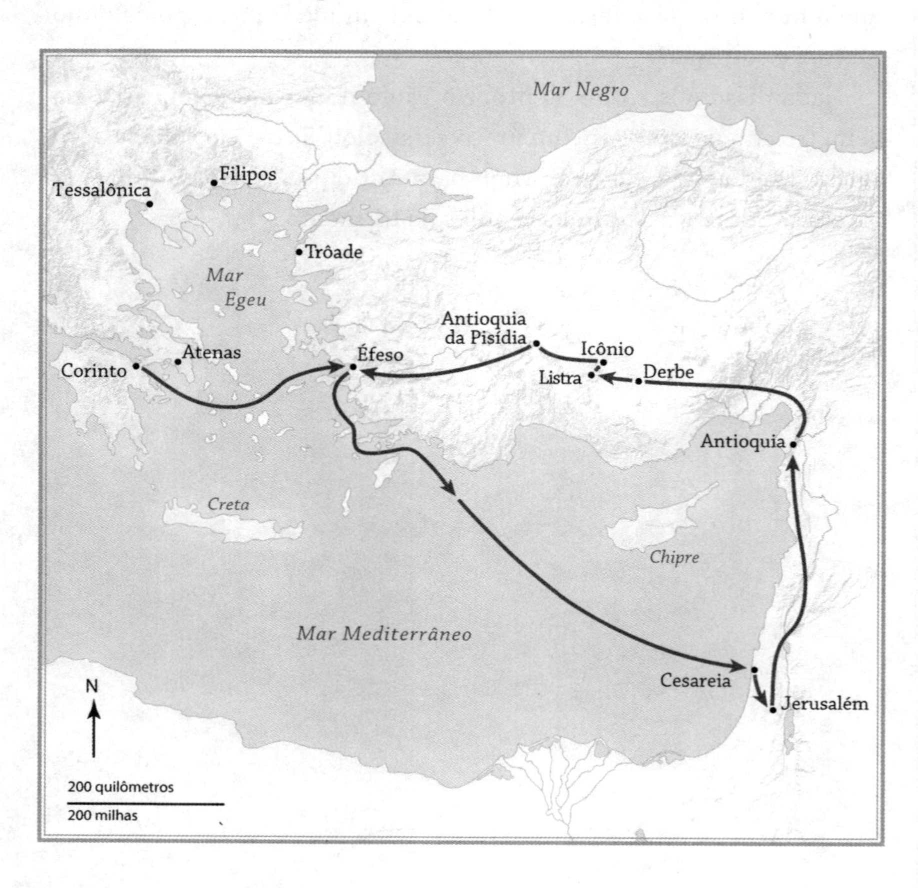

CAPÍTULO 10

ÉFESO I

"QUEREMOS QUE SAIBAM", escreveu Paulo a Corinto, provavelmente em 56 d.C., "acerca do sofrimento que passamos na Ásia".[1] Nosso problema é que, embora Paulo quisesse que os coríntios soubessem sobre o período de dificuldade pelo qual passou, não nos diz exatamente o que aconteceu; talvez os coríntios soubessem; nós, porém, continuamos às escuras. À parte do que Paulo escreve na segunda carta aos coríntios, temos apenas sugestões e conjecturas. Lucas, sem dúvida querendo atenuar qualquer problema sério enfrentado por seu principal protagonista, dá-nos diversas descrições vívidas a respeito de muitas obras realizadas por Paulo em Éfeso, principal cidade da província da Ásia, e do famoso motim no teatro, onde uma vasta multidão gritou: "Grande é a Ártemis dos efésios!" (Não por acaso, visto que o Templo de Ártemis, localizado no lado nordeste da cidade, era uma das

[1]2Coríntios 1:8.

sete maravilhas do mundo antigo).[2] Mas nada em seu relato do tempo em que Paulo passou em Éfeso sugere algo que destoe desta expectativa: Paulo prega sobre o Messias na sinagoga; agrega oposição; surgem ameaças e distúrbios envolvendo magistrados locais; Paulo finalmente deve sair da cidade.

Mas 2Coríntios conta uma história diferente. Nela, penetramos num período obscuro da vida de Paulo, e talvez um lugar sombrio em seu coração e em sua mente. Alguns sugerem que mesmo sua posição teológica mudou radicalmente como resultado dessas experiências. Não creio que seja o caso, mas, agora, aproximamo-nos de um estágio novo em nossa investigação sobre as motivações do apóstolo e como sua visão de Jesus na estrada de Damasco deixara uma marca transformadora em sua vida, em sua essência e em sua vocação exterior. Com isso, podemos também antecipar, a partir dessa escuridão, a pergunta extra do porquê de a obra de Paulo ter se demonstrado, histórica e humanamente, tão bem-sucedida.

Essas perguntas já são levantadas pelo apóstolo no início de 2Coríntios:

> O peso que tivemos de carregar foi pesado demais para nós; chegamos ao ponto de desistir da própria vida. Sim: já em nosso interior, recebemos a sentença de morte.[3]

Se alguém viesse me visitar e dissesse algo assim, reconheceria sinais de uma depressão séria, pois não se tratava apenas de uma sentença exterior de morte — o Paulo que viemos a conhecer podia lidar com a possibilidade de morte razoavelmente bem —, mas, como ele próprio coloca, "em nosso interior". (O "nós" nessa carta é claramente uma maneira de referir-se a si mesmo. Embora, em 1:1, Paulo mencione Timóteo como estando com ele, o que o apóstolo diz é tão

[2]Pausânias 4.31.8; 7.5.4.
[3]2Coríntios 1:8–9.

pessoal e íntimo que devemos interpretá-lo como uma forma indireta de falar sobre si próprio, talvez evitando, ao mesmo tempo, o reducionismo alarmante da primeira pessoa do singular).

Paulo prossegue imediatamente para descrever, em retrospecto, sua reação a essa sentença de morte interior: "Para que parássemos de depender de nós mesmos e passássemos a depender do Deus que ressuscita mortos".[4] Agora, o apóstolo pode olhar para trás durante seu período de trevas e vê-lo sob uma perspectiva mais ampla da misericórdia de Deus; na época, porém, ele se sentiu completamente sobrecarregado pela situação. Paulo retorna ao tema mais de uma vez nessa carta e, no capítulo 4, o que ele diz é particularmente revelador:

> Estamos sob todo tipo de pressão, mas não esmagados completamente; sofremos perda, mas não nos desesperamos; somos perseguidos, mas não abandonados; abatidos, mas não destruídos.[5]

Sim, mas a afirmação que ele faz no primeiro capítulo da carta é que, *na época*, *sentira-se* desanimado, sim; *sentira-se* perplexo, sim; *sentira-se* abandonado, sim; *sentira-se* destruído, sim. É apenas em retrospectiva que ele olha para trás e diz: "Não era o fim, como pensava". Em sua primeira carta aos coríntios, Paulo usa a imagem do boxeador; se fôssemos desenvolvê-la, o presente caso parece representar o que ele achava ter sido um golpe do qual esperava acordar, se é que conseguiria, em um hospital; mas ei-lo aqui, ainda em pé. Como isso aconteceu? Paulo, sendo quem era, interpreta a sequência inteira de acontecimentos como parte do que significa ser o homem do Messias: "Sempre carregamos em nosso corpo o morrer de Jesus, para que a vida de Jesus seja revelada em nosso corpo".[6]

---

[4]2Coríntios 1:9.
[5]2Coríntios 4:8–9.
[6]2Coríntios 4:10.

Não percebemos o desconforto de Paulo apenas nessas passagens reveladoras. Quando lemos 1 e 2Coríntios em rápida sucessão — especialmente em grego, embora penso que a ideia evidencie-se na tradução —, não demoramos a perceber que algo aconteceu. O estilo é diferente. Pessoas realizaram todo o tipo de teste no estilo de escrita de Paulo, incluindo o uso de tecnologia computadorizada como forma de análise do funcionamento das frases e outras coisas mais. A análise conclui algumas ideias importantes — por exemplo, que não há muita variação ao longo da coletânea completa de cartas, a despeito da sugestão de alguns. Mas essas duas cartas, escritas para a mesma igreja em um espaço máximo de dois ou três anos uma da outra, são claramente diferentes a olho nu. A primeira, lidando com todo tipo de problema na igreja de Corinto, é alegre, otimista, expositiva; às vezes provocativa e desafiadora, mas sempre apresenta um fluxo de pensamento, uma expressão de confiança. A segunda, embora provocativa na seção final, parece que está sendo arrastada para fora de Paulo através de um filtro de escuridão e dor.

Na segunda carta, Paulo se repete como um disco velho que, riscado, volta sempre à mesma frase:

> [...] Deus de toda consolação, que nos consola em todas as nossas tribulações, para que, com a consolação que recebemos de Deus, possamos consolar os que estão passando por tribulações. Se somos atribulados, é para consolação e salvação de vocês; se somos consolados, é para consolação de vocês... da mesma forma como vocês participam dos nossos sofrimentos, participam também da nossa consolação.[7]

Paulo dá meia volta em seu pensamento, modificando e corrigindo o que acabara de dizer:

---

[7]2Coríntios 1:3–7 (NVI).

> Nada lhes escrevemos, afinal, além do que sejam capazes de ler ou entender. E espero que continuarão a nos entender até o fim, assim como já nos entenderam — quer dizer, ao menos em parte![8]

O apóstolo acrescenta frase em cima de frase como alguém que pega tijolos pesados e os coloca um por um, com muito esforço, em uma parede:

> Quem está capacitado para tanto? Ao contrário da maioria, não somos vendilhões da palavra de Deus; antes, no Messias falamos na presença de Deus com sinceridade, como homens enviados por Deus.[9]

Nada em 1Coríntios (ou na carta aos Gálatas e aos Tessalonicenses) soa assim. Estamos ouvindo um homem ditando sentimentos que, embora de alívio em vários aspectos, têm sido mais pesados do que pensava ser possível. Paulo parece exausto.

Ao final de 2Coríntios, porém, ele parece se animar, e há sinais de que a carta está sendo escrita enquanto ele está na estrada ao redor do norte da Grécia, no caminho de Éfeso para Corinto pela rota terrestre, e também vemos sinais de que Paulo recebeu boas notícias durante o trajeto. Todavia, no início e em vários pontos da carta, ficamos cientes de que algum acontecimento marcou seu coração, sua mente e sua linguagem, da mesma maneira que o apedrejamento e as surras haviam marcado sua face e seu corpo. Como tradutor, senti-o quando, durante alguns meses na primavera de 2002, movi-me da primeira carta para a segunda. O grego da segunda carta é muito mais difícil, talvez o mais difícil do Novo Testamento e, certamente, de Paulo. O texto forma como se fosse um nó.

O que aconteceu, afinal? Alguns olham para trás, para a primeira carta aos coríntios, na qual Paulo se autodescreve como enfrentando perigos de hora em hora e até mesmo "morrendo" todos os dias: "Se, em

---

[8]2Coríntios 1:13–14.
[9]2Coríntios 2:16–17.

termos humanos", declara, "lutei com animais ferozes em Éfeso, de que me aproveita?"[10] Paulo está falando sobre a ressurreição futura e salientando que, sem a esperança da ressurreição, não havia sentido passar pelo que passou. Mas tudo ainda parece bastante otimista, e os "animais ferozes" provavelmente são, pelo menos aqui, uma metáfora para a recepção hostil da qual já estava acostumado. O apóstolo é positivo sobre seu trabalho atual em Éfeso; há oportunidades esplêndidas, pondera, bem como séria oposição.[11] Entretanto, parece que o que ele descreve como seu "orgulho" no sofrimento estava prestes a se concretizar, de modo tal e em tamanha profundidade, que jamais antecipara.

A melhor hipótese — continua sendo uma hipótese, mas ainda é a melhor — é a de que Paulo foi preso em Éfeso e levado a julgamento, correndo risco de morte. Pelo fato de essa época coincidir com uma confusão feia e alarmante em Corinto, o que ocorreu foi uma "tempestade perfeita". A igreja dos coríntios se voltara contra o apóstolo.

A evidência de um aprisionamento na cidade de Éfeso, não mencionado por Lucas, é forte. Na pequena carta a Filemom, Paulo pede-lhe para preparar "um aposento". Filemom vivia em Colossos, no vale do Lico, cerca de 200 quilômetros de Éfeso. Pelo tempo em que escreveu a carta, Paulo, ainda na prisão, esperava, por meio da oração de seus amigos, ser liberto; em seguida, planejava visitar Filemom. Supomos que, dentre outros, seu objetivo era saber da situação de Onésimo, o ex-escravo fugitivo — voltaremos a essa questão, mas, por enquanto, a menção de um aposento é vital.

Além de Éfeso, os únicos lugares onde sabemos que Paulo esteve preso são Cesareia[12] e Roma. Quando em Cesareia, Paulo já havia se despedido das igrejas do litoral do mar Egeu; quando em Roma, estava decidido ir mais a oeste, em direção à Espanha.[13] Mesmo que tenha mudado os planos, resolvendo revisitar Éfeso quando estava

---

[10]1Coríntios 15:32.
[11]1Coríntios 16:8–9.
[12]Atos 23—26.
[13]Atos 20:25,38; Romanos 15:24,28.

em Cesareia, ou decidido, em Roma, ir mais uma vez em direção ao Oriente, é improvável que seu destino principal fosse uma pequena cidade no vale do rio Lico. Assim, o aposento em Colossos nos serve de indicação de que Paulo estava aprisionado em Éfeso.

O fato de Lucas não mencionar o aprisionamento é por si só importante, como o cachorro de Sherlock Holmes que deixa de latir à noite. Lucas se contenta em relatar apedrejamentos, espancamentos, ataques e acusações contra Paulo. O escritor de Atos nos conta sobre o aprisionamento do apóstolo em Cesareia e sua prisão domiciliar em Roma. Éfeso, porém, deve ter sido um momento mais sombrio; talvez tenha sido mais difícil de entender. Em outros textos, pode-se contar a história de Paulo como apóstolo e evangelista leal, acusado falsamente e solto pelas autoridades depois de perceberem o erro. No caso de Éfeso, porém, a situação foi mais obscura; além do mais, isso se encaixa com o humor que Paulo relata no início de 2Coríntios. É notório também que 2Coríntios tenha diversas ligações temáticas com Colossenses, e isso se encaixaria com Colossenses sendo escrito muito antes da libertação de Paulo da prisão, e 2Coríntios, não muito tempo depois.

O aprisionamento de Paulo em Éfeso também explica por que ele evita a cidade em sua jornada final ao Oriente. Neste ponto da narrativa, Lucas explica que ele não queria passar muito tempo na região, já que estava ansioso por estar em Jerusalém para a festa de Pentecostes, o que também pode ser verdade.[14] Entretanto, passar de largo sobre a cidade na qual passara dois ou três anos parece mais do que um simples problema de agenda. Paulo nunca foi de fugir de uma batalha, mas, a essa altura, pode ter percebido que deveria escolher quais batalhas travar e quais evitar.

Afinal, o que sabemos a respeito de Éfeso? Além de lar do magnífico templo de "Ártemis dos efésios", a cidade era, neste período, a orgulhosa anfitriã do culto imperial. Oficiais locais de diversas cidades grandes e pequenas competiam entre si pelo privilégio de ostentar um

[14]Atos 20:16.

novo templo em homenagem a Roma ou a César (ou a ambos; e, claro, pelos benefícios econômicos que o acompanhariam). No século I d.C., Éfeso recebeu essa honra duas vezes; no século III d.C., mais uma. Além disso, Éfeso era famosa como lugar de todo tipo de magia, artes ocultas e poderosas que sempre foram populares como parte do paganismo tradicional. Quando Atos descreve a conversão de praticantes de magia, cujos livros de ocultismo eram queimados como evidência do impacto do ensinamento de Paulo,[15] tal ocorrência em Éfeso faz sentido. Mas também faz sentido imaginar uma reação negativa, e, quando as forças das trevas contra-atacam, não jogam de maneira justa.

Concordo, portanto, com vários estudiosos que insistem no aprisionamento de Paulo em Éfeso, e sugiro ser essa a melhor explicação da evidência, além de nos fornecer um local no qual Paulo escreve não apenas sua carta a Filemom, mas também as demais Cartas da Prisão, incluindo a própria carta aos cristãos efésios. Como sugiro a seguir, a carta é circular, escrita para igrejas da região e, portanto, expressa em termos mais gerais do que o normal. Mas foi também em Éfeso que Paulo experimentou o que poderíamos chamar de "crise de Corinto", a qual tinha diversos elementos; embora seja impossível agora determinar todos os detalhes do que aconteceu, os pontos-chave se destacam. Para fins desta biografia, o que realmente importa é o efeito que o aprisionamento teve em Paulo e a maneira como ele reagiu. Como as duas coisas acontecem simultaneamente — problemas em Éfeso e em Corinto —, teremos de retroceder e avançar entre ambas as cidades a fim de entender o motivo pelo qual Paulo sentiu como se tivesse recebido a sentença de morte.

AO ESCREVER 1CORÍNTIOS, provavelmente por volta de 53 d.C., Paulo teve de lidar com muitos problemas na igreja; em particular, dois deles podem ter tido parte na crise mais ampla que ocorreu em seguida. Paulo já havia escrito uma carta preliminar mais curta, que se perdeu, exortando os cristãos a não se associarem com pessoas que desrespeitam

[15]Atos 19:19.

o estrito código de ética judaico-cristão, particularmente relacionado a sexo, dinheiro, idolatria e outras esferas cujo comportamento inapropriado abundava.[16] O apóstolo prosseguiu com instruções mais específicas sobre a necessidade de expulsar determinado membro da igreja que estava morando com a esposa do próprio pai, mas alguns na igreja, possivelmente amigos da pessoa em questão, podem ter pensado que Paulo estava sendo rígido demais, indo longe demais. Ao mesmo tempo, havia divisões na igreja; vários membros declararam que não consideravam o apóstolo como seu verdadeiro líder. Alguns preferiam Pedro (Cefas) ou mesmo Apolo. Um problema pode ter se sobreposto ao outro; afinal, se alguém estivesse irritado com a linha rígida tomada por Paulo, o favorecimento de um mestre alternativo seria natural. Assim, surge um problema de segunda magnitude.

Sabemos a respeito de Pedro (bem... pelo menos um pouco). Mas e quanto a Apolo? Apolo era um poderoso mestre das Escrituras, originário de Alexandria, o qual estivera em Éfeso logo após a visita inicial de Paulo e, em seguida, dirigira-se a Corinto. Em Éfeso, ficou claro para o pequeno grupo de cristãos que, embora conhecesse os fatos básicos sobre Jesus, Apolo pensava em Jesus como extensão e aplicação de João Batista, não em Jesus como o Messias, cuja morte e ressurreição realizaram o que João apenas podia prever. Nesse momento, Priscila e Áquila, amigos de Paulo, separaram Apolo e explicaram-lhe os fatos de modo mais detalhado, proporcionando um dos momentos mais incríveis que poderíamos ter presenciado. (Em Éfeso, ocorreu um tipo de pequena e estranha continuação: Paulo conheceu um grupo de seguidores de João Batista e explicou-lhes como as palavras de João se concretizaram em Jesus).[17] Para fins desta biografia, a ideia é que Apolo estivera em Corinto depois da saída de Paulo e exerceu forte impressão sobre a igreja, levando alguns membros a decidirem que ele, não o apóstolo, era o tipo de mestre que realmente queriam.

---

[16]1Coríntios 5:9–10.
[17]Atos 19:1–7.

Enquanto isso, o próprio Cefas — Pedro, o braço direito de Jesus — também estivera em Corinto, e alguns decidiram que ele era o homem certo. Pessoas costumam conjecturar que a presença de Pedro em Corinto pode ter envolvido uma repetição do confronto em Antioquia, como em Gálatas 2, e que Pedro talvez tenha, mais uma vez, insistido em uma comunhão de dois níveis e uma separação na hora da refeição entre seguidores judeus de Jesus e seus homólogos gentios. Não há qualquer evidência disso, o que não significa que Paulo tenha ficado completamente feliz em pensar que Pedro viera para ensinar, em sua ausência, uma igreja fundada e cuidada por ele durante os dezoito primeiros meses de sua existência como comunidade cristã.

Em termos gerais, Paulo aborda tudo isso em 1Coríntios a partir do que rotulamos de "culto à personalidade". Por trás de seu tratamento, porém, talvez persistisse um sentimento mais profundo de mágoa pessoal. Fora Foi Paulo quem primeiramente falou a respeito de Jesus aos coríntios, regozijando-se pelo trabalho poderoso do espírito entre os novos cristãos, amando-os, orando por eles, trabalhando entre eles, chorando com eles. Pode ser que tenha desejado que Priscila e Áquila ainda estivessem em Corinto em vez de tê-lo acompanhado até Éfeso; certamente, os dois teriam colocado tudo no devido lugar...

De qualquer forma, Paulo escreveu 1Coríntios, talvez no final de 53 d.C., e então cometeu o que acabou sendo um grave erro. O apóstolo atravessou o mar Egeu para uma visita rápida a Corinto,[18] e, embora tentasse exercer certa autoridade sobre a situação, sua intervenção foi rejeitada; alguns fizeram questão de mostrar-lhe o quão indesejado era. Paulo, então, achou melhor sair depressa. Foi-lhe sugerido — e a menos que você mesmo seja um pastor, não saberá quão profundamente doloroso tenha soado para Paulo — que, se quisesse retornar, teria de obter cartas de recomendação de alguém em quem os coríntios confiavam.

Sabemos o suficiente acerca de Paulo para saber como isso o teria afetado. Ele teve a rica experiência de amar aqueles com quem

---

[18]2Coríntios 2:1.

compartilhou a fé do Messias e confiar neles; e de ser amado por eles e ter sua confiança. Foi assim no norte da Grécia, como podemos ver pelas cartas que já havia escrito para Tessalônica e da carta que posteriormente escreveria para Filipos. Mas o sul da Grécia — lugar onde as autoridades romanas haviam dado luz verde para o evangelho! — estava se voltando contra ele. E se isso aconteceu ao mesmo tempo em que ele de repente se deparou com um nível mais obscuro de oposição em Éfeso, podemos começar a entender o motivo pelo qual, à medida que se vê castigado e abatido, o apóstolo fala, em 2Coríntios, de ter chegado ao ponto no qual desistia da própria vida.

HAVIA TUDO COMEÇADO TÃO BEM! Ao menos começou da mesma maneira que nas cidades em viagens anteriores. Paulo havia viajado, muito rapidamente, de Antioquia para Cilícia e Galácia, e, então, para a Ásia. (O apóstolo parou em Tarso durante sua passagem? Visitou a família? Esperou, mais uma vez, por uma mudança de coração, apenas para ficar desapontado? Seu desapontamento fez parte do contexto de seu colapso nervoso?). De qualquer forma, Paulo chegou a Éfeso e começou, como sempre, na sinagoga, dessa vez por três meses. Foram doze sábados, cada qual tilintando com argumentos e evidências bíblicas por ele elaborados: Abraão, Êxodo, Davi, exílio, esperança, Messias. Doze sábados, tempo suficiente para entrar nos detalhes de Gênesis, Deuteronômio, Salmos, Isaías, Jeremias e Ezequiel. Tempo suficiente para falar de um Messias que, dizia Paulo, "me amou e deu a si mesmo por mim".

Oposição, entretanto, crescia à medida que, intrigados, os ouvintes se davam conta das implicações preocupantes do modo como Paulo lia a tão conhecida história. A resistência endurecia, e essa pode ter sido uma das ocasiões em que, submetendo-se à disciplina da sinagoga, Paulo recebeu o fustigar oficial dos judeus de quarenta chibatadas. (Deuteronômio 25:3 especifica quarenta como o máximo; nos dias de Paulo, mestres judaicos haviam reduzido o número no caso de alguém ter contado errado. Parece que estavam mais ansiosos sobre violação técnica do que sobre o sofrimento causado). Paulo alega ter sido maltratado dessa forma cinco vezes; isso, por si só, indica seu comprometimento firme de trabalhar com comunidades da sinagoga o máximo que pudesse, já que o apóstolo poderia ter facilmente evitado a punição apenas por não ter comparecido.[19]

Alguns dentre a comunidade judaica em Éfeso começaram a espalhar rumores sobre as consequências desse "culto ao Messias". A partir de escritos posteriores, podemos adivinhar o tipo de insinuação que circulou — comentários sarcásticos sobre o que esses seguidores de Jesus faziam a portas fechadas, com homens e mulheres encontrando-se e falando muito sobre um novo tipo de "amor", sem mencionar rumores perturbadores sobre comer o corpo de alguém e beber seu sangue. Assim, Paulo percebeu, da mesma forma que em Corinto, que não podia mais tratar a sinagoga como sua base. Era hora de se mudar para outro lugar, e talvez seja nesse tempo que ele tenha se referido, na primeira carta aos Coríntios, à metáfora da arena, sugerindo que havia lutado com "animais ferozes em Éfeso".[20] A carta foi escrita enquanto as coisas estavam indo bem, sem sombra do problema que assombraria a segunda carta, e é realmente improvável que ele tenha literalmente sido jogado às feras. O apostolo parece estar se referindo a uma grande disputa com opositores, embora não possamos dizer quem eram nem a natureza do problema.

De qualquer forma, Paulo alugou um auditório local que pertencia a certo Tirano, onde, por dois anos, dividiu seu tempo entre o comércio de fabricação de tendas e a exposição e discussão pública da fé. Em decorrência *status* de Éfeso como outro grande centro de rotas de comércio e cultura, essa foi uma excelente maneira de disseminar a mensagem, uma vez que as pessoas vinham de longe, passavam o tempo na cidade e seguiam seu caminho. Em uma cultura sem mídia social ou impressa, as pessoas simplesmente conversavam sobre algo

[19]2Coríntios 11:24.
[20]1Coríntios 15:32.

estranho ou novo com o qual se depararam em suas viagens: "Sim, acabei de chegar de Éfeso; e você não vai acreditar! Há um grupo estranho na cidade, aparentemente dizendo que...".

Podemos ver como isso funcionava a partir de exemplos não muito distantes de Éfeso. No início de Colossenses, Paulo agradece a Deus por, em Colossos, pequena cidade próxima de Éfeso, haver agora uma comunidade de pessoas que se amavam a despeito de divisões étnicas, sociais e culturais. "Epafras", diz o apóstolo, "nos trouxe notícias sobre o amor de vocês no espírito".[21] Ele era um dos cooperadores do apóstolo em Éfeso e esteve nas regiões adjacentes com o objetivo de espalhar a boa notícia, retornando a Paulo para declarar que o poder do evangelho era evidente em todo o lugar. O evangelho "frutifica e cresce em todo o mundo",[22] E Paulo declara que o próprio Filemom, um dos líderes da igreja em Colossos, devia-lhe a própria vida; o significado disso, presume-se, é que Filemom havia escutado e crido no evangelho pregado por Paulo durante uma visita de negócios àquela metrópole. Se o evangelho estava trabalhando assim em Colossos, supomos que estava fazendo o mesmo em outras cidades da região, grandes e pequenas, como Laodiceia, Hierápolis e muitas outras das quais conhecemos muito pouco.

Na própria cidade de Éfeso, o trabalho de Paulo parecia ir de vento em popa. Em suas cartas, o apóstolo e seus ouvintes pareciam ter a certeza de que, às vezes, o Deus vivo fazia coisas notáveis não apenas no coração e na mente, mas também no corpo das pessoas. Curas impressionantes, sinais de uma nova criação invadindo o mundo antigo de maneira normalmente inesperada, nunca foram o verdadeiro centro das atenções; além disso, tais manifestações foram sempre misteriosas (pessoas ainda adoeciam e morriam, e orações por cura nem sempre eram respondidas de maneira positiva). Em Éfeso, porém, parece que a fundação da igreja por Paulo foi acompanhada

[21]Colossenses 1:8.
[22]Colossenses 1:6.

por poderes de cura além do que qualquer um havia esperado ou experimentado em outros lugares. Lucas relata, como fenômeno temporário aparentemente estranho, que lenços e toalhas que tocavam a pele de Paulo possuíam propriedades de cura.[23] O próprio nome de Paulo estava sendo falado com admiração, e alguns, de fato, usavam-no de maneira efetiva. Alguns judeus que expulsavam demônios, filhos de um sumo sacerdote, uniam os nomes de Jesus e Paulo no esforço de expelir demônios, até que certo homem, endemoninhado, respondeu-lhes com a famosa linha: "Jesus, eu conheço, e estou bem familiarizado com Paulo; mas vocês, quem são?"[24] Histórias assim, diz Lucas, espalharam-se por toda região. O próprio Lucas comenta que o nome de Jesus era tido em grande honra, mas não podemos imaginar que essa veneração não acontecesse também com o nome de Paulo.

Paulo deve ter amado esses dias, ocupado no comércio e ocupado no ensino. Muitas pessoas se juntavam para ouvi-lo, traziam-lhe enfermos e paravam para olhar enquanto ele passava. Jesus era Senhor, e ele, seu apóstolo.

Aparentemente, a comunidade como um todo estava sendo transformada. Em uma cidade famosa por seus diferentes níveis de poder, um ímã natural para pessoas que sabiam como manipular forças invisíveis para benefício próprio, o poder do evangelho, o anúncio de Jesus como verdadeiro Senhor, estava tendo um efeito notável. Em uma cena que deve ter abalado profundamente o mundo, um grupo substancial de ocultistas fez uma confissão pública do que andavam fazendo e reuniu livros valiosos de magia para serem queimados.[25] Artes ocultas estavam se esfumaçando e vindo à tona, quase que literalmente, e todas as orações que Paulo fez, invocando o nome e o poder do Senhor crucificado e ressurreto, estavam surtindo efeito. Éfeso, ainda mais do que Corinto ou cidades do norte da Grécia, estava

[23]Atos 19:12.
[24]Atos 19:15.
[25]Atos 19:18–20.

se tornando um exemplo vivo do que o evangelho podia fazer, não apenas a alguns indivíduos aqui e ali, mas a toda uma comunidade.

Entretanto, o poder das trevas não desiste tão facilmente. Algo terrível aconteceu, resultando não apenas em aprisionamento, mas também em desespero esmagador. Visto que, como em outros lugares, Lucas reduziu seu relato sobre o acontecimento, não temos como saber com precisão quando isso aconteceu. A fase inicial e positiva do tempo de Paulo em Éfeso termina com a queima dos livros de magia, e é quando ele decide revisitar a Grécia, indo por terra através da Macedônia, descendo, em seguida, para Corinto,[26] enviando Timóteo e Erasto adiante.[27] Tudo que Lucas diz então é que Paulo "permaneceu mais um pouco na província da Ásia", e esse pode ter sido o tempo em que tudo, de repente, deu errado.

Ponderados os fatos, porém, penso ser mais provável que a catástrofe tenha acontecido depois do tumulto que Lucas descreve tão graficamente em Atos 19:23-41. Lucas diz que Paulo conseguiu deixar a cidade depois de "cessado o tumulto",[28] mas o motim certamente pode ter incluído não apenas o protesto por ele descrito, um trecho esplêndido de sua narrativa, mas também o tempo que não descreve, a saber, o desastre que sobreveio ao apóstolo no rescaldo do tumulto, já quando Paulo pensava que, mais uma vez, havia escapado de um verdadeiro problema. Se você levar em conta os poderes sombrios que estão por trás da corrupção e degradação do mundo, deve esperar que a luta sofra reviravoltas inesperadas e desagradáveis.

ANTES DE NOS APROFUNDARMOS na escuridão do que aconteceu com Paulo em Éfeso, devemos retornar a Corinto. Há forte suspeita que a deterioração repentina das relações com a igreja dos coríntios foi um dos fatores que minou a confiança de Paulo, deixando-o exposto ao ataque.

[26]Atos 20:21.
[27]Atos 19:22.
[28]Atos 20:1.

Paulo mal deixara a cidade quando algo claramente se desenvolveu durante sua breve ausência. O apóstolo recebeu diversos visitantes de Corinto; "alguns da casa de Cloe" lhe trouxeram notícias. A frase "casa de Cloe" pode significar a própria Cloe e sua família, porém a implicação é que Cloe, como Lídia em Filipos e (posteriormente) Febe em Cencreia, era uma comerciante independente e provavelmente rica, cujos funcionários ou escravos, presumivelmente também seguidores de Jesus, tinham negócios a fazer em Éfeso e acabaram por contatar Paulo. De qualquer maneira, os "da casa de Cloe" trouxeram notícias de uma igreja contenciosa, na qual diferentes grupos estavam se alinhando a pregadores diferentes (Paulo, Apolo, Cefas), além de um grupo (ou seria apenas uma resposta sarcástica de Paulo?) reivindicar pertencer apenas ao Messias! Afinal, o que estava acontecendo?

Alguns estudiosos do século XIX, desejando projetar na Igreja primitiva o "uma coisa ou outra" da filosofia europeia moderna, tentaram vislumbrar uma grande divisão ideológica entre o suposto "cristianismo judaico", focalizado na lei (análogo aos "agitadores" da Galácia), e o "cristianismo gentílico" paulino, rompido com a lei judaica. Alguns chegaram a pensar que o próprio Pedro tenha liderado o primeiro grupo, e a ideia não é apenas simplista, infundada e contraintuitiva (o próprio Paulo insiste em vários lugares ser um "judeu cristão!"): é anacrônica.

A questão parece ser bem diferente; diz respeito a estilo. O modo como Paulo refuta o espírito partidário em Corinto tem pouca relação com a lei judaica e tudo a ver com a "sabedoria do mundo". Daí sua declaração enfática sobre a loucura de Deus. Os coríntios, ao que parece, estavam querendo líderes cuja habilidade de falar atrairia respeito social, e Paulo era-lhes decepcionante, mas, como ele explica, existem tipos diferentes de sabedoria: por um lado, a sabedoria do mundo; por outro, a sabedoria verdadeira e oculta que vem de Deus.

Neste ponto e ao longo da carta, Paulo ensina os coríntios, como certamente os ensinara pessoalmente, a *pensar de maneira escatológica*, isto é, a imaginar um mundo totalmente diferente do paganismo greco-romano comum — um mundo em que Deus estava vivo e ativo, um mundo no qual havia começado algo completamente novo, algo que seria consumado no dia vindouro, e esse algo envolvia a criação do novo Templo. A Igreja, a qual os coríntios estavam dividindo em sua busca pelo mestre ideal, era o novo Templo, o lugar onde o Deus vivo viera habitar pelo espírito.[29] Nenhum judeu do primeiro século poderia usar imagens assim como mera "ilustração" de um tipo diferente de verdade. A visão de Paulo sobre a Igreja encapsulava a antiga esperança judaica de um Templo supremo e uma nova criação, para a qual o Templo de Jerusalém e o Tabernáculo do deserto apontavam de antemão. A Igreja é o cumprimento dessa esperança, afirma Paulo, e se os coríntios pertencem a ela, se pertencem ao Messias, então devem superar essas disputas mesquinhas:

> Tudo pertence a vocês: seja Paulo, seja Apolo, seja Cefas; seja o mundo, a vida, a morte; seja o presente, seja o futuro — tudo pertence a vocês! E vocês pertencem ao Messias, e o Messias, a Deus.[30]

E se todos eles pertencem ao Messias — o Messias *crucificado*, como Paulo nunca os deixa esquecer — então os coríntios devem esperar que os padrões do mundo estejam de cabeça para baixo. Em particular, os apóstolos (um ponto que Paulo desenvolverá na segunda carta) não devem ser pessoas de grande posição na comunidade em geral. Apóstolos são como prisioneiros maltrapilhos no final de uma procissão triunfal, a caminho de uma morte vergonhosa, e isso é parte da questão, mas também a fonte do poder.[31] Toda seção de abertura da carta diz respeito a poder, tema que obviamente preocupava Paulo quando pensava sobre a situação em Corinto e lidava com diversos níveis de poder em Éfeso. A tolice do evangelho acerca de um Messias crucificado é o poder de Deus; a fraqueza de Deus é mais forte que a

---

[29]1Coríntios 3:10–17.
[30]1Coríntios 3:21-23.
[31]1Coríntios 4:18–21.

força humana; a fé dos coríntios, conforme evocada pela pregação de Paulo, não se apoiava em sabedoria humana, mas no poder de Deus; e agora, dramaticamente e com certo tom alarmante de ameaça, "o reino de Deus não diz respeito a palavras, mas a poder". Paulo terá de usar esse "poder" para confrontar aqueles que, "arrogantes", gabam-se do próprio senso de dignidade e importância.[32] (A acusação de que os coríntios estão "arrogantes" é um tema importante de toda a carta, e isso não tem nada a ver com a lei judaica, mas com o orgulho e a tolice característicos do ser humano).

Deste modo, Paulo começa a tratar de questões específicas. Eis o homem culpado de incesto — e muitos da igreja o apoiam porque isso demonstra quão "livres" eles são como povo do Messias! Paulo relembra-os da carta anterior, aquela que se perdeu. Disciplina na igreja é vital, e os coríntios são o povo da Páscoa, portanto, nenhum "fermento" moral deve ser permitido dentro da casa.[33] O mesmo se aplica a litígios na igreja. Os coríntios são o povo do Messias e, como tal, destinados a tomarem parte no juízo final cósmico; por isso, devem ser capazes de resolver conflitos locais internos sem o uso da corte secular; e, conforme escreveu aos Gálatas, isso tudo diz respeito à herança final. O reino de Deus, já estabelecido no Messias, será consumado com a gloriosa herança mundial prometida ao Messias e seu povo.[34] Mas a ideia toda do reino é que Deus está consertando todas as coisas, restaurando a raça humana ao devido papel e dignidade, e aqueles que persistem em estilos de vida diferentes, corrompendo e destruindo a humanidade genuína, não podem herdá-lo. Não se trata de legalismo arbitrário; trata-se de verdade analítica.

Com a breve exposição de algumas questões fundamentais sobre moralidade sexual, Paulo se volta ao tema casamento no capítulo 7 — nesse capítulo, a chave também é pensar de maneira escatológica. Deus

---

[32]1Coríntios 1:18,25; 2:5; 4:20.
[33]1Coríntios 5:7–8.
[34]1Coríntios 15:23–28.

está refazendo o mundo de cima para baixo e, como resultado, tudo parece diferente.

Seu próximo tópico é um assunto muito diferente e difícil: carne oferecida em sacrifício em templos pagãos. Em uma cidade como Corinto, carne sacrificada representava quase toda carne disponível para consumo, já que os templos funcionavam, na prática, como uma combinação de açougue e restaurante. Uma oferta animal era trazida e oferecida em adoração a esta ou aquela divindade, e, em seguida, a família desfrutava da refeição; o que sobrava era vendido no mercado aberto. Algumas grandes comunidades judaicas em cidades como Corinto teriam o próprio açougueiro *kosher*; em muitos casos, porém, judeus optavam por evitar totalmente o consumo de carne, não apenas por causa de regras a respeito de sangue, mas porque evitavam a adoração pagã e tudo que a acompanhava.

É neste ponto que a carta dos líderes de Jerusalém (Atos 15) talvez precisasse ser reelaborada. Paulo reiterou o teor da carta sobre moralidade sexual, e, nesse aspecto, não há margem para manobras, nem princípio de "tolerância" para opiniões diferentes. O que vemos em 1Coríntios 8—10, discutindo templos e carne sacrificada aos ídolos, é uma discussão sofisticada e delicada sobre os desafios pastorais envolvidos no tratamento de duas opiniões diferentes, chamadas por ele de "forte" e "fraco". Esses são termos técnicos de Paulo: aqueles com consciência "forte" são os que, como ele, sabem que os ídolos não existem, de modo que a carne oferecida para eles não passa de carne, ao passo que "Fracos" são aqueles que, depois de uma vida dedicada à adoração de ídolos, imaginam-se participando da vida de determinado deus ao comer da carne sacrificial, e agora não podem tocá-la sem sentirem-se arrastados de volta para o mundo sombrio da idolatria e tudo mais relacionado a esse mundo.

Essa questão extrai de Paulo um princípio teológico fundamental e uma declaração extraordinária de como ele entendia sua própria vocação. Ambos precisam estar no cerne de qualquer avaliação final do que o apóstolo pensava ser e do que o levava a ser o homem que era.

O princípio teológico é um *monoteísmo criacional* sólido, no qual os ídolos não têm existência verdadeira e, como a grande oração do *Shemá* o declara, Deus é um só. Paulo sabe perfeitamente bem que, em Corinto e por todos os demais lugares, há "muitos deuses, muitos senhores", mas sua nova versão do *Shemá* a todos ofusca, e isso, como vimos, poderia ser a oração a que, em Corinto, a comunidade judaica se opusera em sua petição a Gálio; se não, pode bem ter sido outra, semelhante a ela. Essa oração habita no coração e nos lábios do apóstolo dia após dia, e agora, como em outras ocasiões nas quais deseja falar *acerca* do Único Deus, o apóstolo prefere fazê-lo invocando e orando a esse Deus, declarando sua lealdade ao seu reino:

> *Para nós há um só Deus, o pai,*
> De quem se originam todas as coisas e para quem vivemos;
> E um só Senhor, Jesus, o Messias,
> Por meio de quem se originaram todas as coisas e por meio de quem vivemos.[35]

Esta tradução é um pouco "engessada", porém, paráfrases muito longas não revelam o modo extraordinário pelo qual Paulo adaptou o *Shemá* ("Ouve, ó Israel: o Senhor nosso Deus, o Senhor é um"), levando "Senhor" a se referir a Jesus e "Deus", ao "pai". A oração contém, de forma compacta, uma riqueza teológica, mas a ideia de Paulo ao citá-la é enfatizar o resultado prático do monoteísmo criacional. O Único Deus fez todas as coisas; por isso, nada deve ser rejeitado se recebido com gratidão. O apóstolo retorna ao mesmo ponto ao final de uma longa discussão em que, desta vez, cita Salmos 24:1 "Do SENHOR é a terra e sua plenitude".[36] Não se trata de mera questão pragmática ("será difícil levar pessoas a pararem de comer carne oferecida a ídolos"); fundamenta-se, porém, na asserção judaico-teológica mais básica: há um só Deus, criador de tudo.

---

[35] 1Coríntios 8:6.
[36] 1Coríntios 10:26.

É claro que enfatizar esse ponto prejudica códigos judaicos normais, nos quais diversas variedades de carne estão proibidas, mesmo que jamais tenham visto o interior de um templo pagão. Isso faz parte do paradoxo da posição de Paulo, paradoxo que, podemos supor, a igreja de Jerusalém nunca chegou a entender plenamente, e que certamente não se enquadrava na carta dos líderes após o concílio. No capítulo 9, a seção central do seu argumento ressalta o fato de que, como apóstolo, usufrui de certa "liberdade" — para se casar, ser pago por seu trabalho etc. Contudo, enfatiza ter escolhido, por amor do evangelho, não fazer uso desse direito. Particularmente, e bastante chocante para alguns em suas implicações:

> De fato, sou livre de todos; fiz-me, porém, escravo de todos para ganhar ainda mais. Tornei-me judeu para judeus, a fim de ganhar judeus. Tornei-me como se estivesse debaixo de lei àqueles que estão debaixo de lei (ainda que eu mesmo não esteja sujeito à lei) a fim de ganhar os que estão debaixo de lei. Para os que estão sem lei, tornei-me como sem lei (embora não esteja livre da lei de Deus, e sim debaixo da lei do Messias), a fim de ganhar os que não têm lei. Para com os fracos tornei-me fraco, para ganhar os fracos. Tornei-me tudo para com todos, para que, de alguma forma, possa salvar alguns. Faço tudo isso por causa do evangelho, para participar de seus benefícios.[37]

Paulo não era tão fixado na ideia de "identidade" como somos em nossa cultura contemporânea, mas, se a pergunta tivesse sido feita, a passagem oferece uma resposta clara: "Tornei-me *judeu*". "Como assim, Paulo?" — queremos perguntar-lhe. "Você *é* judeu!" "Não nesse sentido" — responde. "Não estou 'debaixo da Lei'". Se estivesse, jamais teria citado Salmos 24:1 com a conotação de que todo alimento é agora aceitável. Ele tem uma identidade diferente, uma identidade *messiânica*, mas está "sob a lei de Cristo", está "no Messias". O povo do

[37] 1Coríntios 9:19–22.

Messias, conforme diz em uma passagem culminante em Gálatas, *morreu*; deixou para trás sua velha identidade e revestiu-se de uma nova: a identidade messiânica.[38] Esse é parte do porquê de o evangelho ser "escândalo para o judeu", ainda que, todavia, faça sentido apenas em uma visão de mundo profundamente judaica, e agora messiânica. E, encarregado com sua responsabilidade específica, Paulo é capaz de, sem comprometer *essa* identidade messiânica, viver ao lado de pessoas de todo o tipo, compartilhando de seu costume enquanto vive entre elas.

O significado disso deve ser (só pode significar) que, ao jantar com amigos judeus (ou quando os convida para comer consigo uma refeição), eles comerão apenas *kosher*, e Paulo fará o mesmo, mas também deve significar (só pode significar) que, ao jantar com amigos não judeus, Paulo comerá seja lá o que for colocado diante de si.[39] Assim, o que faria a diferença é a "consciência" — não a de Paulo, mas de qualquer outro que porventura pudesse se ofender, sendo levado de volta à idolatria.

Deve ter sido um caminho muito mais difícil a ser trilhado do que o esboçado na carta apostólica, escrita após o Concílio de Jerusalém, na qual se ordenou a simples abstinência de toda alimentação pertinente; mas Paulo viu que isso não era apenas desnecessário, mas também violava princípios fundamentais da própria fé judaica. Sua própria solução pragmática deve ter sido não apenas paradoxal, mas até perversa para alguns. Pense, por exemplo, em uma família judaica em Corinto que compartilhou uma refeição com Paulo e observou-o guardar todos os costumes judaicos, apenas para descobrir que, na mesma semana, o apóstolo participou de uma refeição com uma família gentílica. Podemos imaginar certa surpresa também do outro lado, embora provavelmente a família gentílica apenas sacudiria o ombro e não veria problema algum. Uma vez mais, porém, o que Paulo faz ao escrever esta carta é *ensinar os coríntios a pensar como povo do Messias*; ele está construindo sobre o

[38]Gálatas 2:19–21.
[39]1Coríntios 10:27.

fundamento das Escrituras de Israel, interpretando-as de maneira nova à luz do próprio Messias crucificado e ressurreto.

Assim, a carta se move em direção à sua poderosa conclusão. O capítulo 11 lida com problemas relacionados à refeição de família, a Ceia do Senhor ou Eucaristia, ao passo que o capítulo 12 aborda a questão da unidade na comunhão e a maneira como o espírito dá a cada membro do "corpo do Messias" diferentes dons a serem usados para o benefício de todos. Capítulo 14 aplica essa ideia à adoração corporativa da Igreja, e o capítulo 13, aninhado entre os capítulos 12 e 14 como um andamento suave de uma sinfonia poderosa, é o poema único de Paulo sobre o amor: *agapē*. Também nessa passagem ele não está ensinando "ética" aos coríntios; ele os está ensinando a *pensar de maneira escatológica*:

> *Em parte conhecemos;*
> *Em parte profetizamos; mas, com a perfeição,*
> *O parcial é abolido. Como menino*
> *Falava, pensava e soava como menino;*
> *Ao crescer, abandonei caminhos infantis.*
> *Pois, por enquanto, tudo que podemos ver*
> *São reflexões enigmáticas em um espelho;*
> *Um dia, face a face. Conheço, agora, em parte;*
> *Mas, um dia, conhecerei completamente, de dentro para fora,*
> *Da mesma forma como sou completamente conhecido. Assim, agora*
> *Estes três permanecem: fé, esperança e amor; e, dos três,*
> *O amor é o maior.*[40]

Amor não é apenas uma obrigação; na verdade, a ideia central é que o amor é o *destino* do cristão. É a realidade que pertence ao futuro de Deus, vislumbrada no presente como um reflexo enigmático, aguardando por um futuro face a face, e o ponto é que esse futuro *se aproximou no tempo presente* nos acontecimentos envolvendo Jesus e no

[40] 1Coríntios 13:9–13.

poder do espírito. Eis o motivo pelo qual o amor é mais importante para Paulo do que a "fé", vista por muitos como seu tema central. O amor é a virtude presente na qual o cristão antecipa e pratica a vida da era definitiva que está por vir.

É por isso que o último capítulo teológico da carta, o capítulo 15, cujo tema é a ressurreição do corpo, ocupa essa posição. Não é uma discussão isolada, adicionada ao final da carta e que trata de um tópico à parte, não relacionada com o que aconteceu anteriormente. É o centro de tudo. "Se o Messias não ressuscitou", declara, "inútil é a fé que vocês têm, e ainda estão em seus pecados".[41] A menos que isso esteja no coração de quem são, diz (aqui está sua ansiedade constante, enquadrada como desafio aos coríntios), sua fé é vã, "por nada". Exceto que não: a ressurreição de Jesus significa que um novo mundo se abriu, de modo que "no Senhor, o trabalho de vocês não será inútil".[42] A ressurreição é a resposta final para a seguinte questão incômoda: minha vida e meu trabalho foram "em vão?"

Com isso, descobrimos a raiz de toda a carreira pública de Paulo. O capítulo sobre ressurreição não é simplesmente o raciocínio subjacente de toda a carta: ele é fundamental para tudo em que Paulo acreditava, a razão pela qual ele se tornou um apóstolo em primeiro lugar. A ressurreição do Messias o estabeleceu como verdadeiro Senhor do mundo, isto é, já como o governante legítimo do mundo. "Jesus deve continuar reinando, até 'ter posto todos os inimigos debaixo de seus pés'".[43] A vitória *já foi* ganha sobre o poder tenebroso do pecado e da morte, os quais aleijaram o mundo e, com ele, o ser humano, cujo dever é ser portador da imagem de Deus no mundo, e essa vitória *será finalmente* completada quando a própria morte for destruída. Para Paulo, aprender a ser alguém do Messias — aprender a viver a grande história bíblica que agora culminava em Jesus e no espírito — dizia respeito a ter transformados a

[41] 1Coríntios 15:17.
[42] 1Coríntios 15:17,2,58.
[43] 1Coríntios 15:25, citando Salmos 110:1.

mente e o coração, a imaginação e entendimento, de modo a fazer sentido viver neste mundo de "vem a hora" e "já chegou".

Viver nessa posição não é nada fácil, mas certamente uma atividade das mais empolgantes. O Messias *já* ressuscitou; todo o povo do Messias *ressuscitará* em sua "chegada real".[44] O viver, amar, orar, celebrar e sofrer cristãos, bem como o ministério apostólico, cuja função não tem nada a ver com prestígio social ou retórica inteligente — tudo isso faz sentido dentro do contexto escatológico, e essa é a principal notícia que Paulo deseja dar aos coríntios. Assentado em Éfeso, observando enquanto o evangelho trabalha em lares e comércios, confrontando poderes deste mundo e vendo praticantes de ocultismo queimarem livros, Paulo se encheu de confiança. Esse é o futuro, e ele funciona. O que os coríntios fazem no presente, no novo mundo de Deus, não é vão.

Saudações finais da carta aos coríntios anunciam um novo projeto (embora Paulo indique que já mencionou o assunto com igrejas da Galácia, presumivelmente na jornada descrita brevemente em Atos 18:23). O apóstolo havia percebido quão pobre a igreja de Jerusalém havia se tornado e imagina consigo o impacto que teria se as igrejas das quais Jerusalém tanto suspeitava — comunidades que permitiam ao gentio participar sem a circuncisão — se unissem e, juntas, enviassem uma ajuda financeira real e duradoura. Isso exigiria alguma organização, mas Paulo claramente viu isso como sinal e um caminho para a unidade entre o povo do Messias, que, a cada dia que se passava, tornava-se mais importante para ele. Por isso, ele fez planos, uma vez que pretendia viajar pelo norte da Grécia e depois passar um bom período com os coríntios. Tudo fazia sentido...

Até tudo desmoronar.

Não sabemos exatamente quando Paulo fez a visita extra descrita em 2Coríntios 2:1 ("por isso resolvi não lhes fazer outra visita que causasse tristeza".). Paulo ficou em Éfeso por cerca de dois anos e meio, provavelmente de 53 a 56; talvez essa visita tenha acontecido no

[44]1Coríntios 15:23.

início desse período, após a composição de 1Coríntios. Nem sabemos exatamente o que aconteceu na ocasião, mas, de qualquer forma, o apóstolo havia mudado de ideia, em algum momento, com relação aos planos que havia esboçado em 1Coríntios 16:5-7, passagem em que pretende partir de Éfeso para o norte da Grécia e depois para Corinto, antes de seguir adiante mais uma vez. Em seguida, ele teve uma ideia diferente: de Corinto, partiria em direção a Éfeso e depois para o norte, em direção à Macedônia, antes de voltar para Corinto mais uma vez e ser enviado pela igreja até Jerusalém.[45] Ao chegar, porém, a Corinto, algo, não sabemos o que, aconteceu.

Há especulação de que alguns membros ou líderes da igreja se opuseram abertamente a Paulo, talvez com insultos e zombaria; outros sugerem que havia irregularidades financeiras em conexão com os estágios inicias da coleta projetada e que, quando Paulo confrontou os ofensores, eles o negaram. Podem ter ocorrido também outros problemas — fracassos morais ou lapsos na igreja que Paulo, tentando corrigir, foi rejeitado. (Referências a um ofensor que "causou tristeza" em 2Coríntios 2:7-8 podem se referir ao homem incestuoso de 1Coríntios 5, mas as duas figuras não se encaixam bem; há razões para supor que esse não era o único caso de imoralidade ou outro tipo de comportamento inadequado na igreja). Alguns em Corinto parecem ter declarado que ele não era confiável, fazendo todo dia planos diferentes, como um tolo que não sabe se decidir.[46]

Paulo, ao descobrir que seu exercício normal de poder parecia tê-lo abandonado, ficou alarmado e desanimado. Por que ele não podia simplesmente confrontar o problema e as pessoas problemáticas, como fizera com o falso profeta em Pafos e com a escrava em Filipos? O que aconteceu com esse poder, o poder do qual havia se gabado em 1Coríntios 4? Ele abandonou seu plano de ir para a Macedônia e retornou para Éfeso com o rabo entre as pernas. Imaginamo-lo

[45]2Coríntios 1:15–16.
[46]2Coríntios 1:15–17.

na viagem de retorno pelo mar Egeu, andando pelo convés, observando ilhas, questionando-se, questionando a Deus, questionando ao Senhor que amava: onde foi que eu falhei? O que aconteceu com esse poder? De que servia estar nos holofotes em Éfeso se seu próprio povo em Corinto se voltava contra ele?

Retornar para Éfeso também não seria fácil, pois Paulo estava agora em um estado de espírito muito diferente, atordoado e chateado pela maneira como os coríntios, aos quais amava, haviam-no tratado. O apóstolo escreveu-lhes uma "carta dolorosa", que, como a primeira carta referida em 1Coríntios 5, não possuímos. Ela a deu a Tito, mandou-o embora e esperou o desdobrar da situação.

Para um pastor, essa não é uma boa situação para estar. Certa vez, enquanto palestrava nos Estados Unidos justamente em 2Coríntios, recebi a notícia de que membros da comunidade da qual era responsável estavam em profunda desordem sobre uma questão moral que surgiu na minha ausência. Mesmo em um mundo com telefones (o acontecimento foi antes dos dias do e-mail), nem sempre é possível começar a tratar das coisas. Você simplesmente ora e agoniza, ora um pouco mais, tem paciência e espera pela ação do espírito. Qualquer que supõe que Paulo percorreu o trajeto de seu ministério apostólico sempre envolto por uma nuvem de glória nunca estudou 2Coríntios.

FOI NESSE PONTO QUE O INIMIGO atacou com toda força. Expliquei anteriormente o motivo pelo qual estou convencido de que Paulo esteve aprisionado em Éfeso. Alguns indicam que isso ocorreu pelo menos duas vezes, mas sabemos o suficiente do que acontecia a Paulo por onde quer que fosse; por isso, não precisamos adivinhar o que o levou à prisão. Em Filipos, foi a expulsão de um demônio, arruinando um negócio; segundo insistiam os donos, Paulo ensinava costumes judaicos ilegais aos romanos — em outras palavras, uma batalha espiritual com consequências econômicas, porém retratada como problema religioso e com implicações políticas. Em Tessalônica, ele foi acusado de virar o mundo de ponta cabeça ao dizer que havia "outro rei". Em um lugar após o outro, o horror judaico frente à mensagem de um Messias crucificado — e, supomos, ao ensino de que esse Messias agora recebia não judeus, sem circuncisão — levava à oposição, às vezes aumentada pela hostilidade local de gentios, cuja simpatia pelo povo judeu não era das melhores, e viam Paulo como ameaça social e cultural. Em outras palavras, às vezes a oposição era suscitada porque pagãos o viam como tipo perigoso de judeu; outras vezes, porque judeus o viam como que flertando perigosamente com o paganismo. A ironia, certamente percebida por Paulo, não facilitava sua vida ao deparar-se com violência.

Agora, em Éfeso, a situação chegou ao limite. O padrão parece familiar, mas, como vimos, a cidade ostentava instalações novas e excelentes para o culto imperial, a antiga devoção local à deusa Ártemis era famosa por todo o mundo da época, concentrando-se não apenas na esplêndida estátua da deusa, que, alguns afirmavam, havia sido enviada do céu como dádiva do próprio Zeus. A estátua estava em exibição no suntuoso Templo de Ártemis, onde o culto feminino da deusa exercia considerável poder na cidade e fora dela. Ártemis era uma deusa da fertilidade, cujas estátuas de prata, contendo muitos seios, eram por si só famosas. (Ainda são; na última vez em que estive em Éfeso, lojas turísticas locais estavam cheias delas).

Mas o que o turista moderno vê como *souvenir*, o cidadão antigo via como objeto de adoração. Quando alguém colocava uma dessas estátuas de prata em casa, em seu pequeno santuário pessoal, tinha certeza de que a deusa estava presente, abençoando sua família, bem como seu campo, negócio e rebanho. Pessoas oravam para ela, cumprimentando-a ao entrar e sair, oferecendo-lhe flores novas, talvez acendendo uma ou duas velas. Assim, a guilda de ourives locais teve um problema maior do que o dos senhores de escravos em Filipos. Aqui, Paulo simplesmente expulsou o demônio de uma escrava; em Éfeso, denunciou a própria "grande deusa", ensinando às pessoas "que deuses feitos por mãos não são, no fim das contas, deuses".[47] Se mesmo

[47]Atos 19:26.

praticantes de ocultismo estavam queimando seus livros, não é de surpreender que o comércio local de ídolos de prata da deusa Ártemis também estivesse em baixa.

Em Éfeso, da mesma forma como fora em Tessalônica ou Atenas, o impacto principal da mensagem de Paulo não era "como ser salvo", embora isso fosse parte da mensagem; nem "o Messias morreu pelos nossos pecados", embora tal verdade continuasse central. O anúncio do próprio Messias apenas fazia sentido dentro do quadro geral do Único Deus: tratava-se uma mensagem essencialmente judaica, confrontando um mundo cheio de deuses falsos com a notícia de um Deus vivo.

Liderados por Demétrio, os ourives aguçaram o orgulho civil: "Quem esse homem pensa que é, vindo aqui para nos dizer que a grande deusa não existe?" Uma proclamação teológica produziu desafios econômicos, interpretados, então, como insulto cívico. Ourives começaram a cantar seu *slogan*, e logo toda cidade os acompanhou: "grande é a Ártemis dos efésios!"[48] Iniciou-se um tumulto. A multidão correu para o vasto anfiteatro, cuja acústica magnífica ampliaria o canto. Imagine uma enorme torcida de futebol, irritada com um pênalti marcado injustamente, estabelecendo um grito rítmico com uma intensidade cada vez mais alta. Esta é uma das cenas mais bem elaboradas de Lucas; cairia bem em um filme, embora ainda nos falte o diretor que faça justiça a Paulo. Teria sido divertido, caso você fosse um dentre a multidão, gritando em uníssono com outros cinquenta mil e fazendo o mesmo gesto. Por outro lado, se você fosse o alvo de todo esse alvoroço, não teria sido tão divertido assim.

Paulo, o alvo da confusão, desejava ir e conversar com o povo (é claro!). Uma onda de adrenalina, depois da triste e preocupante visita a Corinto, poderia lhe fazer bem, mas alguns dos magistrados locais, amigos de Paulo, mandaram-lhe o recado de que não deveria se arriscar e ir ao teatro; de qualquer maneira, seus amigos não o permitiram. (Será que o amarraram, como os navegadores fizeram a Odisseu?

[48]Atos 19:28.

Trancaram-no em sua própria tenda? Paulo conseguiu suportar a frustração — ele, o orador, o qual havia falado de igual para igual com as autoridades de Atenas, aquele que desafiara magistrados em Filipos quando quiseram soltá-lo sem incorrer em nenhuma responsabilidade?). A multidão conseguiu apoderar-se de dois dos amigos de Paulo, os macedônios Gaio e Aristarco, os quais devem ter pensado que sua hora havia chegado e talvez o pisoteio da multidão seria o destino mais agradável que poderiam esperar.

É então que surge o momento revelador, levando o problema a um foco comum. O desafio teológico, o desfio econômico e o orgulho cívico ferido confluem e mostram, em um piscar de olhos, o rosto feio do orgulho racial: "São os judeus!" Um grupo judaico empurra um representante, um certo Alexandre; talvez os judeus queriam explicar que a comunidade judaica local não tem nada a ver com o herege Paulo e seus amigos. Se essa é a intenção, o tiro sai pela culatra, pois a multidão percebe que Alexandre é judeu. Sussurros se espalham, e então o volume do canto aumenta mais uma vez, continuando por duas horas seguidas: "Grande é a Ártemis dos efésios!" Não é difícil imaginar a entoação da frase, mesmo em português, mas, quando a colocamos de volta em grego, podemos imaginar um ritmo sendo montado: *Megalē hē Artemis Ephesiōn! Megalē hē Artemis Ephesiōn!* Enfatize todas as outras sílabas, a começar da primeira, e imagine dezenas de milhares cantando-o em uníssono, golpeando o ar ao mesmo tempo.

Imaginamos Paulo, restringido pelos amigos, escutando o canto; ele estaria orando, claro. Se você é o tipo de pessoa que canta hinos na prisão à meia-noite, certamente é o tipo de pessoa que ora continuamente quando há um tumulto ensurdecedor acontecendo próximo de casa, especialmente quando é tudo culpa sua. Enquanto seu ímpeto de empolgação diminui, Paulo está mais esgotado do que antes. *Será que foi tudo em vão?* A mensagem do Único Deus e de seu filho permanecerá sempre uma opção pequena e especializada, destinada a um subgrupo do povo judeu, os seguidores de Jesus, o Messias? Suponhamos que ele tivesse conseguido escapar dos amigos e entrado no anfiteatro para se dirigir à enorme multidão: teria sido capaz de falar? Teria encontrado palavras? O espírito teria lhe dado poder? Paulo teria sido capaz de falar de maneira clara e nova a respeito de Jesus, o verdadeiro Senhor? Durante sua recente visita a Corinto, isso não aconteceu. E se não acontecesse também em Éfeso? E se nunca mais acontecesse? Além disso, persistia a pergunta incômoda: *tudo fora em vão?*

Lucas faz de tudo para não enfatizar o problema. Para começar, o evangelista nos diz que a maioria da multidão não tinha ideia de porquê havia se reunido. De qualquer forma, o magistrado local conseguiu acalmar as coisas, talvez para a surpresa de todos. Quem sabe depois de duas horas a multidão estivesse pronta para uma pausa. Tal como outros magistrados e outras autoridades locais que aparecem no relato de Lucas, o escrivão da cidade diz aquilo que Lucas, o escritor, quer que seus leitores saibam: apesar do tumulto barulhento, Paulo e seus companheiros não quebraram lei alguma; se o fizeram, poderiam ser acusados formalmente. Lucas sabia que a solução não era assim tão fácil. A tempestade perfeita envolvendo ruptura econômica, desafio religioso, orgulho cívico e preconceito étnico dificilmente seria contida pela legislação provincial romana.

Suponho que Lucas destaca o tumulto, interpretado por ele como um monte de confusão inútil, em parte por ser de conhecimento geral e passível de questionamento ("ouvi dizer que, justo em Éfeso, ele causou confusão!"), em parte por desviar a atenção do que aconteceu em seguida. É neste ponto que o biógrafo penetra um túnel escuro, o túnel entre o Paulo alegre de 1Coríntios e o esmagado, maltratado apóstolo de 2Coríntios; o túnel entre o Paulo cuja fé é que Jesus voltará durante seu tempo de vida e o Paulo que, agora, espera morrer mais cedo e perder aquele momento glorioso; a noite sombria quando, antes de qualquer decisão judicial, Paulo ouviu, na profundidade de seu ser, a sentença de morte. Não temos ideia do que precisamente ocorreu, mas o apóstolo chegou a um ponto em que desesperou da própria vida.

O que aconteceu, então? Podemos traçar alguns paralelos com Filipos, mas, nesse caso, o problema não foi difícil de ser resolvido. Depois de uma noite na cadeia, Paulo revelou sua condição de cidadão romano, tendo sido espancado e aprisionado sem acusação formal ou julgamento. No caso de Éfeso, porém, as coisas podem ter sido mais complicadas: talvez ele tenha decidido que jogar a carta de "cidadão" outra vez seria imprudente, e, dependendo da acusação, podia não ser o suficiente para liberá-lo. Assim, ele permitiu que a maré da hostilidade fizesse o pior.

Ao que tudo indica, parece que, onde o ourives Demétrio falhou, alguém foi bem-sucedido. Possivelmente, Demétrio e seus colegas aceitaram a sugestão do funcionário da cidade e acusaram Paulo de maneira formal, sugerindo que ele era, de fato, culpado de blasfêmia contra Ártemis ou contra seu grande santuário (provavelmente Paulo, ouvindo histórias de uma estátua caindo do céu, tenha zombado da ideia). O sólido monoteísmo de Paulo levou-o a navegar para perto do vendaval em Atenas; em Éfeso, é possível que Paulo tenha tirado as mãos do leme em um momento crucial quando o vento mudava.

É provável que algumas pessoas de quem o apóstolo buscava apoio tenham-no decepcionado, e uma e outra passagem na carta aos Filipenses (escrita possivelmente no final do aprisionamento) sugerem que Paulo não chegou a um estado crítico apenas devido à hostilidade pagã. Pessoas locais, consideradas por ele amigas, demonstraram-se inimigas, ou pelo menos rivais. De uma forma ou de outra, Paulo se viu na prisão, acusado de algo que poderia facilmente resultar em morte. Como Sansão com seu cabelo cortado, de repente ele estava fraco. O tumulto foi apenas o prelúdio barulhento. Os poderes das trevas tinham um modo diferente de atacar alguém que ousasse invadir seu território com a mensagem essencialmente judaica do Único Deus, redefinida em torno da mensagem alarmante do Messias crucificado e ressurreto.

Como vimos, prisões no mundo romano não eram normalmente usadas como local de punição, mas apenas como centro de detenção para manter pessoas que iam a julgamento — ainda que, uma vez que o processo podia levar certo tempo, a prisão teria o efeito de punição antes da sentença. Nenhum esforço era feito em prol dos prisioneiros, ou seja, se quisessem comida, amigos teriam de levá-la. Mais tarde, quando o encontramos escrevendo cartas, Paulo claramente tinha alguns amigos suprindo suas necessidades — e pelo menos um que, com ele, foi lançado na prisão — mas é possível que, durante algum tempo após seu aprisionamento, seus amigos não soubessem de seu paradeiro ou estivessem assustados demais por causa dos acontecimentos para se associarem a ele.

Sem água e comida, não leva muito tempo para que o espírito de alguém desfaleça. Paulo e Silas cantaram hinos na prisão em Filipos, precipitando o terremoto e a mudança súbita do destino de ambos, e presumo que Paulo tenha orado e talvez cantado na prisão em Éfeso. Alguns dos salmos antigos se encaixam perfeitamente nessa situação, e alguns dos primeiros poemas cristãos, especialmente aqueles que celebravam Jesus como Senhor, teriam permanecido em seu pensamento e coração também. Quando, porém, depois de passados alguns dias e algumas semanas, pouca coisa parecia ter acontecido, não teria sido difícil para Paulo chegar ao ponto reparado em 2Coríntios 4, passagem na qual, em retrospecto, *parecia* que o apóstolo tinha sido esmagado, abandonado, destruído e alcançado seu limite. Nenhum terremoto veio em seu resgate, e é bem capaz de ter sido sujeito a espancamentos constantes; podia estar com frio, talvez doente. Evidentemente, tudo não passa de especulação, mas temos que, de alguma forma, dar alguma explicação para o que ele diz quando olha para esse momento obscuro, bem como para outras evidências que contextualizam pelo menos algumas das Cartas da Prisão durante esse período.

Ao mencionar Priscila e Áquila em sua saudação final na carta aos romanos, mencionando que "arriscaram a própria vida" por ele, não temos como saber a situação emergencial específica ou como o casal se arriscou em favor do apóstolo.[49] Há chances de que isso esteja relacionado com a situação terrível em que Paulo agora estava. Talvez tenham sido eles que acabaram criando coragem e, em oração, foram até os magistrados para testemunhar em favor de seu famoso prisioneiro, o

[49]Romanos 19:28.

qual, alegariam, estava sendo preso a partir de uma acusação fraudulenta. Isso pode ter sido o suficiente para prendê-los como cúmplices, mas talvez o casal o tenha feito de qualquer maneira.

Por quanto tempo esse período alarmante durou, não sabemos. Conforme vimos, Paulo esteve em Éfeso aproximadamente de meados de 53 d.C., até início ou meados de 56 d.C., excluindo a visita curta e altamente insatisfatória a Corinto. Em algum momento após essa visita, o apóstolo enviou Tito a Corinto com a "carta dolorosa", porém, não podemos ter certeza de quando isso ocorreu nem quanto tempo durou entre esse momento, sua libertação e as viagens subsequentes. Há tempo suficiente nesse cronograma para encaixar todas as atividades descritas em Atos, incluindo o tumulto e pelo menos mais um período significativo de cadeia; em todo caso, enquanto tentamos avaliar o estado mental e emocional de Paulo, podemos refletir que teriam levado apenas algumas semanas de prisão, onde foi submetido a vários tipos de tortura mental e física, incluindo não ter ideia de quanto tempo teria ficado lá, para colocá-lo na condição que ele descreve em 2Coríntios 1.

Por razões que ficarão claras, penso que Paulo interpretou sua prisão como a vingança dos poderes em cujo mundo ele estivera fazendo incursões. O apóstolo estava acostumado a confrontar autoridades na sinagoga; sabia como lidar com magistrados romanos; conhecia as leis judaica e romana tão bem quanto eles; era capaz de discursar com facilidade, ganhar os ouvintes pela retórica e talvez defender-se em questões jurídicas. No contexto em questão, porém, Paulo sentiu como se algo mais estivesse acontecendo: a força contra ele não era simplesmente humana, pois ele havia mexido em um ninho de cobras com seu poderoso ministério em Éfeso — pense em todos os livros de magia desfazendo-se em fumaça. Da mesma forma como Jesus advertiu seguidores a não temer aqueles que poderiam matar apenas o corpo, mas, antes, temer o poder tenebroso capaz de operar uma destruição mais terrível,[50] assim também Paulo percebia que autoridades

[50]Mateus 10:28; Lucas 12:4–5.

humanas, embora importantes em sua função, podiam apenas atuar como mera fachada de outros poderes, os quais atacariam por intermédio dessas autoridades, e, embora tivesse ensinado, pregado e celebrado o fato de que, em sua morte, Jesus havia derrotado todo o poder das trevas, e, em sua ressurreição, inaugurado a nova criação de Deus, essa fé persistente de Paulo, vista das profundezas frias e malcheirosas de uma prisão mal iluminada, na companhia de moscas e vermes e com pouca comida no estômago, deve ter sido testada ao limite e além. Eis o porquê do desespero.

Olhando em retrospecto após sua soltura, Paulo explica aos coríntios que isso aconteceu para levá-lo a confiar no Deus que ressuscita mortos.[51] Certamente, ele não tinha deixado de confiar e esperar nesse Deus, mas, agora, tal fé havia sido exposta de uma forma totalmente nova. Mas como, então, o apóstolo retornou a esse ponto de confiança? Será que ficou rangendo os dentes e dizendo: "Devo confiar no Deus que ressuscita mortos" até sua fé ser firmada outra vez? Duvido. Pensamento positivo não era o estilo de Paulo. Provavelmente algo mais específico estava acontecendo.

Percebemos, quando Paulo estava retornando para Jerusalém e depois para Antioquia após ter passado um tempo em Corinto, que sua oração estava enraizada nas tradições judaicas, agora concentradas em Jesus. Vimo-lo quando ele, de modo impressionante, adaptou uma das orações diárias mais importantes dos judeus, o *Shemá*, de modo a expressar agora lealdade ao "pai" e ao "Senhor" ao mesmo tempo.[52] Então, se Paulo tinha essas orações formando-se e adequando-se em sua mente, e se, como sabemos, ele tinha um dom invejável para linguagem vívida e fluente, não devemos nos surpreender se sua oração das profundezas do desespero começassem a se desenvolver, de raízes bíblicas, em expressões moldadas em Jesus — e de expressões moldadas em Jesus a invocações e celebrações

[51] 2Coríntios 1:9.
[52] 1Coríntios 8:6.

mais formais, as quais, remetendo às antigas celebrações bíblicas da vitória e soberania de Deus, colocavam, agora, o senhorio do próprio Jesus no centro.

Penso que, durante seu tempo na prisão, Paulo foi forçado, como uma planta em um inverno rigoroso, a fincar raízes ainda mais profundas na tradição bíblica; e, dentro dessa mesma tradição, aprofundar-se ainda mais no significado de Jesus e sua morte. Lentamente, as raízes encontraram umidade, e, da profundidade daquele solo escuro, bem abaixo de sua consciência anterior, o apóstolo extraiu esperança e novas possibilidades, tanto que o fruto desse trabalho permanece até hoje, próximo ao coração da fé cristã.

Em outras palavras, penso que não somente as quatro Cartas da Prisão foram escritas de Éfeso, mas também que sua composição se originou diretamente da luta experimentada por Paulo. Sua visão de Jesus, o Messias, soberano sobre todos os poderes do mundo, foi a afirmação de Paulo sobre a verdade da qual sempre acreditara, mas nunca tivera oportunidade de explorar em circunstâncias tão pouco promissoras. Penso também que, enquanto ele ponderava, orava e escutava refletidamente frases e ecos bíblicos virando poesia, passou a ansiar, mais uma vez, o compartilhar dessa visão com aqueles ao seu redor. Com esse anseio e oração, ele percebeu que, em um nível muito mais profundo que jamais conhecera, estava confiando no Deus que ressuscita mortos. Poemas de Filipenses 2 e Colossenses 1, bem como o drama litúrgico contínuo dos três primeiros capítulos de Efésios, todos testemunham tal celebração — não da fé ou da resiliência de Paulo, mas da vitória de Deus e do senhorio de Jesus. Conforme ele diz em 2Coríntios 4, logo após uma passagem que se encaixa intimamente com o poema de Colossenses 1, "temos esse tesouro em vasos de cerâmica, a fim de que a qualidade extraordinária do poder pertença a Deus, e não a nós".[53] Isso, penso, era o que estava acontecendo durante o aprisionamento de Paulo.

---

[53] 2Coríntios 4:7.

Alguns afirmam que toda essa experiência foi, na prática, como uma "segunda conversão", na qual Paulo finalmente aprendeu a humildade que antes lhe escapava, mas não compartilho dessa visão, pois geralmente, as coisas são mais complicadas e mais interessantes do que aparentam. Penso, porém, que sua prática constante da oração centrada em Jesus, tomando poemas e padrões bíblicos antigos e encontrando Jesus em sua essência, foi crucial para ajudá-lo a encontrar o caminho pelo qual sairia do desespero e voltaria para a esperança. Cristologia e terapia andam de mãos dadas, ainda que, como Jacó, um apóstolo possa mancar, em estilo e talvez também no corpo, depois da noite escura de uma luta com o anjo.

Éfeso

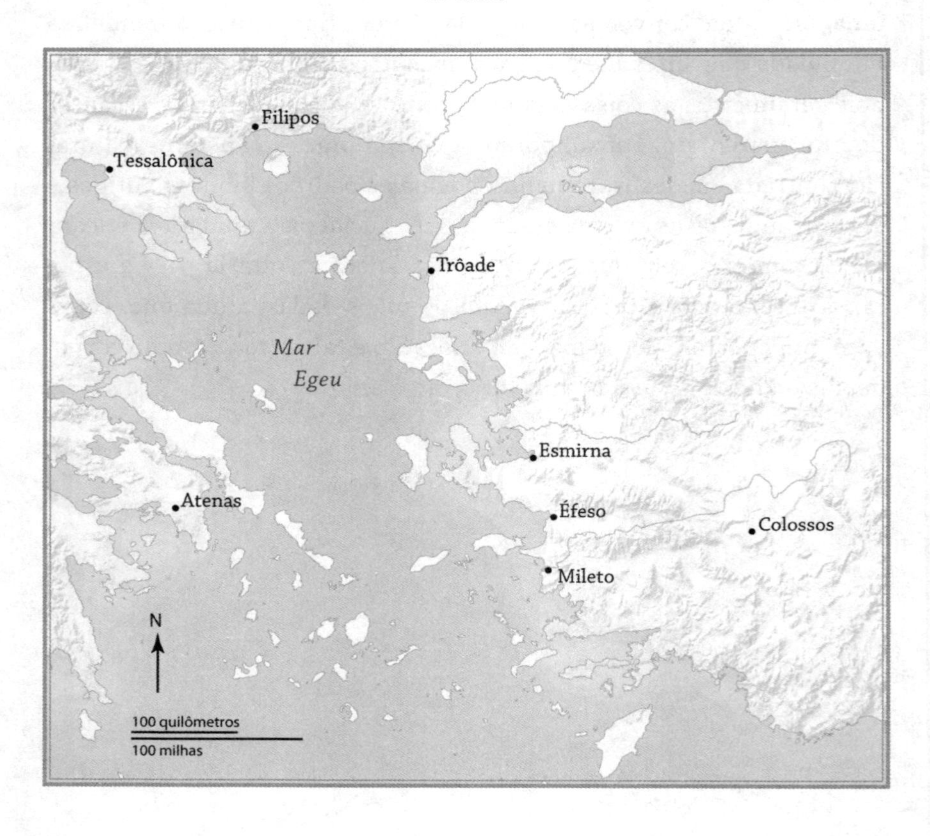
Filipos
Tessalônica
Trôade
Mar
Egeu
Esmirna
Atenas
Éfeso
Colossos
Mileto
N
100 quilômetros
100 milhas

CAPÍTULO 11

ÉFESO II

ACHO QUE FILIPENSES FOI A PRIMEIRA CARTA DA PRISÃO a ser escrita (talvez em 55 d.C.?). Eis o motivo: no primeiro capítulo da carta, Paulo ainda está bem incerto de como anda seu julgamento. De uma forma ou de outra, diz, o Messias será honrado: "será engrandecido em meu corpo, quer eu viva, quer eu morra".[1] Assim, Paulo obteve vantagem sobre seus acusadores e juízes, declarando que sua prisão serve ao propósito do evangelho, já que as pessoas estão falando sobre ele e sua mensagem. Mesmo aqueles que tentam causar-lhe ainda mais problemas (quem são esses indivíduos? Não sabemos) estão simplesmente chamando atenção à mensagem do crucificado e ressurreto Senhor Jesus. Ele escreve como se agora lhe coubesse escolher viver ou morrer, e ele aprendeu a enfrentar ambas as opções com equanimidade, embora acredite que, de fato, em sua libertação, visto que ainda

[1]Filipenses 1:20.

há muito trabalho a ser feito por ele, mesmo que desejasse "partir e estar com o Rei, o que é muito melhor".[2]

O contexto da carta é que Paulo deseja agradecer a igreja de Filipos por sua dádiva financeira. A distância de Filipos para Éfeso é de cerca de 480 quilômetros em linha reta; Epafrodito, mensageiro filipense que trouxera a oferta, teria percorrido uma distância ainda maior, quer pelo mar, quer por terra. Mas então houve um problema: Epafrodito ficou doente, seriamente doente. A igreja em Filipos devia estar questionando o que havia acontecido. Quando você confia uma grande soma de dinheiro a alguém e essa pessoa nunca mais aparece, você começa a fazer perguntas. Paulo está respondendo a essas perguntas implícitas, e mais: ele explica que Epafrodito, que agora levará a resposta de volta a Filipos, tem sido um fiel colaborador do apóstolo, correndo risco de morte a serviço do Rei.[3]

Contudo, a essência dessa pequena carta é o próprio Jesus. Paulo urge aos filipenses que seu comportamento público esteja em harmonia com o evangelho, o que significará compartilhar o sofrimento do Messias — como o próprio Paulo sofreu e continua sofrendo; particularmente, reitera-os a valorizar e proteger sua unidade e santidade. O apóstolo bem sabia (e, se não ou soubesse antes, sua recente experiência com a igreja de Corinto ter-lhe-ia servido de lição) que uma comunidade composta de pessoas de sociedade, etnia e cultura diferentes daria todo tipo de desculpas para divisão, talvez até com base em questões aparentemente desconexas. Mas todo impulso semelhante deve ser resistido, e ele bem sabe, também a partir de diversos exemplos de Corinto, que o comportamento do seguidor de Jesus pode extrair uma coloração inapropriada do mundo pagão ao seu redor, a que também deve se resistir.

Mas como? O apelo central da primeira metade da carta o explica. Unidade e santidade virão, e apenas virão, à medida que a mentalidade

[2]Filipenses 1:15-18,21-26,23.
[3]Filipenses 2:25-30.

da comunidade e de cada indivíduo dentro dela é transformada com o objetivo de refletir a mente do próprio Messias.[4]

Deste modo, a "mente do Messias" é o assunto de um dos poemas mais focalizados em Jesus de todos os tempos. Ecoando Gênesis, Salmos e particularmente Isaías, o poema fala da história de Jesus descendo às maiores profundezas e, depois, sendo exaltado como Senhor do mundo todo. O poema funciona em diversos níveis; ele expressa muitas das coisas que Paulo cria a respeito de Jesus — o verdadeiro ser humano, o israelita definitivo, o Servo do Senhor, a encarnação do Deus de Israel, a realidade da qual César não passava de uma paródia superficial:

Que, embora na forma de Deus, não
Considerou sua igualdade com Deus
Como algo que devia explorar;

Antes, esvaziou-se,
E recebeu a forma de um servo,
Nascendo em semelhança de ser humano.

E então, tendo aparência humana,
Humilhou-se, tornando-se
Obediente até a morte,

Sim, morte de cruz!

Por isso Deus o exaltou grandemente,
E a ele este favor foi dado,
O nome que está acima de todo nome:

Para que, agora, ao nome de Jesus
Se dobre todo joelho,
nos céus, na terra e debaixo da terra;

E toda língua confesse
Que Jesus, o Messias, é Senhor,
Para a glória de Deus, o pai.[5]

---

[4]Filipenses 2:1-4,12-18.
[5]Filipenses 2:6-11.

O texto descreve a história de Adão (todo mundo), de Israel, do Único Deus — tudo em forma de um poema perfeitamente balanceado sobre Jesus, o qual é moldado na forma de uma homenagem helenística a um grande homem, mas seu conteúdo é, claro, profundamente judaico e bíblico. Trata-se, de fato, de um poema que resume boa parte do que Paulo cria: que Jesus é o cumprimento messiânico da história de Israel, a encarnação do Único Deus de Israel e, por isso, o Senhor, constituído como Rei de todo o mundo. Sua estrutura cuidadosa, cujo cerne está na cruz, resume de maneira contundente a fé de Paulo no evangelho. É *por causa* da cruz — a derrota das potestades — que Jesus foi exaltado como Senhor e todo joelho se dobrará ao seu nome.

Esse poema brotou diretamente da crença muito anterior de Paulo (já em Gálatas e presumivelmente também antes) sobre quem era Jesus. Moldado, porém, por sua própria base bíblica, reflexão e ensino, o poema extrai agora muitos elementos diferentes daquele material bíblico em uma estrutura restrita. Ao celebrar a vitória e o poder finais de Jesus sobre todos os demais poderes do universo, Paulo meditou profundamente no fato de que mesmo em seu momento mais obscuro, "o Deus que ressuscita mortos" passou pela mesma experiência. Dessa forma, o poema pode ter funcionado como uma das escadas pelas quais Paulo escalou o poço de seu próprio desespero muito antes de funcionar como modelo aos filipenses, e a igreja desde então, sobre como pensar.

O poema sugere, acima de tudo, uma redefinição radical de *poder*. Foi precisamente esse o tema que tanto o preocupou em Éfeso ao escrever sua primeira carta aos Coríntios. Foi o assunto sobre o qual teve que repensar por completo, enquanto descobria que o poder do evangelho pertencia totalmente a Deus, e nem um pouco a si mesmo. Aprender a pensar como o Messias, insistia Paulo, era o único meio de unidade radical na Igreja e o segredo de viver como "filhos de Deus puros e inculpáveis no meio de uma geração deturpada e depravada".[6]

[6]Filipenses 2:15.

Mais uma vez, Paulo está usando cartas para ensinar as igrejas não apenas o em que pensar, mas como eles devem pensar. Ele não pode dizer-lhes tudo o que gostaria; não haveria rolos de papiro suficientes para que ele terminasse de dizer tudo que precisava, mas esse não era seu trabalho. Seu trabalho era inculcar na igreja a mente do Messias, e, se isso acontecesse, ficaria claro então que ele não havia desperdiçado seu tempo[7] (aquela velha preocupação outra vez; Paulo parece nunca tê-la abandonado). E Paulo, sugiro, chegou a essa expressão extraordinária da mente do Messias em primeiro lugar por sua meditação bíblica centrada em Jesus e, em segundo lugar, a partir de sua própria imitação involuntária do padrão de Jesus. Também ele havia sido humilhado sob o grande peso do sofrimento, ponderado sobre o fato de que esse era o meio pelo qual Jesus havia obtido sua exaltação como Senhor.

Há uma pausa estranha no final do segundo capítulo de Filipenses, e esse é talvez um sinal de que Paulo, escrevendo da prisão, tinha a intenção de parar por aí, mas que, então, decidindo continuar, não teve a oportunidade de suavizar a transição.

A segunda metade, porém, é modelada de maneira semelhante à primeira, particularmente no poema do capítulo dois. A exortação atinge seu ponto culminante no final do capítulo 3, no qual Paulo declara que "o Salvador, o Rei Jesus", virá do céu para transformar nosso corpo atual para ser "como seu corpo glorioso", pois, como Salmos 8 declara, ele tem o poder de "sujeitar tudo sob sua autoridade".[8] Como na passagem semelhante em 1Coríntios 15:20-28, isso faz parte da crença de Paulo em Jesus como o verdadeiro ser humano. Após séculos vivendo em perplexidade sobre "humanidade" e "divindade", podemos nos surpreender com a facilidade com a qual Paulo, cuja crença era que o ser humano foi feito para refletir a imagem divina, podia ver Jesus, o verdadeiro ser humano, como aquele

[7]Filipenses 2:16.
[8]Filipenses 3:21.

que compartilhou da glória da qual o Único Deus havia dito que não compartilharia com outro.[9] Para Paulo, essa era uma verdade a ser explorada de diversos ângulos diferentes, como vemos outra vez em Colossenses, e, claro, tratava-se também de uma verdade não apenas a ser contemplada com espanto, mas a ser usada como poder motivador para um tipo diferente de vida — uma vida cujas tradições judaicas reivindicaram ser capazes de produzir, mas sobre a qual demonstraram-se ineficazes.

Essa é a chave para a polêmica ferrenha do início do capítulo três. Paulo está ansioso com a reação contrária à sua mensagem a partir de pessoas que compartilhavam do propósito dos "agitadores" ou "encrenqueiros" na Galácia, e, ao que tudo indica, tais pessoas ainda não haviam chegado a Filipos, mas isso apenas por uma questão de tempo. Trata-se provavelmente de um sinal de já estarem atuando em Éfeso; talvez a oposição deles à missão de Paulo na cidade tenha ela mesma contribuído com a crise sofrida pelo apóstolo. (Esse também pode ser o significado da passagem curiosa em 1:15-18 sobre pessoas que anunciavam a mensagem messiânica com o objetivo exclusivo de dificultar a vida de Paulo na prisão).

Tudo isso pode explicar o tom de voz em sua advertência de abertura:

> Cuidado com os cães! Cuidado com esses que praticam "más obras!" Cuidado com o partido da "incisão", isto é, os mutiladores! Nós é que somos a "circuncisão", nós que adoramos pelo Espírito de Deus, que nos gloriamos no Rei Jesus e nos recusamos a confiar na carne.[10]

A ideia está clara: "cães" era a maneira pela qual os judeus costumavam chamar os gentios, e "Más obras" é uma paródia para as "boas obras" defendidas por mestres zelosos da Torá; já "incisão" ou "mutilação" é a tentativa do tradutor de revelar a força do trocadilho de Paulo:

---

[9]Isaías 45:23.
[10]Filipenses 3:2-3.

em vez de *peritomē*, "circuncisão", ele escreve *katatomē*, o ato de fazer um corte em algo, talvez remetendo a algum ritual religioso pagão. Foi a esse ponto que a prática chegou, diz ele: pessoas que saem por aí insistindo na circuncisão dos convertidos não são melhores do que os participantes de algum culto pagão, ávidos por fazer marcas de faca no corpo das pessoas.

"Nós é que somos a 'circuncisão'" é uma declaração de tirar o fôlego, mas totalmente consistente com a postura de Paulo, desde a estrada de Damasco. Mais uma vez, a questão não é a religião comparada, pois ele não está dizendo: "nós, seguidores de Jesus, encontramos um tipo de religião melhor do que a do judeu". Trata-se de *escatologia messiânica*, o cumprimento final da esperança de Israel: o Messias e a ressurreição! Paulo não está dizendo: "decidi mudar-me da minha casa antiga para uma mais agradável, um pouco mais adiante", mas sim que sua própria casa foi tomada pelo arquiteto que a construiu em primeiro lugar e que, agora, está sendo reconstruída ao seu redor. Ele pretende ficar e ver a casa ser concluída. Se outros andam dizendo que preferem a casa antiga do jeito que era, estão perdendo a ideia principal: se o Messias de Israel veio ao mundo e ressuscitou dentre os mortos, então aqueles que o seguem são o verdadeiro povo de Deus. A afirmação é direta, porém consistente, e seguidores de outros líderes judaicos do primeiro século teriam dito o mesmo. Não se trata de deslealdade ao Deus de Israel: foi a contestação da lealdade messiânica que caracterizou Paulo desde o início.

O próprio Paulo estava em posição excelente para confirmar essa ideia, pois ele conhecia o mundo judaico de dentro para fora. Sua credencial era impecável, até mesmo incluindo o "zelo" com o qual perseguiu a Igreja, mas é aqui que seu encontro com o Messias preencheu tudo e, por isso, mudou tudo. Se queremos saber o que motivava Paulo e o que o acontecimento da estrada de Damasco fez com ele, talvez esta seja a declaração mais clara que temos:

> Mas o que antes havia calculado como lucro, passei a considerar como perda por causa do Messias. Sim, eu sei que isso é estranho,

> mas tem mais: calculo tudo como perda, pois conhecer o Rei Jesus como meu Senhor é muito melhor do que todas as coisas juntas! Na verdade, sofri, por causa do Messias, a perda de todas as coisas, as quais agora calculo como lixo a fim de que o meu lucro seja o Messias e eu seja descoberto nele, não tendo meu próprio *status* pactual definido pela Torá, mas o *status* que vem pela fidelidade do Messias: o *status* pactual de Deus, que é dado em resposta à fé. Isso significa conhecê-lo, conhecer o poder da sua ressurreição e conhecer a parceria do seu sofrimento. Significa compartilhar a forma e a essência de sua morte, para que, de alguma forma, chegue à ressurreição final dentre os mortos.[11]

Dentre as muitas coisas que poderiam ser ditas sobre essa passagem, destaco pelo menos três pontos importantes para os propósitos desta biografia.

Primeiro: Paulo está seguindo o padrão messiânico estabelecido no poema de 2:6-11. O Messias considerava seu *status* ("igualdade com Deus") não como algo a ser explorado, mas, antes, como uma forma de comprometê-lo a uma vida e morte vergonhosa de um "escravo". É por isso que ele está agora exaltado como Senhor sobre todos. Assim, Paulo sabe que deve considerar sua condição privilegiada de membro pleno do povo de Deus como algo a não ser explorado. Pelo contrário: ele descobrirá o verdadeiro *status* de participante da aliança e da esperança da ressurreição que a acompanha não por meio da Torá, mas pela fidelidade do Messias.

Segundo: essa passagem não foca em uma simples crença ou teoria *sobre* o Messias, mas em conhecê-lo, uma vez que Paulo fala do "conhecimento do Rei Jesus como meu Senhor", fala de "conhecê-lo, conhecer o poder da sua ressurreição e a parceria no seu sofrimento".[12] Paulo tem pleno domínio da teoria e pode expô-la por um dia

---

[11]Filipenses 3:7-11.
[12]Filipenses 3:10.

inteiro e, se necessário, uma noite inteira, mas isso não quer dizer nada sem a percepção da pessoa e da presença do próprio Jesus.

Terceiro: ele aprendeu — talvez de maneira nova nas semanas e meses que antecederam à escrita de Filipenses — que tal "conhecimento" pessoal do Messias encontra sua expressão mais íntima no sofrimento, expressando-o como uma "parceria", a "parceria no seu sofrimento". A palavra é *koinōnia*: "comunhão" ou "compartilhamento". Mas, conforme vimos, Paulo o expressa como pertencimento mútuo, ideia sobre a qual o português moderno não fornece palavras exatas. Talvez isso, visto à luz da terrível experiência de Paulo, por um lado, e, por outro, do poema de 2:6-11, aproxima-nos ao máximo da forma como ele agora estava aprendendo a "confiar no Deus que ressuscita mortos". [13] Paulo havia chegado ao ponto em que estava contente em compartilhar a morte do Messias para que chegasse com ele na esperança final de Israel: "a ressurreição dos mortos". A antiga história de Israel havia se cumprido no Messias. Todo zelo anterior de Paulo por Deus e pela Torá era contado como "perda" por comparação, e esta é uma versão expandida do que havia dito em Gálatas 2:19-20:

> Por meio da lei eu morri para a lei, a fim de viver para Deus. Fui crucificado com o Messias. Estou, contudo, vivo — aliás, não mais eu: é o Messias que vive em mim.

É por isso que, agora, ele esquece seu passado e, como um atleta com os olhos na linha de chegada, almeja avançar "para as [coisas] que estão adiante".[14]

Então, chegamos à razão disso tudo: os filipenses devem aprender a imitá-lo, da mesma forma como ele tem imitado o Messias.[15] Mas como? Eles nunca foram judeus zelosos, ávidos pela Torá. Não, mas

[13]2Coríntios 1:9.
[14]Filipenses 3:13.
[15]Filipenses 3:17.

cada qual tem seu próprio *status*, seu próprio orgulho cívico e pessoal, e, mesmo que não o tenham (por serem pobres, escravos ou mulheres — embora houvesse algumas mulheres independentes e livres, como Lídia), todos têm a tentação sempre presente de voltar a cair no estilo de vida pagão. Assim, se são romanos regredindo a caminhos coloniais orgulhosos ou simplesmente pessoas atraídas mais uma vez à indulgência sensual,[16] todos devem resistir e encontrar, em vez disso, o caminho da santidade e da unidade que foi modelado pelo próprio Messias, por sua escolha do caminho da cruz, por seu *status* como o verdadeiro ser humano, a verdadeira encarnação do Único Deus.

Escrevendo tudo isso, celebrando a vitória do Messias, Paulo chegou a um lugar bem diferente daquele descrito em 2Coríntios 1. Em uma das muitas alusões nesta carta aos grandes filósofos do seu tempo, Paulo declara que ser o homem do Messias produziu-lhe o "contentamento" visado por estoicos e epicureus:

> Não estou falando sobre ter falta de alguma coisa. Aprendi a me contentar com o que tenho. Sei o que é passar necessidade e sei o que é ter fartura. Em toda e qualquer situação, aprendi o segredo de viver contente, seja bem alimentado, seja com fome, tendo muito, ou passando necessidade. O segredo é este: tenho força para tudo naquele que me dá poder.[17]

Ei-lo mais uma vez: *poder*. Mas "a qualidade extraordinária do poder pertence a Deus, não a nós",[18] E Paulo o sabia agora. Sua meditação na vitória de Jesus, que nasceu de muitos anos de oração biblicamente enraizada, ainda em processo de crescimento na escuridão do sofrimento e do desespero, trouxeram-no a um lugar novo. Todo poder é investido por Deus em Jesus, e qualquer poder que o seguidor de Jesus

---

[16]Filipenses 3:19.
[17]Filipenses 4:11-13.
[18]2Coríntios 4:7.

tem vem somente por meio do trabalho do Messias. Paulo agradece mais uma vez aos filipenses a oferta e envia Epafrodito de volta.

SEMANAS SE TRANSFORMAVAM EM MESES durante os dias obscuros de prisão em 55 ou início de 56 d.C.; alguns dos amigos de Paulo puderam ir ao seu encontro e ajudá-lo. O apóstolo recebeu um visitante, um jovem escravo assustado chamado Onésimo, que pertencia a Filemom, um chefe de família rico da pequena cidade de Colossos, cerca de 240 quilômetros de Éfeso. Ele havia fugido, algo comum entre escravos, provavelmente pegando algum dinheiro antes de ir. Onésimo sabia o risco que corria, pois fugitivos eram normalmente punidos com a morte; crucificação ("para desencorajar outros", claro) era comum em casos assim. Abrigar um fugitivo ou ajudá-lo também era um crime sério, mas Onésimo viera a Paulo; e tendo recentemente enfrentado desespero da morte e depois de ter visto Filemom, senhor de Onésimo, achegando-se à fé durante uma visita a Éfeso, Paulo se viu em uma pequena situação complexa que resultaria em uma palestra fascinante sobre filosofia moral caso o assunto não fosse sério o bastante para colocá-lo em perigo. O que fazer?

A primeira coisa era compartilhar o evangelho com Onésimo. O escravo assustado, ouvindo a notícia de alguém que morrera a morte de escravo simplesmente por amor — o mesmo amor que fez o mundo — foi cativado pela história. Sem dúvida, tanto naquela época quanto agora, é comum alguns convertidos professarem uma fé rápida em busca de uma recompensa rápida, mas Paulo podia ver que o coração do jovem havia sido verdadeiramente transformado. Ele se tornou como um filho para Paulo, ávido por aprender, ávido por ajudar (seu nome significa "útil", e ele fez jus ao nome), contudo, a situação não podia perdurar para sempre.

Paulo poderia simplesmente ter ajudado o jovem a ir para um lugar distante, longe de problemas, e também poderia ter instruído alguém a levar Onésimo para a Grécia, ou mesmo mais adiante. Contudo, o que Paulo diria para Filemom ao vê-lo da próxima vez? E como seria se a informação se espalhasse que esse infrator subversivo, além de outros aspectos notórios de seu comportamento antissocial, acrescentasse ainda a acolhida de escravos fugitivos? Além do mais, quando Paulo refletia na vocação que lhe fora dada, uma das melhores descrições que podia encontrar era a palavra "reconciliação", *katallagē*. O evangelho dizia respeito ao Único Deus reconciliando o mundo a si mesmo, e também — como escreveu aos gálatas menos de uma década antes — sobre judeu e grego, escravo e livre, homem e mulher tornando-se "um no Messias, Jesus". Se isso era algo real — não apenas uma ideia grandiosa em sua cabeça —, ela tinha de funcionar na prática. Judeus reais, gregos reais; homens reais, mulheres reais; escravos reais, senhores reais.

Evidentemente, a escravidão era revoltante, e sabemos disso, conhecemos bem a forma terrível como a escravidão se desenvolveu nos séculos XVIII e XIX, até que defensores corajosos a aboliram, a despeito de oposição cuja ética reivindicava, entre outras coisas, estar enraizada na Bíblia, particularmente, associamos a escravidão com racismo. E sabemos que, a despeito da abolição, a prática retornou ao mundo moderno. Gostaríamos que Paulo tivesse dito: "Libertem todos os escravos! É uma prática ímpia!"

Seria uma iniciativa fútil, pois, no mundo antigo, a escravidão fazia mais ou menos tudo que é feito no mundo moderno por petróleo, gás ou eletricidade — tudo que fazemos por meio da nossa tecnologia. Sendo assim, denunciar a escravidão seria o mesmo que denunciar a eletricidade e o motor de combustão interna; além disso, devemos nos lembrar de que, no mundo de Paulo, escravidão não estava relacionada à origem étnica; na verdade, tudo o que precisava fazer para ser um escravo era estar no lado perdedor de uma batalha ou mesmo falhar em um negócio. Escravos eram geralmente explorados, abusados, tratados como lixo, mas também podiam se tornar membros respeitados, queridos e valorizados de uma família. Tiro, escravo de Cícero, era seu braço direito (ele inclusive inventou a taquigrafia). Em suma, a escravidão era um fenômeno complexo, porém universal.

Paulo sabia que o Deus de Israel havia se definido, na prática, como um Deus libertador de escravos, e é precisamente disso que se trata a história do Êxodo. Paulo cria (e cria que Deus cria) na libertação final, a libertação da própria criação "da escravidão da decadência", libertação que significaria vida ressurreta para todos os filhos de Deus.[19] Como sempre, o desafio de Paulo era trazer essa visão cósmica para o mundo real de seres humanos corrompidos e confusos, e ele concebeu um plano de fazer a situação de Filemom e Onésimo um pequeno modelo funcional de como seria a liberdade baseada no Messias.

Paulo não podia simplesmente escrever a Filemom e dizer: "a propósito, Onésimo veio até mim. Por favor, liberte-o e deixe-o comigo". Isso era o que ele queria, supomos; mas o verdadeiro problema ficaria intocado, pois apenas encorajaria outros escravos a tentar fazer o mesmo. Tampouco ele podia dizer, como o escritor romano Plínio disse ao escrever a um amigo em circunstâncias semelhantes: "Dei-lhe um bom sermão e, desta vez, gostaria que você o poupasse".[20]

O propósito de Paulo é mais elevado e profundo. Enquanto estava na prisão, o apóstolo meditava, enquanto lidava com choque e horror de sua própria situação, na maneira como o próprio Deus estava presente no Messias, reconciliando o mundo consigo mesmo. Agora, talvez Paulo sentisse que Deus estaria presente em sua própria vida, reconciliando essas duas pessoas por meio de uma estratégia pastoral arriscada. Onésimo voltará a Filemom (acompanhado, pelo que Colossenses 4:7-9 indica, de seu amigo Tíquico) com uma carta escrita por Paulo. É pedir muito de ambos: perigoso para Onésimo e extremamente desconcertante para Filemom; todavia, talvez a carta não apenas explicará o que deve acontecer, mas ajudará na concretização.

É uma pequena obra-prima. Paulo explica a Filemom que está orando para que sua *koinōnia* tenha seu efeito pleno e poderoso de uni-los "no Rei", no Messias. A partir de outros usos de Paulo sobre

---

[19]Romanos 8:21.

[20]Plínio, *Cartas,* 9.21

essa mesma ideia, vemos o que ele quer dizer: "o Messias" não é apenas Jesus, mas todos os que estão "no Messias". "Messias" é um termo *incorporador*, como o era em Gálatas ("todos são um *no Messias, Jesus*") e 1Coríntios ("assim como o corpo é uma unidade, embora tenha muitos membros... *assim também é o Messias*").[21] "Devemos" — diz ele em Efésios — "falar a verdade em amor e, assim, crescer em tudo *nele*", isto é, *no Messias*.[22] Essa unidade rica é um dos imperativos constantes de Paulo; o outro é a santidade. Mas como ela deve ser alcançada?

"Deus estava reconciliando o mundo consigo no Messias", escreveu Paulo posteriormente, "não imputando a transgressão dos homens contra eles e *confiando-nos a mensagem da reconciliação*".[23] Então, a mensagem da reconciliação é, neste ponto, a réplica da ação de Deus. Paulo permanece entre Filemom e Onésimo, unindo-os em sua própria pessoa e apelo. "Eis aqui" — diz, esticando um braço — "Onésimo, meu filho, meu próprio coração, que tem cuidado de mim na prisão, por assim dizer, em seu lugar!" E, esticando o outro braço a Filemom, diz: "Seu amor traz-me tanto consolo! Você é meu parceiro no evangelho, afinal, você me deve a própria vida. Mesmo eu estando na prisão, você tem a chance de me renovar". Paulo permanece metaforicamente entre ambos, estendendo-lhes os braços no formato da cruz. "Ah, e a propósito" — reitera ("não impondo a eles suas transgressões") — "se ele causou prejuízo, coloque-o na minha conta. Eu pagarei". Então complementa: "Mais uma coisa: prepare-me um aposento. Continue orando, pois serei liberto em breve. Então, irei visitá-lo".

Tal gesto demandaria humildade de ambas as partes. Onésimo não partiria em direção a Colossos empolgado, imaginando que tudo seria fácil; havia uma razão pela qual fugira, e essa razão, seja qual fosse, teria que ser confrontada. Filemom estaria pasmo e possivelmente irado ao vê-lo retornar; também perceberia o equilíbrio delicado do

---

[21]Gálatas 3:28; 1Coríntios 12:12.
[22]Efésios 4:15.
[23]2Coríntios 5:19.

que Paulo disse e do que lhe estava sendo pedido. Como declaração política sobre a escravidão, a carta não corresponde ao nosso anseio, mas, como experimento em uma estratégia pastoral única e prática, a carta é brilhante, e o experimento parece ter funcionado. Cinquenta anos depois, o bispo de Éfeso é um homem chamado Onésimo. O jovem escravo, é agora um líder cristão idoso? Ou um nome já respeitado no contexto da comunidade cristã primitiva?

SE PAULO ENVIARÁ ONÉSIMO E TÍQUICO até Colossos, há outras coisas que deseja comunicar à igreja como um todo. De qualquer maneira, ele já tinha em mente a possibilidade de escrever uma carta circular, uma carta para todas as igrejas da região. Ele já o tem mapeado em sua cabeça, e escreverá as duas, por assim dizer, lado a lado: a carta geral para todas as igrejas e a carta particular a Colossos. Ambas, assim, escritas por volta de 55 ou início de 56 d.C., explicam, de maneira ligeiramente diferente e ao mesmo tempo convergente, o motivo pelo qual ele está na prisão e o porquê de as igrejas, ouvindo a seu respeito, não precisarem se preocupar como se o evangelho em si corresse algum risco. Ambas as cartas lidam com o problema ao encapsularem sua meditação profunda no poder de Jesus sobre todos os poderes do mundo, tema que, conforme sugiro, ajudou Paulo a retornar à posição de confiança depois do desespero. Ambas, em harmonia com toda sua visão de mundo, enraízam-se no antigo universo do pensamento judaico e bíblico, reformulado em torno de Jesus; ambas lidam com o mundo do poder pagão com a nova e subversiva mensagem do evangelho.

Antes de mergulharmos nessas duas cartas, Colossenses e Efésios, precisamos dizer algo sobre a autoria de Paulo. O presente livro não é o lugar preferível em busca de argumentos técnicos, porém uma pequena explicação é cabível.

Boa parte dos críticos ocidentais ainda expressa dúvidas sobre a autoria de Paulo quanto a uma das cartas ou a ambas, baseando-se parcialmente em estilo — ainda que, na verdade, a maioria das cartas de Paulo exiba estilos diferentes. Conforme já expliquei, talvez a diferença estilística mais acentuada entre as cartas paulinas esteja entre 1 e 2Coríntios, ambas normalmente aceitas como autênticas. Questões de estilo correspondem em sua maioria a Efésios em vez de Colossenses, mas fiquei impressionado com a proposta de alguns eruditos de que, nessas cartas, escritas no coração da província da Ásia e enviadas à mesma localidade, pode bem ser que Paulo esteja deliberadamente adotando o estilo "asiático" de escrita, com trocadilhos, sentenças floridas e ritmo. Embora controversa, a forma de escrita era bem conhecida da época, especialmente entre oradores romanos, dentre os quais alguns imitavam modelos gregos "asiáticos", embora outros considerassem o estilo como degenerado.

De qualquer maneira, três coisas devem ser ditas a respeito do estilo paulino. A primeira é que aqueles que fizeram análise computacional das cartas penderam para a posição de que todas foram escritas por ele; a segunda é que, comparadas com a maior parte da produção literária do mundo antigo, as cartas sobreviventes de Paulo são tão curtas que é difícil ter certeza quanto a termos material suficiente para uma comparação válida; e a terceira é que é fácil para os críticos teimarem em seu ponto de vista de como essa ou aquela pessoa deveria escrever. É perfeitamente possível a uma mesma pessoa escrever, na mesma semana, um artigo a um periódico científico, um discurso para uma reunião política, uma fala de criança e talvez fragmentos de poesia. Pequenas variações em estilo — e, no caso das cartas paulinas, tudo não passa de variação de estilo — devem ser esperadas quando a mesma pessoa se depara com situações diferentes. E, no caso de Efésios, Paulo está escrevendo uma carta geral, sem uma situação ou audiência específica em mente.

O verdadeiro problema, claro, é que, do século XIX em diante, a vanguarda da erudição paulina localizava-se no protestantismo liberal alemão. Naquele mundo, a visão extraordinariamente "elevada" da Igreja em Efésios e Colossenses era contrastada com a visão mais "protestante" de Romanos, Gálatas e 1 e 2Coríntios, mas esse é, de fato, um erro categórico, uma vez que a visão de Paulo sobre a Igreja, embora expressa de maneira variada, é consistente em todo o *corpus*; é apenas encolhendo o que Paulo diz em Romanos e Gálatas que se pode imaginar Efésios e Colossenses como cartas radicalmente diferentes. Há outros pontos relacionados, por exemplo, sobre a visão de Jesus, mas esses também estão baseados em uma visão encolhida do que Paulo estava dizendo em Romanos e em outras cartas obviamente autênticas.

De qualquer maneira, embora seja algo que se tornou claro apenas com o trabalho mais recente no mundo judaico da época, Efésios e Colossenses são ambos profundamente judaicos em sua orientação — repensados em torno de Jesus, claro, mas tendo sentido dentro da visão de mundo judaica. O protestantismo do século XIX também não favoreceu o pensamento judaico, e certamente não queria que Paulo fosse judaico demais. Muito mais recentemente, alguns se opuseram aos "códigos domésticos" de Efésios e Colossenses, supondo serem anátema à agenda liberal que encontram em Gálatas e em outros lugares, e isso também é um erro, pois os historiadores não devem estabelecer padrões artificiais de moralização contemporânea e depois formular um "Paulo" que se encaixe neles. No mundo acadêmico, modas vêm e vão. O modismo da rejeição de Efésios e Colossenses — ou, talvez, devemos dizer, para ajudar o Paulo protestante a manter sua distância do judaísmo, por um lado, e do catolicismo, do outro — teve, por um bom tempo, sucesso. Por parecer "crítica", muitos têm receio de desafiá-la, temendo parecerem "acríticos", mas, uma vez que posicionamos as cartas em Éfeso onde penso que elas foram escritas, tais problemas começam a soar como que gerados mais por ideologia do que pelo estudo histórico.

COLOSSENSES FOI ESCRITA, ao que tudo indica, a uma igreja jovem. Paulo foi informado de sua existência por Epafras, oriundo de Colossos, o qual parece ter se convertido pelo ministério de Paulo em Éfeso e retornado para casa a fim de espalhar a boa-nova. Paulo ora para que a igreja cresça em fé, sabedoria e entendimento; também ora para que ela seja capaz de extrair do "poder" de Jesus (eis o tema mais uma vez), vivendo e trabalhando para sua glória.[24] Paulo almeja, em especial, que a igreja desenvolva e enriqueça a prática de *dar graças*, e, com esse objetivo, ele lhes fornece um poema que, como o de Filipenses 2, celebra o senhorio universal de Jesus sobre todos os poderes do mundo.

Isso, conforme sugeri, era parte do alimento com o qual o próprio Paulo se fortalecera à medida que batalhava contra as potestades. De fato, parte do significado desse poema é precisamente que ele é escrito por alguém na prisão; em outras palavras, o poema convida àqueles que o leem e oram a imaginar um mundo diferente daquele que enxergam ao seu redor — um mundo com um Senhor diferente, no qual o Único Deus governa e salva, um mundo em que um novo tipo de sabedoria foi desvendado, um mundo onde há uma maneira diferente de ser humano.

De fato, "sabedoria" é o subtexto de boa parte de Colossenses, e, como sempre, Paulo espera que as pessoas aprendam a *pensar* — não que simplesmente absorvam regras e princípios a serem aprendidos de cor, mas que sejam capazes de crescer como seres humanos genuínos, experimentando "toda riqueza do entendimento definido" e chegando ao "conhecimento do mistério de Deus".[25] Tudo isso acontecerá quando os colossenses perceberem que é o próprio Jesus que revela esse "mistério", que o próprio Messias é "o lugar" onde devem encontrar "todos os tesouros escondidos da sabedoria e do conhecimento".[26]

Nesse contexto, Paulo baseia-se em duas correntes importantes do pensamento judaico. Por um lado, como vimos, ele conhece bem as tradições de meditação e oração por meio das quais judeus devotos esperavam por uma visão da esfera celestial, e talvez mesmo do Único Deus. Essas tradições parecem ter se desenvolvido em um tempo no qual, com pagãos ainda governando até mesmo depois do fim do exílio babilônico, pairava no ar a sensação de que as maiores promessas

[24]Colossenses 1:9-11.
[25]Colossenses 2:2.
[26]Colossenses 2:3.

proféticas, particularmente em relação ao retorno visível e poderoso do Deus de Israel ao Templo em Sião, não haviam se cumprido. Talvez aquele fosse um tempo de teste e paciência, no qual alguns podiam vislumbrar, antecipadamente por assim dizer, a realidade que um dia preencheria o Templo e inundaria toda criação...

Por outro lado, toda a criação foi feita pelo Único Deus *por meio de sua sabedoria*; foi isso que Provérbios 8 disse, começando uma linha de pensamento que seria desenvolvida pelos pensadores judaicos até os dias de Paulo. É verdade que ela começou como uma metáfora; falar sobre a "Senhora Sabedoria" como serva de Deus na criação era uma forma poética de dizer que Deus, ao criar o mundo, não o fez de forma aleatória nem confusa, mas de maneira *sábia* — coerente e bem ordenada. O mundo fazia sentido, e, claro — este é o ponto declarado pelo livro de Provérbios como um todo e ecoado pela literatura posterior — se é sua aspiração ser um humano genuíno, refletindo a imagem de Deus, então você *também precisa ser sábio*, ou seja, precisa conhecer a Senhora Sabedoria.

Na visão de alguns escritores, a tradição de "mistério" e de "sabedoria" concentrava-se no Templo, pois foi lá que o Único Deus prometeu habitar; sendo assim, se a exibição do mistério definitivo devia acontecer, você devia esperar sua manifestação no Templo *como se* estivesse no Templo. O livro conhecido como Eclesiástico, ou Sabedoria de Ben Sira, escrito por volta de 200 a.C., imagina a Senhora Sabedoria desejando descer e viver com o ser humano e imaginando onde estabelecer sua morada. A resposta é categórica: o Templo, claro.[27] Tudo isso se une a mais uma vertente do pensamento judaico: o filho de Davi, Salomão, o arquétipo de "homem sábio" na Bíblia, também é o rei que edifica o Templo. Quando Salomão consagra o santuário recém-construído, a glória divina desce para encher a casa com brilho tal que os sacerdotes não podem entrar para realizar seu trabalho.[28]

[27]Eclesiástico 28.
[28]1Reis 8.

Para nós que vivemos em uma cultura totalmente diferente, tudo isso soa como a combinação esquisita de ideias díspares, mas, no mundo de Paulo, e especialmente para um judeu culto, todas essas noções aparentemente distintas pertenciam à mesma máquina bem-lubrificada — ou, talvez ainda melhor, formavam como que um único ser humano, neste caso Jesus. Quando Paulo diz que *Jesus* é o lugar onde podemos encontrar todos os tesouros da sabedoria e do conhecimento, o que isso significa?

Significa tudo isso que acabamos de dizer, declara Paulo, enquanto expõe outro poema surpreendente em que tudo que acabei de dizer não apenas encontra expressão, como também o faz de maneira bela. Eis o segredo da criação, da sabedoria, do mistério, do Templo. Eis o modo como tudo se encaixa.

O livro de Gênesis começa com "no princípio", frase que em hebraico é apenas uma palavra: *bereshith*. A partícula *be* pode significar "em", "através de" ou "para"; o substantivo *reshith* pode significar "princípio", "cabeça", "soma total" ou "primeiros frutos". Provérbios 8 leva a Senhora Sabedoria a declarar que Deus a criou "como princípio de sua obra", *bereshith darkō*. E o relato da criação em Gênesis 1 alcança seu ponto culminante com a criação do ser humano à *imagem* de Deus. A criação como um todo é um Templo, a realidade de céu-e-terra em que Deus deseja habitar, e o modo de sua presença naquele Templo (como qualquer um no mundo antigo saberia perfeitamente bem) era a "imagem", o objeto de culto que representaria o criador para o mundo, bem como o mundo em geral perante o criador. Complicado? Sim, mas apenas aparentemente para nós, visto que nossa cultura fez o possível para desaprender esse tipo de pensamento. Complexo, mas coerente; um pouco como a própria criação ou, de fato, como o próprio ser humano.

Imagine, agora, todo esse pensamento judaico — complexo, mas coerente — ponderado e expresso em oração por Paulo enquanto viaja, trabalha em sua pequena loja, permanece em uma hospedaria à beira do caminho e ensina ao jovem Timóteo o mundo vasto das Escrituras, seu *habitat* natural. Imagine-o orando tudo isso no próprio Templo ao visitar

Jerusalém, depois de testemunhar o evangelho em ação na Turquia e na Grécia. Imagine, em particular, Paulo encontrando aqui um novo *insight* sobre o modo pelo qual, como ponto focal da criação, da sabedoria, do mistério e do significado profundo da humanidade, Jesus estava agora entronizado como Senhor de todo e qualquer poder. Imagine também Paulo em seu momento de crise, de desespero, sentindo como se os "poderes" o tivessem afinal superado, chegando às profundezas desse poço insondável de verdade para encontrar, de maneira nova, o que significaria confiar no Deus que ressuscita mortos. Eis o que ele propõe:

> Ele é a imagem de Deus, o invisível,
> O primogênito de toda a criação,
> Pois nele foram criadas todas as coisas
> Nos céus e na terra.
> Coisas visíveis e invisíveis —
> Tronos e soberanias, poderes ou autoridades —
> Todas as coisas foram criadas por meio dele e para ele.
>
> Ele é está adiante tudo mais
> E nele tudo subsiste;
> Ele mesmo é supremo, a cabeça
> Do corpo, que é a igreja.
>
> Ele é o princípio de tudo isso,
> Primogênito dentre os domínios da morte;
> Para que em tudo tenha a supremacia.
> Pois nele, toda a Plenitude agradou-se em habitar
> E, por meio dele, reconciliar consigo todas as coisas,
> Estabelecendo a paz pelo sangue de sua cruz,
> Por meio dele — sim, coisas na terra,
> E também as coisas nos céus.[29]

[29]Colossenses 1:15-20.

Se o poema fosse menos elegante, poderíamos dizer que Paulo estava erguendo o punho contra os poderes, na terra e na esfera tenebrosa além da terra, os quais o haviam colocado na prisão e esmagado seu espírito ao limite, mas não é o que ele está fazendo. O efeito teológico é o mesmo: Paulo está invocando e celebrando um mundo onde Jesus, aquele por quem tudo foi feito, é o mesmo no qual agora todas as coisas são reconciliadas por meio da crucificação. Naturalmente, não se trata do mundo que ele e seus amigos conseguem ver a olho nu. Eles veem autoridades locais, jurando lealdade a César; veem magistrados intimidadores, oficiais ameaçadores; veem prisões e torturas. Mas, agora, são convidados a ver o mundo com o olhar da fé, o olhar que aprendeu a ver pelas lentes da Escritura, o olhar que aprendeu a ver Jesus.

Como uma visão apocalíptica, esse poema revelador de mistérios oferece um vislumbre de outro mundo, um mundo mais verdadeiro do que o universo violento e bruto do paganismo, tanto outrora como agora. Tratava-se de um mundo judaico, mas com uma diferença: um mundo judaico que enfim fazia sentido por causa da vinda do Messias, o verdadeiro filho de Davi, o verdadeiro ser humano (a "imagem"), de cuja realidade e significado até mesmo o templo de Jerusalém apontava. "Toda a Plenitude" — a plenitude do Único Deus — "alegrou-se em habitar" nele. Isso é linguagem de Templo. Ela oferece a visão mais elevada de Jesus que alguém poderia ter, juntamente com a declaração simples, porém profunda, de João: "A Palavra tornou-se carne e viveu entre nós".[30] Jesus é a Imagem, o verdadeiro ser humano na essência do templo, isto é, o mundo, aquele que estende céus e terra, unindo-os enfim, aquele cuja morte vergonhosa reconciliou todas as coisas com o Criador.

Com essa visão breve de Jesus, mas de tirar o fôlego, Paulo passa a incluir a si e aos colossenses no enquadramento histórico. A igreja de Colossos passou a fazer parte de tudo isso, e os sofrimentos de

---

[30] João 1:14 (NVI).

Paulo também fazem parte do modo pelo qual o senhorio de Jesus é implementado no mundo. De fato, o Messias está vivendo neles, assim como Paulo havia dito aos gálatas, e a antiga esperança judaica de que a glória do Único Deus retornaria e encheria o mundo está começando a se tornar realidade. Pode não parecer assim em Colossos, quando dez ou vinte pessoas estranhamente diferentes aglomeram-se na casa de Filemom para orar, invocar a Jesus enquanto adoram o Único Deus, repartem o pão e intercedem umas pelas outras e pelo mundo. Na verdade, porém, o Messias, lá no meio deles, é a "esperança da glória".[31] Um dia, toda a criação será inundada com sua presença, e, então, os colossenses olharão para trás e perceberão que eles, assim como o próprio Templo, haviam sido um pequeno modelo funcional, um projeto avançado da criação renovada.

Isso leva a uma advertência cuja função se assemelha à de Filipenses 3:2-11. Não está claro que Paulo está advertindo os colossenses contra uma repetição do que ocorrera na Galácia, mas, quando lemos a passagem toda, entendemos o que ele deseja comunicar. "Vocês já são", adverte ele, "os verdadeiros monoteístas, focalizados no verdadeiro Templo.[32] Vocês já foram 'circuncidados,' não de maneira física comum, mas por morrerem e ressuscitarem com o Messias.[33] E a Torá, que podia tê-los barrado, foi deixada de lado.[34] Portanto, reconheçam que vocês não têm obrigação nenhuma de obedecer regulamentações relacionadas a comidas, festivais ou sábados, a despeito de visões e revelações que pessoas possam reivindicar enquanto vos instruem".[35] Em que isso acarreta? Monoteísmo, Templo, circuncisão, Torá, leis alimentares, sábados, visões e revelações... Tudo isso soa exatamente como o mundo judaico que Paulo conhece tão bem. De

[31]Colossenses 1:27.
[32]Colossenses 2:9-10.
[33]Colossenses 2:11-12.
[34]Colossenses 2:13-15.
[35]Colossenses 2:9-19.

fato, as advertências são semelhantes às de Filipenses 3, e não precisamos imaginar, como muitos fizeram, que uma estranha filosofia "sincretista" invadira Colossos; trata-se de uma advertência implícita contra ser atraído ao rebanho judaico.

Por que, então, Paulo fala de "filosofias e vãs sutilezas" que outros podem usar para "cativar" os colossenses?[36] Como em Gálatas 4, Paulo deixa claro que, quando a comunidade judaica de uma sinagoga rejeita a mensagem acerca do Messias crucificado, a única coisa que resta é uma entre muitas filosofias. No mundo de Paulo, "filosofia" era um estilo de vida; alguns escritores judeus referiam-se à sua própria visão de mundo como filosofia. A palavra-chave, no entanto, é "cativar", uma única palavra rara em grego: *sylagōgōn*. Mude apenas uma letra, dê um único golpe de pena em grego, e a palavra se tornaria *synagōgōn*: "levá-lo à sinagoga". Lembramo-nos de como, em Filipenses 3, Paulo advertiu contra a *katatomē*, "mutilação", trocadilho pejorativo de *peritomē*, "circuncisão". Da mesma maneira, o apóstolo está antecipando qualquer possibilidade de que mestres judeus (ou cristãos judeus) vão à cidade e persuadam seguidores de Jesus dentre os colossenses a circuncidar-se. Paulo os ensina que a circuncisão já aconteceu, uma vez que os colossenses já haviam morrido e ressuscitado com o Messias.

Isso, então, forma a estrutura para suas instruções breves, que vão do final do capítulo 2 até próximo do fim da carta. Trata-se de uma aplicação mais longa de Gálatas 2:19-20: "pela lei, morri para a lei [...] estou, no entanto, vivo". "Perceba", ordena ele, "quem você realmente é. O Messias morreu e foi ressuscitado; você está nele; portanto, você morreu e ressuscitou — e deve aprender a viver em conformidade com essa verdade. O dia se aproxima quando a nova criação, no momento escondida, será revelada, e o rei, o Messias, será revelado em glória. Quando isso acontecer, a pessoa que você já é nele será revelada

---

[36]Colossenses 2:8.

também. Creia nisso e viva segundo essa verdade".[37] Instruções que seguem — enfatizando pureza sexual; fala sábia, bondosa e verdadeira; unidade que ultrapassa fronteiras tradicionais — são nítidas e básicas. Tudo retorna outra vez à ação de graças.[38] É esse o contexto do breve "código familiar" de instruções a esposas, maridos e, de modo surpreendente, filhos e escravos, tratados como seres humanos reais e com responsabilidades.

Orações e saudações encerram a carta. Como em Romanos (a única carta escrita a uma igreja não visitada por Paulo), saudações em Colossenses são mais numerosas do que o comum. A lista de companheiros de Paulo corresponde de perto à lista no final da carta a Filemom, mas com mais descrições: Aristarco parece estar aprisionado com Paulo; Marcos, sobrinho de Barnabé, também está auxiliando o apóstolo, tendo aparentemente superado quaisquer problemas que teve sete ou oito anos antes. Além do ânimo renovado de Paulo, ocasionado, conforme sugiro, por sua meditação prolongada na soberania de Jesus sobre todo e qualquer poder, naturalmente esses companheiros lhe serviram de grande encorajamento, principalmente os últimos três, todos judeus (Aristarco, Marcos e Jesus, chamado Justo, o único não mencionado em Filemom). Isso é importante por uma série de razões. Paulo sabia estar em constante perigo de que, visto ser notória a sua insistência no fato de que os gentios deveriam ser membros plenos da Igreja sem a circuncisão, judeus, incluindo seguidores de Jesus, poderiam evitá-lo. O fato de Marcos em particular trabalhar com ele pode ser um bom indício de que qualquer fissura entre Paulo e a família cujos membros incluíam Pedro e Barnabé havia sido devidamente resolvida.

Curiosamente, Paulo diz aos colossenses que, depois de lerem a carta, devem transmiti-la à igreja de Laodiceia; além disso, o apóstolo também diz que eles devem se certificar de ler também a carta que

---

[37]Colossenses 3:1-4.
[38]Colossenses 3:17.

chegará a eles *de* Laodiceia. Trata-se claramente de um movimento circular, e Tíquico e Onésimo, ao que parece, serão os portadores de ambas. Será, entretanto, uma viagem interessante e desafiadora para os dois mensageiros. Parte do trabalho de Tíquico será manter Onésimo animado durante a semana em questão para que ambos cheguem a Colossos.

DE ONDE ME ASSENTO, posso ver dezenas de fotografias, misturadas entre pilhas de livros e papéis, copos de café e castiçais. Muitas delas são fotos pequenas, particulares: membros da família, recordações de férias, um pônei branco à beira do mar, uma cidade no horizonte. Existe até mesmo uma foto da minha esposa tirando uma foto do papa (nem me fale!). Na sala ao lado, fora de vista, mas nítida na memória, há uma moldura contendo catorze fotografias, cortadas e juntadas para formarem um panorama completo. As fotos foram tiradas durante uma viagem de férias na Suíça, no cume de uma montanha chamada Schynige Platte, no Oberland Bernês. A câmera completou um círculo completo, de modo que a extremidade esquerda do panorama realmente se une à extremidade direita. No centro, localizam-se os grandes picos: o Eiger, o Mönch e o glorioso Jungfrau. As fotos também mostram montanhas menores ao redor, mas ainda assim dramáticas, enormes e cobertas de neve, banhadas pela luz do sol de verão. A imagem panorâmica é completamente diferente quando comparada às fotografias que estão diante de mim, embora inclua elementos familiares de fotos menores: um membro da família, cenas de férias, animais pastando (no caso, vacas) e até mesmo, de longe, uma pequena cidade. Todas estão agora em um único molde; por isso, têm um significado ainda maior, e apenas com um olhar, você consegue captar todo um mundo.

O mesmo se dá com Efésios. A carta parece ser circular: não há saudações pessoais, nem menção de uma igreja específica. As palavras "em Éfeso" no primeiro versículo ("aos santos e fiéis no Rei Jesus que estão em Éfeso") não são encontradas nos melhores e mais antigos manuscritos; ao que tudo indica, um escriba, em algum período no século IV ou V, confuso com a ausência de um destinatário, adicionou um, e pode existir uma boa razão para isso. Se a carta era de fato circular, porém escrita de uma prisão em Éfeso, é bem provável que uma cópia tenha sido guardada pela própria igreja da cidade. Outra possibilidade é que alguém de Laodiceia ou Colossos tenha feito uma cópia, a qual retornou para o mesmo lugar de onde saiu. Assim o escriba, não encontrando destinatário, mas sabendo que a carta estava na própria cidade de Éfeso, parecia tomar uma decisão sensata ao fazer uma adição.

Não é apenas a ausência de um destinatário e de saudações que leva muitos a pensar na carta como circular. Como na fotografia panorâmica, a carta cobre um território extremamente amplo, tendo diversos elementos diferentes unidos em uma única visão. Há picos deslumbrantes e relances distantes, mas a ideia é que seu autor ficou de longe e tentou expressar tudo de uma vez, e é por isso que alguns, mesmo entre aqueles que não têm certeza se Paulo escreveu a carta, referiram-se a ela como a "coroa das obras paulinas", lugar onde, juntas, as ideias de Paulo formam um único quadro. De fato, um tipo diferente de imagem, porém reconhecível, creio eu, como sendo a obra do mesmo homem.

Efésios apresenta muito conteúdo em comum com Colossenses, tanto que alguns chegaram a pensar que uma carta servia de modelo para a outra. Igualmente provável, em minha opinião, é que ambas foram compostas ao mesmo tempo, mas para servirem a propósitos ligeiramente diferentes. Colossenses tem um foco específico naquela comunidade em particular, enquanto Efésios permanece um pouco mais à distância e deixa a visão falar por si mesma. Nela podemos vislumbrar a situação particular de Paulo e entender a razão pela qual era isso que ele queria dizer de sua cela às igrejas da província da Ásia. A carta combina duas coisas aparentemente diferentes, mas, quando pensamos em Paulo e em sua crise em Éfeso, tudo faz sentido.

A carta começa com uma visão cósmica e global do propósito divino e da Igreja como agente e representante desse plano, e essa ideia ocupa os primeiros três capítulos, formando um fluxo contínuo de prosa exaltada (talvez, de fato, "asiática" em suas frases longas e expressões floridas), uma única corrente de louvor, adoração e oração. É tudo bem judaico, oferecendo uma visão de Criador e cosmos, unificação de céu e terra, sujeição dos poderes do mundo ao Deus criador e ao seu Messias exaltado, o verdadeiro ser humano sob cujos pés o Criador colocou "todas as coisas".[39] Como resultado de sua morte e ressurreição, o novo Êxodo ocorreu, a "herança" é assegurada pelo penhor do espírito e "todo governo e autoridade, poder e domínio" está, agora, sujeito a ele, incluindo — e todos na Ásia saberiam a quem Paulo estava se referindo — "todo nome que se possa invocar, tanto na presente era quanto na que há de vir".[40]

O segundo capítulo fala do ato de graça e misericórdia pelo qual Deus resgatou judeu e gentio do pecado e dos "poderes" que se alimentam da idolatria humana. Fala do povo do Messias como nova criação, o *poiēma* de Deus, palavra da qual derivamos "poema", resgatado a fim de modelar e levar adiante os propósitos de Deus no mundo. Fala do novo Templo, há muito aguardado pelos judeus dos dias de Paulo (especialmente aqueles que sabiam perfeitamente bem que a reconstrução de Herodes do Templo de Jerusalém não passava de uma farsa cara); só que agora o Templo consiste na comunidade de seguidores de Jesus, lugar onde o Deus vivo habita por seu espírito. Paulo então explica, no capítulo 3, onde seu próprio trabalho e seu sofrimento presente se encaixam no mapa dos propósitos antigos de Deus. Conforme Deus sempre intencionou, agora os poderes do mundo estão sendo confrontados pelo poder de Deus, e, com base nisso, Paulo ora para todos aqueles aos quais escreve venham a perceber "a largura, o comprimento, a altura e a profundidade" — Paulo está abrindo um

[39]Eésios 1:22, ecoando Salmos 8.
[40]Efésios 1:21.

verdadeiro panorama — e conhecer, em particular, o amor do próprio Messias, para que sejam cheios da plenitude divina.[41]

Assim, a primeira metade da carta diz respeito a *poder* e *unidade* — o poder de Deus no evangelho e a unidade entre céu e terra, bem como de judeu e gentio na Igreja.[42] O tema dará origem à exortação extraordinária sobre a unidade da Igreja por intermédio de seus muitos e diversos dons e a união entre homem e mulher no casamento.[43] Há mistérios aqui, Paulo reconhece prontamente, mas, apesar disso, conseguimos enxergar o quadro geral: a união étnica e conjugal (pensamento tipicamente paulino, ressoando particularmente com Gálatas) nos serve de sinal de que o plano do Criador está sendo concretizado em prol de toda a criação. Não temos todos os detalhes, mas já podemos ter uma visão panorâmica clara.

A segunda metade da carta é forte e explicitamente prática. Diferentes dons que Deus dá à Igreja têm o objetivo de levá-la a uma unidade rica e variada em que membros "crescerão no Messias", como Paulo havia dito a Filemom, e isso ocasiona uma exortação para viver a partir de padrões morais que judeus da Diáspora reconheceriam, particularmente em questões de ética sexual. Isso leva naturalmente ao equilíbrio delicado do relacionamento no próprio contexto matrimonial e, assim, a outra versão do "código familiar". Mas então vem a surpresa, embora, em retrospecto, não deveria ser tão surpreendente assim.

Depois de ler os três primeiros capítulos da carta, poderíamos antecipar uma conclusão amável, especialmente depois da referência à união entre homem e mulher no jardim. A visão grandiosa do propósito redentor de Deus já cumprido no Messias; a Igreja como comunidade que, por sua vida e unidade, declara ao mundo a divindade do Único Deus, e o senhorio de Jesus e a sujeição de todo poder e autoridade a ele... Tais declarações podem soar, e de fato soam para

---

[41]Efésios 3:18-19.
[42]Efésios 1:10; 2:11-22.
[43]Efésios 4:1-16; 5:21-33.

muitos em nossa época, uma impossibilidade, uma fantasia ingênua. Contudo, o fim do capítulo 6 nos relembra da realidade à qual continuamos sujeitos. O cristão está preso em uma luta pelo poder, algo perigoso e desagradável e que exige vigilância e todo equipamento defensivo que o evangelho pode proporcionar.

Supomos ter sido essa a conclusão de Paulo após a terrível experiência a que se refere em 2Coríntios 1. Sua meditação sustentada sobre a soberania de Jesus, enraizada em sua vida anterior de oração, que, crescendo da profundidade de suas raízes judaicas, celebraram Jesus como o humilde Servo exaltado, o lugar onde "a medida plena da divindade assumiu a residência do corpo"[44] —, tudo isso o ajudou a finalmente libertar-se de sua prisão interior escura antes que fosse libertado da prisão exterior. Mas ele não se esqueceu da forma como os príncipes e as autoridades, quando desafiados tão abertamente nos primeiros dias de seu trabalho em Éfeso, foram capazes de contra-atacar. Ele o sentiu. Ele o cheirou — o bafo de enxofre na face ríspida dos magistrados, a alegria diabólica dos guardas encarregados de chicotear ou espancar seu novo prisioneiro, talvez até o rosto presunçoso daqueles que pensava serem amigos, mas demonstraram ser inimigos. Ele sabe — ele aprendeu — que, quando você celebra todas as verdades ensinadas nos capítulos 1—3, particularmente a verdade de que "a sabedoria de Deus, em toda sua riqueza e variedade, devia ser manifesta aos governantes e autoridades nas regiões celestiais, mas pela Igreja!"[45] —, então os poderes e as autoridades dificilmente encararão isso com gentileza. Como o apóstolo explica na mesma passagem, seu próprio sofrimento serve de ilustração, e, nesse sentido, a vitória conquistada pela cruz deve ser implementada por meio da cruz.

Na verdade, penso que Efésios 6:10-20, passagem sobre guerra espiritual, assemelha-se, em termos de função, a 1Coríntios 15, o longo trecho sobre a ressurreição do corpo. Em ambos os casos, a

[44]Colossenses 2:9.
[45]Efésios 3:10.

parte final da carta tem uma ligação com o que foi dito anteriormente. Podemos não tê-lo antecipado, mas, ao chegarmos lá, descobrimos que a seção serve não de um apêndice sobre um tópico desconexo, mas de explicação sobre uma realidade mais profunda, subjacente a tudo que foi descrito anteriormente. Em particular, tudo o que Paulo diz nos capítulos 4—6 constitui a redução de fronteiras no mundo em sua luta moral de poder. Fazer com que dons completamente diferentes funcionem em prol da unidade e não da divisão (capítulo 4) é difícil o bastante; treinar a imaginação e os impulsos naturais para resistirem deleites obscuros e imediatistas do mundo pagão é ainda pior. Apesar disso, formar e sustentar casamentos em que homem e mulher se sujeitam um ao outro talvez seja ainda mais difícil, uma vez que concessão e solução superficial são fáceis, mas se sujeitar à versão plena do discipulado é alistar-se para a guerra espiritual.

Assim também com a primeira metade da carta, Paulo sabia, melhor do que muitos teóricos modernos, que, por um lado, não há incompatibilidade, mas sim um elo inevitável, entre a celebração do Único Deus e sua obra na criação e nova criação, o Êxodo e o novo Êxodo e, por outro lado, o desafio aos poderes do mundo. Não basta acusar Efésios 1—3 de ter muito do "já chegou" e não o suficiente do "vem a hora". O "vem a hora" está presente nos capítulos 4, 5 e, particularmente, no capítulo 6, e há um ótimo motivo para isso. Paulo havia ido para Éfeso, onde viveu e ensinou a respeito da vitória poderosa de Deus. Por esse tempo, ele havia descoberto, primeiro em Corinto e depois em Éfeso, que, como no caso do próprio evangelho, o poder divino só pode ser dado a conhecer por meio da fraqueza humana. Por isso ele oferece a advertência realista e o apelo urgente às igrejas da Ásia, principalmente às pequenas comunidades do vale do Lico, a não desvalorizarem o que ele disse anteriormente na carta, mas que o posicionem em seu devido contexto:

> Fortaleçam-se no Senhor e no seu forte poder. Vistam toda a armadura de Deus; assim, poderão ficar firmes contra as trapaças do diabo.

> A luta na qual estamos engajados não é contra carne e sangue, mas contra líderes, contra autoridades, contra poderes que governam o mundo nesta era de trevas, contra elementos espirituais do mal nas regiões celestiais.
>
> Por isso, vocês devem vestir toda a armadura de Deus; então, quando a maldade se aproveitar do momento, serão capazes de resistir e fazer o que deve ser feito, permanecendo inabaláveis até tudo terminar. Assim, mantenham-se firmes! Cinjam-se com o cinto da verdade; vistam a justiça como couraça; por calçados nos pés, prontos para a batalha, calcem a boa notícia da paz. Além disso, usem o escudo da fé; com ele, vocês poderão apagar todas as flechas inflamadas do maligno. Usem o capacete da salvação e a espada do espírito, que é a palavra de Deus.
>
> Orem o tempo todo no espírito, com todo tipo de oração e intercessão. Vocês terão de permanecer acordados e alertas para isso, com toda perseverança e intercessão por todos os santos de Deus — e também por mim! Por favor, orem para que eu, ao falar, anuncie as próprias palavras de Deus e, assim, manifeste, em alto e bom som, a verdade secreta do evangelho. Afinal, é por esse motivo que sou um embaixador acorrentado! Orem para que eu o anuncie ousadamente, pois isso é o que me cumpre fazer.[46]

Paulo aprendeu do jeito mais difícil que os poderes contra-atacarão. Cada linha dessa advertência diz: "foi isso que eu tive de fazer", e, embora ele tenha chegado a um novo senso de confiança, por meio da meditação contínua na soberania de Jesus, no "Deus que ressuscita mortos", ele bem sabe que ainda existem pelo menos dois grandes desafios pela frente. A princípio, ele deseja ir para Roma; depois, poderá pensar em Roma como uma passagem a caminho da Espanha; contudo, dois desafios significam que ele ainda mal pode começar a planejar sua jornada.

[46]Efésios 6:10-20.

O primeiro é que ele deve ir a Corinto, sem ter a mínima ideia do tipo de recepção que o aguarda. (Tito ainda não retornara, o que, para Paulo, era um mau sinal...). Então, ele espera e, deseja ir para Jerusalém; contudo, embora espere levar consigo a oferta recebida de igrejas gentílicas, tal oferta pode simplesmente piorar a situação. O que os judeus pensarão desse desastre de apóstolo, chegando com amigos pagãos e dinheiro contaminado para insultar tradicionalistas na Cidade Santa?

De Éfeso a Corinto

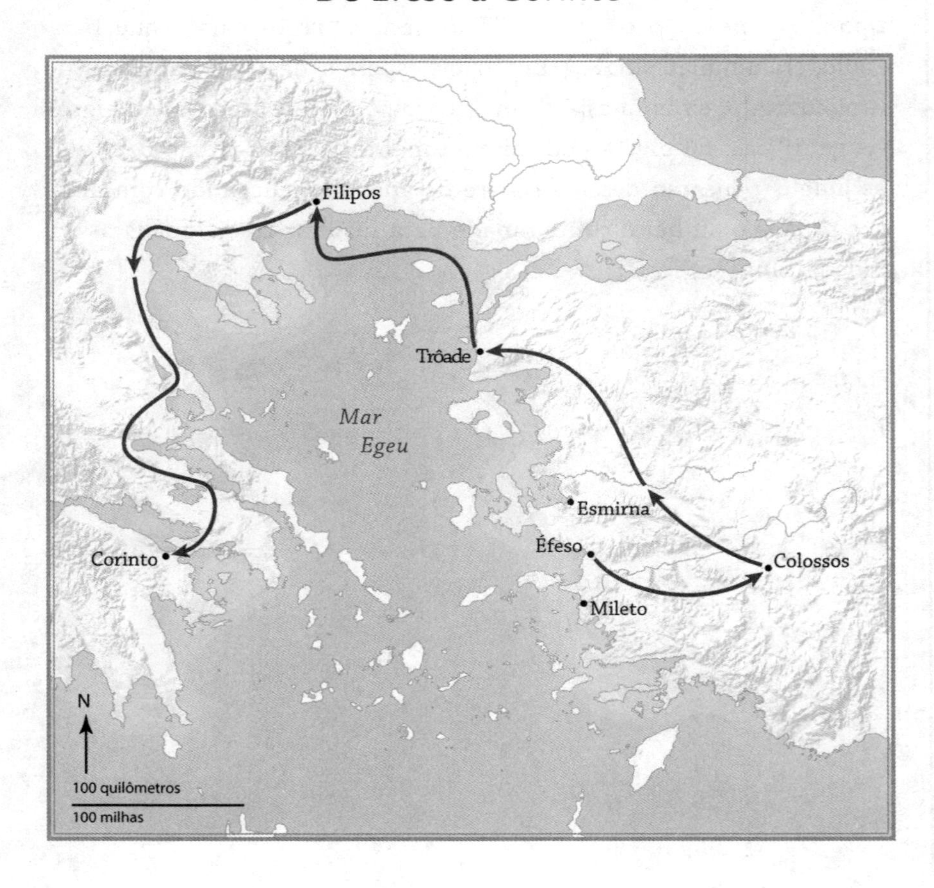

CAPÍTULO 12

CORINTO II

AS DIFICULDADES E CONFUSÕES nas quais Paulo e a igreja de Corinto se envolveram são o objeto das complexas investigações daqueles pesquisadores cujo propósito é tentar descobrir, com precisão, o que haveria de acontecer em seguida. Como vimos anteriormente, 2Coríntios não diverge das demais cartas de Paulo (ao menos em vários capítulos) apenas em estilo. Sua estrutura geral também é mais instável e contém o que parecem ser falsos inícios, parágrafos extras injetados no argumento, retomadas repentinas de temas anteriores e, não menos importante, uma mudança súbita de humor, próxima do fim. Da agonia e hesitação dos primeiros capítulos, a carta conclui subitamente em tom combativo, provocador e otimista. Como no caso de Gálatas, desejamos, vez após vez, poder ouvir do outro lado da conversa telefônica, e, tendo em vista que nos faltam detalhes, a carta tem servido de "ninho de pássaro", repleta de toda sorte de teorias esquisitas sobre Paulo e sua teologia, sua motivação e seus opositores. De vez em quando, estranhezas acumuladas devem ser sacudidas para fora do ninho, de modo a permitir que a ave se acomode novamente, e como a proposta deste livro não é debater teorias acadêmicas relevantes, proponho uma nova abordagem. Meu objetivo é maximizar o modo como a carta se encaixa na história de Paulo conforme a temos acompanhado.

O ponto de partida deve ser a sensação mista de alarme e alívio que Paulo sentiu ao ser libertado da prisão (dato sua libertação em meados ou fim de 56 d.C.). O aprisionamento deixa uma cicatriz permanente; hoje em dia, estamos familiarizados com técnicas usadas para quebrar o ânimo de "detentos", e não devemos imaginar que todas elas tenham sido inventadas nos últimos cem anos. Por aquele tempo, Paulo já estava acostumado com o sofrimento físico, mas, em Éfeso, ele experimentou tortura em um nível mais profundo. Sua emoção e imaginação, o íntimo do seu ser, haviam sido esmagados de forma insuportável, e o fato de um dia alguém aparecer, abrir a porta da prisão e dizer que você está livre não significa que pode respirar fundo, criar postura e sair sorrindo em direção ao sol. Memórias estão sempre presentes; vozes, externas e internas; pesadelos, prontos para atacar no minuto em que fecha os olhos, e as cicatrizes mentais permanecem mesmo após o desaparecimento de cicatrizes físicas.

Podemos estar certos de que o primeiro lugar para onde Paulo levou essas cicatrizes foi Colossos, onde o quarto de hóspedes aguardava por ele na casa de Filemom. Talvez o apóstolo tenha passado algumas semanas lá, onde, lentamente, os pesadelos foram diminuindo. Mas, com certeza, seu objetivo principal era Corinto, e ele não arriscaria fazer o mesmo que antes, quando, então, pegou um navio e atravessou o mar Egeu. Paulo não quis aparecer de repente em Cencreia, o porto oriental, e assustar a igreja de Corinto com sua abordagem surpresa. Ele queria saber, com antecedência, como seria recebido. A igreja de Corinto seria leal a ele, afinal?

Isso envolvia o encontro com Tito. Depois do fracasso da "visita que causou tristeza", Paulo escreveu a "carta dolorosa", sem dúvida repreendendo membros da igreja pelo modo como o trataram (seriam uma ou duas pessoas em particular? Não sabemos), exortando-os à reconciliação. Foi-lhe realmente sugerido — ele mal podia acreditar, mas o pedido ainda ressoava em seus ouvidos — que, se quisesse voltar, deveria trazer consigo cartas de recomendação? A igreja realmente disse que sua presença e o modo de falar em público não estavam em sintonia com o que desejavam de um líder em uma cidade elegante como Corinto? Alguns ficaram tão irritados com o apóstolo por ter mudado os planos de viagem a ponto de não conseguirem mais acreditar em uma só palavra sua?

Sim, os coríntios disseram todas essas coisas — ou assim o inferimos da carta —, mas o que chamamos de 2Coríntios parece ter sido arrancada de Paulo parte por parte. A carta para, acelera e muda de marcha abruptamente, e não é difícil perceber a razão disso. Paulo não escreve um trecho aqui outro ali apenas por estar em movimento no norte da Grécia, no fim dos anos 56 ou 57 d.C., e nem o faz por causa das lembranças dolorosas que, a despeito do alívio que sentira após a libertação, ainda o assombravam à noite. A questão é que o apóstolo está realmente ansioso: ele ainda não sabe se a "carta dolorosa" simplesmente causou mais problemas ou se os coríntios abandonaram sua hostilidade e, agora, anseiam por reconciliação. Tito levara a carta, mas onde estava ele?

Assim, Paulo viaja para o norte em direção a Trôade, um trajeto de quase 320 quilômetros, esperando contra a esperança de que encontraria Tito. O pequeno grupo de discípulos da cidade estava ansioso para que o apóstolo ficasse e pregasse o evangelho, situação que descreve como "uma porta aberta, esperando por mim no Senhor."[1] Mas ele não conseguia descansar, pois seu espírito estava perturbado. Se o pesadelo de Éfeso desaparecia, o pesadelo mais antigo de Corinto ainda estava presente. Em sua mente, o apóstolo repetia cenas que nunca esperou ver daqueles aos quais enviara aquele poema maravilhoso sobre o amor: faces rancorosas, vozes elevadas, o rosto virado de gente que havia considerado amiga, pessoas com quem havia orado e chorado, pessoas que, agora, afastavam-se ou diziam-lhe na cara

[1] 2Coríntios 2:12.

que havia passado dos limites e não era mais necessário. Paulo estava desesperado para saber como andavam as coisas. Mas o que ele descobriria ao chegar em Corinto? E, ainda pior: o que seria agora do seu grande projeto, a coleta em favor de Jerusalém? Cidades do norte da Grécia contribuiriam, disso ele estava certo; mas as igrejas da região eram pobres, e, sem a participação de Corinto, a contribuição poderia soar insuficiente, um pequeno gesto que, além da suspeita atrelada à sua origem, seria motivo de zombaria.

Paulo segue em direção a Macedônia, Filipos e Tessalônica. "Não se preocupem com nada," escrevera aos filipenses não muito tempo antes.[2] Isso, ele sabe, é mais fácil na teoria do que na prática: a libertação da ansiedade foi sempre um objetivo a ser alcançado, não uma condição permanente de espiritualidade presunçosa, e agora, chegando a Filipos, o apóstolo estava "perturbado de todas as maneiras," com "batalhas externas e temores internos."[3]

Temos a sensação, nessas declarações recortadas e sofridas, de que estamos cientes dos sentimentos mais íntimos de um homem, com poucos paralelos em alguns textos antigos. Talvez haja lampejos ocasionais nas cartas de Cícero e de Sêneca, embora estes trechos tenham sido escritos com polimento e exibição conscientes. O urbano Marco Aurélio projeta seu estoicismo calmo e instruído, mas o mais próximo a que chegamos pode ser Agostinho, quatrocentos anos depois. A percepção natural moderna de um Paulo moralista e autoconfiante não se encaixa nesse contexto. O apóstolo não está apenas física e emocionalmente abalado: *ele não se importa que os coríntios saibam disso*. Em um mundo onde líderes deveriam ser socialmente respeitáveis, personagens exemplares, Paulo age justamente ao contrário.

Por isso, ele põe o pé na estrada mais uma vez. Indo de Trôade para a Macedônia, refazendo a jornada que percorrera com tanta empolgação apenas alguns anos antes, Paulo ainda não consegue relaxar

---

[2]Filipenses 4:6.
[3]2Coríntios 7:5.

ou descansar. Além do mais, pairava sempre a mesma pergunta incômoda: afinal, havia tudo sido em vão?

De repente, então, o tempo nublado dá lugar ao sol, e suas amáveis igrejas em Filipos e Tessalônica não foram capazes de consolá-lo. Apenas uma coisa o faria, e esta finalmente, aconteceu:

> O Deus que consola os abatidos nos consolou com a chegada de Tito, e não apenas com a vinda dele, mas também com o consolo que recebeu de vocês. Ele nos contou da saudade, da tristeza e da preocupação pessoal de vocês por mim.[4]

A notícia era boa. Os coríntios ficaram horrorizados ao pensar o quanto o haviam maltratado e estavam se enfileirando para pedir desculpas; a igreja estava fazendo todo o possível para consertar as cosias. O problema subjacente envolvia ofensas reais (do que elas tratavam, conforme vimos, é impossível dizer), mas os coríntios estavam dispostos a resolver tudo. Sua lealdade foi contestada, porém, se manteve firme, por isso Paulo, depois de abatido ao extremo enquanto aguardava por notícias, agora comemorava exultante:

> Sendo assim, estava mais inclinado a celebrar; pois, mesmo que a minha carta lhes tenha causado tristeza, não me arrependo. E, mesmo que tenha me arrependido, foi por perceber que a minha carta os entristeceu, ainda que por pouco tempo. Agora, porém, celebro, não porque vocês foram entristecidos, mas porque a tristeza os levou ao arrependimento. Pois vocês se entristeceram como Deus desejava, e de forma alguma foram prejudicados por nossa causa...
>
> Contudo, celebramos ainda mais ao ver como Tito estava radiante. Vocês realmente o animaram e o despreocuparam... celebro o fato de, em tudo, ter plena confiança em vocês.[5]

---

[4]2Coríntios 7:6-7.
[5]2Coríntios 7:7-9,13-16.

Com isso, Paulo pôde retornar às atividades normais com uma nova disposição de espírito. Os dois capítulos seguintes dizem respeito à coleta destinada a Jerusalém. Igrejas da Macedônia já haviam separado sua contribuição, uma quantia substancial e surpreendente, considerando seu próprio sofrimento e pobreza. Agora é a vez dos coríntios. Paulo está enviando Tito de volta mais uma vez, acompanhado de outros dois cooperadores (aguçando nossa curiosidade, o apóstolo não nos diz quem são), e eles devem instruir os coríntios a deixar a contribuição preparada, de modo que não haja constrangimentos com a chegada do apóstolo.

Tendo mencionado a variedade de estilos em 2Coríntios, devemos notar — como um tipo de medição da personalidade de Paulo — que os capítulos 8 e 9, uma seção, por assim dizer, de angariação de fundos, são escritos em grego bem complexo e angustiante. Eu mesmo tenho certa experiência em levantar recursos nas igrejas; por isso, acho consolador que a estranheza que sempre senti ao pedir dinheiro para as pessoas, mesmo para causas das quais acreditava apaixonadamente, parece semelhante ao que Paulo obviamente sentiu ao escrever esses capítulos. Um exemplo dessa estranheza é que Paulo não menciona a palavra "dinheiro" em nenhum dos 39 versículos, nem mesmo alguma palavra sinônima. Ele fala sobre "graça," "obras," "serviço," "serviço de vocês neste ministério," e, claro, "parceria," *koinōnia*.

Tudo isso define o cenário para que possamos olhar para a carta como um todo, e, conforme já notamos, ela se move bruscamente de um lado para o outro, mas o tópico subjacente é o ministério apostólico de Paulo. Independentemente dos problemas específicos de Corinto, sua origem resultava da falha da igreja em entender a natureza do ministério apostólico, e esse fracasso, por sua vez, surgia de uma visão superficial ou inadequada do próprio evangelho. Tendo o próprio ministério desafiado em um nível mais profundo, Paulo aborda a questão sobre o chamado apostólico e sua função, e sua resposta se concentra no modo estranho pelo qual a morte de Jesus se manifesta na obra de um apóstolo. É assim que o "ministério da reconciliação" irá adiante, com o apóstolo, por assim dizer, incorporando a fidelidade divina e demonstrando, mais uma vez, o modo pelo qual Paulo é modelado pelo "servo" de Isaías 49.[6]

Em particular, Paulo desafia qualquer sugestão de que precisa de "recomendações oficiais" caso quisesse retornar a Corinto. "Olhem no espelho," solicita-lhes. "Vocês são a nossa recomendação oficial!" Na forma como está, a igreja de Corinto, habitada pelo espírito, é "uma carta do Messias", e os apóstolos, mensageiros.[7] Isso mostra que os coríntios são realmente pessoas da aliança renovada prometida na Escritura, e isso, por sua vez, mostra que o apostolado de Paulo era, de fato, verídico. Ele argumenta esse ponto no capítulo 3 por meio de uma comparação extensa entre ouvintes de Moisés e ouvintes dele mesmo. Moisés não podia falar plenamente porque o coração dos israelitas estava endurecido, mas Paulo pôde (para o incômodo óbvio dos coríntios) falar de maneira clara e ousada, visto que o coração da igreja havia sido transformado pelo espírito.

O argumento por si só é suficientemente claro. Mas Paulo continua insistindo que seu serviço não passa de uma extensão do ministério do próprio Senhor crucificado e exaltado:

> O deus deste mundo cegou o entendimento dos descrentes, para que não vejam a luz do evangelho da glória do Messias, que é a imagem de Deus. Não proclamamos a nós mesmos, mas a Jesus, o Messias, como Senhor, e a nós como servos de vocês, por causa de Jesus. Pois o Deus que disse: 'Das trevas resplandeça a luz', ele mesmo brilhou em nosso coração, produzindo a luz do conhecimento da glória de Deus na face de Jesus, o Messias.[8]

Estamos aqui bem próximos das palavras de Paulo sobre Jesus em Colossenses, e com o mesmo efeito: Jesus é a verdadeira Imagem de

---

[6]2Coríntios 5:21-6:2, com Isaías 49:8.
[7]2Coríntios 3:3.
[8]2Coríntios 4:4–6.

Deus, o ser humano verdadeiro, aquele que incorpora em si mesmo os propósitos amorosos de Deus — propósitos que envolvem o próprio Deus criador inaugurando sua nova criação por meio do evangelho de Jesus e do poder do espírito no coração e na vida de seu povo.

Isso leva Paulo de volta à verdade que ardera em seu coração, dolorosamente, nos meses anteriores:

> Temos esse tesouro em vasos de cerâmica, a fim de que a qualidade extraordinária do poder pertença a Deus, e não a nós. Estamos sob todo tipo de pressão, mas não esmagados completamente; sofremos perda, mas não nos desesperamos; somos perseguidos, mas não abandonados; abatidos, mas não destruídos. Sempre carregamos em nosso corpo o morrer de Jesus, para que a vida de Jesus seja revelada em nosso corpo.[9]

Esse pensamento, por sua vez, leva ainda a outras reflexões sobre morte e vida, desenvolvendo afirmações que Paulo fizera sobre a ressurreição na carta anterior.

Um ponto de particular interesse se destaca enquanto continuamos nossa busca para descobrir o que impulsionava Paulo: ele ainda espera o retorno de Jesus e, com ele, a ressurreição dos mortos. Contudo, enquanto em 1Coríntios Paulo presumia estar entre os vivos durante a segunda vinda,[10] *agora se depara com o prospecto de que poderá morrer antes do acontecimento*, e essa ideia foi antecipada em Filipenses;[11] agora, porém, está embutida em seu pensamento, sem dúvida como parte de ter recebido a "sentença de morte" em Éfeso.[12] Sua visão do futuro de Deus não mudou. A mudança em sua visão ocorreu na maneira como ele se encaixava nesse futuro, mas, independentemente do modo como tudo acabará, a ressurreição vindoura, com tudo o que ela acarreta, é

[9]2Coríntios 4:7–10.
[10]1Coríntios 15:51–52; e também 1Tessalonicenses 4:17.
[11]Filipenses 1:21-23
[12]2Coríntios 1:12.

a plataforma na qual Paulo posiciona uma de suas declarações mais características e centrais do que sua vocação vitalícia realmente significa. Isso, em outras palavras, é o que fazia de Paulo quem ele era:

> Todos nós devemos comparecer perante o tribunal do Messias, para que cada um receba de acordo com obras feitas por meio do corpo, quer sejam boas quer sejam más.
>
> Assim, conhecemos o temor do Senhor; e é por isso que procuramos persuadir os homens. Estamos abertos perante Deus e, conforme esperamos, abertos também perante a consciência de vocês. Não estamos tentando novamente recomendar-nos a vocês! Damos-lhes a oportunidade de sentirem orgulho de nós, para que tenham o que responder aos que se vangloriam das aparências e não do que está no coração.
>
> Se perdemos a cabeça, é por causa de Deus; mas, se mantemos a sanidade, é por causa de vocês. Pois o amor do Messias nos faz prosseguir. Chegamos à conclusão de que um morreu por todos; logo, todos morreram. E ele morreu por todos para que aqueles que vivem já não vivam mais para si mesmos, mas para aquele que por eles morreu e ressuscitou.[13]

"O temor do Senhor" é um temor reverente; mas inclui também, e acima de tudo, o amor. Um dia de juízo está a caminho, quando então toda obra será avaliada; por trás disso, porém, e motivando Paulo muito mais do que qualquer outra coisa, havia o sentimento de amor pessoal, amor por Jesus, amor *por intermédio* de Jesus. O amor do qual falou em sua primeira carta ("o filho de Deus me amou e deu a si mesmo por mim"). O amor que ele viu funcionar em Corinto e Éfeso, em Filipos e Tessalônica; o amor que, então, se tornou em vínculo rico com amigos e companheiros de trabalho, a despeito de todos os desacordos e desapontamentos. O amor que, afinal, permaneceria forte a despeito de qualquer coisa. Por meio de tudo isso, a nova aliança no Messias e no espírito dizia respeito à nova criação:

---

[13]2Coríntios 5:11-15.

> Assim, se alguém está no Messias, há uma nova criação! Coisas antigas se foram, e vejam — tudo se fez novo! Tudo isso procede de Deus. Ele nos reconciliou consigo mesmo através da morte do Messias e nos deu o ministério da reconciliação.[14]

Se os coríntios não entendiam até então o que se passava pela mente de Paulo, agora certamente o entendem, pois ele não está fingindo ser apóstolo, conformando sua mensagem e método aos padrões sociais e culturais de qualquer cidade ou civilização. Se as pessoas não gostam do que veem, isto é problema delas; judeus exigem sinais, gregos buscam sabedoria, mas tudo o que recebem é um Messias crucificado.

Sim, *e um apóstolo sofredor*. Essa é a ideia toda, o tema que interliga todos os demais em 2Coríntios, o tema que, nos últimos dois anos, havia sido gravado no coração e no corpo de Paulo, mais do que nos anos anteriores. Tendo enfatizado aos coríntios que não usa retórica, mas uma forma de linguagem direta, o apóstolo deve ter sorrido com ironia, enquanto se aquecia para expor seu tema, na prospecção de dar-lhes algumas salvas de pirotecnia verbal. Eis a primeira:

> Recomendamo-nos como servos de Deus: em muita paciência; em sofrimentos, dificuldades e tristezas; em açoites, prisões e tumultos; em trabalho árduo, noites sem dormir e dias sem comer; em pureza, conhecimento, gentileza e bondade; no espírito santo e no amor sincero; no falar da verdade, pelo poder de Deus; com armas em prol da obra fiel de Deus, quer de ataque, quer de defesa; por glória e por vergonha; por difamação e por elogio; tidos por enganadores, sendo verdadeiros; como desconhecidos, apesar de bem conhecidos; como morrendo, mas vejam — eis que vivemos; castigados, mas não mortos; entristecidos, mas sempre celebrando; pobres, mas enriquecendo muitos; nada tendo, mas possuindo tudo.[15]

---

[14] 2Coríntios 5:17-18.
[15] 2Coríntios 6:4-10.

E, contudo, ainda tem mais. Agora que Tito o encontrou e assegurou que os coríntios estão em um estado de espírito arrependido e disposto, ele relaxa. Isso, por sua vez, leva-o, nos últimos capítulos da carta, a abordar um problema mais profundo, o qual parece estar por trás de parte do barulho superficial. Algumas pessoas, ainda em Corinto ou exercendo algum tipo de influência sobre os coríntios, têm se autoglorificado, reivindicando certo tipo de superioridade em relação ao próprio Paulo. Eles são judeus, isso está claro, mas, se estão entre aqueles que insistiram em que os gentios convertidos fossem circuncidados, não sabemos, já que Paulo, em nenhum lugar da carta, usa qualquer dos argumentos empregados em Gálatas ou em outras passagens contra essa posição.

Pelo que ele diz, parece que esses líderes se "gloriavam" de *status*, conquistas, métodos e talvez de outras coisas. *Esses líderes estão irritados porque Paulo se recusa a dançar conforme a música deles.* O apóstolo não jogará esse jogo e havia previsto o problema há muito tempo, razão pela qual, embora tendo aceitado a ajuda financeira das igrejas da Macedônia, no norte da Grécia, sempre recusou tal ajuda de Corinto. Ele já o havia dito em 1Coríntios 9, e agora, em 2Coríntios 11, enfatiza-o outra vez.[16] Este era, e ainda é, seu "orgulho": o fato de pregar o evangelho de modo a corresponder à mensagem, isto é, "gratuitamente".[17] Agora, porém, o próprio Paulo é acusado de ser alguém distante, de não amar os coríntios.[18] Ninguém será capaz de "comprá-lo", dinheiro nenhum ditará seu comportamento, e qualquer um que tenha de lidar com as complexidades das finanças da igreja, especialmente em uma comunidade com grande disparidade de riqueza, sabe que a mistura de dinheiro e ministério pode facilmente causar tensão, principalmente em contextos nos quais, por trás de tudo, existe a questão do *status* social.

---

[16]2Coríntios 11:7-11.
[17]1Coríntios 9:18.
[18]2Coríntios 11:11.

Tudo isso precipita um dos melhores e mais divertidos impulsos retóricos do Novo Testamento. Depois de toda angústia registrada no início da carta, Paulo finalmente revela-se em toda a sua estatura em 2Coríntios 11:16—12:10.

Para entender como essa passagem funciona e como obter um *insight* novo e claro no modo como o pensamento e a imaginação de Paulo pareciam funcionar, devemos nos posicionar no mundo de uma colônia romana como Corinto. Oficiais romanos, tanto da capital quanto das províncias, deviam celebrar suas conquistas, e, ao anteciparem o fim de seu tempo no cargo, eles tinham a esperança de gravar, em pedra ou mármore, sua lista de conquistas, seus projetos de obras públicas. Isso foi feito por Augusto, cuja lista de conquistas foi gravada de forma espetacular em letras grandes e em monumentos espalhados pelo Império. O equivalente romano de um *curriculum vitae* (lembre-se que os coríntios queriam novas cartas de recomendação para Paulo) era chamado de *cursus honorum*, "caminho das honras". Você listaria seu tempo como procurador, sua elevação como pretor. Anotaria o tempo quando tomou conta do sistema de distribuição de água de uma cidade ou outros papéis cívicos importantes. Então, se tivesse sorte, anotaria o ano em que serviu como cônsul. Para a maioria das pessoas, representava o pináculo de uma carreira política, mesmo sob o Império, quando todos sabiam que cônsules mantinham o segundo lugar, abaixo do próprio imperador. Então, você ressaltaria seu serviço como procônsul, administrando uma província; além disso, havia sua carreira no exército: uma lista de campanhas lutadas, feridas e condecorações recebidas.

Para um soldado, havia honra especial. Durante o cerco de uma cidade, escadas eram posicionadas na muralha; como se tratava de uma das coisas mais perigosas e até mesmo loucas de se fazer, a primeira pessoa a escalar o muro durante um ataque (supondo que ela tenha sobrevivido) poderia reivindicar como prêmio a cobiçada *corona muralis*, a "coroa da muralha", mas, com diversos soldados subindo várias escadas simultaneamente, era difícil estar seguro de quem conseguiu primeiro. Por isso, alguém talvez precisasse receber o prêmio sob juramento. O prêmio equivalia à "Cruz Vitória" britânica, a honra máxima que um soldado poderia alcançar.

É esse tipo de pessoa que os coríntios estavam preparados para seguir — eles teriam se deleitado com a "cultura de celebridade" em algumas partes da igreja ocidental de hoje. Era assim que a igreja de Corinto esperava que Paulo fosse, razão pela qual sentia tanta vergonha de sua presença surrada, sua maneira de falar estranha, seu estilo de ensino brusco e direto. Que o ponto culminante da carta é uma paródia gloriosa do orgulho, das conquistas, da "subida ao muro" e tudo mais arrogante do universo imperial fala muito sobre Paulo como pessoa, sobre a ideia central de 2Coríntios e (o apóstolo teria afirmado) sobre o próprio evangelho. *Paulo se vangloria de todas as coisas erradas*. Tendo advertido os coríntios de que falaria como um completo tolo, veja a ideia que ele lança:

> São eles servos do Messias? — falo como louco delirante — eu ainda mais: trabalhei muito mais, fui aprisionado mais vezes, açoitado mais vezes do que consigo contar, exposto à morte com frequência. Cinco vezes recebi dos judeus trinta e nove açoites. Três vezes fui golpeado com varas, uma vez apedrejado, três vezes sofri naufrágio, fiquei exposto em mar aberto uma noite e um dia. Estive continuamente viajando de uma parte a outra, enfrentei perigos nos rios, perigos de ladrões, perigos dos meus compatriotas, perigos de estrangeiros; perigos na cidade, perigos no deserto, perigos no mar e perigos dos falsos cristãos. Trabalhei e me afadiguei; muitas vezes fiquei sem dormir, passei fome e sede, e muitas vezes fiquei em jejum; suportei frio e nudez.
>
> Além de tudo isso, tenho essa pressão diária em meu interior, a saber, a minha preocupação com todas as igrejas. Quem está fraco, que eu não me sinta fraco? Quem não se escandaliza, que eu não me queime de vergonha por dentro?
>
> Se devo orgulhar-me, então me orgulharei da minha fraqueza. O Deus e pai do nosso Senhor Jesus, que é bendito para sempre, sabe que não estou mentindo. Em Damasco, o Rei Aretas, o governador local,

> mandou que se vigiasse a cidade para me prender. Mas fui baixado numa cesta por uma janela na muralha e escapei de suas garras.[19]

"Ei-lo, minha lista de minhas conquistas", diz ele. "Eis o meu *curriculum vitae*, minha candidatura de emprego como apóstolo! E, como ponto culminante da lista, declaro sob juramento que, quando a coisa ficou feia, fui o primeiro a fugir." Devemos esperar que, por este ponto, a grande maioria daqueles que escutavam a carta aos coríntios estava pelo menos com um sorriso escancarado. A passagem usa retórica majestosa a fim de explicar que retórica não é importante ("não sou orador como Bruto"). Trata-se de uma lista de conquistas ao contrário, um *cursus pudorum*, por assim dizer, um "caminho da vergonha".

Paulo então continua, no capítulo 12, com experiências espirituais, porém soa reticente: "Alguém... há quatorze anos... foi arrebatado ao terceiro céu... e ouviu... palavras... ao ser humano não é lícito repetir".[20] A ideia é a mesma. Sim, é obvio que Paulo teve experiências extraordinárias, mas essa não é a base sobre a qual ele se apoia e se posiciona perante os coríntios como apóstolo do Messias crucificado. O mais importante é que Paulo, ao final de toda essa experiência gloriosa, recebeu um "espinho na carne". Especulações não faltam. O apóstolo se refere a uma doença? Uma fraqueza física particular? Um tipo particular de tentação que sempre voltava para mordê-lo? Uma consciência entristecida por causa de sua antiga vida violenta ou por seu desentendimento público com Barnabé? Paulo não diz.

O que ele diz, e vale mais do que qualquer informação extra que poderíamos obter, é o que aprendeu por meio dessa experiência, e, particularmente, supomos, de todo o processo horrível de confrontação em Corinto, bem como do colapso em Éfeso: "Minha graça é o bastante", disse o Senhor. "Meu poder chega à perfeição na fraqueza."[21]

---

[19] 2Coríntios 11:23-33.
[20] 2Coríntios 12:2-4.
[21] 2Coríntios 12:8.

Exatamente o que Paulo precisava ouvir; exatamente o que os coríntios não queriam ouvir, mas ouvi-lo é preciso, já que a asserção de Paulo é posicionada no final da carta mais poderosa e pessoal escrita por ele até então:

> Portanto, terei ainda mais prazer em me gloriar de minhas fraquezas, para que o poder do Messias repouse sobre mim. Por isso, por amor do Messias, regozijo-me na fraqueza, nos insultos, nas necessidades, nas perseguições, nas angústias. Pois, quando sou fraco, então é que sou forte.[22]

Por fim, Paulo retorna a Corinto. O Senhor lhe deu autoridade, assegura ele, não para destruir, mas para edificar.[23] Se ainda há necessidade de alguma destruição, ele o fará; contudo, o apóstolo aprendeu, conforme escreveu aos filipenses, a ficar contente em toda situação. A resolução final do relacionamento longo e complexo de Paulo com Corinto revela-o como homem no qual o evangelho do Senhor crucificado e ressurreto ardia como tição. Ele é reconhecível; Corinto e Éfeso o haviam marcado; e sua marca era, sem dúvida, a de um representante do Messias crucificado.

NO DECORRER DESSES ANOS TURBULENTOS, algo movia a mente e o coração de Paulo, pois ele conhecia sua vocação, aquilo para o qual Jesus o havia chamado na estrada de Damasco. Às vezes, foi tentado a questionar-se sobre estar perdendo tempo, mas, toda vez que esse pensamento retornava, ele o escoava pelo filtro mental de Isaías 49 (a pergunta do servo quanto a ter sido tudo em vão e a vocação divina, que sempre respondia a essa pergunta). Mesmo por decepção e colapso emocional, mas também por grande encorajamento e celebração, Paulo perseverou. O apóstolo havia ensinado e argumentado,

[22]2Coríntios 12:9-10.
[23]2Coríntios 13:10.

pregado e discutido, em conversas breves e diálogos compridos, com estranhos e amigos, com colegas ávidos por aprender e espectadores suspeitos. Ele tinha experiência; sabia no que cria, sabia sobre como funcionavam as grandes narrativas bíblicas de Abraão, Êxodo, Davi, exílio e Messias. Ele as havia exposto milhares de vezes, discutindo suas implicações e decorrências em cada variação concebível e contra todo tipo de objeção possível. Por isso, colocando-o de modo educado, ao planejar e ditar sua grande carta a Roma, ele não estava pensando tudo pela primeira vez. A carta aos Romanos em si era nova, mas cada ideia nela exposta havia sido provada, testada e elaborada em detalhes.

Há razões específicas para que Romanos fosse escrita naquele momento (provavelmente na primavera ou verão de 57 d.C.) — em breve, falaremos sobre isso. No entanto, por que escrever *deste modo particular*? Romanos está em uma categoria diferente das outras cartas de Paulo por diversas razões, mas particularmente por conta de sua estrutura cuidadosa e poderosa. A carta contém quatro seções, cada uma delas com sua própria estrutura, argumento subjacente e movimento interno. Juntas, as quatro formam uma única linha de pensamento, subindo e descendo, mas sempre a caminho de certas ideias que o apóstolo deseja estabelecer. Ao menos para mim, ainda é uma questão em aberto se Paulo estava ciente de qualquer modelo ou precedente literário para esse tipo de coisa, mas não há dúvida de que ele havia pensado em tal modelo cuidadosamente e sabia exatamente o que estava fazendo. Às vezes, estudiosos e pregadores falam e escrevem como se Paulo tivesse simplesmente inventado tudo enquanto ditava a carta. Pode haver passagens assim — podemos vê-lo em algumas frases mais provocativas em Gálatas, por exemplo, as quais um olhar editorial mais calmo provavelmente tiraria —, mas não em Romanos. Paulo havia pensado, orado e ensinado esse material vez após vez, e agora decide derramar a essência destilada de seu ensino bíblico e concentrado em Jesus nesses quatro jarros, enfileirando-os de modo que, juntos, dirão mais do que a soma de suas partes.

Isso não acontece por acidente. Romanos não é como, por exemplo, 1Coríntios (a segunda carta mais longa), na qual, embora haja um fluxo de pensamento, uma coisa acompanha a outra em algo semelhante a uma lista. Romanos apresenta qualidade e talento artístico literário jamais encontrado nos demais escritos de Paulo, ou, podemos acrescentar, por qualquer um de seus contemporâneos. A carta deve ser enquadrada no patamar de alguém que escuta uma sinfonia — não apenas em busca da sucessão de movimentos, mas em busca do todo para o qual cada movimento contribui.

Naturalmente, alguns sugerem que Romanos é um tipo de "teologia sistemática" deliberada, resumindo crenças elaboradas por Paulo durante sua década anterior de trabalho. Há certa dose de verdade nisso, contudo, não há apenas omissões importantes (por exemplo, a menção da Eucaristia, cuja prática, conforme sabemos de 1Coríntios, era de vital importância na adoração cristã do primeiro século), como também, a despeito das "divisões" e "subtítulos" em algumas traduções, o fluxo de pensamento na carta não diz respeito ao movimento de um "tópico" para o outro. Trata-se, para dizê-lo outra vez, de um argumento sustentado e integrado, no qual Paulo volta vez após vez (continuando com a analogia musical) a tópicos semelhantes, cada vez, porém, com outros tons ou com uma orquestração diferente.

A carta não é um simples resumo de tudo que Paulo estava ensinando, mas sim designada a estabelecer pontos vitais para a igreja em Roma. Paulo não havia visitado Roma, mas, a partir das saudações no final da carta, obviamente tinha diversos amigos na cidade; ele sabia um pouco sobre o que estava acontecendo na igreja e na sociedade em geral, e tudo isso é relevante para o que ele diz e para o modo como o diz.

A razão mais óbvia é que, agora, ele planejava encerrar seu trabalho no mundo Mediterrâneo e ir em direção ao Ocidente. Conforme sugeri anteriormente, penso que se trata de uma ambição mais focalizada do que simplesmente encontrar mais pessoas para as quais pregar, mais "almas" para "salvar" (não que Paulo o colocasse dessa maneira). Paulo queria fincar a bandeira do evangelho messiânico em pontos-chave, em que outro "evangelho" ostentava, a saber, o "evangelho" do Império Romano, de César e de todas as suas obras. A própria Roma, portanto, era o alvo óbvio; mas, além de Roma, a Espanha, no extremo ocidental do mundo até onde Paulo e seus contemporâneos estavam cientes, era um centro importante de cultura e influência romana. Sêneca, famoso contemporâneo de Paulo, era originário de lá, e Galba, prestes a usufruir de alguns meses como imperador, havia sido governador da Espanha, estabelecido no porto de Tarragona, que, supomos, seria o alvo inicial de Paulo. Tarragona gabava-se de um grande templo dedicado a César. Como em Éfeso ou Corinto, Paulo ansiaria por anunciar que Jesus era o verdadeiro *Kyrios*, bem debaixo do nariz de César, independentemente do custo.

Para isso, porém, ele precisava de uma base, a qual serviria, supomos, de fonte financeira e apoio prático, bem como de uma comunidade que entraria em *koinōnia* com ele em oração. E, para que isso acontecesse, deveria existir entendimento mútuo. A igreja romana precisava saber quem ele era e o qual o seu trabalho, e é possível que tivessem escutado todo tipo de rumores a respeito dele. Alguns suspeitavam disso, quer por Paulo ser judeu demais, quer por tratar elementos da prática judaica de modo demasiado solto; afinal, ambas as acusações já tinham sido feitas. Uma espécie de esboço de seu ensino era uma necessidade básica.

Mas isso é só o começo, pois havia uma necessidade ainda mais urgente. Algo havia acontecido, no passado recente, que colocou seguidores de Jesus de Roma em uma situação nova e complexa. Recordamo-nos que Cláudio, cujo governo como imperador começou em 41 d.C., havia banido judeus de Roma após tumultos em sua comunidade. Não temos tanta informação sobre isso quanto desejávamos, mas a evidência que temos sugere o fim da década de 40 como a época provável. (Também devemos presumir que nem todos os judeus haviam de fato saído de Roma, mas apenas que a comunidade teria sido dizimada e qualquer remanescente judaico, escondido para não revelar sua identidade). Priscila e Áquila, amigos de Paulo, estavam entre os que deixaram a cidade, razão pela qual estavam em Corinto quando Paulo chegou, provavelmente em 49 d.C. Entretanto, com a morte de Cláudio (54 d.C.) e ascensão de Nero ao trono, o edito foi revogado, e os judeus podiam, mais uma vez, se não exatamente bem-vindos, ao menos retornar para Roma.

Digo "se não exatamente bem-vindos" porque, neste período, como em muitas outras épocas e culturas, havia uma faísca, e às vezes mais do que isso, de antijudaico em Roma. (Usamos o termo "antijudaico" porque "antissemita" sugere certo tipo de teoria racial, conhecida apenas a partir do século XIX). Pense na acusação em Filipos de que Paulo e Silas eram judeus, ensinando coisas que seriam ilegais aos romanos praticarem; pense também no sussurro irascível da multidão quando Alexandre, um judeu, posicionou-se para falar no anfiteatro de Éfeso. Podemos sentir a mesma coisa nas entrelinhas em poetas como Juvenal ou em historiadores arrogantes, como Tácito.

Por trás do preconceito étnico havia sempre a suspeita teológica, transferida aos cristãos em séculos posteriores. A suspeita era que os judeus não adoravam os deuses, de modo que, se algo ruim acontecesse, as pessoas sabiam quem culpar. Mesmo em Corinto, a recusa de Gálio em julgar Paulo leva a multidão a agredir o líder da sinagoga, e a multidão sai impune. Para muitos no Império Romano, perseguir judeus era algo automático. Os romanos haviam permitido que o povo judeu adorasse seu próprio Deus, cobrasse impostos para o Templo de Jerusalém e que fosse isento de observâncias religiosas capazes de comprometer a fé judaica, incluindo a adoração de Roma e do imperador. Mas isso não queria dizer que romanos gostavam de judeus, e Paulo podia ver claramente onde tudo isso culminaria.

Um século depois, a confirmação de que ele estava certo ocorreria de maneira dramática. Um líder chamado Marcião, oriundo de Sinope, na costa do mar Negro, chegou a Roma, ensinando uma versão do cristianismo em que o Deus de Jesus era totalmente distinto do Deus dos judeus. Marcião produziu uma edição pesadamente truncada do Novo Testamento, tendo porções bíblicas judaicas omitidas ou alteradas.

Segundo ensinava, a fé cristã — e Marcião ficou muito popular — não deixava margens para o judeu e sua tradição, pois havia se tornado um fenômeno completamente gentílico.

Não era necessária grande imaginação para ver esse perigo se aproximando. Havia sido menos provável nas igrejas fundadas por Paulo na Ásia Menor e na Grécia, visto que ele sempre começou seu evangelismo na sinagoga e deixou claro que a mensagem era "primeiro para o judeu, mas igualmente para o grego".[24] Paulo não deu ensejo algum para a ideia de uma comunidade composta apenas por gentios, pois, na maioria das cidades onde ele havia pregado, com a possível exceção de uma grande metrópole como Éfeso, a probabilidade é que a comunidade de seguidores de Jesus nunca fosse muito grande, composta talvez de poucas dezenas, ou, no caso de Corinto, possivelmente cem ou duzentas pessoas. Teria sido mais difícil, embora não impossível, que posições teológicas significantemente diferentes se desenvolvessem em tais comunidades, pelo menos no início. Em Roma, porém, as coisas eram diferentes. Evidentemente, a mensagem de Jesus havia chegado à cidade em algum momento durante a década de 40 (sustenta a tradição que Pedro levou o evangelho a Roma, mas não há evidências do primeiro século quanto a isso); de qualquer maneira, Roma era uma cidade onde, como em algumas das grandes cidades de hoje, diferentes grupos étnicos e culturais de todo o Império aglomerariam em diferentes partes da cidade. É altamente provável, e isso é confirmado pelas saudações às diferentes igrejas domésticas em Romanos 16, que existissem muitos grupos diferentes em Roma, todos adorando Jesus, *mas não em contato um com o outro* e quase certamente com costumes locais, influenciados em grande medida pela cultura de onde vieram.

Essa era uma situação nova e exigia um novo tipo de exposição. Curiosamente, é por isso que não faz sentido ver as cartas de Paulo como rascunhos sucessivos de "teologia sistemática," de modo que Gálatas, por exemplo, seria um primeiro rascunho, quanto Romanos,

[24]Romanos 1:16.

o manuscrito final daquilo que essencialmente formava o mesmo roteiro. Evidentemente, Gálatas e Romanos cobrem, até certo ponto, o mesmo tópico, mas, enquanto Gálatas é escrito com pressa e no calor do debate com o objetivo de dizer *em hipótese nenhuma vocês devem se circuncidar e se comprometer em observar a Torá*, Romanos é escrito em um ritmo mais descontraído e com maior cuidado composicional. Seu propósito é dizer: *vocês precisam desenvolver o equilíbrio entre judeu e grego, um equilíbrio modelado pelo evangelho.*

Não que Paulo seja "antilei" em Gálatas e "pró-lei" em Romanos. Esse tipo de análise superficial já não tem mais lugar. A questão é que Paulo vê um tipo de perigo na Galácia a ser detido imediatamente; já em Roma, o apóstolo vê, em longo prazo, outro perigo, e decide recorrer à reflexão bíblica e pastoral de toda uma vida para construir um trabalho cujo dever é afastar o que, para ele, seria algo completamente absurdo: um movimento centrado em Jesus que agora anseia por abandonar suas raízes judaicas e escriturísticas. Ele bem sabia, a partir da própria experiência, que judeus o considerariam um traidor, alguém semelhante a um pagão, e que pagãos o considerariam um daqueles judeus irritantes, mas dessa vez com irritação extra. O vinho novo do evangelho seria doce demais para alguns e seco demais para outros, mas Paulo não tinha escolha, pois o "O amor do Messias", escreveu ele aos coríntios, "nos faz prosseguir".[25]

Paulo viu, então, o perigo com o qual a nova geração de seguidores romanos de Jesus teria crescido, na ausência de judeus entre 49 e 54 d.C., de que esse novo culto, embora "acidentalmente" iniciado no mundo judaico, agora se tornasse um fenômeno completamente gentílico. Assim, a tentação seria que essa nova geração olhasse para sinagogas poderosas em Roma, a todo vapor após cinco anos de afastamento, e presumisse que o Deus de Jesus havia terminado sua obra com os judeus de uma vez por todas. A orgulhosa e vital palavra "Messias" se tornaria apenas um nome próprio, e adorar Jesus não

[25]2Coríntios 5:14.

seria mais revestido dos ecos de Salmos e dos Profetas, segundo os quais o Messias de Israel seria o Senhor de todo o mundo. O movimento de Jesus se tornaria um tipo de espiritualidade privada, menos preocupada com o reino de Deus na terra como no céu e mais preocupada com o cultivo de espiritualidade interior. Não seria mais um movimento baseado em escatologia messiânica, mas uma "religião" que via a si mesma como algo diferente da "religião judaica," uma religião particular que não representaria mais uma ameaça aos príncipes e poderes, governantes e autoridades.

Foi exatamente isso que aconteceu na segunda metade do século II d.C., com a ascensão do chamado gnosticismo, uma religião de autodescoberta interior em vez de resgate, de devoção particular em vez de testemunho público. Embora Marcião considerasse Paulo um herói (visto que o interpretava errado, como se Paulo dissesse que Deus havia dado um basta no judeu e na lei), o próprio Paulo, e especialmente a carta aos Romanos, permanece firme obstruindo o caminho de toda sua trama.

Se a igreja de Roma fosse tentada a pensar que Deus havia rompido com o povo judeu de vez — não apenas os gentios poderiam pensar assim, mas também alguns judeus cristãos que, insatisfeitos com os judeus descrentes recalcitrantes, seguiriam nessa mesma linha —, então haveria o mesmo problema entre as diferentes igrejas domésticas na própria Roma. A grande probabilidade é que Romanos 14 e 15, texto em que Paulo aborda a questão de diferentes práticas em diferentes círculos cristãos, tenha sido direcionado especificamente a grupos pequenos isolados, centrados na própria prática, seja por se tratar de leis alimentares (ou a decisão de não observá-las), sábados ou outros dias sagrados (e a questão de serem ainda relevantes ou não).

Essa questão é obviamente cognata àquela com a qual Paulo se deparava em 1Coríntios 8—10, mas não exatamente a mesma. Não há qualquer sugestão em 1Coríntios que Paulo estava lidando com grupos separados, adorando em locais diferentes, em diferentes igrejas domésticas. Paulo estava lidando com seguidores de Jesus que tinham opiniões diferentes, mas todos pertencentes à única igreja de Corinto: nessa situação, diferenças de prática teriam um impacto imediato na unidade e comunhão dos coríntios. Em Roma, a situação era diferente. Os grupos já estavam separados e já tinham desenvolvido diferentes códigos de conduta. Agora, um veria o outro com suspeita; não conseguiriam adorar em unidade. Talvez usassem músicas diferentes; talvez até falassem grego com sotaques diversos, refletindo seus países de origem. (Latim era a língua da elite; na época de Paulo, muitos habitantes de Roma eram basicamente falantes do grego).

Paulo, indo a Roma pela primeira vez, mas esperando usar a cidade como base para missões mais a oeste, não poderia construir sobre um fundamento assim e também não podia simplesmente se alinhar com uma ou duas igrejas domésticas romanas e ignorar as demais. A unidade que ele defendia de modo tão passional não era um simples ideal agradável. Ela era vital para a coerência de sua própria missão. Também era, conforme havia dito em Efésios, o modo pelo qual a sabedoria de Deus, em toda sua rica variedade, seria conhecida dos príncipes e das autoridades nas regiões celestiais. Para que César e os poderes das trevas que o apoiavam fossem confrontados com a "boa notícia" de que havia "outro rei, Jesus", a comunidade que estava vivendo por essa mensagem deveria ser unida, e, naturalmente, essa unidade seria diferenciada ("sabedoria de Deus em toda sua rica variedade"; podemos também comparar as listas vívidas de ministérios em 1Coríntios 12 e Efésios 4). Mas se tudo fosse apenas diferenciação sem unidade, César não tinha com o que se preocupar, pois os seguidores de Jesus não passam de mais uma seita peculiar que chegou à cidade.

Relevante, a mensagem implícita de Romanos soa como uma nota-chave tocada em alguns pontos culminantes da carta: o senhorio de Jesus como Messias de Israel e, assim, soberano legítimo do mundo. A introdução grandiosa e formal da carta deixa algo claro: a ressurreição do Jesus crucificado demonstrou que ele era o Messias, o "filho de Deus", e os salmos messiânicos, particularmente o Salmo 2, desafiavam os reis do mundo a se aproximarem humildemente dele para aprender sabedoria. Da época de Augusto em diante, os "Césares" haviam propagado a ideia de que os acontecimentos de seu governo, incluindo sua ascensão ao trono, o dia de seu nascimento etc., eram "boa notícia", *euangelia* em grego, visto que, com César como *Kyrios* ("Senhor") e *Sōtēr* ("Salvador"), uma nova era dourada havia chegado ao mundo, uma era particularmente caracterizada por *dikaiosynē* ("justiça"), *sōtēria* ("salvação") e *eirēnē* ("paz"). O poder todo-conquistador de César (*dynamis*) havia alcançado essas coisas e as manteria, e a resposta apropriada de seus súditos seria "lealdade" ou "fidelidade" (*pistis*), "fé obediente," podemos dizer.

O *euangelion* de Paulo usava os mesmos termos, mas significava algo bem diferente. Diferenças eram marcantes não apenas em poemas como Filipenses 2:6-11 e na própria aceitação de Paulo do *cursus pudorum*, o "caminho da vergonha", em contraste com o *cursus honorum* romano, o "caminho da honra". Não se tratava apenas de uma questão simples ou de uma única métrica, na qual César estava no lado totalmente errado e Jesus, no lado certo. Isso colocaria Jesus no nível de César, o qual poderia ser, por si só, um erro desastroso se a igreja, em Roma ou em qualquer outro lugar, pensasse que lealdade a Jesus significava desobedecer, em princípio, ao governante civil designado por Deus. Por si só, isso já seria uma paganização da visão judaica essencialmente monoteísta de governantes humanos articulada por Jesus, Paulo e Pedro.[26] Isso não queria dizer, é claro, que governantes terrenos não podiam fazer nada de errado. Longe disso. Paulo, como de costume, resiste a reduções superficiais e simplórias; antes, o principal argumento teológico da carta é moldado pela introdução e conclusão, as quais olhavam César no rosto e declaravam que Jesus não é apenas o verdadeiro Senhor, mas também um *tipo diferente* de Senhor:

> Paulo, escravo do Rei Jesus, chamado para ser apóstolo, separado para a boa notícia de Deus. Essa notícia foi prometida de antemão por seus

[26]João 19:11; Romanos 13:1-7; Colossenses 1:15-20; 1Pedro 2:13-17.

profetas nas escrituras sagradas — a boa notícia sobre seu filho, descendente da semente de Davi em termos de carne e destacado poderosamente como filho de Deus em termos do espírito de santidade pela ressurreição dos mortos: Jesus, o rei, nosso Senhor!

Através dele, recebemos graça e apostolado a fim de ocasionar fé obediente entre todas as nações por amor do seu nome. Isso inclui vocês também, chamados por Jesus, o rei...

Não tenho vergonha do evangelho; ele é poder de Deus, trazendo salvação a todo o que crê — ao judeu primeiro e igualmente ao grego. Isso porque a justiça da aliança de Deus é revelada no evangelho, de fidelidade em fidelidade.[27]

Ei-lo aqui! O verdadeiro filho de Davi, distinto como tal pela ressurreição e, assim, exaltado como Senhor de toda autoridade humana, inaugurando um reino de verdadeira justiça e salvação para todo o que for leal.

Assim também no fechamento do grande argumento:

O Messias se tornou servo do povo circuncidado a fim de demonstrar a verdade de Deus — isto é, confirmar a promessa aos patriarcas, levando as nações a louvarem a Deus por sua misericórdia. Conforme a Bíblia diz:

É por isso que irei louvá-lo entre as nações;
cantarei ao teu nome.
E, mais uma vez, a Escritura diz:
Regozijem-se, nações, com seu povo.
E ainda:
Louvem ao Senhor, todas as nações.
Que todos os povos cantem louvores a ele.
Isaías diz mais uma vez:
Surgirá a raiz de Jessé,

[27]Romanos 1:1-5,16-17.

Aquele que se levanta para governar as nações.
As nações depositarão nele a sua esperança.[28]

Nota-se que essa peroração final é introduzida com o claro imperativo das igrejas domésticas romanas: "Acolham uns aos outros da mesma forma que o Messias os acolheu, para a glória de Deus".[29] A unidade do povo do Messias por meio de divisões tradicionais é parte do modo vital em que seguidores de Jesus serão um sinal desse governo universal, já inaugurado. A "raiz de Jessé" (o real herdeiro de Davi, em outras palavras) é *aquele que se levanta para governar as nações.* A ressurreição de Jesus é o fundamento de uma teologia política e social genuinamente paulina, bem como de tudo mais que Paulo cria a respeito do Messias.

Romanos, então, é uma carta multifacetada, mas com uma única linha de pensamento, e seria tolice tentar dar um resumo adequado da carta em um livro como a obra presente. Aqueles que querem se relacionar com Paulo — Paulo, o homem, Paulo, o pensador, Paulo, o pastor e pregador — terão, mais cedo ou mais tarde, que refletir sobre essas coisas e descobrir tudo. Ler a carta toda de uma só vez, talvez até frequentemente, é algo que poucos leitores modernos tentam fazer, embora esse tenha sido obviamente o modo como ela primeiramente foi lida, depois que Febe de Cencreia, tendo sido encarregada com a carta por Paulo, leu-a em voz alta nas congregações de Roma. É possível que ela também tenha feito uma exposição da carta, respondendo perguntas que naturalmente surgiriam; em seguida, a carta teria sido copiada e lida diversas vezes, normalmente de uma vez. Devemos, então, presumir que ela era estudada em seções mais curtas por pelo menos alguns, particularmente os mestres, nas congregações romanas, e de fato nas demais igrejas em que as cópias teriam sido enviadas (temos evidência inicial de uma cópia em Éfeso, da qual a longa lista de

[28]Romanos 15:8-12.
[29]Romanos 15:7.

saudações a Roma foi omitida). Essa disciplina, de ler a carta do início ao fim e em seguida estudá-la seção por seção, tudo isso banhado na vida de oração e adoração da comunidade, continua sendo algo essencial ainda hoje.

Algo, porém, deve ser dito como ponto de partida: *Deus fez o que sempre prometera,* Paulo estaria afirmando, *e é isso que o cumprimento da promessa significa hoje*. Acontecimentos do evangelho — a crucificação e ressurreição de Jesus, bem como o dom do espírito — irromperam em um mundo despreparado, bem como sobre um mundo judaico que estava olhando para a direção oposta. Mas Deus, assim, desvendou sua fidelidade à aliança, a aliança com Abrão e Israel por meio da qual ele sempre propusera, ao final, retificar toda a criação. A criação de Deus foi maculada pelo pecado e pela idolatria do ser humano, e mesmo seu povo escolhido aparentemente foi incapaz de fazer qualquer coisa a respeito. Agora, porém (essa é uma das frases prediletas de Paulo, usada, por exemplo, em Romanos 3:21), Deus revelou que seu propósito pactual sempre envolveu a "oferta" de Jesus, o Messias, como meio de estabelecer uma nova realidade: uma única família cujos pecados são perdoados, uma família pactual composta de judeu e gentio, conforme sempre prometera a Abraão. Essa é a ideia propulsora da primeira parte (capítulos 1—4).

É nesse ponto que Paulo extrai, por fim, aquele dizer que conhecia a partir das tradições de "zelo", estudadas em sua juventude. Fineias matou o idólatra, *e isso lhe foi imputado para justiça*; em outras palavras, Deus estabeleceu uma aliança com ele. Talvez sim, Paulo agora pensa, mas, de acordo com Gênesis 15:6, Abraão creu em Deus — creu, isto é, na promessa de que seria o pai de uma família incontável, a qual herdaria o mundo — *e isso lhe foi imputado para justiça*. Essa fé, essa confiança, essa lealdade era o emblema pactual de Abraão. Uma aliança, Paulo constatou, para a qual o Único Deus havia sido fiel nos acontecimentos da crucificação e ressurreição de Jesus. Uma aliança segundo a qual todo o que crê "naquele que ressuscitou dos mortos a Jesus, nosso Senhor" agora se torna membro pleno.

Agora, portanto, a fé leal pela qual judeu ou gentio alcança a promessa, crendo "no Deus que ressuscita mortos", seria o único e exclusivo emblema de membro na família de Abraão. A família não poderia ser criada pela circuncisão (adicionada depois de Gênesis 15) ou pela observância à lei (adicionada centenas de anos depois), mas apenas por um ato novo da graça de Deus, recebida pela fé. O uso de Romanos 1—4 no ensino popular de hoje como forma de declarar a pecaminosidade humana universal e a "justificação" apenas pela graça e pela fé está correta até certo ponto. É triste, porém, o fato de o ensino por vezes encolher o que Paulo está de fato dizendo nesses capítulos, além de falhar na perspectiva de que eles são apenas parte de um argumento maior e não fazem sentido pleno sem o material seguinte. A carta aos Romanos não foi escrita para explicar como as pessoas podem ser salvas, mas é claro que ela trata sobre o assunto de modo vívido e convincente, porém, o faz para destacar a fidelidade de Deus e, nesse contexto, lidar com os desafios enfrentados pelo povo da aliança. Esses eram os temas de que a igreja romana carecia tão urgentemente.

Mas, afinal, qual o propósito de ser parte da família de Abraão? Simplesmente isto (conforme Paulo havia explicado, em uma sinagoga após a outra, ao longo da Turquia e da Grécia): segundo o próprio livro de Gênesis e para muitas tradições judaicas subsequentes, o chamado de Abraão foi a resposta divina ao pecado de Adão; por isso, o que temos em Abraão é a promessa de que Deus lidaria com o pecado de uma vez por todas e com a morte, uma consequência do pecado — é assim que os quatro primeiros capítulos de Romanos funcionam. Com isso, Paulo faz uma transição natural à segunda seção da carta (capítulos 5—8).

Desta vez, ele narra mais explicitamente a história da raça humana de Adão até o Messias e prossegue para a promessa final da criação renovada. Esses capítulos nos oferecem um relato impressionantemente rico e multifacetado do novo Êxodo, tema emergente nos primeiros anos do cristianismo. A seção toda é estruturada cuidadosamente em parágrafos, dos quais quase todos remetem a Jesus, o Messias. Depois da declaração fundamental "de Adão até o Messias" em 5:12-21, Paulo reconta a narrativa do Êxodo. Sair das águas do batismo (capítulo 6) é como atravessar o mar Vermelho, deixando para trás a escravidão e descobrindo a liberdade, mas então Israel chega ao monte Sinai e recebe a Torá — a qual declara prontamente que Israel já transgrediu. De fato, como Deuteronômio deixou claro, a Torá simplesmente conduziu Israel ao lugar do exílio, a um novo tipo de escravidão. O lamento do final do capítulo 7, visto na retrospectiva do evangelho, é o lamento do "judeu" que celebra corretamente a Torá e anseia por ser leal a ela, porém, descobre essa lealdade frustrada pela mancha adâmica escura presente em todo ser humano, incluindo o judeu.

Esse é o problema complexo — o problema de Adão, por assim dizer, ampliado de forma exorbitante na rebelião do próprio povo de Deus — do qual Romanos 8 é a resposta inigualável. A morte do Messias e o dom do espírito fazem juntos "o que a lei era incapaz de fazer"[30] isto é, dar a vida que a lei prometia, mas que não podia gerar por causa do pecado humano (e israelita). No decorrer de todo o capítulo 8, Paulo dá dicas sobre um tema-chave de Êxodo e do cristianismo primitivo como um todo: da mesma forma como a gloriosa presença divina guiou os filhos de Israel pelo deserto, vindo a habitar no Tabernáculo,[31] também o espírito leva o povo do Messias à sua herança, a qual demonstra ser não uma única "terra prometida," mas toda a criação renovada.[32]

Porque toda a criação renovada é a "herança" do Messias e de seu povo, como em Salmos 2, isso significa que o ser humano está, enfim, "coroado de glória e honra", tendo recebido a autoridade sobre a criação que lhe havia sido prometida originalmente. Em conformidade com o pensamento de Paulo nas cartas, e especialmente em 2Coríntios, escrita pouco antes de Romanos, o modo paradoxal dessa "glória" de fato corresponde ao sofrimento e à oração arrancados daquele sofrimento em "gemidos profundos demais para serem expressos em

[30]Romanos 8:3.
[31]Êxodo 40.
[32]Romanos 8:17-30.

palavras".[33] Mas em todas essas coisas, conclui ele de modo triunfante, "somos completamente vitoriosos por meio daquele que nos amou".[34] Esse é o ponto ao qual o apóstolo sempre retorna ao falar das profundezas de seu coração e de sua mente: "o filho de Deus me amou e deu a si mesmo por mim"; "o amor do Messias nos faz prosseguir". Agora, não há nada em toda a criação que "poderá nos separar do amor de Deus no Rei Jesus, nosso Senhor".[35] A aliança de Deus sempre foi a ligação de amor e a promessa desse amor tendo efeito pleno. Agora, no Messias e pelo espírito, a aliança de amor é vista como vitoriosa. Romanos 8 é o ponto culminante mais rico, profundo e poderoso de qualquer literatura dos primórdios do movimento cristão, e talvez de qualquer outra época também.

Romanos 5—8 (e, de fato, Romanos 1—8) é normalmente tratada como seção isolada, como se constituísse "o evangelho", enquanto o restante da carta não passa de mera sucessão de apêndices ou "aplicações práticas". É verdade que podemos pegar as primeiras duas seções, em especial 5—8, e deixá-las ter o próprio impacto. Talvez seja melhor fazer isso de vez em quando para nos certificarmos de que seu sabor pleno foi degustado, mas, se desejamos entender Paulo neste momento em sua carreira, em uma transição empolgante, porém decisiva, somos obrigados a concluir que, embora essas duas seções de abertura tenham sua própria integridade, elas foram, na verdade, projetadas como fundamentos de um tipo de edifício bem diferente. Romanos 9—11 e 12—16 são parte do apelo direto de Paulo à sua audiência romana, ou, como devemos presumidamente dizer, audiências. Sabendo que era esse o caminho para onde estava indo, o apóstolo coloriu e modelou também os capítulos 1—4 e 5—8, e, a menos que vejamos o objetivo final, não apreciaremos plenamente as seções finais pelo que realmente são.

---

[33]Romanos 8:26.
[34]Romanos 8:37.
[35]Romanos 8:39.

Romanos 9—11, a terceira seção da carta e, em muitos aspectos, a mais decisiva, é um dos argumentos mais cuidadosos e fundamentados de qualquer dos escritos de Paulo. Alguns às vezes falam como se, nessa passagem, Paulo estivesse apenas improvisando, tateando no escuro e tentando novas ideias, apenas para, em seguida, modificá-las ou rejeitá-las, propondo outra coisa, mas nada poderia estar mais longe da verdade. Para começar, a seção é modelada cuidadosamente em oração, em clássico estilo judaico, e, como muitos dos salmos, a seção começa com um lamento e termina com louvores de exaltação. A longa seção de abertura (9:6-29) corresponde à longa seção de término (11:1-32); no meio da seção, a essência do argumento é encontrada em 9:30—10:21, a qual foca em um texto cuja influência foi vital no decorrer de todo o período do Segundo Templo, a saber, os últimos capítulos de Deuteronômio, posicionados justamente quanto Paulo acabou de terminar a história de Israel conforme estabelecida na Torá. De fato, os Cinco Livros de Moisés, cujo conteúdo narra a história de Israel a partir de Abraão até a advertência do exílio e a promessa da restauração, permanecem a norma de ouro, e Paulo reconta essa história, assim como muitos escritores judeus de seu tempo haviam feito e fariam outra vez. No momento vital da seção ele insiste, conforme havia feito em sinagogas de Antioquia a Corinto, que o objetivo da Torá, a finalidade e o propósito final de toda a grande narrativa, era o Messias. *Telos gar nomou Christos*: "O Messias é o objetivo da lei"[36] para que a participação na aliança estivesse disponível para todo o que crê.

Esta, então, é a história de Israel, a história da aliança fiel de Deus para com seu povo, tendo o Messias de Israel como seu auge. *Não se trata, e nunca poderá se tratar, de uma história desvinculada da história de Israel*, como Marcião defenderia posteriormente ou como talvez alguns em Roma já estavam supondo. Paulo quer que eles saibam de "sua grande tristeza e dor sem fim"[37] — não a angústia que sofreu em

[36]Romanos 10:4.
[37]Romanos 9:2.

Éfeso, mas uma tortura de coração mais duradoura, a qual começou com os olhares de rejeição quando ele retornou para casa, em Tarso, durante os dez anos silenciosos, continuou à medida que interesse se transformou em ira em sinagoga após a outra e atingiu seu auge em conspiração, e violência, das mesmas pessoas que, segundo o apóstolo pensava, deveriam receber seu Messias, agora que ele, Paulo, havia explicado tão claramente a base bíblica segundo a qual poderiam entender os acontecimentos relacionados a Jesus. (Paulo não era o único nessa reflexão triste: "veio para o que era seu", escreveu João acerca de Jesus, "e seu próprio povo não o aceitou").[38] Essa é a essência do lamento de Paulo, bem como da oração "para a salvação dos judeus".[39] E o caminho para a salvação é revelado, do modo mais claro possível, no próprio centro desta seção: "Se você professar com sua boca que Jesus é Senhor, e crer em seu coração que Deus o ressuscitou dentre os mortos, será salvo".[40]

Assim, nem Jesus nem Paulo estava começando uma "religião nova"; Jesus era o Messias de Israel — e, como era do conhecimento de qualquer judeu do primeiro século, Deus estava reconstituindo "Israel" ao seu redor — ou era um impostor, e seus seguidores estavam blasfemando. Não havia um meio-termo, e era por causa dessa visão judaica e bíblica de aliança cumprida, de realidade messiânica vindo à luz, que existia algo como um "apostolado"; em outras palavras, Paulo está dizendo à igreja em Roma: "é por isso que eu faço o que faço; é esse o motivo pelo qual quero que apoiem minha viagem à Espanha". Como as nações invocarão o Messias sem crer nele? Como poderão crer se não ouvirem? "Como ouvirão se ninguém lhes anunciar a mensagem? E como alguém fará tal anúncio a menos que seja enviado?"[41] Mais uma vez, Paulo interliga sua vocação às passagens do "servo" em Isaías e, então, faz uma digressão para mostrar, a partir de Salmos,

[38]João 1:11.
[39]Romanos 10:1.
[40]Romanos 10:9.
[41]Romanos 10:14-15.

Isaías e Deuteronômio (Escritos, Profetas e Torá), que *Deus fez o que sempre prometera*, não importando quão alarmante e esperado agora pareça, e isso nos leva, sugere Paulo, à situação em que estamos hoje.

Romanos 11, então, forma um argumento à parte, antecipando este momento inédito na história de Deus e de Israel. Lembre-se de que, nesse contexto, Paulo está escrevendo com o propósito de dissipar qualquer sugestão na igreja romana de que agora é tempo de os seguidores de Jesus se desvincularem do seu contexto judaico e verem a si mesmos simplesmente como uma comunidade gentílica. Para nós, que conhecemos forças diabólicas equivalentes nos séculos XIX e XX, não nos é difícil imaginar quão facilmente isso se encaixa com pressões sociais e culturais em Roma. Paulo não aceitará nada disso; ele próprio é judeu; há um remanescente, marcado por graça e fé, e ele é um representante desse grupo. Contudo, se esse remanescente adquire sua identidade por graça e fé em vez de privilégio nacional, então ele crescerá em vez de encolher e desvanecer: "Se eles não permanecerem na incredulidade, serão enxertados de novo".[42] (Devemos notar que, no texto em questão, "incredulidade" corresponde a um termo mais ou menos técnico para "não reconhecer Jesus como Messias de Israel"; Paulo está bem ciente de que os judeus aos quais se refere têm uma fé vigorosa, além de zelo, pelo Único Deus, assim como ele mesmo tinha antes de sua conversão).[43]

Muitos têm sondado Romanos 11 em busca de promessas específicas sobre o que significaria ao judeu abandonar essa "incredulidade" — em outras palavras, quando e como Israel passaria a enxergar Jesus como Messias. Não faltam mitos populares, e alguns até mesmo sugerem que Romanos 11 prediz o retorno do povo judeu à sua terra ancestral (terra de onde, pelo tempo em que Paulo escreveu o capítulo, não tinham saído). Mas a ideia não é essa, pois Paulo não está tentando adivinhar o que Deus tem em mente. O apóstolo está dizendo, do

---

[42]Romanos 11:23.
[43]Romanos 10:1-3.

modo mais enfático possível, a uma igreja em perigo de marcionismo, isto é, de rejeitar sua herança judaica: "Não tratem os ramos com desprezo",[44] os ramos que foram quebrados da oliveira original por causa da incredulidade. Deus pode enxertá-los outra vez. Ainda mais: a presente situação de Israel na incredulidade é uma longa decorrência, como que em uma sombra, da própria vocação messiânica:

> Pela transgressão dos judeus, veio salvação às nações a fim de levar os judeus ao ciúme. Se a transgressão de Israel significa riquezas para o mundo, e o empobrecimento dos judeus, riquezas às nações, o que significará então sua plenitude?
>
> Agora estou falando com vocês, os gentios. Enquanto sou apóstolo dos gentios, celebro meu ministério particular, para que, se possível, torne minha "carne" ciumenta e salve alguns deles. Pois vejam: se a rejeição dos judeus significa reconciliação para o mundo, o que será sua aceitação senão vida dentre os mortos?[45]

Não penso que, nesse texto, Paulo está tentando, por assim dizer, atar as mãos de Deus; não está prevendo o que acontecerá exatamente nem quando; tampouco está ordenando: "vocês, em Roma, devem evangelizar membros da sinagoga local" — embora a declaração de abertura da carta, em que o evangelho é "primeiro para o judeu, mas igualmente para o grego", signifique, em princípio, que, ao chegar a Roma, o apóstolo tem a intenção de seguir seu padrão costumeiro e que, presumindo-se a existência de comunidades judaicas na Espanha, também fará o mesmo lá. Paulo está dizendo que os judeus serão sempre parte da família fiel de Deus e que Deus pode, e levará, "alguns deles" à fé.[46] Mas a ideia principal do capítulo, como em toda carta aos Romanos, é a fidelidade de Deus, que foi leal ao que prometeu.

---

[44]Romanos 11:18.
[45]Romanos 11:11-15.
[46]Romanos 11:14; repare na semelhança com "alguns" em 1Coríntios. 9:22.

O padrão messiânico agora gravado na história demonstra que "Deus encerrou todos na desobediência para ter misericórdia de todos".[47] Se a igreja de Roma pode aceitar esse fato, então será capaz de viver com o verdadeiro mistério messiânico.

A seção final de Romanos, capítulos 12—16, abre com instruções amplas e gerais sobre a vida comunal e individual da igreja, começando com um tema cujo assunto sabemos ser precioso ao coração de Paulo: o apóstolo quer que os romanos aprendam a adorar o verdadeiro Deus com todo o ser e, para esse fim, aprendam a *pensar* como pessoas que vivem no novo mundo: "Sejam transformados pela renovação da mente, para que possam descobrir a vontade de Deus, isto é, o que é bom, aceitável e completo".[48] Como é comum nas cartas de Paulo, exortações gerais culminam no amor, balanceado pela ética estimulante, consistente em todos os escritos de Paulo, de viver *agora* à luz do dia que *começou* a raiar e que, em breve, *brilhará* por completo.[49] Moldado nesse contexto está a recordação comum, porém importante, da visão judaica acerca de autoridades civis.[50] Um monoteísmo sólido sabe que o Criador deseja a existência de tais autoridades, e que elas devem prestar contas, quer saibam, quer não, ao próprio Deus. O evangelho não sanciona a espiritualidade apolítica da *gnosis*, nem sanciona a revolução unidimensional para a qual muitos dos conterrâneos de Paulo estavam se preparando já em sua época. Ele não quer que o movimento de Jesus seja confundido com o movimento zelote de Jerusalém, pois essa "lealdade" superficial, ressaltando-o outra vez, não era "baseada em conhecimento"[51] Os cristãos em Roma precisavam amadurecer em sua forma de pensar, indo além de reducionismos desastrosos.

Isso prepara o caminho para o ponto central da seção final: o apelo de Paulo à unidade em meio às igrejas espalhadas e talvez mutuamente

[47]Romanos 11:32.
[48]Romanos 12:2.
[49]Romanos 13:8-10,11-14.
[50]Romanos 13:1-7.
[51]Romanos 10:2.

suspeitas de Roma. É supreendente que, até o final desta seção (14:1—15:13), Paulo não menciona o problema subjacente: que algumas das igrejas domésticas são judaicas e outras, gentílicas. (Naturalmente, é bem provável que as coisas fossem mais complicadas do que isso. Pode ser que alguns dentre os cristãos gentios desejassem aceitar a Torá judaica, como ocorrera na Galácia; pode ser que alguns dentre os cristãos judeus tivessem, como o próprio Paulo, aderido ao que o apóstolo chama de postura "forte"). Paulo, porém, não abordará as questões nesses termos: "alguns de nós preferem fazer isso... outros preferem fazer aquilo", diz.

Paulo quer que os membros das igrejas de Roma respeitem uns aos outros apesar das diferenças. (A fim de evitar um problema totalmente diferente enfrentado hoje pelas igrejas contemporâneas ocidentais, notamos que a suposta "tolerância" de Paulo não se estende a todas as esferas de comportamento, como as linhas finais do capítulo 13 e seções equivalentes de outras cartas deixam abundantemente claro). E, mais uma vez, o apóstolo relembra os cristãos de Roma que eles estão vivendo segundo o padrão do Messias. Para Paulo, a morte e a ressurreição de Jesus não dizem respeito apenas a uma realidade histórica cuja ocorrência criou uma situação nova, mas a um padrão que deve ser entrelaçado em cada aspecto da vida eclesiástica. Para o apóstolo, o importante é a vida de louvor e adoração que agora, no espírito, interliga Jesus com o próprio Deus pai, e essa é a adoração que, unida além de barreiras tradicionais, abalará os fundamentos da ideologia de César:

> Tudo que foi escrito de antemão, foi escrito para o nosso aprendizado, para que, pela paciência e pelo encorajamento da Bíblia, tivéssemos esperança. Que o Deus da paciência e do encorajamento lhes conceda um só pensamento entre vocês, de acordo com Jesus, o Messias, a fim de que, com uma só mente e boca, possam glorificar o Deus e pai do nosso Senhor Jesus, o Messias.[52]

[52]Romanos 15:4-6

A carta termina com planos de viagem e reflete sobre a missão de Paulo em terras ao longo do Mediterrâneo. "De Jerusalém até a província da Ilíria",[53] diz ele. O Ilírico, a noroeste de Tessalônica, não é mencionado em Atos, nem mesmo sugerido em qualquer outra das cartas paulinas — embora Atos expresse de modo mais geral que "Paulo atravessou aquelas regiões",[54] o que facilmente poderia incluir o noroeste da Grécia. Central a esses planos de viagem é a jornada que está para realizar a Jerusalém, levando consigo a coleta. Paulo pede aos seguidores de Jesus em Roma que orem por sua segurança e para que seu "serviço em favor de Jerusalém seja aceito com alegria pelo povo de Deus".[55] Uma dica, em outras palavras, de novas ansiedades a seguir.

Deste modo, Febe viajará na direção oeste com a carta; Paulo, levando o dinheiro, viajará na direção leste. O apóstolo saúda cerca de trinta pessoas em Roma — cobrindo a base, supomos, de todas as igrejas domésticas diferentes — e envia saudações de oito amigos, incluindo "Erasto, tesoureiro da cidade", e "eu, Tércio, escriba para esta carta".[56] Podemos detectar um suspiro de alívio por parte de Tércio, para quem as últimas horas teriam sido difíceis em diversos aspectos.

Há uma objeção final contra pessoas que causam divisões e problemas, e, em seguida, uma bênção,[57] prolongada como o final de uma sinfonia de Beethoven. Por fim, a carta está feita. Romanos é extasiante e estimulante; denso e difícil; em termos espirituais e intelectuais, um escrito desafiador, mas, ao mesmo tempo, um dos mais enriquecedores de qualquer período da história da Igreja — e, como argumentariam alguns, da história da humanidade.

[53]Romanos 15:19.
[54]Atos 20:2.
[55]Romanos 15:31.
[56]Romanos 16:22.
[57]Romanos 16:25-27.

De Corinto a Jerusalém

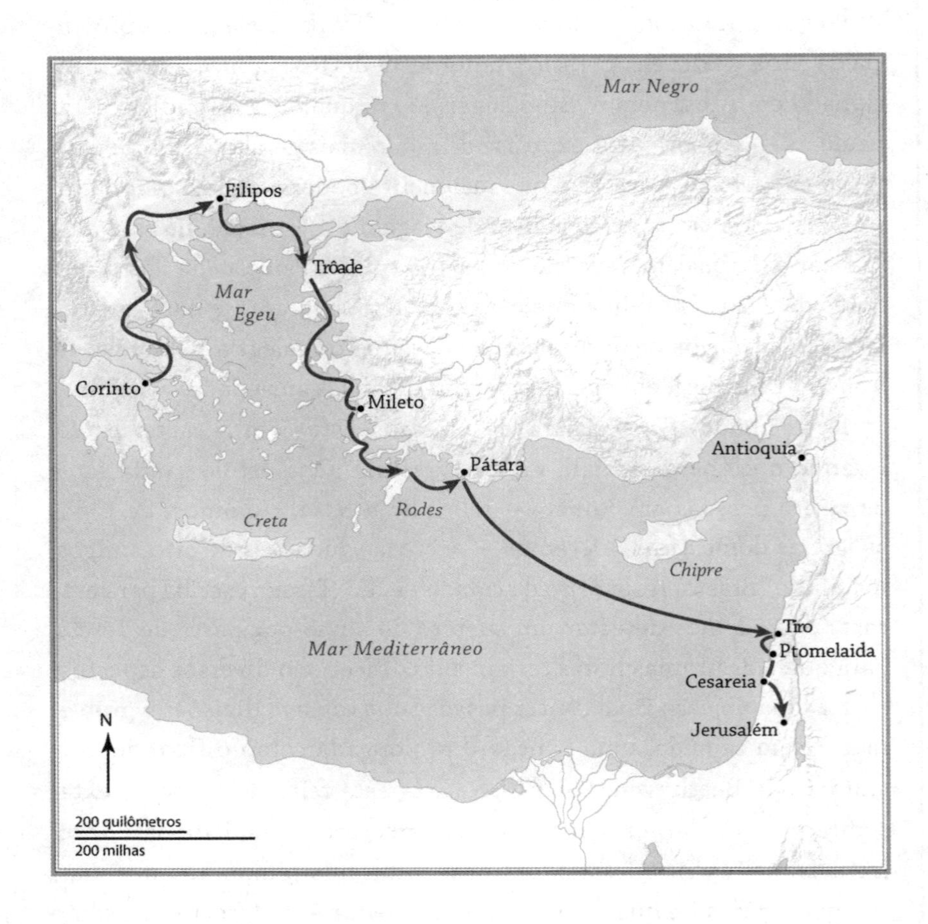

CAPÍTULO 13

DE VOLTA A JERUSALÉM

AGORA, POR FIM, ERA TEMPO DE PAULO partir para Jerusalém com o dinheiro arrecadado. Esse grande projeto de coleta, por tanto tempo planejado, uniu duas paixões que o guiavam, duas vertentes de esperança e ambição que lhe haviam sido centrais, pelo menos desde o fim da década de 40. A primeira: "lembre-se dos pobres!" A segunda: "Não há mais judeu ou grego... em Jesus, o Messias".[1] Paulo determinara a lógica desse projeto, por mais complexo e perigoso que fosse, em 2Coríntios 8—9 e em Romanos 15. A generosidade era uma das marcas do seguidor de Jesus, especialmente porque todo o drama do evangelho envolvia a definitiva generosidade do próprio Messias:

[1]Gálatas 2:10; 3:28.

> Vocês conhecem a graça de nosso Senhor, o Rei Jesus: ele era rico, mas, por causa de vocês, fez-se pobre, para que, por meio de sua pobreza, vocês se tornassem ricos.[2]

Uma única frase nos dá toda a visão de Paulo a respeito de Jesus, como em Filipenses 2 e em Colossenses 1, modelada como uma exortação para que os coríntios agissem com "entusiasmo e amor" e servindo o propósito vital de unidade para além das divisões mais tradicionais:

> Se as nações participaram das bênçãos espirituais dos judeus, é justo que também ministrem às suas necessidades materiais.[3]

Em outras palavras, a oferta tinha o propósito de relembrar as igrejas (em sua maioria) gentílicas de sua obrigação profunda e duradoura para com o povo judeu em geral e, mais particularmente, para com a igreja de Jerusalém. A oferta também tinha o propósito de comunicar à igreja de Jerusalém, e talvez a uma audiência judaica mais ampla, o fato de que igrejas gentílicas não se viam como uma "nova religião" e não tinham a intenção de se separar e criar um tipo diferente de comunidade. Judeus e gentios eram *parte da mesma família* e, como tal, agiam do mesmo modo que uma "família": ajudavam-se uns aos outros em meio a necessidades.

Alguns sugerem ainda outro motivo. De acordo com certo ponto de vista, Paulo, em Romanos 11, deu pistas de como um grande número de judeus incrédulos se voltaria para o Messias no futuro e como esse acontecimento precipitaria o dia final, a *parousia* vindoura do próprio Jesus, a ressurreição dos mortos, o resgate da antiga criação da "escravidão da decadência" e a união, no Messias, do céu e da terra. "O que será sua aceitação", escrevera, "senão vida dentre os mortos?"[4] Apesar de realmente ter essa esperança, o apóstolo a relacionava com a oferta?

---

[2]2Coríntios 8:9.
[3]Romanos 15:27.
[4]Romanos 11:15.

É quase certo que não. Ele não disse em Romanos 15: "Estou indo para Jerusalém com a oferta; portanto, orem para que a igreja a receba, a fim de que um grande número de judeus atualmente incrédulos se volte para Jesus como Messias e ele retorne". Paulo pediu oração simplesmente para que fosse livre dos incrédulos e para que a igreja de Jerusalém aceitasse sua iniciativa. De qualquer forma, o apóstolo planejava, o quanto antes, ir a Roma e, em seguida, à Espanha. Embora estejamos certos de que todos os planos de Paulo carregavam uma nota de rodapé marcando "se o Senhor permitir" e que toda sua avaliação dos propósitos de Deus tinha a palavra "talvez" anexada, como em Filemom 15, parece improvável que pensasse como Deus realmente o queria simultaneamente em Roma, depois na Espanha *e*, então, em Jerusalém com a oferta para que a *parousia*, enfim, acontecesse. De fato, não é somente duvidoso sugerir que, em Romanos 11, Paulo tenha proposto uma conversão de judeus em larga escala para que a vinda do Senhor fosse precipitada, mas a ligação sugerida com a oferta jamais foi feita pelo apóstolo e, em vista de seus demais planos, certamente não o seria.

Paulo não era o único judeu a coletar dinheiro para Jerusalém a partir de comunidades da Diáspora. O imposto do templo, cujo propósito era o apoio financeiro do próprio Templo de Jerusalém, era cobrado de comunidades judaicas ao redor do mundo. O valor estipulado era de duas dracmas para cada adulto do sexo masculino, e a coleta do imposto não era apenas necessária para a manutenção de um edifício tão grande e de seu ciclo regular de adoração, mas também significava que até mesmo os que não podiam ir pessoalmente a Jerusalém para adorar participavam diretamente da adoração do Templo. Há evidências de que, sob o governo de Roma, oficiais civis assumiam certa responsabilidade pela entrega segura do dinheiro; além disso, peregrinos que iam a Jerusalém geralmente viajavam em grandes grupos,[5] pois, sem isso, um transporte anual de dinheiro seria alvo fácil para aqueles que desejassem desviá-lo, ou até mesmo para assaltantes.

[5]Veja Josefo, *Antiquities* [Antiguidades] 14.190-216; 17.313.

Obviamente, esses eram problemas dos quais Paulo estava ciente, mas, antes de abordarmos o assunto, é interessante perguntar se ele via sua coleta como, até certo ponto, uma versão cristã do imposto judaico. Não tinha como não formar o paralelo, mas, uma vez que os líderes de Jerusalém eram conhecidos como "pilares" — ainda que Paulo objetasse ao pensamento! — ele deve ter percebido que o envio de dinheiro como apoio à igreja de Jerusalém significava, em certo sentido, ajudar a manter o "novo Templo" em pé; entretanto, se o apóstolo pensava em algo mais, não o percebemos nas cartas.

Mais importante é sua organização cuidadosa de um grupo que assumisse a responsabilidade pelo dinheiro e por sua entrega segura. Vimos anteriormente o problema enfrentado por alguém encarregado da entrega de dinheiro; no caso em questão, Epafrodito levou a oferta dos filipenses a Paulo em Éfeso e, então, foi impedido por uma enfermidade de retornar no tempo esperado, levantando, assim, suspeitas. Por isso, Paulo assegurou os coríntios, no início de seu planejamento, de que escreveria cartas formais, destinadas a acompanhar aqueles que, aprovados pela igreja, levariam a oferta a Jerusalém. Por esse tempo, não estava claro se ele mesmo os acompanharia,[6] entretanto, à época que escreveu 2Coríntios, Paulo via ainda mais claramente a necessidade de completa transparência durante cada estágio do projeto. Tito e o companheiro sem nome ajudariam no trabalho, afirmou Paulo, "tanto para a glória do Senhor quanto para demonstrar nossa boa-fé", visto que "tentamos evitar a possibilidade de que alguém faça qualquer acusação desagradável sobre esta oferta esplêndida que estamos administrando".[7] Assim como hoje, pessoas da época sabiam que o dinheiro é pegajoso; aqueles que o tocam tendem a ir embora com certa quantia nas mãos. Não somente isso jamais poderia ocorrer, como também a própria ideia de que isso viesse a acontecer não deveria sequer passar pela mente das pessoas.

---

[6]1Coríntios 16:3-4.
[7]2Coríntios 8:19-20.

A intensão original de Paulo era navegar diretamente para a Síria,[8] o que teria facilitado o transporte do dinheiro, contudo, ele ficou ciente de um plano contra sua vida e decidiu, em vez disso, ir mais uma vez por terra, percorrendo o norte da Grécia. Pelo tempo de sua partida (provavelmente no final do verão de 57), o grupo havia crescido. O norte da Grécia foi representado por Sópatro (talvez o Sosípatro de Romanos 16:21), de Bereia, e por Aristarco e Secundo, de Tessalônica; igrejas da Galácia foram representadas por Gaio, de Derbe; a Ásia, em outras palavras Éfeso e regiões circunvizinhas, foi representada por Timóteo, Tíquico (mensageiro de Paulo a Colossos e Laodiceia, cerca de um ano antes) e Trófimo. Aristarco estivera com Paulo durante seu aprisionamento em Éfeso.[9] Timóteo, claro, era originário de Listra, na Galácia, porém, havia, por esse tempo, trabalhado consistentemente em Éfeso, a ponto de ser considerado representante da Ásia. Presumimos, a partir do "nós" em Atos, que, neste ponto, Lucas se uniu ao grupo em Filipos. Visto que ninguém dessa importante igreja é mencionado na lista,[10] é possível que o próprio Lucas tenha assumido esse papel. Também nos surpreendemos com o fato de, a despeito de 1Coríntios 16, a lista não conter representantes oficiais do sul da Grécia; talvez os coríntios conhecessem alguns desses homens o bastante para confiar neles. A ideia por trás de um grupo tão grande é óbvia: não somente haveria relativa segurança no número de pessoas, mas cada qual retornaria à respectiva congregação com a notícia de que o dinheiro havia sido entregue com segurança.

Entretanto, como transportaram o dinheiro? Essa é uma pergunta difícil. Naqueles dias, não existia um sistema bancário unificado, segundo o qual Paulo e seus amigos poderiam depositar uma grande soma de dinheiro em Corinto, Éfeso ou qualquer outro lugar e, então, sacar uma quantia equivalente em Cesareia ou Jerusalém — isso,

---

[8]2Coríntios 1:16; Atos 20:3.
[9]Colossenses 4:10; Filemon 1:24.
[10]Atos 20:4.

porém, era possível no Egito, onde uma rede de bancos reais ou estatais havia desenvolvido filiais em áreas locais. Sistemas semelhantes estavam posicionados em partes da Itália. No entanto, mesmo que existisse um sistema internacional integrado no Império Romano, qualquer atividade bancária envolvia depósito, empréstimo e crédito, não transferência de crédito a longa distância. Assim, como funcionou o transporte do dinheiro? Como o dinheiro foi levado?

Mesmo supondo que oficiais romanos, conforme a sugestão de Josefo, ficassem de olho no transporte anual do imposto do Templo, Paulo dificilmente confiaria neles para o mesmo projeto. Se todo o dinheiro coletado fosse colocado em grandes baús ou bolsas — presumindo-se que poderia ser transportado, possivelmente em mulas —, o deslocamento seria um alvo fácil em cada porto, estalagem afastada e trecho solitário de estrada. Por viajarem em grupo (e tendo talvez recrutado mais companheiros de viagem das áreas locais pelas quais atravessavam com o propósito de ajudá-los na proteção de determinado trajeto da jornada), é possível que eles se sentissem seguros o bastante. A bordo do navio, os viajantes tinham de dormir no convés e prover o próprio alimento; por isso, presumimos que os membros da equipe formariam um grupo coeso. É possível que amigos tivessem convertido o dinheiro em poucas moedas de valor elevado, ou mesmo em barras de ouro ou prata, os quais, então, seriam carregados de modo menos óbvio. De uma forma ou de outra, tratava-se de um empreendimento perigoso, mesmo levando-se em conta apenas os riscos normais de uma viagem no mundo antigo. A equipe deve ter ficado alegre ao chegar a Jerusalém, embora essa seja uma outra história, à qual retornaremos em breve.

A VIAGEM FOI INCRÍVEL em dois momentos particulares. O primeiro é a cena famosa, um tipo de tragicomédia, que aconteceu quando o grupo chegou a Trôade. Às vésperas de sua partida para Assôs, na próxima etapa da jornada, Paulo falava em uma reunião repleta de cristãos. Ele prolongou o discurso até tarde da noite, e um jovem chamado Êutico, sentado perto de uma janela, por conta do calor que fazia no quarto...

Presumimos que Lucas, ao narrar o episódio, queria relembrar o leitor dos dons de cura de Paulo, mas, em sua nítida descrição de uma cena no mínimo improvável, o acontecimento continua a nos auxiliar em nossa visão do próprio apóstolo. Recordamo-nos de como ele havia acabado de escrever Romanos, por si só um relato altamente compresso de coisas que poderia ter explicado de maneira mais detalhada. Podemos imaginá-lo passando mais uma vez pelos argumentos: Adão, Abraão, Êxodo, Davi, exílio, Isaías, Salmos, o Messias — com a alarmante ruptura neste ponto da história: ninguém esperava que o Messias fosse crucificado e ressuscitado dentre os mortos! Então, o apóstolo continuaria com a promessa da herança mundial e da ressurreição física na nova criação; passaria à necessidade de os seguidores de Jesus permanecerem unidos, renunciarem aos ídolos e à imoralidade sexual; exporia o modo pelo qual a lei judaica foi tanto cumprida quanto transcendida por completo em Jesus e no espírito. O discurso conteria tudo isso e ainda mais. Perguntas seriam lançadas para lá e para cá, com respostas abrangendo histórias, episódios missionários e as Escrituras. Podemos imaginar interrupções, discussões e o estilo vívido de debate que o apóstolo havia usado em partes da própria carta aos Romanos ("O que diremos, então?" "Mas supondo que..." "Deus pertence apenas ao judeu?", e assim por diante). Podemos imaginar o grupo pausando para orar, cantar um hino ou deixar alguém procurar uma das passagens bíblicas que Paulo estava citando de memória, lendo-a para o benefício de todos. Em seguida, Paulo começaria outra vez...

E Êutico, o jovem na janela, é vencido pelo sono durante o prolongamento da fala de Paulo, cai do terceiro andar e parece estar morto. Paulo desce correndo, inclina-se sobre o jovem e o abraça, revivendo-o. A igreja parte o pão e come, e, em seguida, o apóstolo prossegue pregando até o amanhecer, como se nada tivesse acontecido.[11] Por fim, é hora de partir. Alguns leitores de Lucas, ponderando sobre essa passagem, poderiam imaginar Paulo como um segundo Sócrates, que

[11]Atos 20:7-12.

discutia filosofia a noite toda e, no dia seguinte, dava continuidade às atividades normais.[12]

O segundo momento significativo da jornada veio quando o grupo chegou a Mileto, ao sul de Éfeso. (Como a própria Éfeso, Mileto está agora a certa distância do mar; a foz de seus respectivos rios sedimentou-se com o tempo). Conforme vimos, Lucas explica a decisão de Paulo em evitar Éfeso pelo desejo do apóstolo de estar em Jerusalém a tempo da festa de Pentecoste. Pode bem ser que isso fizesse parte do motivo, mas penso ser igualmente provável que Paulo estivesse ansioso para não ser atraído a uma situação difícil ou perigosa; também é possível que estivesse preocupado quanto a conduzir seu pequeno grupo, portador de uma quantia substancial de dinheiro, em uma cidade agitada. Esses perigos potenciais são, de fato, refletidos em seu discurso aos presbíteros da igreja, os quais vieram de Éfeso para encontrá-lo. A distância teria sido de cerca de 50 quilômetros em linha reta, porém maior se percorrida pela estrada. De qualquer das direções, a jornada teria durado de dois a três dias.

O discurso que Lucas atribui a Paulo nessa ocasião, como a fala muito diferente de Paulo no Areópago de Atenas, levaria menos de três minutos, e, como naquela ocasião, devemos presumir que o apóstolo discursou por muito mais tempo. Se os presbíteros estavam separando boa parte da semana para viajar a Mileto e retornar a Éfeso, provavelmente desejariam, assim como Paulo, conversar por pelo menos um dia inteiro. A conversa teria incluído tópicos mencionados por Paulo no texto em questão, abordados, porém, de forma mais extensa.

Paulo está se despedindo, e o discurso tem o gosto de um testamento final. Ele ainda espera, e ora, para que chegue a Roma ou à Espanha, contudo, à medida que contempla a viagem para Jerusalém, tem fortes suspeitas, atribuídas por ele ao espírito, de que deve se preparar para enfrentar uma ou outra forma de tribulação. Assim, era apropriado revisar seu trabalho em Éfeso e olhar adiante, antecipando

[12]Platão, *Symposium* [O Banquete] 223D.

o tipo de desafio que a igreja da cidade poderia enfrentar. Lucas, querendo apresentar uma imagem equilibrada da obra de Paulo, tinha as próprias razões para abrir ao discurso tal espaço. Dele, porém, obtemos um retrato vívido de Paulo trabalhando.

Em particular, vemos Paulo, o pastor, ativo, visitando o lar de seguidores de Jesus e ensinando em público. Ele se lembra do sofrimento que lhe sobreveio por causa das tramas da comunidade judaica local e se refere aos mesmos tormentos que o levaram ao desespero naqueles terríveis meses, cerca de um ano antes. Entretanto, sua mensagem, como sempre, é a mesma, a mensagem judaica remodelada em torno de Jesus: as pessoas devem deixar os ídolos e servir ao Deus vivo, conhecido, agora, em Jesus. Essa mensagem não mudou desde os primeiros dias, e ainda era o que uma grande cidade pagã precisava escutar. Desde a crise da Galácia, o apóstolo andava perceptível à possível acusação de ter reduzido a mensagem, apresentado apenas parte da verdade, e não o todo. Não, diz ele; a esse respeito, ele era irrepreensível. O apóstolo não havia deixado de declarar e explicar aos efésios todo o plano divino.

Depois de passar pelas cartas principais, vendo a maneira como Paulo tinha prazer em expor a Escritura, fazendo conexões entre temas bíblicos diferentes e interligando-os com Jesus e o espírito, podemos pensar que qualquer sugestão de que ele omitia alguma coisa é simplesmente ridícula — seria o mesmo que acusar Gustav Mahler de compor sinfonias curtas demais. Mas a questão não era apenas que Paulo gostava do quadro geral e dos pequenos detalhes, pois o modo como ele o coloca sugere que reter qualquer informação o faria culpado de pôr em perigo a salvação das pessoas. O apóstolo era inocente: ele lhes havia contado a história toda. E, como um refrão, lembra à igreja seu trabalho incansável entre os membros e a maneira na qual trabalhou com as próprias mãos a fim de apoiar sua pregação e seu ensino. A igreja teve ampla oportunidade de observá-lo, noite e dia, e sabia que Paulo havia trabalhado com as próprias mãos e não buscou tratamento nem favores especiais.

Entretanto, Paulo não estava simplesmente refletindo em seu tempo na cidade de Éfeso: também estava advertindo os presbíteros sobre o que poderia estar à sua espera em um futuro não muito distante. Paulo lhes assegura que muitas vezes os advertiu, com lágrimas, acerca dos perigos à volta deles e como podia vê-los surgir no horizonte. O mundo da idolatria e da imoralidade era poderoso e insidioso, e muitos, incluindo talvez alguns dentre os que professaram a fé cristã, eram por ele atraídos. Acontecera em Corinto, e talvez em vários outros lugares. Paulo se entristece com a simples possibilidade de alguém iniciar esse caminho, e os estimula, a retroceder. Em particular, ele lhes deu um exemplo a partir de sua própria recusa de ser atraído nas armadilhas da cultura materialista. O apóstolo não exercia a atividade da pregação e do ensino por dinheiro, e eles deveriam seguir o mesmo exemplo.

O testemunho de Paulo parece designado a descartar ou a evitar, de antemão, o tipo de crítica sorrateira que ele havia recebido depois de deixar Corinto, no entanto, de igual modo, o apóstolo sabia das dificuldades por vir. Presbíteros de Éfeso eram como pastores, posicionados na cidade para guardar um rebanho de ovelhas; visto que o rebanho em questão era "a igreja de Deus, que ele comprou com o próprio sangue", — uma das declarações mais impressionantes da igreja primitiva sobre o significado da crucificação de Jesus — eles devem tomar muito cuidado.[13] Surgiriam lobos; sempre há lobos. Alguns desses lobos seriam até mesmo ex-pastores — possivelmente alguns dentre os próprios ouvintes de Paulo! —, os quais distorceriam a verdade e atrairiam pessoas para si. Talvez metade das cartas de Paulo tenham sido escritas devido a esse tipo de coisa já ter acontecido na Galácia, em Corinto e em outros lugares, pois não se tratava de um problema novo, mas de algo que continuava a acontecer.

Mas esse discurso de despedida não dizia respeito apenas a Paulo e aos perigos enfrentados pela igreja: Deus e Jesus eram o assunto

[13]Atos 20:28.

principal. Como já era esperado, ambos constituíam o ponto focal da pregação do apóstolo: "Entrego-os a Deus", diz, "e à palavra de sua graça, capaz de edificá-los e dar-lhes herança entre todos aos quais Deus santificou".[14] A palavra da graça de Deus era a poderosa palavra da cruz, a palavra transformadora do evangelho, a palavra que começou nas Escrituras antigas e narrou a história que se estendeu até o explosivo e novo acontecimento do próprio Jesus, e é a Jesus mesmo que Paulo invoca no final. Assim como os líderes de Jerusalém lhe rogaram para que se lembrasse "dos pobres", assim também Paulo instou com os líderes de Éfeso a que trabalhassem "para ajudar o fraco", visto que o próprio Jesus ensinara (embora não esteja registrado nos Evangelhos): "é mais bem-aventurado dar do que receber".[15] É assim que a igreja deveria ser conhecida, como a comunidade que modelava a graça abundante e generosa de Deus, e é dessa maneira que os principados e poderes seriam confrontados, os quais faziam tudo visando ao benefício próprio. É por isso que, sem dúvida, lobos viriam para agarrar o quanto podiam: por natureza, essa comunidade era vulnerável, e sempre seria. A lealdade seria contestada, mas a graça de Deus e sua palavra eram mais fortes e, como bom alimento saudável, elas fortaleceriam a igreja, nutrindo cristãos e seus líderes de modo a herdarem, de fato, "o reino", a herança mundial prometida ao Messias e ao seu povo.

Paulo explicou que essa seria sua última visita. Agora, ele tinha outros planos, e não pretendia retornar à Ásia Menor. Apesar do sentimento de perturbação e abatimento dos presbíteros, Paulo já havia decidido, e seu rosto, como o rosto de seu mestre, estava voltado para Jerusalém, mas, depois, diferentemente de seu mestre, para Roma.

Todos se ajoelharam para orar. Em seguida, depois de mais abraços, conduziram Paulo até o navio.

---

[14]Atos 20:32.
[15]Atos 20:35.

PAULO JAMAIS PODERIA DIZER que não fora avisado; inclusive, alguns insistiam com ele que ir para Jerusalém era procurar encrenca. Os viajantes mudaram de navio em Pátara, na costa da Lícia, sudoeste da Ásia; em seguida, rumaram para Tiro, na costa síria. Lá, seguidores de Jesus insistiram com Paulo para que não fosse a Jerusalém, porém, ele não se deixou dissuadir. O grupo então continuou via Ptolemaida, um pouco mais ao sul, e chegou a Cesareia, permanecendo com Filipe e suas filhas. Em Cesareia, Ágabo, um profeta de Jerusalém, advertiu--lhe que judeus de Jerusalém amarrariam suas mãos e pés e o entregariam aos gentios. Todos rogaram a Paulo que não fosse, mas não nos surpreendemos, em vista do que agora sabemos sobre o apóstolo, de ele ter permanecido firme em sua decisão. Partia-lhe o coração o fato de todos demonstrarem tamanha afeição e preocupação, mas ele estava bem preparado, não apenas para ser preso, mas para morrer pelo nome de Jesus caso fosse para cumprir a vontade de Deus. Seus companheiros desistiram; os viajantes prosseguiram à cidade, e, por fim, chegaram a Jerusalém. Tratava-se, provavelmente, do início do outono de 57 d.C.

A jornada é inesquecível para qualquer viajante, tanto antigamente quanto nos dias de hoje. Jerusalém, a Cidade Santa, a cidade dourada, lugar onde o Deus vivo prometera pôr seu nome e estabelecer seu rei como governante das nações. Jerusalém era o lugar onde, Paulo cria, essas promessas haviam se cumprido — com Jesus entronizado fora das muralhas da cidade, fazendo, de uma vez por todas, aquilo que apenas o Único Deus de Israel poderia, e sendo, então, exaltado como Senhor do mundo. Como Paulo deixaria de visitar a cidade mais uma vez?

Como, porém, seria possível ir a Jerusalém e se expor publicamente quando tantos na cidade, incluindo muitos dentre os seguidores de Jesus que eram "zelosos da lei" — como o próprio Paulo havia sido! —, ouviriam a respeito de sua vinda e reagiriam com ira ou até mesmo violência? Esse era um problema não somente para Paulo, mas também para os líderes de Jerusalém. Esperávamos que a oferta seria recebida como um sinal de boas-vindas e aceitação mútua, mas, para a nossa frustração, Lucas nunca a menciona, e simplesmente não sabemos o que aconteceu com a quantia. Lendo as cartas de Paulo, observando-o organizar cuidadosamente a oferta e seu transporte igualmente cauteloso, somos como aqueles que assistem a um grande evento esportivo na televisão, exceto pelos últimos dez minutos, quando, então, uma falta de energia repentina nos impede de descobrir quem ganhou.

Lucas não estava escrevendo para responder nossas perguntas. Talvez ele quisesse distrair nossa atenção do episódio todo. Talvez Paulo e seus amigos chegaram a apresentar o dinheiro, apenas para terem-no recusado sob o pretexto de se originar de fontes gentílicas "manchadas"; ou talvez a oferta tenha sido aceita, mas feito pouca diferença à percepção pública de Paulo e sua atividade missionária. Talvez, como às vezes acontece, essa dádiva inesperada, porém generosa, tenha dividido a igreja local entre aqueles que queriam recebê-la de bom grado e aqueles que estavam com medo de ser subornados, fazendo vista grossa ou tomando parte no que percebiam ser a atitude notoriamente frouxa de Paulo para com a Torá. (Talvez existissem longas memórias da visita anterior, quando Paulo e Barnabé subiram a Jerusalém com dinheiro — e também com Tito, a quem alguns desejaram circuncidar). De qualquer maneira, visto que somos totalmente dependentes de Lucas por informação sobre esse período, como ele escolheu não fazer qualquer menção da oferta, não há como saber. Podemos apenas conjecturar. (A propósito: Lucas sequer menciona Tito. Trata-se de um problema conhecido, para o qual não há solução óbvia, porém, o ocultamento não é menos problemático do que enigmas de pequena escala com as quais nos deparamos em história antiga).

Quando Paulo e seus amigos finalmente chegaram a Jerusalém, hospedaram-se com Mnasom, que, como Barnabé, era natural do Chipre. Os líderes de Jerusalém, ao mesmo tempo que receberam com alegria a notícia do que o apóstolo e seus companheiros haviam realizado desde a última vez em que se encontraram, elaboraram um plano para aplacar qualquer sentimento antipaulino que porventura surgisse na cidade antes mesmo que se manifestasse. Sua proposta foi que Paulo se unisse a outros quatro homens que haviam feito um voto e passariam por um rito de purificação no Templo. Tratava-se da variação de um tema anterior, quando Paulo, depois de sua primeira visita a Corinto, fez um voto. Como no primeiro caso, é perfeitamente razoável supor que Paulo teria continuado, como seguidor de Jesus, com várias práticas judaicas devocionais, cujo propósito era direcionar a mente e o coração à adoração, à humildade e ao serviço.

Os líderes de Jerusalém esperavam que seu plano impedisse a manifestação de "zelotes" dentre os seguidores locais de Jesus, afinal, esses "zelotes" estavam firmemente convictos de que, por causa de Jesus, Deus iria agora completar seu longo plano: livrar-se dos odiosos governantes gentílicos e conceder liberdade a Israel de uma vez por todas. Se, porém, outras pessoas que reivindicavam seguir Jesus não levassem a sério sua devoção a Deus e à sua lei, e também ensinassem o mesmo a outros, então todo o plano divino seria comprometido. Assim, o que Paulo precisava fazer era demonstrar sua lealdade à lei, juntando-se ao grupo que havia feito um voto de purificação. O apóstolo poderia partilhar do mesmo voto e, na verdade, também pagar a despesa dos adoradores (um bom uso de parte do dinheiro da oferta?). Então, ficaria claro que os rumores e boatos acerca dele, todas as acusações que recebeu de ensinar as pessoas a ignorarem a lei, eram falsos.

Esse plano tem o mesmo senso de ingenuidade sobre o qual recordamos da carta escrita após a Conferência de Jerusalém, quase uma década antes. Como um político britânico que nunca saiu de Westminster ou um banqueiro americano que nunca viajou para além de Wall Street, exceto para visitar outros bancos em Frankfurt ou Tóquio, há um senso de irrealismo, um senso de que os líderes de Jerusalém falharam em ver como as complexidades da vida real podiam arruinar suas ideias simples.

De fato, os líderes de Jerusalém agora relembram Paulo de que haviam escrito aos gentios que criam em Jesus sobre manterem-se distantes de qualquer coisa relacionada à idolatria e à imoralidade, incluindo carne sacrificada em templos pagãos. Podemos imaginar o coração de Paulo apertado diante dessa referência ao documento, cujo propósito realmente foi, como a suposta "divisão de trabalho" em Gálatas 2:9, um recurso temporário para que houvesse reconhecimento mútuo enquanto as coisas tomavam rumo. Ele sabe, de anos lidando com situações pastorais em Corinto, Éfeso e outros lugares — e por ter elaborado os primeiros princípios teológicos relacionados com essas situações, particularmente em 1Coríntios 8—10 e Romanos 14—15 —, que as coisas são muito mais complicadas do que a "carta apostólica" permite. Paulo permaneceu verdadeiro à proibição absoluta da idolatria e da imoralidade, contudo, teve de chegar à conclusão, sob bons fundamentos bíblicos, de que toda carne é, na verdade, "limpa", bem como que nada é "impuro", a menos que a má consciência de alguém o determine.[16] A "carta" havia sido bem-intencionada, mas a realidade do campo significava que o documento não passaria de um ponto inicial. O novo plano, questionaria Paulo, seria uma mistura semelhante de boas intenções com expectativas irreais?

Sua própria posição em questões cobertas pela "carta" não era, afinal, um mero comprometimento pragmático, mas uma declaração de forte princípio teológico. Alguns dos primeiros cristãos teriam concordado com Paulo, remetendo à ideia de que a linha tomada por ele tinha o apoio do próprio Jesus, ou, pelo menos do ponto de vista de Marcos, a respeito do que Jesus quis dizer em determinada circunstância. Em Marcos, a declaração enigmática de Jesus sobre coisas que passam pelo estômago e saem do corpo sem tornarem alguém impuro é tida como indicação de que "todo alimento é puro".[17] De qualquer forma, Paulo havia caminhado uma longa distância desde a Conferência de Jerusalém. Igrejas fundadas por ele haviam sido ensinadas a pensar teologicamente, em um nível de profundidade muito além do que era sugerido na "carta" um tanto simplista dos líderes de Jerusalém. Paulo

[16]Romanos 14:14,20.
[17]Marcos 7:19.

deve ter se sentido como um músico sério que, tendo tocado nas maiores salas de concerto ao redor do mundo, retornava para casa e era convidado a admirar alguém tocando algumas canções antigas no bar da esquina. O apóstolo podia entender e respeitar o que estavam lhe dizendo, porém, conhecia um mundo mais amplo.

Mas talvez, apenas talvez, seu plano pudesse funcionar. Paulo vai adiante com seu ritual de purificação e faz a declaração. (Alguns que supõem que o "verdadeiro Paulo", sendo um bom protestante, jamais teria feito algo assim, não entenderam o que está acontecendo, pois o evangelho de Paulo não o opunha ao Templo e ao seu sistema sacrificial. Apenas porque ele cria que Jesus era o sacrifício definitivo não queria dizer que seguir o código levítico era, agora, pecado). O ritual purificatório durava uma semana — deve ter sido uma semana longa para Paulo e seus amigos ansiosos — depois da qual ele e os demais homens entram no Templo. A manobra funcionou? Conseguiram se safar com ela? A igreja de Jerusalém será poupada do constrangimento — e mais do que constrangimento — de estar associada a um personagem claramente traidor? Paulo será poupado do protesto que poderá facilmente se desenvolver?

A reposta é não. Agora, porém, a situação é ainda pior do que temiam, pois a liderança de Jerusalém havia se preocupado com a acusação de que Paulo fomentava a quebra da lei entre os judeus da Diáspora; contudo, a acusação agora é ainda mais séria. Agora, o apóstolo é acusado de profanar o próprio Templo, e, tentando evitar um acidente de estrada, os líderes de Jerusalém pisaram no acelerador em vez de no freio. Seria melhor se Paulo tivesse permanecido longe do Templo. Obviamente, a evidência para a acusação de tentativa de profanação é circunstancial e frágil, mas isso não pararia uma multidão enraivecida. O problema começou, explica Lucas, com alguns judeus da Ásia, pessoas que conheceram o apóstolo em Éfeso. (Todos em Éfeso, relembramo-nos, sabiam quem era Paulo). A essa altura, Paulo deve ter pensado, com preocupação, que sua ideia de retornar à cidade durante o festival foi tolice. Diversos outros judeus tiveram a mesma ideia;

pessoas retornavam a Jerusalém de todo o mundo da Diáspora. Algumas dessas pessoas, já hostis a ele, pensariam o pior, então, subir ao Templo como tentativa de acalmar as pessoas, ainda que de maneira cuidadosa e ritualmente pura, não foi de proveito algum.

Nesse contexto, os judeus da Diáspora formulam a acusação que ressoará pelos próximos cinco capítulos de Atos. "Ei-lo", dizem os acusadores: "este é o sujeito que anda pelo mundo ensinando todos a desobedecerem à lei e a desprezar o Templo!" (Como Paulo deve ter ansiado por lhes explicar a diferença entre abolição e cumprimento! Mas o fato é que, quando as pessoas estão iradas, fazem a leitura das coisas da forma como lhes apraz). Ei-lo aqui, pessoalmente! Não satisfeito em inflamar o mundo com sua heresia antijudaica, Paulo veio a Jerusalém e trouxe seus amigos pagãos no Templo para provar seu argumento e poluir nosso santo lugar...

O que Paulo havia feito? Lucas explica que esses homens de Éfeso o haviam visto na cidade com Trófimo, outro cidadão de Éfeso e gentio, e presumiram que Paulo o havia levado até o Templo, traspassando o sinal que advertia gentios a não ultrapassar. O pressuposto era falso, mas o dano já tinha sido feito, e Paulo, podemos supor, preparou-se exaurido, sabendo o que esperar, como alguém que se banha no mar e percebe, tarde demais, que uma grande onda paira sobre ele e que não há absolutamente nada a fazer a respeito. Com ímpeto, pessoas na multidão o agarram e começam a espancá-lo. Paulo é chutado e esmurrado, estapeado e arranhado, e só escapa com vida porque o comandante romano em serviço, ouvindo o alvoroço, interveio rapidamente e o prendeu. O comandante não consegue entender a natureza do problema (como no tumulto em Éfeso, boa parte da multidão não tem ideia do que está acontecendo); por isso, ordena que Paulo seja levado para a fortaleza. Soldados carregam Paulo por sobre as cabeças de uma multidão irritada e alcançam relativa segurança; assim, sentimos a porta fechar-se em meio ao alvoroço da multidão, ainda audível, mas agora distante.

Não se tem certeza se Paulo podia falar com coerência depois do tumulto, porém, ele havia chegado longe demais para retroceder em passividade. O apóstolo quer, acima de tudo, dirigir-se ao povo, pois eles são zelosos por Deus e pela lei; Paulo é zeloso por Deus e seu filho. Além disso, ele bem se recordava do tempo em que pensava exatamente como a multidão. Israel é o seu povo, o povo pelo qual se entristecia,[18] pelo qual orava[19] — o povo que, segundo ele cria, não "[permaneceria] na incredulidade" para sempre.[20] Se ele não pode falar com a multidão, quem pode? Afinal, foi ele quem recentemente ficou acordado a noite inteira explicando, a um grupo motivado em Trôade, o que as Escrituras de fato queriam dizer, como tudo se encaixava e por que sua própria missão era parte de um plano que remontava de Adão e Abraão e se estendia até a renovação final de céus e terra. Não fazia muito tempo, de fato apenas algumas semanas, que havia escrito, com grande cuidado e destreza, poder e paixão, aquilo que teria percebido como uma obra tanto literária quanto teológico-pastoral. Paulo deseja, anseia e antecipa, acima de tudo, o momento em que poderá dizer tudo isso à multidão irada.

Assim, ele pede permissão ao comandante; na verdade, ele começa pedindo permissão para conversar com o próprio comandante, o qual desencadeia um pequeno e estranho diálogo. O comandante supõe que Paulo é o agitador egípcio mencionado por Josefo e, em tradições judaicas, o homem que havia liderado um grupo de esperançosos no deserto com promessas de que cumpriria a libertação vindoura prometida por Deus. Não está claro se, ao ouvir Paulo falar em língua grega, o comandante confirma sua suspeita (esperava-se que um egípcio falasse grego) ou se, ao ouvi-lo falar um grego mais culto, o comandante está, agora, questionando sua suposição original. De qualquer maneira, o diálogo serve de oportunidade para que Paulo se apresente e diga que é um judeu de Tarso. Não é de se admirar que seja capaz de falar em bom grego, pois sua cidade natal é um lugar de cultura e renome; assim,

[18]Romanos 9:1-5.
[19]Romanos 10:1.
[20]Romanos 11:23.

tendo resolvido esse problema, Paulo pede, e recebe, permissão para se dirigir à multidão que, um minuto antes, espreitava por seu sangue.

ERA UM ESFORÇO NOBRE, MAS FADADO AO FRACASSO. Das escadas da fortaleza romana, o discurso de Paulo ganhou atenção quando a multidão percebeu que ele estava falando em Aramaico, a língua local. O povo o escutou educadamente, talvez em uma mistura de suspeita e surpresa, enquanto o apóstolo repassava o início de sua vida e, principalmente, seu zelo pela lei e pela própria Jerusalém. Naturalmente, a história de seu encontro com Jesus é espetacular, como também sua continuação imediata, na qual um Ananias devoto e observador da lei, sob a ordem do Senhor, impõe as mãos sobre Paulo para que este recupere a vista. Até então, tudo certo.

É nesse ponto, porém, que se instaura o momento crítico, em que Paulo precisa explicar o cumprimento das promessas bíblicas a respeito de todas as nações, que se aproximam do Deus de Israel para adorá-lo. Em particular, o apóstolo ansiava não apenas por explicar essa verdade para a multidão, mas também por explicar como a inclusão dos gentios era o verdadeiro cumprimento da Torá, predito por Moisés e pelos profetas. Paulo não via a hora de demonstrar, segundo sua capacidade, como Jesus, o Messias, segundo a promessa de Deus ao rei Davi, era o meio definitivo pelo qual as grandes promessas do Templo haviam se concretizado, como a glória divina o habitava corporalmente e, por seu espírito, também fazia morada em seus seguidores. Paulo não estava cinicamente quebrando a lei; certamente, também não estava profanando o Templo. O apóstolo tinha profundo respeito e estima por ambos, e também havia sido leal. Mas quando Deus envia a Israel um Messias crucificado...

Era isso que Paulo queria dizer, mas nunca teve a chance. Ele tentou escapar da armadilha, porém, caiu nela ao dizer, cedo demais, que o Jesus ressurreto ordenou sua ida aos gentios. Basta! A multidão já estava predisposta a vê-lo como transigente; tinha agora sua suspeita confirmada. Aos olhos do povo, Paulo era do tipo que havia desistido da Torá, não tinha tempo para o Templo, que estava de conluio com os inimigos, monstros que oprimiam o povo de Deus. Ele se contaminou, disseram, e agora quer contaminar o restante de nós. Sem dúvida, Paulo receberá o que lhe cabe quando Deus julgar o mundo, porém, deve recebê-lo agora! "Fora com ele da face da terra! Ele não tem o direito de viver!"[21]

Deparando-se com um prisioneiro problemático, o comandante romano normalmente empregaria tortura como forma de descobrir o que estava acontecendo. Presumia-se que ninguém diria a verdade ou toda a verdade, a não ser por coerção. Uma vez mais, porém, o comandante é surpreendido. Assim como aconteceu com Paulo em Filipos, quando então se deparou com os magistrados da cidade, o apóstolo revelou seu segredo ao oficial presente: "Vocês têm o direito de açoitar um cidadão romano sem que primeiro ele seja condenado?"[22]

A pergunta era retórica, e tanto Paulo quanto o oficial conheciam a resposta. Ambos sabiam que o açoite não era apenas contrário à lei, mas também um ato de tolice. Se um cidadão reportasse tamanho abuso, os papéis poderiam ser facilmente invertidos, tendo os próprios oficiais envolvidos que enfrentar uma punição severa.

Naturalmente, a pergunta de Paulo levanta outra: como ele poderia provar sua reivindicação de cidadania? Fazer uma declaração falsa, especialmente sob tais circunstâncias, seria um crime sério, possivelmente uma ofensa capital. Em Roma, cidadãos usariam uma toga, mas é altamente improvável que Paulo estivesse usando algo assim nesta ocasião (supondo que sua vestimenta era sequer reconhecível após seu quase linchamento). A outra marca, que certamente Paulo mantinha em segurança consigo o tempo todo, possivelmente em uma corrente ou corda, era o pequeno emblema de madeira (conhecido como *diploma*) que, semelhante a um passaporte, dava detalhes oficiais de quem ele era e onde sua cidadania estava registrada. O comandante se admira: "Custou-me muito dinheiro a compra da cidadania", disse.

---

[21]Atos 22:22.
[22]Atos 22:25.

"Ah", replicou Paulo, "mas, no meu caso, tenho-a por direito de nascimento".[23] Era o suficiente para satisfazer o comandante. Os torturadores receberam a ordem para afastar-se, contudo, o comandante ainda não tinha ideia do que estava de fato acontecendo, e, tendo falhado em descobrir o problema, tanto da parte de Paulo quanto da multidão, convoca os principais sacerdotes e todo o Sinédrio.

A esta altura, devemos saber o que esperar. Paulo cria firmemente que o Único Deus havia criado todas as estruturas de poder do mundo — e que as autoridades, ao agirem de modo indevido, deviam ser advertidas. Sendo alguém sem rodeios (o apóstolo já não havia ponderado em Provérbios 15:1, cuja advertência é que uma resposta branda desvia a ira?), Paulo estava pronto para declarar sua inocência mesmo antes de ter sido acusado. Desse modo, sem esperar por qualquer denúncia, o apóstolo insiste que, por toda a vida, manteve uma boa consciência perante o Único Deus de Israel. Ele havia sido leal. Com isso, o sumo sacerdote deu ordens para que Paulo fosse ferido na boca. Como no julgamento de Jesus,[24] o gesto correspondia a uma forma padrão, senão violenta, de dizer simbolicamente: "Você não deveria falar em sua defesa, pois sua culpa é evidente. Feche a boca; do contrário, iremos fechá-la para você!"

Paulo não engoliria aquilo: "Deus o castigará, parede branqueada!" — respondeu. "Seu trabalho é me julgar conforme a lei, mas contra a lei me mandas ferir?"[25] Se parte da acusação era que Paulo havia falhado em seu zelo pela Torá, o apóstolo demonstraria, desde o início, que a Torá exigia um julgamento justo para o acusado. O que ele não havia levado em consideração era que a pessoa a quem se dirigia era o próprio sumo sacerdote, como não tardou em ser informado pelos espectadores. Agora, era *ele* que estava errado por falar assim com o ocupante de um alto cargo, entretanto, Paulo também sabia que, se

[23]Atos 22:28.
[24]João 18:22.
[25]Atos 23:3.

fizesse algo errado, mas sem intenção — cometesse pecado "involuntário" ou "por ignorância" —, a única coisa exigida era um pedido de desculpas e, em última análise, uma oferta pelo pecado. "Não sabia", defendeu-se, "que ele era o sumo sacerdote".[26] Tão bem quanto eles, Paulo sabia que a Escritura exigia respeito pelas autoridades.[27]

A atitude do apóstolo colocou ponto final na troca de insultos e acusações, mas Paulo não pararia por aí, e, sem demora, toma a iniciativa. Ele havia crescido em Jerusalém; havia estudado com Gamaliel; sabia muito bem onde os pontos de contenda surgiriam. Paulo sabia que, embora o ajuntamento parecesse apresentar uma frente unida, havia profundas diferenças ideológicas no Sinédrio, representadas em geral pelos aristocráticos saduceus e pelo grupo de pressão populista, os fariseus, com seu sonho revolucionário e cheio de esperança da ressurreição de Israel. Agora era o momento de lançar uma pequena bomba em meio a esta companhia augusta: "Meus irmãos", gritou ele à assembleia. (Irmãos! Agora sim, temos um Paulo mais estratégico). "Sou fariseu, filho de fariseu. Este julgamento diz respeito à esperança, diz respeito à ressurreição dos mortos!"

Sua alegação realmente pôs lenha na fogueira, conforme ele mesmo antevia, e imediatamente os fariseus presentes na reunião correram em sua defesa. Eles não entenderam ao certo o que Paulo quis dizer, mas se o jogo agora era fariseus *versus* saduceus (em vez de Sinédrio *versus* hereges), eles sabiam de que lado ficar. A razão de sua confusão remonta essencialmente à diferença entre o que o jovem Saulo de Tarso havia crido e o que Paulo, o apóstolo, veio a crer.

"Ressurreição", até onde entendiam, era algo a ocorrer com todos no fim dos tempos, mas isso queria dizer que os que morreram permaneciam, de alguma forma, vivos no intervalo antes do acontecimento final. Por lhes falta faltar, como a nós, uma linguagem inequívoca para descrever esse estado intermediário, os fariseus às vezes retratavam

[26]Atos 23:5.
[27]Neste caso, Êxodo 22:7.

os mortos como que tendo uma existência "angelical"; outras vezes, como "espíritos". De qualquer maneira, as pessoas estavam vivas, porém *aguardando* um corpo ressurreto no último dia, e isso levava os fariseus a "dar uma colher de chá" para Paulo; talvez, pensavam, quando ele falou sobre ter se encontrado com Jesus na estrada de Damasco, o que realmente viu e ouviu foi um "anjo" ou um "espírito", alguém ainda vivo em seu estado intermediário.

Os primeiros seguidores de Jesus veriam, num piscar de olhos, que a existência de Jesus era mais do que isso. Até onde entendiam, e tendo Paulo como seu representante mais articulado, a questão era que, para o espanto de todos, Jesus havia sido o primeiro a ressuscitar dentre os mortos, na frente de todos, entretanto, a iniciativa de Paulo fez com que a continuidade da reunião se tornasse impossível. Acusações relacionadas à observância da lei e à profanação do Templo foram esquecidas, ao menos por enquanto, e a assembleia rompeu em desordem. Mais uma vez, o comandante romano precisou resgatar Paulo de um grupo de gente irada, exceto que, desta vez, tratava-se da alta corte de Jerusalém, não de uma multidão dentre o povo.

Mas como Paulo reage a esse pequeno triunfo? Observamos enquanto ele, escoltado pelos soldados, é levado de volta à fortaleza, onde, trancado, passaria a noite. Paulo está acostumado com isso, claro, e ao menos desenvolveu certo relacionamento com o comandante. O apóstolo teria desejado uma demonstração maior de simpatia por parte de seus compatriotas judeus, mas, por agora, devia estar intuindo que, como em Corinto, um oficial romano alheio à controvérsia pode ser um aliado melhor. Paulo faz a oração vespertina. A cama é dura, mas ele teve um dia exaustivo. O apóstolo dorme...

E a próxima coisa que sabe é que Jesus está em pé, ao lado dele. A última vez que isso aconteceu foi em Corinto, quando Jesus lhe disse para permanecer na cidade e não ter medo; agora, o Senhor lhe diz que o apóstolo deve seguir adiante. Ele prestou seu depoimento em Jerusalém e, agora, deve fazer o mesmo em Roma. *Então*, Paulo pensa, *é assim que chegarei à cidade*. Pelos últimos dois anos, Paulo havia tido uma forte intuição de que deveria ir para Roma; entretanto, parecia que a visita de Jerusalém colocaria um ponto final não só a essa percepção, mas também em sua própria vida, e agora, porém, ele vê como tudo irá acontecer. Não havia sido como planejara, mas quem sabe era esse o modo pelo qual deveria acontecer. Esta era a segunda vez que um comandante o havia resgatado de violência, então, talvez fosse um sinal, talvez o sistema romano como um todo, a despeito de sua burocracia falha e atitude pagã descuidada em relação à vida, será agora o meio pelo qual o apóstolo, resgatado, escapará de ameaças cuja magnitude atingia proporções cada vez maiores.

Se isso lhe passou pela cabeça, seu pensamento foi confirmado, no dia seguinte, por outro incidente estranho. Quarenta judeus zelosos da Torá juraram solenemente que não comeriam nem beberiam até matarem Paulo. Seu plano era simples: os principais sacerdotes fariam com que Paulo fosse trazido de volta ao Sinédrio e o assassinariam no caminho, mas, para o infortúnio dos conspiradores, a notícia vazou; para a nossa surpresa, visto ser essa a única menção da família de Paulo em toda a narrativa, o sobrinho do apóstolo ouviu a esse respeito. (A informação nos abre uma porta para outras perguntas: quantos parentes Paulo tinha em Jerusalém? Alguns deles seguiam Jesus? Não sabemos). O rapaz foi até Paulo e lhe contou o que estava acontecendo, e Paulo, por sua vez, enviou-o ao comandante.

O comandante, que devia estar se perguntando o que fazer em seguida, sabia exatamente como lidar com esse desafio. Ele ordenou que dois centuriões, com um destacamento de duzentos soldados, setenta cavaleiros e uma guarda adicional de duzentos lanceiros levassem Paulo a Cesareia, uma jornada de cerca de 160 quilômetros, onde o governador residia. Naquela noite, chegaram até Antipátride, quase metade do caminho; por volta desse tempo, conspiradores devem ter percebido que haviam perdido sua chance. Os soldados retornaram para Jerusalém, e os cavaleiros e lanceiros levaram Paulo até Cesareia.

O comandante Cláudio Lísias escreveu uma carta de explicação ao governador, na qual expressa um ponto de vista não muito diferente daquele assumido por Gálio em Corinto. Cláudio escreve que o homem sob custódia, acusado em disputas relativas à lei judaica, não havia sido condenado por nenhum crime digno de morte ou aprisionamento. O ponto de vista romano parecia ser que tudo se tratava apenas de disputas judaicas internas, então, não havia nada com o qual ambos deveriam se preocupar, além de manterem a paz; por alguma razão, porém, essa tarefa ficava mais difícil sempre que o acusado estava por perto.

Assim, Paulo é entregue ao próprio governador provincial, que, na época, era Antônio Félix. Originalmente um liberto, Félix havia subido rapidamente a escala social como um favorito de Cláudio; Palas, seu irmão, era um dos homens de confiança do imperador. Félix era um oficial cruel e corrupto, o qual havia esmagado uma rebelião, instigado a morte de um sumo sacerdote e, de modo semelhante a Gálio em Corinto, quando uma multidão espancava Sóstenes, ficou observando e não fez nada enquanto judeus em Cesareia eram atacados por um grupo local. Entretanto, Félix era casado com uma princesa judia (sua terceira mulher), Drusila, filha do rei Herodes Agripa. Havia ao menos uma pequena chance de que pudesse ouvir favoravelmente um apelo a partir da hierarquia judaica.

Quando os líderes judaicos chegam, sem dúvida irritados por terem se deslocado até Cesareia, fazem a acusação por meio de um advogado profissional; seu dever era moldar as coisas de modo a capturar a atenção do governador. "Achamos que este homem", alega o advogado "é um perturbador da ordem pública; ele incita tumultos entre os judeus por todo o mundo e é o líder principal da seita dos nazarenos. Ele até mesmo tentou profanar o Templo!"[28] Esta é a prática comum: pegue uma acusação originalmente judaica e "traduza-a", de modo que soe uma acusação de desordem pública. Líderes judaicos sabem que é perda de tempo tentar levar o governador a adjudicar uma questão especificamente judaica. Profanação do Templo,

[28]Atos 24:5-6.

no entanto, é algo que qualquer um no mundo antigo poderia entender; pessoas em cada cidade e em cada subcultura estremeceriam só de pensar.

Paulo, claro, não aceita nada disso e basicamente nega a acusação de que fomentava o distúrbio civil. Ele não levantava disputas no Templo, nem incitava multidões. De qualquer maneira, o apóstolo esteve em Jerusalém por menos de duas semanas. Entretanto, os acusadores estão certos de que Paulo é seguidor do Caminho, referido por eles como uma "seita"; mas isso por estar convencido de que o que aconteceu em Jesus é o cumprimento, não a ab-rogação, da Lei e dos Profetas. Haverá uma ressurreição de justos e injustos (nenhuma das cartas de Paulo estabelece esse ponto, visto que seu foco é apenas a ressurreição dos justos), contudo, por essa razão, da mesma forma como havia dito perante o Sinédrio, Paulo sempre manteve limpa sua consciência diante de Deus e de todas as pessoas. Nessa condição, ele havia sido um judeu leal, ainda que — na verdade, afirmaria ele, precisamente porque — essa lealdade sofreu reformulações em torno do Messias de Israel.

Então, o que Paulo *realmente fazia*? Que relato dará a seu respeito não apenas para refutar acusações, mas para explicar o motivo primordial pelo qual teve de ir a Jerusalém? O apóstolo abre sua defesa com uma ideia poderosa. Longe de fomentar tumulto em meio ao povo judeu, sua jornada foi motivada pelo desejo de ajudar: por anos, Paulo arrecadou dinheiro para levá-lo "a esta nação". Era essa sua intenção ao ir à cidade e o que o atraiu, devidamente purificado e devoto, ao Templo, sem qualquer multidão e alarde. O problema foi causado, defende-se, por "alguns judeus da Ásia";[29] como em Filipenses 1 e a cena na própria cidade de Éfeso, captamos a sensação de que alguns dos maiores e mais determinados oponentes do apóstolo vinham, seja lá por qual motivo, da comunidade judaica em Éfeso. Paulo sabe que eles teriam muito mais reclamações relativas ao judaísmo do que a acusação generalizada de fomentação de distúrbio da ordem pública

[29]Atos 24:19.

apresentada pelo advogado; por isso, Paulo propõe que eles mesmos venham e apresentem suas acusações contra ele.

Ou talvez o problema realmente estivesse com algo que disse perante o Sinédrio, argumenta ele como consideração *a posteriori*. Trata-se de uma provocação, e a hierarquia judaica o saberá, mas, obviamente, não poderá fazer nada a respeito. Sim, claro, Paulo havia bradado ao conselho que estava em jogo a esperança judaica da ressurreição. O apóstolo reivindicava uma posição superior; toda sua *raison d'être* era que essa esperança judaica, ao menos conforme vista pelo fariseu, havia sido cumprida em Jesus — em outras palavras, Paulo não se opunha aos judeus e ao seu estilo de vida; antes, ele celebrava seu cumprimento.

Félix adia o julgamento. Ele e Drusila chamam o abatido apóstolo e deixam-no falar. Ele explica mais uma vez — e Paulo não tem nada a reclamar com mais uma oportunidade de anunciar a boa-nova — quem Jesus é; o motivo pelo qual ele é o Messias de Israel, segundo a Escritura; e, como isso, encaixa-se com o juízo final vindouro, a justiça de Deus e o desafio do evangelho a uma vida de autocontrole. Félix, que não exercitava autocontrole há um bom tempo, se é que algum dia o fez, sempre considerou toda justiça final em termos de justiça romana; além disso, o próprio sistema judicial romano estava aberto à manipulação em troca de algum benefício. O governador não demora a interromper Paulo; por hora, era o suficiente. Mas Félix espera — visto que Paulo parece ter acesso a fundos financeiros — que o apóstolo seja o tipo de sujeito que oferece suborno, por isso, convoca-o diversas vezes; contudo, após dois anos e nenhuma oferta de suborno, Félix chega ao fim de seu tempo no cargo.

Nesse ponto, ele bem que poderia ter libertado Paulo. Embora seu motivo principal tenha sempre sido o interesse próprio, sua esperança de suborno esvaeceu; agora, sua atenção mudou para a ansiedade normal de um governador provincial que retornava a Roma. Félix não queria entrar em apuros. (Seu patrono original, Cláudio, havia sido substituído por Nero). Por isso, o que Félix queria era um bom relatório de súditos judeus, e, por isso, deixou Paulo na prisão à mercê do novo governador, Pórcio Festo.

Mais uma vez, Lucas apresenta os fatos como um drama acelerado, uma ação repleta de personagens coloridos, e podemos ler todo o relato em uma questão de minutos; entretanto, não devemos perder de vista o fato de que o episódio todo levou dois anos. Paulo escreveu sua carta a Roma em 57 e chegou a Jerusalém no final do mesmo ano. Era agora o ano de 59 (a chegada de Festo como governador pode ser datada desse ano). Por enquanto, o apóstolo havia escapado da morte, mas a custódia romana continuava sendo custódia romana, e, ainda que lhe tenha sido permitida a visita de amigos e a recepção do que precisava, havia um senso de marcação do tempo, de um hiato desagradável e indesejável. Paulo sabia que fé na providência de Deus sempre constituía um chamado à paciência, mas, mesmo assim, tudo isso já estava ficando ridículo. Jesus lhe prometera que ele iria a Roma; seu pressuposto era que o próprio governo romano o conduziria para lá. Mas como isso aconteceria se Roma continuasse a enviar oficiais corruptos, sem nenhum interesse no desenrolar de seu processo?

A reposta veio — e Paulo já estaria ponderando a respeito há algum tempo — quando o novo governador, Festo, teve uma breve audiência em Cesareia. Mais uma vez, oradores judeus lançaram todo tipo de acusação contra Paulo; mais uma vez, a resposta do apóstolo enfatizou três pontos de suma importância: ele não havia cometido ofensa nenhuma contra a lei judaica; nem contra o templo; e, logo, nem contra César. Não está claro por que o apóstolo mencionar César nesse ponto, visto que, até onde sabemos, ninguém o havia acusado de traição contra o imperador; entretanto, a continuação da narrativa pode demonstrar o que Paulo tinha em mente.

Primeiro, porém, vemos um mover típico. Festo, desinteressado em justiça, mas desejoso de fazer um favor aos judeus, sugere que o julgamento seja conduzido em Jerusalém. Paulo, lembrando-se da trama anterior, sabia perfeitamente onde tudo acabaria. Era hora de lançar a carta surpresa que o tempo todo manteve escondida em sua manga:

> Estou perante o tribunal de César, onde devo ser julgado. Não fiz nada contra os judeus, como você bem sabe. Não cometi crime algum; se fiz algo digno de morte, não estou tentando fugir. Mas se não fiz nada do que me acusam, ninguém pode me entregar aos judeus. *Apelo para César.*[30]

Paulo não apelou contra sua sentença; uma vez que nenhum veredito havia sido alcançado, não havia sentença contra a qual apelar. Tratava-se de um apelo para que o caso todo fosse entregue à mais alta corte possível. Naturalmente, era uma jogada arriscada, uma vez que César teria os mais diversos motivos para querer que o caso se movesse nesta ou naquela direção, assim como poderia não ver com bons olhos o comparecimento em sua presença de um judeu cuja reputação no mundo era de perturbador da ordem pública. No entanto, se a única alternativa fosse recomeçar em Jerusalém, com todos os riscos envolvidos, então o apelo a César seria o meio, embora inesperado, pelo qual o apóstolo finalmente chegaria a Roma. Festo consultou conselheiros, porém certamente já sabia a resposta. Se Paulo apelou para César, para César iria.

Paulo, porém, não podia ser enviado sem uma descrição do caso, uma declaração dos fatos. Como, então, Festo descobriria "os fatos" neste caso? Uma oportunidade surgiu. Herodes Agripa II, um tipo exuberante e com uma esposa igualmente exuberante, Berenice, estava a caminho para saudar Festo como governador recém-empossado. (A relação entre governadores romanos e a aristocracia local era complexa, porém, ambos os lados geralmente percebiam que era melhor desenvolver certo tipo de entendimento mútuo. Muitos judeus comuns teriam desprezo por ambos, embora esse Herodes em particular fosse menos impopular do que o restante de sua família). Festo explicou a Agripa quem era Paulo e a natureza do problema, incluindo o comentário revelador: "Ao final, a acusação dizia respeito a divergências relacionadas à

---

[30]Atos 25:10-11.

sua própria religião, bem como a certo Jesus, já morto, a quem Paulo insiste estar vivo".[31] A explicação se assemelha à resposta de Gálio às acusações contra Paulo em Atos 18 e à declaração feita pelo comandante ao escrever a Félix, em Atos 23: do ponto de vista judaico, Paulo pode estar introduzindo novos e perigosos elementos às formulações tradicionais, mas, do ponto de vista romano, o assunto parece mais uma disputa de palavras. Festo ao menos captou o ponto central em disputa: o problema era a ressurreição de Jesus. Mesmo assim, ele não conseguia entender a razão pela qual Paulo não desejava ir a Jerusalém e o porquê de ter apelado para César. Assim, como já era esperado, Agripa pede por uma audiência particular com Paulo.

Um ponto de vista comum é que Lucas escreveu Atos como forma de prover material em defesa de Paulo. Se o livro foi escrito cedo o bastante para a audiência do apóstolo perante Nero ou se foi escrito bastante tempo depois, mas para estabelecer sua inocência em retrospecto, nosso entendimento de Paulo não é afetado nesta situação. É a última vez em que o vemos responder nossas perguntas gerais: o que o motivava e, em particular, o que aconteceu na estrada de Damasco para levá-lo à ação? E como, em vista disso tudo, podemos explicar o sucesso rápido do movimento missionário, deslanchado por este homem estranho, enigmático e enérgico?

O discurso de Paulo perante Agripa, Berenice, Festo e sua comitiva é mais longo do que a fala do Areópago e a despedida dos presbíteros de Éfeso. Como no caso deles, entretanto, deve ser muito menor do que o que Paulo realmente disse na ocasião, contudo, o discurso toca em tantos pontos que vimos vez após vez nos escritos de Paulo que podemos estar seguros quanto ao fato de ser um resumo bastante acurado do que foi dito. A conclusão principal de tudo — e eis o porquê de uma geração anterior de leitores, determinada a parar Paulo de ser "judeu", rejeitou o modo como ele é retratado em Atos! — é que o apóstolo havia sido um judeu leal desde o início. Ele estava agindo como um judeu leal

[31]Atos 25:19.

quando se encontrou com Jesus na estrada; sua missão pelo resto do mundo havia sido em favor do Deus de Israel, que agora reivindicava o mundo todo para si; e ele estava apenas dando o melhor de si para dizer ao mundo o que Moisés e os profetas anteciparam desde o início, a saber, "que o Messias sofreria, seria o primeiro a ressuscitar dentre os mortos e proclamaria luz para o povo e para as nações".[32] Eis a questão: Paulo sempre havia sido, e ainda era, um judeu leal.

Era essa a posição que ele queria defender perante o rei Herodes Agripa II, cuja influência abrangeria a opinião pública judaica em geral; a ideia que ele queria demonstrar em face de acusações de deslealdade, tratamento liberal da Torá e conspiração de profanação do Templo; a ideia que Lucas queria determinar durante toda a sua narrativa: que, a despeito de repetidas acusações, Paulo não estava tentando subverter a tradição, a cultura e o estilo de vida judaicos. A questão toda era que, como outros judeus leais suspeitavam de vez em quando, Paulo cria que o Messias de Israel havia aparecido, que conhecia o nome e as qualificações do Messias e que este Messias havia feito algo muito mais poderoso do que meramente derrotar um exército pagão. Jesus havia derrubado os poderes das trevas que mantinham cativas as nações; havia construído um novo "Templo", uma comunidade mundial em que a glória divina desceu para habitar pelo espírito; e, agora, estava enviando mensageiros para contar às nações o que judeus devotos sempre quiseram lhes dizer o tempo todo: que as nações deveriam se voltar dos ídolos para servirem ao Deus vivo. Tudo isso é integrado no relato de Paulo sobre o que Jesus lhe disse em seu primeiro encontro e no próprio relato do apóstolo a respeito do que ele andava fazendo como resultado.

A essência do discurso é, claro, o terceiro e último relato em Atos da aparição de Jesus a Saulo de Tarso na estrada de Damasco. Desta vez, a história é contada da forma mais completa. Sem dúvida Lucas, como editor das três versões, organizou-as para atingir o clímax, e essa visão

---

[32]Atos 26:23.

mais completa nos dá ainda outro ângulo nas questões subjacentes do que levava Paulo a ser o homem que era, o que o acontecimento da estrada de Damasco lhe havia feito e o porquê de seu trabalho ter dado frutos muito além do que sonhava.

A contestação inicial se tornou proverbial. Como nas outras duas versões, Jesus pergunta a Saulo por que ele o persegue, mas, desta vez, adiciona um comentário irônico: "Resistir ao aguilhão é duro!"[33] A frase é uma alusão a um provérbio grego conhecido acerca do ser humano tentando resistir à vontade divina, exatamente do que Gamaliel, o mestre de Saulo, advertira.[34] Na mente do Saulo de Tarso da época, e do Paulo nesse discurso, já existe uma profunda ironia: Jesus, comissionando-o a falar às nações politeístas a respeito do Único Deus, adverte-o contra seu comportamento atual — usando um provérbio das próprias tradições pagãs que as pessoas devem abandonar! Nesse contexto, o provérbio tem o objetivo de mostrar a tensão interior no "zelo" do jovem Saulo. O momento corresponde exatamente com aquilo que Paulo escreveu em Romanos sobre seus compatriotas judeus, um lamento com forte eco autobiográfico:

> Posso testificar a favor deles que eles têm zelo por Deus; seu zelo, porém, não é baseado no conhecimento. Ignorantes da fidelidade pactual de Deus, judeus tentaram estabelecer o próprio *status* pactual; assim, eles não se sujeitaram à fidelidade de Deus. O Messias é o propósito da lei, para que a participação da aliança seja disponibilizada a todo o que crê.[35]

Juntamente com o discurso de Paulo, a passagem prossegue para indicar que, como o Único Deus revelou sua aliança final *neste* Messias — neste inesperado, indesejado e até mesmo escandaloso Jesus

[33]Atos 26:14.
[34]Atos 5:39.
[35]Romanos 10:2-4.

crucificado —, então as nações devem ser convocadas a um novo tipo de comunidade. Sua morte derrotou os poderes das trevas que mantinham cativos os povos, de modo que o estigma da idolatria, imundícia e imoralidade, que formava uma muralha entre Israel e os gentios, pode ser desfeito. Agora, ambos podem receber "perdão de pecados e uma herança entre aqueles que são santificados por sua fé" em Jesus.[36]

Estudiosos da geração anterior lutaram com a seguinte questão: o foco do evangelho de Paulo era o perdão individual *ou* a inclusão dos gentios? Esse versículo, verdadeiro à posição de Paulo em todas as cartas, de Gálatas a Romanos, indica as duas coisas — e que ambas se definem mutuamente. Tendo em vista que os poderes pagãos haviam sido derrotados, como o faraó no Êxodo, todas as pessoas estavam livres para adorar o Único Deus, e, uma vez que a derrota de todos os poderes foi conquistada pela morte de Jesus, por meio da qual os pecados eram perdoados (pecados que mantinham o ser humano escravizado aos poderes), barreiras à inclusão do gentio em um novo povo "santificado" foram removidas. Assim, "perdão de pecados" *implica* "inclusão de gentios", e inclusão de gentios acontece precisamente *por causa do* "perdão de pecados". Essa ideia é central ao entendimento paulino do evangelho, da estrada de Damasco em diante, pelo resto de sua vida. Paulo diria ser essa a razão primordial subjacente a qualquer "sucesso" de seu movimento.

No momento, claro, Paulo sabia quão impopular a ideia estava fadada a ser e quão indesejada havia sido na prática. O conceito de que o gentio poderia arrepender-se e tornar-se adorador do Único Deus — sem antes se tornar judeu pela circuncisão, um ponto implícito na passagem, mas talvez sabiamente não explicitado — era a razão principal pela qual havia tanta resistência ao apóstolo na Diáspora. Em particular, era o motivo pelo qual a turba o havia perseguido no Templo dois anos antes, iniciando a sequência de acontecimentos que finalmente o puseram face a face com Herodes Agripa.

[36]Atos 26:18.

Paulo, porém, permaneceu firme. Tudo o que estava fazendo era expor Moisés e os profetas. Foram eles que disseram — e se Paulo tivesse a oportunidade, teria o prazer de explicar ponto por ponto ao rei Agripa — duas coisas em particular. A primeira é que o Messias "seria o primeiro a ressuscitar dentre os mortos".[37] Eis um resumo da teologia paulina sobre a ressurreição em dois estágios, como em 1Coríntios 15, na qual a própria ressurreição do Messias inaugura um novo período na história e a ressurreição de todas as pessoas segue posteriormente. A segunda é que o Messias proclamaria "luz para o povo e para as nações".[38]

Pode haver um eco distante nessa passagem, ao menos na mente de Lucas, sobre o cântico de Simeão, bem no início do Evangelho de Lucas, no qual Simeão chama Jesus de "luz para revelação às nações, e glória para Israel, o seu povo".[39] Contudo, o eco mais importante é Isaías 49, texto extremamente importante para Paulo: o servo do Senhor não irá apenas "restaurar as tribos de Jacó e trazer de volta os remanescentes de Israel;" Deus lhe dará como "uma luz para os gentios, para que você leve a salvação [de Deus] até os confins da terra".[40] Na mente de Paulo, essa é uma passagem particularmente adequada enquanto permanece na presença do rei Agripa, visto que o versículo seguinte prossegue assim:

> *Assim diz o SENHOR, o Redentor,*
> *o Santo de Israel,*
> *àquele que foi desprezado*
> *e detestado pela nação,*
> *ao servo de governantes:*
> "Reis o verão e se levantarão,
> líderes o verão e se encurvarão,

---

[37]Atos 26:23.
[38]Atos 26:23.
[39]Lucas 2:32; veja também 1:78-79.
[40]Isaías 49:6.

por causa do SENHOR, *que é fiel,*
o Santo de Israel, que o escolheu".[41]

A passagem também tem ressonâncias óbvias na reflexão de Paulo sobre seu ministério em Romanos, escrito muito tempo antes. O apóstolo cita o fim de Isaías 52:15:

Pessoas às quais nada fora dito ao seu respeito verão;
Pessoas que não ouviram entenderão.[42]

Mas a metade do versículo imediatamente precedente declara:

Nações ficarão pasmadas diante dele;
reis calarão a boca por causa dele.

Estando em pé diante do representante de César de um lado e, do outro, do atual "rei dos judeus", Paulo seria, entre todas as pessoas, capaz de perceber que a Escritura estava se cumprindo — mesmo que a nobreza, ao ouvi-lo, não conseguisse ver e entender.

Particularmente, o representante de César não pretendia ter a boca calada pela mensagem de Paulo, e aqueles que conhecem o apóstolo verão que seu discurso, mesmo na forma concisa fornecida por Lucas, apresenta uma visão de mundo bem pensada, baseada na Escritura, além de coerente. Para Festo, entretanto, não passava de um emaranhado de ideias estranhas. Paulo sempre soube que sua mensagem seria escândalo para os judeus e loucura para os gentios. Ele estava desafiando Agripa a olhar além do escândalo, e deve ter intuído que Festo não escutaria nada além de loucura. Como não poderia deixar de ser, Festo responde:

---

[41]Isaías 49:7.
[42]Isaías 52:15, citado em Romanos 15:21.

> "Paulo", ruge o governador, o mais alto possível, "você está louco! Toda esta sua erudição o está levando à loucura!"[43] Aqui vemos mais um exemplo do que havia acontecido em Atenas e do que Paulo se lembrava de Corinto e de outros lugares. Mas ele, informando calmamente Festo de que não estava nem um pouco louco, usa o momento para apelar diretamente a Agripa. O rei sabe a respeito de Jesus e seus seguidores: "Afinal, essas coisas não aconteceram em algum lugar obscuro". Em seguida, Paulo vai direto ao ponto: "Você crê nos profetas, rei Agripa? Sei que sim".[44]

Uma jogada inteligente. Agripa, ávido por manter sua popularidade em alta com o povo judeu, não negará crer nos Profetas, mas o rei antecipa o próximo movimento: "Então você pensa que pode, assim tão rapidamente, convencer-me a *tornar-me* cristão?"[45] Se sua resposta foi desdenhosa ou apenas um comentário amigável — visto que Agripa deve ter percebido, apesar de Festo não ter percebido, a coerência profunda de tudo o que Paulo falou, partindo do pressuposto inicial de sua revelação do Jesus ressurreto —, Paulo responde calmamente. É a última vez que vemos o apóstolo face a face com uma autoridade civil superior e, como de costume, ele respeita o ofício enquanto apela ao homem: "Oro a Deus para que não apenas você, mas também todos os que hoje me ouvem, tornem-se como eu"— e então, com um sorriso e um gesto visível de sua própria condição, acrescenta: "exceto, claro, por estas algemas".[46]

Os grupos real e oficial se levantam para sair; eles são vistos meneando a cabeça e comentando que o acusado não merecia morrer e nem ser acorrentado. De fato, o prisioneiro podia ser solto caso não tivesse dado o passo de apelar para César, e, nesse ponto, Lucas está ciente da ironia. Se Paulo não tivesse apelado para César, Festo o

---

[43]Atos 26:24.
[44]Atos 26:27.
[45]Atos 26:28.
[46]Atos 26:29.

teria enviado para julgamento em Jerusalém, e quem sabe o que teria acontecido. Por causa do apelo do apóstolo, forçando Festo a escrever um registro oficial do caso (e ele ainda parece não saber o que escreverá), o governador levou Agripa a uma audiência com Paulo, dando ao apóstolo a oportunidade de cumprir o que Isaías profetizou. E o apelo, embora enviará Paulo acorrentado para Roma, ao menos o enviará para lá. Paulo comparecerá perante o mais elevado rei terreno, e o fará como prisioneiro indefeso. Quando estiver fraco, então é que estará forte.

O MAR, O MAR

PARTE TRÊS

De Cesareia a Roma

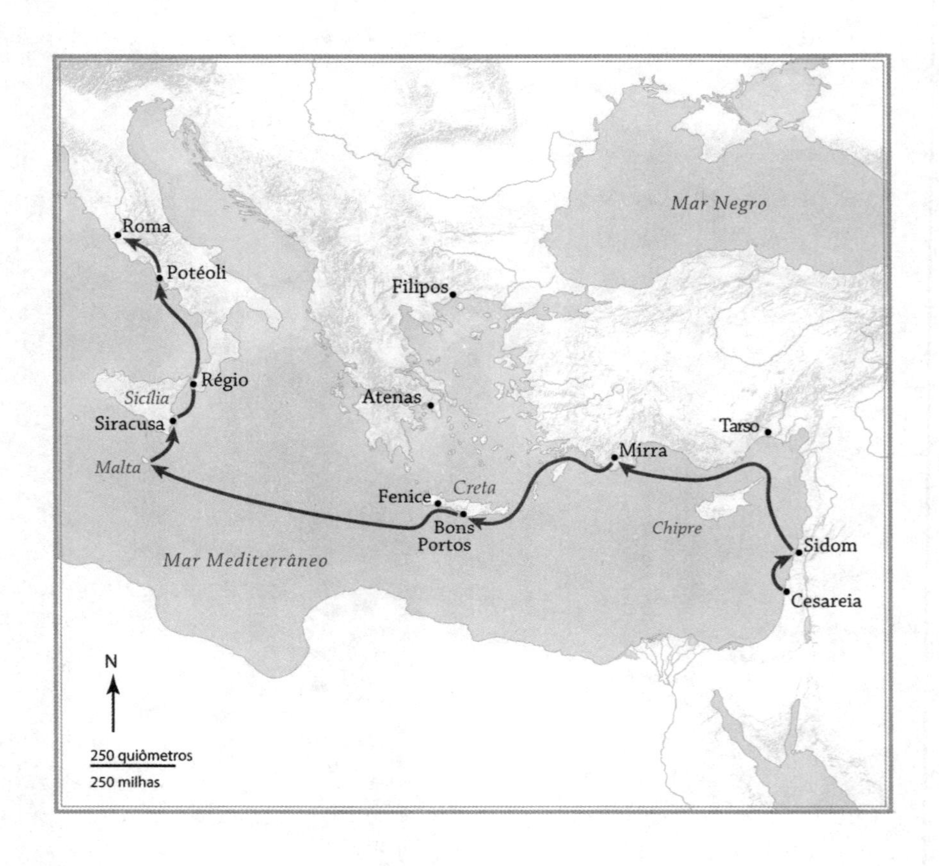

CAPÍTULO 14

DE CESAREIA A ROMA – E ALÉM?

O MAIS IMPRESSIONANTE SOBRE A VIAGEM DE PAULO A ROMA é a maneira na qual ele parece assumir o controle da situação. O apóstolo é um viajante experiente e, de acordo com 2Coríntios 11, participou três vezes de naufrágio; em uma dessas ocasiões, ficou à deriva por uma noite e um dia. Alguém pode pensar que isso não justifica o fato de ele dar conselhos e instruções, como faz repetidamente ao longo da viagem, mas acredito que Lucas tinha a intenção de mostrar uma imagem positiva de Paulo. Porém, não é deste modo que o vejo; para mim, ele parece mandão.

Apesar de ter navegado pelo mar Mediterrâneo e o Egeu com frequência, Paulo ainda era herdeiro de uma tradição judaica em que o mar representava forças tenebrosas do caos, subjugadas pela boa criação de Deus, assim como o poder obscuro que ameaçou o povo de

Israel antes de o mar Vermelho se abrir e deixá-lo passar. Alguns salmos, como o Salmo 93, têm a mesma conotação. No livro de Daniel, um dos livros mais populares no mundo judaico dos dias de Paulo, "monstros", cuja aparição representava os perversos impérios pagãos, subiam do mar.[1] O mar era símbolo de caos, fonte de perigo, poder indomável que poderia a qualquer momento retaliar contra o Único Deus e seu propósito na criação e na nova criação. Paulo lidou com isso com cuidado, planejando viagens que não precisaria fazer durante o inverno.[2] Se havia perigos em terra — conluios, salteadores, dentre outros —, a escolha do mar seria uma melhor opção, contudo, esse era sempre um risco a ser calculado.

Lucas conduziu Atos de maneira que o capítulo 27, a grande viagem e o naufrágio, funcione como uma espécie de analogia ao ponto culminante de seu Evangelho: o julgamento e a crucificação de Jesus. Esse tinha sido o momento em que "o poder das trevas" teve seu ápice;[3] agora, Paulo tem de encarar o pior que este poder pode lançar sobre ele antes de chegar a Roma com o objetivo de anunciar Jesus como Senhor. Assim, seu resgate e sua chegada a Roma têm a marca da "salvação", um tema importante no capítulo; na verdade, as palavras gregas para o termo "salvar" aparecem sete vezes em uma curta sequência.[4] Lucas parece ver o episódio todo como uma espécie de atuação dramática da batalha espiritual que Paulo descreve em Efésios 6. É sempre arriscado concluir rápido demais que Lucas e Paulo, sendo amigos próximos e companheiros de viagem, devem ter compartilhado do mesmo ponto de vista em todas as questões, mas creio que, neste ponto, sua visão era próxima. Lucas também não ignoraria o fato de o naufrágio, com o navio todo em risco de afundar, seria uma versão dramática, ainda que distorcida, da travessia do mar Vermelho — um momento de Páscoa, um tipo de imagem batismal.

---

[1]Daniel 7:3.
[2]1Coríntios 16:5-8; veja também 2Timóteo 4:21.
[3]Lucas 22:53.
[4]Atos 27:20,31,34,43,44; 28:1,4.

Paulo foi favorecido em relação ao oficial que tinha a responsabilidade de vigiá-lo. Júlio, centurião do Regimento Imperial, providenciou um navio de Cesareia até a costa de Sidom, onde permitiu que Paulo visitasse amigos. Ele já havia percebido que tal prisioneiro estranho estava felicíssimo por ser levado a Roma e que, por isso, não fugiria. Em seguida, navegaram pelo lado nordeste do Mediterrâneo até Mirra, na costa de Lícia. Esse era o destino da embarcação original e, assim, eles encontraram outro navio, desta vez no caminho de Alexandria para a Itália. Havia, segundo Lucas menciona posteriormente, 276 pessoas a bordo, das quais um grande número seria de escravos. Diversas pessoas queriam chegar a Roma, e é possível imaginar a diversidade de gente enclausurada em um espaço tão exíguo. Se, antigamente, alguém que vivia na cidade tinha pouca privacidade, em um navio lotado ela simplesmente não existia.

Era um período tardio do ano para tal viagem. Via de regra, considerava-se perigoso, na antiguidade, navegar o Mediterrâneo após meados de setembro, e praticamente impossível de novembro até março. Roma, entretanto, precisava-se de suprimentos regulares e abundantes de grãos do Egito, e Cláudio havia tomado medidas específicas para encorajar embarcações a continuarem na ativa o tanto quanto pudessem ao longo do ano. Ao que parece, o proprietário do navio, nesse caso, era um dos que estavam preparados para assumir riscos na esperança de um lucro maior.

A primeira parte da viagem foi mais lenta que o esperado. Finalmente, quando chegaram a Creta, já era outubro, o período perigoso. (Lucas menciona que isso ocorreu depois do Dia da Expiação, cuja data, em 59 d.C., caiu em 5 de outubro). Os viajantes atracaram em Bons Portos, uma pequena vila de pescadores ao sul de Creta, a poucos quilômetros da cidade de Laseia. Havia um consentimento de que esse não era um bom lugar para passar o inverno, pois o porto não era seguro em caso de tempestades, e a cidade ficava distante demais para quem precisasse chegar até ela e permanecer a bordo para proteger a embarcação. Assim, eles preferiram continuar, sabendo que uma acomodação muito melhor estaria disponível em Fenice, a cerca de 80 quilômetros ao longo da costa.

É nesse momento que Paulo — o prisioneiro! — dá um conselho. Não é algo tão incomum quanto se possa pensar. Paulo era um cidadão romano que não havia sido formalmente acusado, muito menos tido por culpado de alguma ofensa, e, como estava na companhia de uma pequena comitiva de amigos viajando com ele e era claramente um homem íntegro e inteligente, sua presença devia impor respeito. De qualquer maneira, há muitas evidências de que as decisões sobre a viagem em tais circunstâncias eram tomadas após discussões entre as partes interessadas. Ele advertiu que a viagem seria complicada; poderia haver muitas perdas, não apenas quanto à carga e ao navio, mas possivelmente quanto às pessoas também. Era uma avaliação sensata, mas o centurião, que como representante imperial parecia ter o controle sobre o capitão e o dono do navio, preferiu seguir os conselhos destes, os quais tinham seus interesses a considerar e acreditaram que o risco valeria a pena.

Na verdade, não valeu. O famoso vento Nordeste os alcançou enquanto eles estavam avançando ao longo da costa e, mesmo com uma parada rápida no abrigo da pequena ilha de Clauda, eles foram forçados a ficar à mercê da tempestade. Dá para imaginar a cena. Quase trezentas pessoas diferentes abarrotadas em um barco pequeno e vulnerável, com o vento cada vez mais forte e as ondas mais violentas. Todos a bordo sabiam onde aquela decisão os tinha levado; tanto o sentimento de raiva quanto o de ansiedade poderiam surgir. Permanecer no porto errado teria sido melhor do que afundar.

Os marinheiros se apressavam ansiosos, fazendo todo o possível para evitar que fossem empurrados contra os bancos de areia da margem sul-africana e fizeram o melhor que podiam para esvaziar a embarcação e possibilitar que ela subisse mais alto com as enormes ondas. Primeiro eles jogaram a carga ao mar (muitas dessas mercadorias renderiam um bom dinheiro quando chegassem a Roma) e, em seguida, também atiraram a armação do navio. Os passageiros, vendo tudo o que acontecia, entendiam muito bem o que tudo aquilo significava. Se marinheiros experientes estavam tomando medidas extremas, que esperança poderia haver? As noites eram assustadoras, os dias de tempestades não eram melhores, e lá estavam eles, encharcados, tremendo de frio, amontoados, racionando as provisões ou mesmo nada comendo na tentativa de economizar os suprimentos restantes; alguns deles, sem dúvida, sentindo enjoos. Miséria e medo reduziram todos, soldados e escravos, comerciantes e apóstolos, à mesma condição.

Imaginamos Paulo e seus companheiros falando uns aos outros sobre o livro de Jonas. Surge a difícil questão sobre quem seria o "Jonas" daquele barco — quem os conduziu àquela bagunça afinal? Ou talvez eles tivessem lembrado um ao outro sobre Jesus acalmando tempestades na Galileia; imaginaram o porquê de ele não fazer o mesmo agora, já que eles certamente clamaram para que o fizesse. O vento uivava, lançando a pequena embarcação e seus ocupantes infelizes para lá e para cá, sem parar, nenhum vislumbre do sol durante o dia ou das estrelas à noite. Dormir era difícil ou mesmo impossível; o pesadelo era real. Os dias escuros viravam noites ainda mais escuras, e isso se repetia enquanto a tempestade não mostrava sinal algum de abrandar. E assim permaneceu por duas semanas inteiras. Havia um bom motivo, afinal, para se evitar navegar pelo Mediterrâneo naquela época do ano. No final, Lucas diz, "perdemos toda a esperança de sobreviver".[5] Salvamento? Improvável.

Foi então que algo aconteceu. Não a calmaria pela qual seus corpos e mentes atordoados tanto esperavam. Não uma operação de resgate, se é que fosse possível. Antes, uma palavra — um mensageiro com um encorajamento. Você pode até pensar, e acredito que muitos a bordo pensaram, que Paulo estava meio atordoado por conta da tempestade, mas ele havia tido uma revelação e precisava compartilhá-la, e assim o fez, sem delongas. Em nossa concepção, dizer "eu avisei" em um momento como esse não seria a melhor maneira de ganhar o coração

[5]Atos 27:20.

e a atenção das pessoas, mas esse é o Paulo que conhecemos, que em momento algum se intimida para falar algo. Já que toda sua vida foi marcada por visões e revelações extraordinárias, por que parar agora? Assim, ele relata o que ouviu:

> Parece-me, senhores, que vocês deveriam ter aceitado meu conselho de não partir de Creta, visto que teríamos evitado este dano e prejuízo. Agora, porém, quero que saibam: tenham ânimo! Nenhuma vida será perdida; apenas o navio será destruído. Ontem à noite, pôs-se ao meu lado um anjo do Deus a quem pertenço e adoro, dizendo-me: "Paulo, não tenha medo. Você deve comparecer perante César. Além disso, garanto-lhe uma coisa: Deus, por sua graça, deu-lhe a vida de todos os que estão navegando com você". Assim, tenham ânimo, amigos! Creio em Deus que acontecerá do modo como me foi dito. Seremos, contudo, arrastados para uma ilha.[6]

A notícia era maravilhosa, entretanto, aqueles marinheiros ainda teriam de navegar (sem a ajuda da armação do navio), e decisões ainda deviam ser tomadas. O navio parecia estar próximo da terra, e os navegantes, temendo serem atirados contra as pedras, fizeram o que marinheiros da época costumavam fazer: com uma oração para que o dia não tardasse a amanhecer, baixaram quatro âncoras da popa. A arqueologia marítima explica como esse sistema funcionava. Enquanto um navio era levado pelo vento e pelas ondas, âncoras sucessivas deveriam ser baixadas como forma de diminuir ao máximo a velocidade do navio. Então, quando uma âncora ameaçava quebrar por causa da pressão, ela era solta para que a próxima baixasse. O navio seria impulsionado adiante por volta de quarenta e cinco metros ou mais e, em seguida, pararia com um solavanco, repetidamente. A embarcação se aproximaria da terra aos poucos, em vez de acelerar em direção a um possível desastre.

---

[6]Atos 27:21-26.

Depois de completada a manobra, os marinheiros tentariam um plano egoísta: fugiriam do navio em um pequeno bote e deixariam os demais à própria sorte, contudo, Paulo descobriu — por que sempre ele? — e pediu ao centurião e aos soldados para detê-los. Se o apóstolo ainda não tinha conseguido a reputação de líder, naquele momento os marinheiros a reconheceram, mas sua proposta seria muito diferente.

Sem comer por duas semanas, todos no navio tinham guardado alimento. Segundo o apóstolo, era hora de comer, pois o resgate ("salvação", segundo Lucas) estava próximo. Paulo partiu o pão, dando graças diante de todos, e eles se animaram e comeram. Depois, aliviaram ainda mais a carga do navio, lançando fora o restante dos grãos. O objetivo maior da viagem, segundo pensava o dono do navio, estava perdido, mas ao menos eles estavam próximos da terra.

Ainda assim, não havia garantia de segurança. Muitos navios naufragavam, vidas eram perdidas, sem sinal aparente da tão esperada margem. Em todo caso, ninguém a bordo reconheceu a enseada diante deles, e ninguém, portanto, conhecia os lugares onde seria possível atracar; se não em um porto de verdade, ao menos em um lugar seguro. É possível sentir a mistura de esperança e medo entre os marinheiros e passageiros. Pode ser que tenham avistado uma baía, e talvez tudo o que precisavam fazer era guiar o barco naquela direção! Então deslizaram as âncoras, soltaram as cordas do leme e içaram uma vela para que o vento os levasse.

Seu cálculo não contava com um banco de areia, bem abaixo da superfície. O terrível ruído do navio, impulsionado pelo vento, sendo empurrado diretamente sobre as pedras ecoa em nossa mente. Dá para sentir o tremor e a sacudida com a parada repentina, enquanto o vento continua assobiando pelo navio. Ouve-se também o fluxo das águas entrando pelo casco quebrado e o grito dos marinheiros e dos passageiros em pânico. O navio parou, mas as ondas não, e o bater impiedoso das águas começa a quebrar a popa em pedaços. De repente, um péssimo elemento extra se junta ao caos: na confusão e no barulho, os soldados pensam (assim como fizera o carcereiro de Filipos) no que aconteceria a eles se os prisioneiros escapassem. Não seria melhor matá-los do que arriscar levarem a culpa por deixá-los escapar? Por um momento tenebroso, o destino de Paulo está entre o mar e a espada. Mas como a situação chegou a esse ponto?

Felizmente, o centurião tinha um profundo respeito, talvez até afeição, por seu brilhante prisioneiro mandão. (Talvez fosse momentos como esse que fizeram Lucas, em seus escritos, dar aos centuriões o benefício da dúvida). De qualquer maneira, ele dá uma ordem diferente: aqueles que sabiam nadar deveriam nadar, e aqueles que não sabiam deveriam se agarrar a uma tábua e arriscar. O navio, seu lar pelas assustadoras últimas semanas, está se despedaçando com o quebrar das ondas. Duzentos e setenta e seis homens apavorados — mercadores, empresários, donos de navio, soldados, apóstolos, marinheiros, escravos e prisioneiros, todos em uma mesma missão — ofegando e se jogando em direção à enseada. Não há distinção: estão todos encharcados, assustados, gelados e exaustos. Classe e riquezas não significam nada enquanto rastejam e cambaleiam para a terra seca, mas a aflição na água acabou e todos estão salvos.

O poder das trevas fez o pior que pôde. Mais uma vez, Paulo colocou sua fé no Deus que ressuscita mortos, o Deus que tem vitória sobre as forças do mal, o Deus do Êxodo. Mais uma vez, embora ele e seus companheiros estivessem tão cansados e molhados quanto os demais, pelo menos estão vivos, e, apesar de tudo, ainda estão a caminho de Roma.

Todavia, não foi esse o primeiro pensamento deles nos minutos iniciais depois de se arrastarem até a margem. Chovia e ventava, mas a população local, ao avistar o naufrágio, veio para ajudar, explicando a quem estivesse interessado em saber que aquela ilha era Malta. A primeira coisa necessária era uma fogueira para aquecer a todos, então, começaram a juntar gravetos. Paulo, sem jamais perder tempo, ajudou pegando vários galhos. Quando os colocou no fogo, uma serpente mexeu-se rapidamente, escapando das chamas e, antes que Paulo pudesse sair de perto, ela cravou suas presas em sua mão. O mar, os soldados, e agora uma cobra! Paulo, atento como sempre ao sentido mais profundo dos acontecimentos diários, deve ter se lembrado da antiga profecia sobre um homem que, ao fugir de um leão, foi encontrado por um urso e, então, correndo para dentro de uma casa e apoiando-se a uma parede para ganhar fôlego, foi picado por uma serpente.[7]

O que ocorreu em seguida, no entanto, é mais ou menos o oposto do que havia acontecido com Paulo em Listra, onde os moradores começaram pensando que Paulo era um deus e, no fim, acabaram apedrejando-o. Os habitantes de Malta, ao contrário, começaram pensando que ele devia ser um assassino: ele foi resgatado do mar, diziam, mas uma "Justiça", divina e cega, alcançou-o mesmo assim. Paulo não acreditava em uma força divina e cega de "justiça", mas sim na "justiça" do Deus vivo; mesmo assim, deve ter sido um momento terrível, e sua reação instantânea foi sacudir a cobra no fogo, mas certamente, pensaram aqueles que assistiam à cena, o veneno entraria em sua corrente sanguínea em questão de minutos. Podemos imaginar, não apenas as pessoas do local, mas os amigos de Paulo aglomerados ao seu redor, com Lucas, o médico, examinando-o ansiosamente para ver se algo poderia ser feito. Os pessimistas murmuravam que ele logo começaria a ficar inchado ou simplesmente desfaleceria. Pouco a pouco, constataram que não era o que iria acontecer; ele estava bem, sem qualquer indisposição. "Ah", diziam os moradores, "estávamos enganados. Ele não é um assassino. Deve ser um deus!"

Depois de tudo se acalmar e as providências para os viajantes terem sido tomadas, Paulo e seus companheiros foram recebidos pelo "líder da ilha", Públio, cujo pai estava doente, com febre e disenteria. (Públio não era o magistrado romano responsável pela ilha, já que este não seria proprietário de terras na região nem seu pai viveria com ele). Paulo impôs suas mãos sobre o pai de Públio e orou, e a febre e a enfermidade o deixaram. A notícia desse feito, como era de se esperar, resultou no afluir de uma multidão de doentes que vinham de toda a ilha. Paulo curou a todos, recebendo uma imensa gratidão que envolveu todo o

---

[7]Amós 5:19.

grupo; os moradores locais passaram a cuidar bem deles e, finalmente, os despediram com uma generosa quantidade de provisões.

Esse cenário, conforme narrado por Lucas, é sem dúvida resumido e idealizado, mas ele explica o que, por outro lado, pode ser intrigante, ou seja, como todo o grupo, presumivelmente sem dinheiro ou meios para alugar uma acomodação, foi capaz de aguentar os meses de inverno nos anos 59/60 antes que fosse possível navegar novamente. Paulo e os demais devem ter tido uma percepção de tempo perdido, mas também alívio, gratidão e esperança renovada.

MAIS UMA VEZ, PARTIRAM EM DIREÇÃO A ROMA. Os viajantes passaram três meses em Malta, do final de outubro ou começo de novembro de 59 a janeiro ou fevereiro do ano 60. O próximo trecho da viagem, de Malta a Sicília, é curto, e de lá o trajeto até a costa italiana é mais simples que atravessar a vasta extensão do Mediterrâneo. Quando pensamos nas últimas etapas da jornada de Paulo, ele não aparenta ser um prisioneiro a caminho da maior corte do mundo. Parece que ele está em algum tipo de cortejo comemorativo. O navio chega a Potéoli, 11 ou 12 quilômetros ao norte de Nápoles. Uma antiga colônia romana dos tempos republicanos, Potéoli era na época um porto de importância considerável para a chegada de grãos do Oriente. Se o dono do navio e seus companheiros ainda estavam com o grupo nesse momento, devem ter se sentido mal ao pensarem na oportunidade que perderam.

Em Potéoli, Paulo e os demais encontraram um grupo de cristãos, e há indícios da existência de grupos cristãos em Pompeia, no interior daquela mesma região. O evangelho já havia claramente dado frutos por toda aquela extensão do litoral, e os viajantes puderam parar e passar alguns dias ali antes de continuarem pelo caminho na parte final da jornada, que provavelmente duraria uma semana. A notícia de sua chegada iminente trouxe outros seguidores de Jesus de Roma para a Praça de Ápio, 65 quilômetros a sudeste, e de Três Vendas, 16 quilômetros mais próximo. Deve ter sido um grande encorajamento para Paulo. Era já o ano 60 d.C., quase três anos desde que ele enviara Febe a Roma com sua notável carta. Como um artista que envia sua obra mais incrível a uma galeria distante para uma importante mostra, o apóstolo deve ter se perguntado milhares de vezes como a carta fora recebida. Tal recepção renovou sua confiança, pois indicou que, ao menos por várias pessoas em Roma, ele era visto como um visitante honrado e respeitado. Normalmente, apenas a nobreza ou generais de regresso esperariam pessoas vindas de quilômetros de distância para encontrá-los e escoltá-los até seu destino.

Ele ainda estava sob vigilância, claro, mas não era um criminoso condenado. Era ele, afinal, quem havia tido a iniciativa de apelar para César, e, de maneira incomum, ainda mantinha tal iniciativa. Ele teve permissão para se hospedar de maneira privada na cidade com um soldado responsável por ele.

Arqueólogos acreditam terem descoberto onde ele viveu durante esse tempo. Há uma residência do século I com uma decoração que parece indicar uma clara possibilidade. A casa em questão, abaixo do nível da rua, fica perto de Corso, a rua principal no sentido noroeste a sudeste em Roma, mais ou menos na metade do caminho entre o Fórum e o Panteão. Ela está sob uma igreja, na parte inferior do prédio que agora abriga o Palácio Doria Pamphilj. Se a informação estiver correta, isso coloca Paulo bem no centro da cidade antiga. Geralmente, supõe-se que a maioria dos grupos cristãos viveu do outro lado do rio, no distrito pobre de Trastevere, mas, com as indicações de que havia várias igrejas domésticas em Roma, que podiam não ter muito a ver uma com a outra, é bem possível que algumas estavam localizadas na parte principal da cidade e que Paulo teria vivido próximo a uma ou mais delas.

Como de costume em história antiga, queremos saber hoje várias coisas sobre as quais nossas fontes guardam silêncio. Primeiro: a carta para Roma produziu o efeito desejado? Cristãos locais tiveram três anos para meditar sobre ela. Estariam eles seguindo a recomendação de Paulo? A igreja gentílica romana aprendeu a respeitar a comunidade da sinagoga e a orar por ela como Paulo orou em Romanos 10? Igrejas domésticas divididas encontraram uma maneira de "acolher umas às outras" para que pudessem "glorificar ao Deus e Pai de nosso Senhor Jesus, o Messias", conforme o expressara, "com uma só mente e uma só boca"?[8] Em outras palavras, os cristãos de Roma estavam adorando e orando juntos? Estavam, assim, preparados para oferecer suporte ao apóstolo em qualquer trabalho futuro? Sua carta os alarmou? Alienou--os? A recepção oferecida demonstra que alguns estavam entusiasmados. Mas e os demais? Não sabemos.

Segundo: o que aconteceu com Paulo após os dois anos de prisão domiciliar, quando, conforme supomos, ele foi levado até Nero? Foi outra grande cena como aquela diante de Festo e Agripa, ou ainda maior? Ou foi um anticlímax? Teria Nero visto o apóstolo pessoalmente ou delegara essa tarefa insignificante e sem importância a um oficial secundário? Mais uma vez, não sabemos.

Terceiro: mais especificamente, Paulo foi levado à morte ou obteve uma nova oportunidade de continuar vivo — algo não registrado em qualquer fonte contemporânea — que o permitiu viajar mais e, talvez, continuar a escrever? Se esse foi o caso, quando e como ele morreu afinal? Pode soar estranho para o leitor moderno o fato de sabermos tantos detalhes particulares sobre Paulo e seus pensamentos, suas esperanças, seus medos, suas alegrias, mas não sobre como tudo acabou. Podemos, e vamos especular um pouco; primeiro, porém, temos de olhar para o que Lucas escolheu nos contar.

Até então, o livro de Atos focou no modo como Paulo foi ouvido em Jerusalém e nas acusações lançadas contra ele por desmerecer a Torá e desonrar o Templo. Essas foram, em outras palavras, acusações de deslealdade radical ao mundo judeu e à sua herança ancestral, acusações que, evidentemente, Paulo refutou em suas cartas e em várias audiências. Mas havia uma ampla comunidade da sinagoga em Roma, e, com seu retorno após o banimento por Cláudio, tal comunidade poderia

[8]Romanos 15:6-7.

ter se sensibilizado com alguém que aparentemente falava em nome do povo judeu, mas que, na verdade, parecia desmerecer sua cultura antiga e ameaçar a segurança nacional. A questão é a mesma que ressoa até hoje: Paulo era mesmo um judeu leal?

O apóstolo priorizou sua chegada a Roma para tratar dessa questão, e podemos supor, é claro, que ele entrou em contato com seus amigos rapidamente. Mas a pergunta principal, que pode de fato determinar como todo o restante terminaria, inclusive o julgamento diante de Nero, tinha a ver com a própria comunidade judaica (ao contrário dos diversos seguidores de Jesus judeus, alguns dos quais ainda seriam parte da comunidade da sinagoga, enquanto outros não). Assim como fez, cidade após cidade, em suas primeiras viagens, Paulo foi direto para a sinagoga, ou ao menos para a *proseuchē*, e, assim como na introdução de Romanos, declarou que o evangelho era "primeiro para o judeu, mas igualmente para o grego", e agora ele se agarrou a seus princípios e seus hábitos — como estava em prisão domiciliar e não poderia comparecer à sinagoga —, e convidou os líderes da comunidade judaica para visitá-lo.

O objetivo do primeiro encontro não foi uma discussão bíblica ou teológica, pois, antes mesmo que eles pudessem chegar a tal, Paulo quis deixar algo claro, algo que nós, em nosso tempo, não imaginaríamos sobre a história anterior. Ele havia percebido que, depois das longas discussões legais em Jerusalém e Cesareia, seu apelo a César poderia ter sido visto não tanto como uma forma de se livrar do problema, mas como uma maneira de virar o jogo e fazer uma contra-acusação a seus companheiros judeus, e isso teria diversas implicações importantes.

O início do ano 60 era, afinal, um tempo de crescente tensão nas relações romano-judaicas, e não apenas pela memória ruim da expulsão por Cláudio. Na própria Judeia, uma sequência de governadores inaptos e corruptos, dos quais Félix e Festo eram os mais recentes, enfurecera os habitantes locais. Roma havia reprimido e anulado movimentos latentes de revolta intermitentemente ao longo dos cem anos anteriores, mas isso só funcionou como a tampa de uma panela que, aquecida por um "zelo" às Escrituras do tipo que Paulo conhecia muito bem até atingir o ponto de ebulição, estava prestes a explodir, e tudo isso era bem conhecido pela comunidade judaica em Roma. Não parecia que ele era agora parte do problema, vindo como um judeu para testemunhar contra sua própria parentela?

Além disso, se diante de César estivesse um cidadão romano (que ao final era judeu) vindo para reclamar de seu tratamento na Judeia, isso não alimentaria o desejo romano de lidar com esses judeus incômodos de uma vez por todas? Não despertaria também ecos do decreto de Cláudio? Judeus se sentiriam importunos em Roma, poucos anos depois de retornarem para casa e para a vida que tinham? Isso impulsionaria o mesmo tipo de revolta antijudaica que vimos no episódio em que a multidão atacou Sóstenes em Corinto, ou quando Alexandre tentou falar com o povo em Éfeso? Paulo estava plenamente ciente desse risco, e também ansioso por impedi-lo de antemão.

Paulo não teria sido, na verdade, o primeiro judeu a viajar até Roma para registrar um protesto sobre a condição de seu povo na Judeia. Arquelau, herdeiro de Herodes, o Grande, tinha ido a Roma para assumir seu reinado 60 anos antes. Augusto garantira a Arquelau seu desejo, ainda que em outros termos, colocando-o como "etnarca" em lugar de "rei", contudo, não muito depois, uma delegação de judeus e samaritanos foi a Roma para protestar e, no ano 6 d.C., Arquelau foi expulso.[9] Essa história, com um toque diferente, é provavelmente relatada na parábola de Jesus sobre um rei que vai embora, recebe autoridade real e volta para encarar a oposição local, embora Jesus estivesse pensando em um tipo diferente de reino e de oposição.[10]

Assim, haveria agora um problema? O apelo de Paulo a César seria como a queda de um teto a soterrar a comunidade judaica em Roma e na Judeia? Isso não arruinaria todas as coisas que ele vinha tentando conquistar com sua carta? Afinal, ele havia escrito o que fez para

[9]Josefo, *Antiquities* [Antiguidades] 17.219-49; *Jewish War* [A Guerra dos Judeus] 2.80-100.
[10]Lucas 19:11-27.

preparar cuidadosamente sua própria chegada a Roma, mas o equilíbrio sutil no que ele havia dito três anos antes seria agora colocado em risco pela percepção de que tinha vindo porque apelara para César.

Por isso, Paulo insistiu com os líderes dos judeus em Roma, como havia insistido em todos os discursos que ele fez em Jerusalém e em Cesareia, que era um judeu leal; toda a sua missão se relacionava à "esperança de Israel", e isso se encaixa seguramente ao Paulo que nós conhecemos pelas cartas, sobretudo Gálatas, 1Coríntios, Filipenses e, claro, Romanos, no qual podemos ter a certeza de um terreno histórico sólido. Esse é exatamente o tipo de coisa que ele iria querer dizer. Fica evidente para ele que "a esperança de Israel" significava tanto a herança mundial (o rei de Israel poderia ser o rei no mundo) como a ressurreição dos mortos. Paulo viu ambos em Jesus e, portanto, viu que seguir a Jesus era o caminho, o único caminho, pelo qual o anseio da nação antiga seria alcançado.

Para o seu alívio, sem dúvida, os líderes dos judeus lhe disseram que não haviam recebido mensagem nenhuma a seu respeito da Judeia. Ninguém os tinha alertado sobre o apóstolo, mas eles sabiam sobre a seita messiânica, talvez por ela ter sido a causa de sua expulsão por Cláudio doze anos antes ou mais. Tudo o que sabiam era que, por toda parte, diziam-se coisas grosseiras sobre esse novo e maluco movimento antissocial, e de fato eram assim. O historiador romano Tácito, escrevendo acerca desse período e do movimento cristão do ponto de vista seguro do início do século II, descreve, com desdém, os cristãos como um grupo de gente que odeia toda a raça humana. "O que se pode esperar?", pergunta. Toda a sujeira e loucura do mundo acaba em Roma, cedo ou tarde".[11] Sim, Paulo teria pensado ao ouvir tal comentário: loucura para os gentios, escândalo para os judeus. Nada de novo até então — embora Tácito também sugira que a perseguição de Nero tenha ido um pouco longe demais. (A observação de Tácito se assemelha mais ao conselho de Trajano que, escrevendo a Plínio,

[11]Tácito, *Annals* [Anais] 15.44.

reitera que os cristãos obviamente deviam ser mortos, mas, apesar disso, ninguém desejava ser espiado ou informado por seu vizinho. Ou seja, os padrões de comportamento civilizado devem ser mantidos).[12]

Assim, os líderes dos judeus fixaram um dia em que poderiam conversar com Paulo de modo mais descontraído e explorar sua mensagem. Conhecemos o roteiro, e o assunto seria a esperança de Israel: como Único Deus se tornou rei de todo o mundo. Para Paulo, isso significaria narrar a história do modo como o vimos fazer em cidade após outra: Gênesis, Êxodo, Números (lembre-se de Fineias), Deuteronômio, Salmos, Isaías, Jeremias, Ezequiel e muito, muito mais. Patriarcas, Moisés, Davi, exílio, Messias. Crucificação, ressurreição. Podemos adivinhar o que vem em seguida. Alguns creriam; outros, não. Paulo via, com tristeza, que isso também fazia parte da promessa bíblica e de sua advertência. O apóstolo cita Isaías 6, da mesma forma como Jesus: o coração do povo se tornara insensível.[13] Ele havia refletido sobre tudo isso e delineado o assunto na carta que escreveu para Roma, três anos antes. Uma vez na cidade, ele via a dureza dos judeus com os próprios olhos.

Ainda havia esperança. Em sua mente, o apóstolo era capaz de se lembrar da oração que havia feito na carta ("Minha oração a Deus [...] é pela salvação dos judeus"), da possibilidade que apresentou ("se não permanecerem na incredulidade, serão enxertados de novo") e da promessa na qual se apegou ("'todo Israel será salvo'[...] quando a plenitude das nações tiver chegado").[14] No momento, porém, o padrão continuava, a saber, o padrão de toda a carreira de Paulo até então. O evangelho era "primeiro para o judeu", mas, como os judeus o rejeitavam, como a maioria rejeitou o próprio Jesus, "esta salvação de Deus foi enviada aos gentios". A frase, extraída de Atos 28:28, ecoa diretamente Romanos 11:11 ("pela transgressão dos judeus, veio salvação às nações"). Pode ser que o próprio Paulo tenha ecoado, sob sua

---

[12]Plínio, *Letters* [Cartas] 10.97.
[13]Atos 28:27.
[14]Romanos 10:1; 11:23,25-26.

respiração ou em seu coração, as palavras que terminam esse versículo: "a fim de levar os judeus ao ciúme". Talvez tenha ido até 11:14: "para que, se possível, torne minha 'carne' ciumenta e salve alguns deles". Mas seria insensível dizê-lo em voz alta aos visitantes, pelo menos nesta primeira ocasião, afinal, o que os deixaria com "ciúmes" não era uma palavra de ensino por parte do apóstolo, mas a visão de não judeus celebrando a antiga esperança judaica do reino, do Messias, da ressurreição. Para Paulo, era esse o motivo, ao menos em parte, pelo qual as igrejas domésticas em Roma deveriam encontrar um modo de adorar juntas e viver em comunidade, não importasse o preço. Essas questões estavam todas interligadas.

Paulo esperou dois anos em prisão domiciliar para que seu caso chegasse ao imperador, pois um estranho prisioneiro judeu não estaria no topo da lista de prioridades de Nero. Mas Paulo estava livre para receber pessoas em seu alojamento e para continuar com a proclamação real, o verdadeiro "evangelho"; a "boa notícia" imperial era, segundo ele cria, uma simples paródia em comparação com o evangelho de Jesus. Ninguém o impedia. A todo que estava disposto a ouvir, o apóstolo contava que o Único Deus de Israel era o verdadeiro rei do mundo e que havia estabelecido seu filho, Jesus, o Messias de Israel, como Senhor das nações. Paulo ensinava, assegura-nos Lucas, "com toda ousadia".[15] Não nos surpreendemos: "ousadia" havia sido a nota principal da autodescrição de Paulo, mesmo na atmosfera tensa e contestada de 2Coríntios 3, quando a "ousadia" de sua proclamação apostólica suscitou controvérsias. Ele nunca havia tentado esconder as coisas; nunca havia tentado obter favor. (Sem dúvida, Paulo era mais mandão e se intrometia mais do que Lucas o retrata na narrativa; o apóstolo estava acostumado a falar o que pensava). Paulo tinha mais medo de não ser verdadeiro para com o evangelho do que de quaisquer consequências que sua proclamação "ousada" provocaria. Ele era leal às tradições de Israel, conforme as viu convergir no Messias, mas

[15]Atos 28:31.

era leal sobretudo ao próprio Messias, fiel àquele que tinha sido, ele mesmo, fiel até a morte.

Mas e quanto à morte do próprio Paulo? Se ele chegou a Roma em 60 d.C., como parece provável, esses dois anos de aprisionamento nos levam adiante, a 62 d.C. O que aconteceu, então?

DOIS CENÁRIOS POSSÍVEIS, cada qual bem diferente do outro, seguem daqui por diante. De modo implícito, ambos interagem com a pergunta: por que Atos termina de modo abrupto? Uma data antecipada para o livro posiciona-o como documento para uso no julgamento de Paulo; isso significa que Lucas deve tê-lo escrito durante os dois anos finais da prisão domiciliar do apóstolo, narrando a história de uma "audiência" após a outra. Nesse caso, a coisa toda estaria se desenvolvendo com vistas à aparição perante Nero, com ênfase na inocência do apóstolo, seu posicionamento como judeu (ainda que messiânico) leal e, em consequência, em seu direito, na condição de judeu e cidadão de Roma, ao menos segundo visto por Gálio em Corinto, de cumprir sua vocação segundo achasse melhor. Uma data posterior para Atos poderia indicar que Lucas sabia do resultado do julgamento, mas não queria atrair atenção para ele — especialmente se Paulo tivesse sido condenado logo de cara — talvez porque isso teria estragado a história de autoridades pagãs apoiando aquele estranho judeu errante. Ou poderia indicar que Lucas sabia que Paulo fora absolvido por Nero e foi capaz de engajar-se em outras atividades, mas que seu propósito como historiador havia sido cumprido: o evangelho do Reino de Deus havia ido de Jerusalém para Judeia, da Judeia para Samaria e, por fim, chegado aos confins da terra.[16] O evangelho, não Paulo, é o verdadeiro herói da história de Lucas, e, se é esse o caso, sua narrativa era o suficiente.

Tentar adivinhar a motivação de Lucas ao parar de forma abrupta não nos leva, assim, para muito longe. Somos deixados, como algum

[16]Atos 1:8.

novelista pós-moderno, com a possibilidade de escrever dois ou até mesmo três finais à história; o leitor decide. Há, claro, tradições de Paulo ter sido martirizado em Roma; ainda podemos ver suas correntes, assim nos é dito, próximas do túmulo onde supostamente o apóstolo jaz, na Basílica de São Paulo Extramuros. Certa vez, em outubro de 2008, escutei a Orquestra Filarmônica de Viena na basílica, tocando a magnífica Sexta Sinfonia de Bruckner, a pedido do Papa Bento XVI, que, entronizado no centro, assentava-se rodeado por muitos cardeais. A música era impressionante, mas, naturalmente, não me proveu pista nenhuma sobre o fato de Paulo ter sido realmente enterrado lá.

Assim, não há consenso, e as opiniões continuam divididas. A primeira e mais óbvia delas é que Paulo foi morto na perseguição de cristãos que seguiu ao grande incêndio de Roma, em 64 d.C. Tendo em vista que a maioria dos cristãos vivia na margem sudoeste do rio, a mais empobrecida, e levando em consideração que o fogo ficou confinado ao lado nordeste, o mais rico, os seguidores de Jesus eram um alvo fácil: pessoas diriam que os cristãos devem tê-lo começado, visto que suas casas permaneceram intactas! (De qualquer maneira, uma vez que eles não adoravam os deuses, os cristãos provavelmente levariam a culpa por qualquer desastre). É perfeitamente possível que Paulo, e talvez Pedro também, estivessem entre os líderes capturados e levados a sofrer pela culpa de um desastre cujas origens verdadeiras continuam desconhecidas até o dia de hoje. Paulo, como cidadão, teria direito a uma morte rápida por decapitação com uma espada em vez da tortura vagarosa e terrível que Nero infligiu sobre muitos outros, como a crucificação de cabeça para baixo, atribuída, pela tradição, a Pedro. Mas mesmo que Paulo tenha sido morto em 64 d.C., isso nos dá ainda dois anos a mais além daqueles mencionados por Lucas. Teria sido tempo suficiente para uma visita à Espanha?

Possivelmente, sim. Havia um tráfego regular entre Roma e Tarraco, o bastante para justificar, se não finalmente confirmar, a defesa entusiasmada de alguns na cidade histórica de Tarragona, na Catalunha. (Tarraco era capital de *Hispania Tarraconensis*, que, desde o tempo de

Augusto, expandira-se ao longo da costa Atlântica, ao norte da Península Ibérica). Podemos ver o motivo pelo qual Paulo desejaria fazer a viagem. Em sua época, o templo original de Augusto havia sido substituído por um dramático complexo destinado ao culto imperial, no qual o templo principal era facilmente visível a diversos quilômetros de distância do mar, como no caso da presente catedral, erguida no mesmo lugar. Se eu estiver certo em sugerir que Paulo ansiava por anunciar Jesus como rei e Senhor em lugares onde César reivindicava esses e outros títulos, então Tarraco, na província mais remota do mundo, teria sido um alvo natural.

Neste ponto, sou inclinado a dar mais peso do que antes ao testemunho de Clemente, um dos primeiros bispos de Roma. Escrevendo acerca de Paulo no fim do século I, Clemente testifica:

> Depois de ter sido aprisionado sete vezes, enviado para o exílio, apedrejado e pregado no Oriente e no Ocidente, Paulo obteve uma glória genuína por sua fé, tendo ensinado justiça ao mundo todo e chegado aos limites mais remotos do Ocidente. Por fim, depois de ter dado testemunho perante as autoridades, Paulo deixou o mundo e foi ao lugar santo, tornando-se um exemplo impressionante de perseverança e paciência.[17]

Obviamente, os "limites mais remotos do Ocidente" significariam chegar à Espanha. Pode ser que Clemente estivesse apenas conjecturando a partir de Romanos 15, visto que teria sido de seu interesse atribuir a Paulo a impressão de um alcance global, contudo, Clemente já havia se tornado uma figura central da igreja de Roma pouco mais de uma geração após a morte de Paulo; o mais tardar, o bispo escreve cerca de 30 anos após a morte do apóstolo. Desse modo, é muito mais provável que conhecesse tradições mais sólidas e confiáveis sobre ele do que nós — isto é, mais do que seríamos, sozinhos, capazes de inventar.

[17] 1Clemente 5:6-7.

Uma alternativa é que Paulo, tendo recebido sua liberdade após uma audiência em 62 d.C., mudou de ideia acerca do que dissera em Mileto (sobre não retornar outra vez à região) e a respeito do que concluiu em Romanos 15:23 (sobre não ter mais trabalho a ser realizado em Éfeso). Também isso é possível. Em 2Coríntios, Paulo faz um alarde e tanto sobre seu direito de mudar de ideia, e, só porque havia dito anteriormente que faria uma coisa ou outra, não estava confinado a planos passados, mas poderia fazer algo diferente quando a ocasião surgisse. Paulo seguiria a direção de Deus no momento. Todos os planos que fazia atrelavam consigo a palavra "talvez".

Mas com que finalidade? Por que retornar ao Oriente? Se ele chegou à Espanha, não poderia então rumar na direção norte? Não teríamos a chance de uma versão paulina do famoso poema "Jerusalém", de Blake ("Dar-se-ia o caso de tais pés em tempos remotos / Terem pisado os montes verdejantes da Inglaterra?"). Pensando bem, talvez tenha sido melhor que não. Como podemos encaixar detalhes de viagem nas peças mais complexas do tabuleiro paulino, as chamadas cartas pastorais?

Reservei-as até agora por serem, na minha opinião, muito mais difíceis de encaixar, mais do que qualquer outro material relevante, não só nos planos de viagem de Paulo, mas também em seu estilo de escrita. (Gerações anteriores de estudiosos pensavam que Paulo escreveu a Carta aos Hebreus. A objeção padrão à ideia — que a teologia da carta é diferente da teologia paulina — é consideravelmente exagerada; no entanto, não há evidências de que o apóstolo tenha participado de sua composição). De fato, como argumentei anteriormente, escritores podem mudar facilmente de estilo de uma semana para a outra, de uma obra para a outra, mas as mudanças que nos são exigidas para atribuir confortavelmente a Paulo as cartas que chamamos de 1Timóteo e Tito são, em particular, de um tipo diferente do que nos é requerido para aceitarmos Efésios e Colossenses, e ainda maiores do que as condições para reconhecermos 1 e 2Coríntios — duas cartas bem diferentes, porém escritas pela mesma pessoa.

Entretanto, se devemos começar por algum lugar, deve ser, julgo eu, por 2Timóteo. Se ela fosse a única carta "pastoral" disponível, suponho que o escrito jamais provocaria o mesmo tipo de questionamento que sofreu por causa de sua associação óbvia com 1Timóteo e Tito. A carta reivindica ter sido escrita de Roma, entre duas audiências jurídicas; Paulo acabara sozinho e desprovido, embora Onesíforo, amigo seu desde sua época em Éfeso, tenha procurado pelo apóstolo e o encontrado quando foi a Roma.[18] Onesíforo serve de triste contraste com "todos da Ásia" que, lamenta Paulo, viraram-lhe as costas — em princípio por causa de um problema semelhante ao ocorrido com os gálatas no final da década de 40. Contudo, onde está Timóteo? Seu filho na fé não pode estar agora em Éfeso se precisa que Paulo lhe diga, de Roma, o que está acontecendo na cidade. E por onde andava Paulo?

O apóstolo fala de ter deixado uma capa em Trôade.[19] A informação se encaixa perfeitamente com sua viagem anterior de Corinto a Jerusalém; é bem provável que Paulo tenha se esquecido de algo depois de uma vigília de pregação, avivada após alguém ter caído de uma janela, mas, se desejasse que alguém buscasse a capa, o mais provável é que o fizesse durante seu aprisionamento de dois anos em Cesareia, não depois de ter chegado a Roma. Na verdade, se não fosse pela menção de Onesíforo à procura de Paulo em Roma (2Timóteo 1:17), poderíamos defender a hipótese de a carta ter sido escrita de Cesareia, embora outros detalhes continuariam confusos. Paulo fala sobre ter enviado Tíquico a Éfeso, o que seria plausível se Efésios e Colossenses tivessem sido escritas de Roma, não de Éfeso, embora, conforme defendi anteriormente, isso levanta novos problemas. Ele envia saudações a Priscila e Áquila; talvez ambos tivessem se mudado mais uma vez de Roma para Éfeso, mas, se sim, não haviam permanecido em Roma por muito tempo. Paulo diz que Erasto permaneceu em Corinto, enquanto, em Atos 19:22, Erasto vai adiante de Paulo para a Macedônia. O apóstolo

[18] 2Timóteo 1:16-18.
[19] 2Timóteo 4:13.

menciona ter deixado Trófimo para trás, adoecido em Éfeso, enquanto, de acordo com Atos 21:29, Trófimo estava com Paulo em Jerusalém.

Nenhum desses casos, tanto em termos individuais quanto coletivos, é historicamente impossível. Pode ser que a convergência relativamente fácil que vimos entre as demais cartas de Paulo e a narrativa de Atos nos tenha levado a pensar que conhecemos mais do que de fato sabemos. Contudo, parece-me que, se 2Timóteo é genuína, a carta certamente sugere o retorno do apóstolo ao Oriente após uma audiência preliminar em Roma, a despeito de planos anteriores. A carta também sugere que, por esse tempo, Paulo realmente crê que está próximo da morte, diferentemente da situação refletida em Filipenses 1:

> Já estou sendo derramado como oferta de bebida; chegou o tempo de partir. Combati o bom combate; completei a corrida; mantive a fé. O que ainda espero? Pela coroa da justiça! O Senhor, o justo juiz, me dará como recompensa naquele dia — e não apenas a mim, mas a todos que amaram sua vinda.[20]

Podemos facilmente imaginar Paulo escrevendo isso — assim como a passagem seguinte, na qual soa cansado, ansioso, desgastado por ter sido desapontado por tantas pessoas ("Demas... está apaixonado pelo mundo presente!").[21] Se 2Timóteo é genuína, então ela reflete uma jornada complexa e um retorno a Roma, dos quais nada sabemos.

A carta de 1Timóteo parece muito mais vívida se a contrastarmos ligeiramente com o movimento contrário de 2Coríntios para 1Coríntios. Timóteo está em Éfeso,[22] e Paulo lhe dá instruções sobre como proceder. Boa parte das instruções na carta poderiam ter sido dadas, no que diz respeito ao seu conteúdo básico, em qualquer período dos dois primeiros séculos; há pouco na carta que a conecte diretamente

[20]2Timóteo 4:6-8.
[21]2Timóteo 4:10.
[22]1Timóteo 1:3.

a Paulo, ou até mesmo ao próprio Timóteo. Himeneu e Alexandre são mencionados como blasfemos e entregues "a Satanás",[23] ação que Paulo recomendou ao homem incestuoso de 1Coríntios.[24] Himeneu reaparece em 2Timóteo 2:17, desta vez acompanhado de Fileto e com uma acusação mais específica: "dizendo que a ressurreição já ocorreu". Somos deixados com pequenos fragmentos de um quebra-cabeças, do qual temos poucas peças e sem nenhuma imagem orientadora para nos mostrar como as peças podem se encaixar em seus respectivos espaços.

Quanto à carta de Tito, os problemas são ainda maiores. É possível que a jornada de Mileto a Jerusalém em Atos 21 tenha sido percorrida em uma área mais extensa do que a indicada por Lucas e que o grupo tenha passado pelos arredores de Creta, deixando Tito no caminho. Entretanto, Atos 21:1-3 de fato nos oferece uma descrição mais próxima dos acontecimentos, e Lucas já nos havia informado que Paulo estava com pressa por querer chegar a Jerusalém a tempo do Pentecoste.[25] O único detalhe geográfico adicional de possível relevância é que Paulo revela a Tito ter decidido passar o inverno em Nicópolis, uma pequena cidade (com fortes associações imperiais romanas) na costa noroeste da Grécia. Mais uma vez, não temos indicação, em nenhum lugar das cartas de Paulo ou em Atos, de que o apóstolo estava indo naquela direção, o que — repito a mesma ideia mais uma vez — não representa algo nem impossível nem improvável, mas apenas o fato de não termos o quadro mais amplo a partir do qual um pequeno detalhe como esse possa se encaixar.

Desse modo, como no caso da suposta viagem de Paulo à Espanha, tornei-me mais suscetível à possibilidade de uma revisita ao Oriente depois de uma audiência preliminar em Roma. O problema parece ser que ambos, Espanha e Oriente, cancelam-se mutuamente. Se Paulo deveria estar de volta em Roma quando da perseguição de Nero,

---

[23] 1Timóteo 1:20.
[24] 1Coríntios 5:5.
[25] Atos 20:16.

deparando-se com audiências adicionais em circunstâncias difíceis, dois anos não seriam o suficiente para as viagens em questão, ao Ocidente e ao Oriente. Talvez seja essa a questão; talvez a perseguição não necessitasse de qualquer armadilha jurídica. O imperador havia posto a culpa do incêndio nos cristãos, e isso seria o suficiente. Contudo, é possível, então, que uma ou duas viagens fossem viáveis; Paulo estaria distante de Roma, no Oriente ou no Ocidente, enquanto Nero perseguia os cristãos, e talvez ele tenha retornado a Roma algum tempo depois de 64 d.C., só para descobrir que tudo estava acabado, mas que a atmosfera social havia mudado e que, cidadão ou não, apelando a César ou não, estava diretamente sob julgamento como perigoso agitador. Talvez. Paulo teve de viver com certa doze de incertezas em sua vida. Talvez seja apropriado aos biógrafos terem sua medida de incertezas também.

Por fim, antes de vermos como Paulo abordou sua morte iminente, é importante dar um passo para trás e fazer um levantamento mais amplo do homem e de sua obra.

O mundo de Paulo

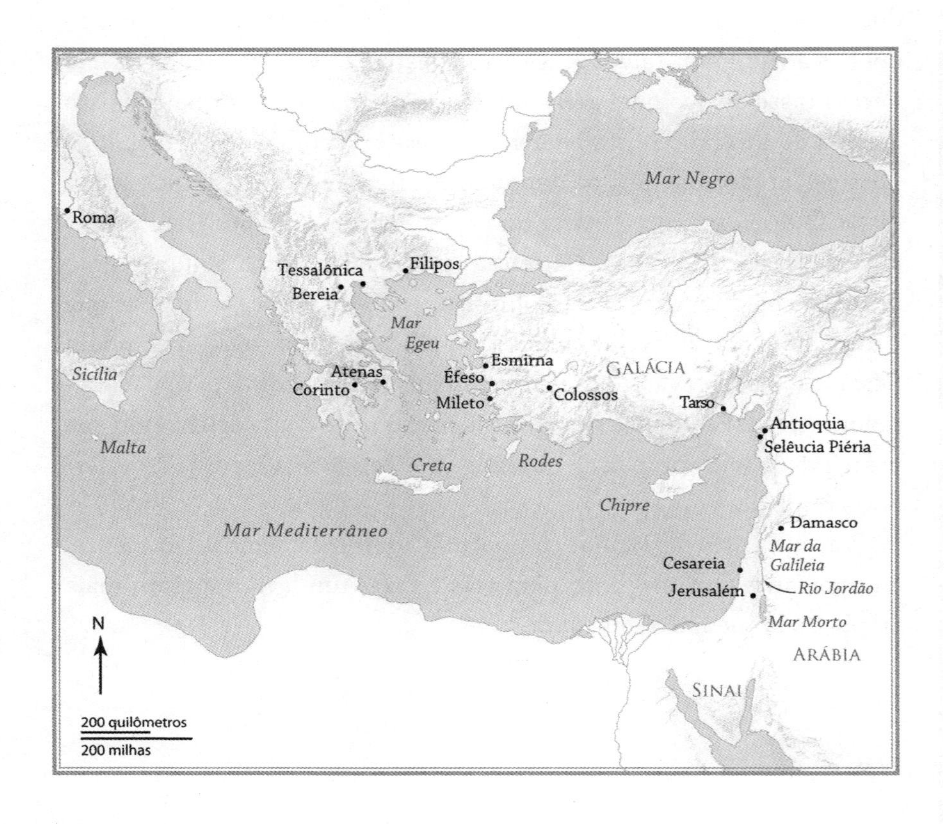

CAPÍTULO 15

O DESAFIO DE PAULO

O QUE PAULO TENTOU FAZER? O que o fez agir do modo como agiu? Por que retornava à sinagoga, embora continuasse sendo espancado ali? Por que insistir na mensagem aos gentios, apesar de o considerarem um judeu maluco e quererem expulsá-lo da cidade? Por que persistir incansavelmente em seu aparente desejo de estar em três lugares ao mesmo tempo, escrever para cinco igrejas de uma só vez, explicar e persuadir, ensinar e proclamar, viajar, viajar e viajar um pouco mais? O que, tanto em seu encontro inicial com Jesus a caminho de Damasco como no subsequente senso de obrigação interna decorrente dele, levava-o a seguir adiante? E, na única ocasião em que até isso deixou de inspirá-lo, o que, com o tempo, regenerou sua fé e esperança? Quais análises podemos fazer desta mente brilhante, deste coração apaixonado? O que o motivava no íntimo e como o acontecimento na estrada de Damasco desencadeou sua paixão? E por fim, além de tudo, por que seu ministério foi profícuo? Por que o movimento que ele iniciou, contra todas as probabilidades, tornou-se, em curto espaço de tempo, a igreja que vemos nos séculos IV e V? Por que esse homem ocupado e vulnerável, apesar de tudo, parece ter sido tão eficiente?

Talvez seja útil explicar o motivo pelo qual Paulo nem sempre foi tão aceito pela Igreja e pelo mundo moderno se relembrarmos seu momento de grande crise em Éfeso, onde experimentou uma terrível depressão e, por fim, a revitalização de sua fé e esperança. Aqueles que preferem uma metafísica ou filosofia simples e clara perceberão, como Festo em Cesareia, que, ao ouvirem Paulo, tudo parece complicado e confuso; para alguns, é melhor afastá-lo violentamente, já que suas palavras soam um arrazoado de loucura. Festo teve muitos sucessores no mundo moderno, e aqueles que gostam de sua religião, ou de suas amizades, sem muita intensidade podem achar a personalidade de Paulo difícil: ansioso e vulnerável, ao mesmo tempo ousado ("opus-me a ele face a face") e sujeito a séria insegurança ("foi tudo em vão?"). Como amigo, diríamos que Paulo tinha "alto custo de manutenção" por ser exigente e meticuloso, embora sua amizade resultasse em "alto desempenho".

Mas são essas as perguntas certas? Por que as ideias e a personalidade de Paulo devem ser deixadas à mercê de gostos e desgostos modernos? Provavelmente, o apóstolo teria uma resposta afiada a qualquer insinuação desse tipo. Por que não deveria *ele* questionar *nossos* critérios, nossas ideias, nossos tipos de personalidade preferidos? Por onde mesmo começamos a fazer tais perguntas?

Para Paulo, não havia dúvidas sobre o ponto de partida. Sempre foi Jesus: Jesus como o cumprimento inusitado da esperança de Israel; Jesus como o ser humano genuíno, a verdadeira "imagem"; Jesus como a personificação do Deus de Israel — de modo que, sem deixar o monoteísmo judaico, podemos adorar e invocar Jesus como Senhor *juntamente* com o "Deus vivo e verdadeiro", não em paralelo a ele. Jesus, aquele por quem abandonamos todos os ídolos, todos os "senhores" rivais. Jesus, acima de tudo, que viera ao seu reino, o verdadeiro senhorio do mundo, da mesma maneira que os amigos de Paulo, que começavam a escrever a respeito de Jesus naquela época, haviam enfatizado: morrendo sob o peso do pecado do mundo, a fim de destituir o poder das foças das trevas que escravizavam todos os humanos, incluindo Israel.

Jesus cumpriu assim a antiga promessa, sendo "entregue à morte por nossos pecados e ressuscitado para nossa justificação".[1] Jesus, que havia ressuscitado dentre os mortos no terceiro dia e, desse modo, anunciado ao mundo como o verdadeiro Messias, o "filho de Deus" em todos os sentidos (Messias, representante de Israel, encarnação do Deus de Israel). Jesus, assim, em quem "todas as promessas de Deus encontram seu 'sim,'" o "objetivo da lei", a verdadeira semente de Abraão e "raiz de Jessé".[2] Jesus, o Senhor, perante o qual todo joelho se dobraria. Jesus, que reapareceria em um grande acontecimento futuro, interligando a ideia de um rei cuja vinda reivindicaria e estabeleceria seu reino à ideia de um Deus que, embora há muito oculto, finalmente se revelaria. Jesus, cuja mensagem poderosa realmente transforma vidas no tempo presente antes do momento final, quando ressuscitará seu povo dentre os mortos. E, além de tudo isso, Jesus, não apenas como um rótulo para expressar uma ideia ou fato teológico, mas como uma presença viva e inspiradora, consoladora, atenciosa e encorajadora, cujo amor "nos faz prosseguir", aquele que "me amou e deu a si mesmo por mim", cujo conhecimento valia para Paulo mais do que todos os privilégios que o mundo, incluindo o antigo mundo bíblico, tinha a oferecer. Jesus era o ponto de partida e o objetivo final.

O objetivo final? Sim, porque Paulo nunca hesitou na ideia de que Jesus reapareceria. Ele iria "descer do céu", posto que, para melhor entender isso, temos de lembrar que "céu" não é "lá em cima", mas sim a realidade presente da dimensão de Deus. Jesus viria do céu para a terra, não para reunir seu povo e levá-lo de volta para o "céu" — como sugere a imaginação popular —, mas para completar a já inaugurada tarefa de colonizar a "terra", o espaço humano, com a vida

[1]Romanos 4:25.
[2]2Coríntios 1:20; Romanos 10:4; Gálatas 3:16; Romanos 15:12.

do "céu", o espaço de Deus. O plano de Deus sempre foi o de unir em Jesus todas as coisas no céu e na terra, o que significava, do ponto de vista judaico, que Jesus era o Templo definitivo, o lugar onde céu e terra se encontram. Isso, já cumprido em sua pessoa, agora estava sendo concretizado por meio de seu espírito. Paulo sempre acreditou que a nova criação de Deus estava por vir, talvez muito em breve, porém, já na época de suas últimas cartas ele percebeu que, ao contrário de seu palpite anterior, ele provavelmente estaria morto antes desse acontecimento. Todavia, Paulo nunca duvidou que o presente mundo corrupto e decadente seria um dia resgatado deste estado de escravidão e morte e emergiria em nova vida sob a gloriosa autoridade do povo de Deus.

Além do mais, isso proporcionava ao seu trabalho uma urgência particular, e é justamente aqui onde, ao longo do último século, há um grande desentendimento. Da mesma forma como podemos dizer que havia uma visão "apocalíptica" nos dias de Paulo, ele também a compartilhou. Ele acreditava que o Deus de Israel, tendo abandonado o Templo na época do exílio babilônico e nunca tendo cumprido sua promessa de retornar em visível e poderosa glória, revelou-se repentinamente, de forma chocante e perturbadora, em Jesus, adentrando um mundo e um povo despreparados. Paulo acreditava que isso não só aconteceu nos eventos da morte e ressurreição de Jesus e no dom do espírito, mas em seu próprio caso, e talvez em outros casos, em um momento de cegueira e transformadora glória. Ele acreditava em uma nova criação já iniciada e a ser completada no futuro, bem como que uma grande transformação *havia ocorrido* em todo o cosmos quando Jesus morreu e ressuscitou, e também que uma grande transformação *iria ocorrer* em seu "retorno" ou em seu "reaparecimento", o tempo em que o céu e a terra finalmente seriam unidos.

As últimas gerações de estudantes e ministros têm sido ensinadas, entretanto, que Paulo, e de fato Jesus e seus primeiros discípulos, acreditavam em duas coisas a respeito disso tudo: primeiro, que este grande evento envolveria (em um sentido ou outro) o fim do mundo como o conhecemos e, segundo, que esse evento aconteceria durante sua geração. Então, como o mundo não acabou após a primeira geração de cristãos, tem sido bastante comum, particularmente entre aqueles que querem distanciar-se das ideias cristãs primitivas, em particular das de Paulo, dizer, às vezes por gentileza, outras por condescendência, que "eles esperavam o fim do mundo, mas estiveram errados, e que, portanto, talvez estejam errados sobre muitas outras coisas também". A ironia com relação a essa posição é que a ideia de "fim do mundo" não é nem bíblica, nem judaica, nem do cristianismo primitivo. Ela vem do mundo secular, de uma Europa do século XIX alimentada por sonhos de revoluções passadas e que ainda estavam por vir. No final daquele século, quando alguns escritores começaram a levar a sério o contexto judaico da linguagem do reino de Jesus e de seus primeiros discípulos, eles não estavam em sintonia com a maneira com que essa linguagem era usada no mundo judaico do primeiro século, mas sim como tal linguagem funcionava dentro das ideologias europeias em curso, e acabaram por projetar isso em Jesus, Paulo e nos demais. Isso demonstrou ser uma boa história na época, particularmente com a Europa mergulhada em um terrível século "apocalíptico", com guerras, rumores de guerras e coisas piores, mas não ajudou com a questão essencial e histórica sobre o que motivava Paulo.

Sendo assim, o que causava o tom de urgência na escatologia de Paulo? O ponto principal é que o tão aguardado acontecimento poderia ocorrer *a qualquer momento*, e não que tivesse de ocorrer dentro de um intervalo específico de tempo. O acontecimento que *deveria* ocorrer naquela geração não era o fim do mundo, mas sim, de acordo com Marcos 13 e as narrativas paralelas em Mateus e Lucas, *a queda de Jerusalém*. A ideia foi tecida dentro da estrutura do cristianismo primitivo de tal forma que só passou a ser aceita recentemente, com o aumento de estudos do mundo judaico da época. No entanto, Jerusalém e especificamente o Templo sempre foram vistos como o local onde céu e terra convergem; tanto que, quando Isaías fala de "novos céus e nova terra", alguns comentaristas agora dirão, sem muita elaboração, que o profeta se refere à reconstrução do Templo, o edifício que une céus e terra.[3]

É claro que isso, por sua vez, remeteria à ideia de céu e terra sendo renovados e, por fim, unidos, mas o Templo, e antes disso o Tabernáculo no deserto, sempre tiveram esse significado, uma indicação futura a respeito das verdadeiras intenções do Criador. Estava suficientemente claro nas tradições do evangelho: Jesus havia advertido que o Templo estava sob julgamento; nenhuma pedra seria deixada sobre a outra. Isso seria de fato "o fim do mundo" — não no sentido superficial e moderno de colapso do universo e do espaço e tempo, mas no sentido judaico de que o edifício que mantinha o céu e a Terra unidos seria destruído. Como Jeremias havia profetizado, o caos viria outra vez.

Sugeri anteriormente que, em 2Tessalonicenses, Paulo já havia previsto esse momento, muito possivelmente por intermédio de um imperador romano, fazendo o que Calígula quase acabara por fazer. Os monstros — presumivelmente o principal monstro do mar, a própria Roma — se ergueriam até sua altura máxima, demolindo a estrutura-céu-e-terra que, de acordo com Jesus, chegou a materializar a "cova de ladrões" de Jeremias. Jesus, como o verdadeiro Senhor, estabeleceria então um tipo diferente de reino, um reino que não poderia ser abalado, mas, se *isso* estava para acontecer naquela geração — se Jerusalém iria sucumbir perante os romanos —, então era melhor que Paulo se ocupasse, porque ele bem sabia, talvez até melhor que seus contemporâneos, quais reações um acontecimento tão terrível como esse produziriam.

Discípulos de Jesus dentre os gentios diriam que Deus havia finalmente cortado os judeus, deixando "a igreja" como um corpo não judeu, e o cristianismo se tornaria "uma religião" a ser comparada (de forma favorável, é claro) com algo chamado "judaísmo". Por outro lado, os discípulos de Jesus dentre os judeus acusariam seus colegas gentios — particularmente os discípulos de Paulo, aquele transigente

[3]Isaías 65:17; 66:22.

maldito — de terem precipitado esse desastre ao imaginarem que alguém poderia adorar o verdadeiro Deus sem ser circuncidado e sem guardar toda a Torá. E os judeus que tinham rejeitado a mensagem de Jesus não teriam dúvida alguma: tudo isso aconteceu por causa do falso profeta Jesus e seus discípulos mal-intencionados, em especial Paulo, que havia levado Israel ao engano.

Tudo isso é mera suposição, porém, fundamentada em tudo o que conhecemos a respeito de Paulo e seu evangelho. Ele estava, assim, determinado *a estabelecer e manter comunidades gentílico-judaicas, adorando o Único Deus por meio de Jesus, seu filho, e pelo poder do espírito, antes da catástrofe*, pois só assim essa potencial separação — a destruição do "novo Templo" de 1Coríntios 3 e Efésios 2 — poderia ser evitada. É por isso que Paulo insistiu, carta após carta, *na unidade da Igreja, além de quaisquer tradições*. Isso não dizia respeito ao estabelecimento de uma nova "religião", e também não tinha nada a ver — ainda ouvimos essa difamação de vez em quando — com Paulo sendo um "judeu que odiava a si mesmo". Paulo anunciava o que acreditava serem os elementos centrais da esperança judaica: um Único Deus, o Messias de Israel e a própria ressurreição. Para ele, o que importava era a *escatologia messiânica* e a comunidade que a englobava. Este Único Deus havia cumprido não apenas um punhado de promessas individuais, mas a narrativa completa do antigo povo de Deus de forma tão inesperada, que a maioria dos guardiões dessas promessas não o reconheceram. Isso, afinal, era o que Paulo vinha dizendo de uma sinagoga à outra, e era por causa desse cumprimento que os gentios agora eram aceitos como parte de uma única família.

As pessoas costumam escrever como se Paulo acreditasse estar vivendo nos últimos dias, o que era de certa forma verdade. Deus tinha, por meio do Messias, entrado neste mundo de caos, idolatria, maldade e morte repentina, tomando todo o horror para si, e tinha também inaugurado algo novo no lugar. Isso, porém, significava que Paulo sabia, ao mesmo tempo, estar vivendo os *primeiros* dias, as cenas de abertura do novo drama mundial, em que os céus e a terra já não seguem unidos pela Torá e pelo Templo, mas sim por Jesus e pelo espírito, indicando, então, um tempo em que a glória divina iria encher toda a terra e transformá-la de cima a baixo. Você não encontraria essa visão no mundo não judeu dos dias de Paulo, pois é uma visão completamente judaica, inclusive no fato de ter sido remodelada em torno daquele a quem acreditavam ser o Messias de Israel.

Desse modo, a motivação e a mentalidade de Paulo foram moldadas fundamental e radicalmente pelo próprio Jesus, o Messias, Senhor crucificado e ressurreto, e pela nova forma que, consequentemente, a esperança judaica assumiu, por isso sua lealdade sempre pareceu ser contestada; e é aqui que podemos entender, dentro de um contexto apropriado, o que ele tinha a dizer a respeito dos seres humanos, sua complicada situação e sua salvação. Isso tem sido fundamental na grande maioria dos relatos a respeito de Paulo do século XVI até o presente, e, quando olhamos para sua vida, é importante trazer esse tema à luz de seu contexto histórico para melhor compreendê-lo.

Paulo sempre acreditou que o Único Deus iria, por fim, corrigir o mundo todo. Os salmos haviam dito isso; os profetas haviam predito isso; Jesus havia anunciado que isso já estava acontecendo, embora de uma maneira que ninguém antes previra. Paulo declarou que isso *já havia* acontecido em Jesus — e *tornaria a acontecer* quando ele retornasse. Em meio a essas duas fases de "endireitamento" — sendo a cruz e a ressurreição a primeira e a segunda, a consumação no retorno de Jesus — Deus havia dado seu espírito por meio da poderosa e transformadora palavra do evangelho. O evangelho, algo incompreensivelmente tolo aos gregos e escandalosamente blasfemo aos judeus, no entanto, agiu de forma poderosa em corações e mentes. Seus ouvintes descobriram que ele fazia sentido e, por meio desse sentido, eram transformados de dentro para fora — essa é a grande realidade "evangélica" pela qual Paulo e suas cartas tornaram-se famosas.

O problema é que abordamos essa poderosa realidade do evangelho de forma errada. As igrejas ocidentais, em sua grande maioria, colocam a mensagem de Paulo dentro de um conceito medieval que rejeita a visão bíblica de que céus e terra um dia se unirão. A Idade Média mudou o foco da "terra" e o pôs sob duas ideias bem distintas, "céu" e "inferno", muitas vezes com um estágio temporário ("purgatório") antes do "céu". O poderoso e transformador evangelho de Paulo servia, então, para cumprir este objetivo; isto é, acreditar no evangelho era a forma de fugir disso tudo e "ir para o céu", mas esse não era o objetivo de Paulo. "Vocês foram salvos pela graça, por meio da fé", ele escreve em Efésios, e "Isso não acontece por iniciativa de vocês; é dom de Deus. Não é com base em obras, para que ninguém possa se gloriar".[4] Tal como está, tal afirmação pode muito bem ser inserida na forma de pensar vou-para-o-céu, mas, observando melhor o contexto, percebemos que Paulo tem ideias bem diferentes. No primeiro capítulo de Efésios ele insiste que o plano divino era "reunir todo o cosmos no rei — sim, todas as coisas, celestiais ou terrenas, nele".[5] No segundo capítulo da carta, ele explica o propósito de sermos "salvos pela graça, por meio da fé:"

> Deus fez de nós quem somos. Deus nos criou no Rei Jesus para as boas obras que ele preparou, de antemão, como a estrada que devemos percorrer.[6]

Deus fez de nós quem somos; ou, extraindo um tom diferente, mas igualmente válido do grego, *somos a poesia de Deus*, sua obra de arte. Deus já completou, e ainda completará, a nova criação no Messias e por meio do espírito. Quando alguém acredita no evangelho e descobre seu poder transformador, essa pessoa se torna um pequeno, porém significativo, exemplo dessa nova criação.

A razão de existirmos como seres humanos, afinal, nunca foi o de sermos meros habitantes passivos no mundo de Deus. No que diz

---

[4]Efésios 2:8-10.
[5]Efésios 1:10.
[6]Efésios 2:10.

respeito a Paulo, o motivo de sermos humanos era o de carregarmos a imagem de Deus, de refletirmos a sabedoria e a ordem de Deus no mundo e devolvermos os louvores da criação a ele. Os seres humanos foram feitos para permanecerem no limiar entre o céu e a terra — como uma "imagem" em um templo, nada mais nada menos — e para serem o canal pelo qual tanto a vida de Deus vem à Terra como os louvores da Terra sobem a Deus. Aqui está, de acordo com Paulo, a razão para o resgate e a renovação da humanidade ("salvação", na linguagem tradicional): aqueles que foram tomados pela graça do evangelho e são testemunho disso por meio de uma crença fiel em um Único Deus, estando focados em Jesus, não são apenas beneficiários, destinatários da misericórdia de Deus, são também seus representantes. Eles são poemas pelos quais Deus está se dirigindo ao mundo e, da mesma forma como poemas são elaborados, eles rompem com padrões e a forma como vemos as coisas e estimulam a mente a imaginar um modo diferente de ser humano.

E essa é exatamente a essência do evangelho e da ética de Paulo. *Deus irá, enfim, consertar o mundo todo*. Ele realizou a principal parte dessa obra em Jesus e em sua morte e ressurreição, e, por meio do evangelho e do espírito, Deus está agora *endireitando pessoas* para que elas possam ser tanto exemplo do que o evangelho é capaz de fazer, como representantes de transformações ainda maiores no mundo de Deus.

Esse é o cerne da famosa "doutrina da justificação" de Paulo, tão importante em Gálatas, Filipenses e Romanos, embora quase imperceptível (até percebermos como ela está interligada a tudo o mais) nas outras cartas. Porém, mais uma vez temos abordado o assunto de maneira errada. Se perguntarmos "Como posso ir ao céu", ou, nas palavras de Martinho Lutero, "Como encontro um Deus gracioso?" e tentarmos extrair uma resposta para essas perguntas no que Paulo diz sobre justificação, provavelmente encontraremos apenas uma. Talvez não seja de todo equivocada, mas perderíamos o real sentido de "justificação" de acordo com Paulo. Não se refere a uma abordagem moralista onde a única pergunta que importa é se nós humanos nos comportamos e acumulamos o estoque de mérito ("retidão") necessário e, caso contrário, onde podemos encontrar esse estoque, acumulado por alguém em nosso nome. Diz respeito ao âmbito *vocacional* pelo qual o ser humano é chamado a refletir a imagem de Deus no mundo e sobre a obra redentora de Deus, pela qual, por meio de Jesus, libertou o ser humano precisamente para refletir sua imagem.

Dessa forma, para Paulo, questões sobre "pecado" e "salvação" são vitais, mas elas partem de uma visão de mundo diferente daquela que é normalmente reconhecida por cristãos ocidentais. Para ele, assim como para todos os judeus devotos, o principal problema do mundo era a idolatria. Os humanos adoravam ídolos e, portanto, comportavam-se de maneira completamente desumana, não como portadores da imagem divina; essa era uma crença de extrema importância para os judeus e Paulo também a compartilhou. O que ele não compartilhou, após repensar suas tradições à luz de Jesus e do espírito, foi a ideia de que o povo de Israel, exatamente como estava, constituía a solução para esse problema — como se tudo o que alguém tivesse que fazer fosse se tornar judeu e guardar a Torá, e tudo o mais ficaria bem, não só com Israel, mas com o mundo. Paulo conhecia bem esta visão e a rejeitou com firmeza.

Paulo acreditava, não somente porque o enxergou claramente nas Escrituras, que Israel estava também presente em Adão. Israel também tinha seu próprio tipo de idolatria, mas o sentido da morte redentora de Jesus, que o próprio Jesus enxergou como a nova páscoa, era que os poderosos "deuses" e "senhores" aos quais os humanos haviam entregado sua própria autoridade tinham sido derrotados. A ressurreição provou isso e, assim, iniciou um novo mundo e um novo povo pronto para refletir o verdadeiro Deus neste novo mundo, e é por isso que a missão de Paulo entre os gentios não era uma ideia diferente da ideia de "perdão de pecados" ou "purificação do coração". Foi *porque* o poderoso evangelho anunciou e efetuou essas realidades que as antigas barreiras entre judeus e gregos foram abolidas no Messias, e foi *porque*, no Messias, as promessas do Salmo 2 se tornaram verdade — que Deus colocaria seu rei ungido acima das autoridades das nações, de modo a estender a todos os cantos do mundo as promessas feitas a Abraão a respeito de sua "herança" — que Paulo poderia convocar todo tipo de pessoa para uma "fé obediente". É por isso que o trabalho de Paulo deve ser considerado tanto "social" ou "político" quanto "teológico" ou "religioso", pois, toda vez que ele se pronunciou a respeito da "justificação", parte de seu argumento era que, no Messias, havia uma única família composta de judeus crentes e gentios crentes, uma família que demonstrava ao mundo que havia uma nova forma de ser humano. Paulo se via como um modelo perfeito disto. "Por meio da lei eu morri para a lei, para que pudesse viver para Deus".[7]

O chamado específico de Paulo era então o de fundar e manter igrejas gentílico-judaicas em solo gentílico e fazê-lo enquanto "o restringente" continha o cataclismo que já estava tão próximo. E, uma vez que ele não podia estar em mais de um lugar ao mesmo tempo e nem podia escrever o tanto quanto gostaria, mesmo em suas cartas mais longas (lembramos outra vez aquela noite quente em Trôade quando da queda de Êutico pela janela), ele percebeu desde cedo que o seu trabalho não era apenas o de ensinar as pessoas *o que* pensar e em *que* acreditar, mas de ensiná-las *como*. Como pensar com clareza, com base nas Escrituras e na oração. Como ter a mente renovada e transformada para que os cristãos pudessem descobrir por si mesmos as mil e uma coisas que ele não teria tempo de lhes contar. Como pensar com a "mente do Messias", principalmente por ela estar centrada na história da cruz: "É assim que vocês devem pensar: com a mente que vocês têm por pertencerem a Jesus, o Messias".[8] Essa é a única maneira pela qual a Igreja seria tanto unida como santa, e, como ambas eram mandatórias — porém muito difíceis —, era vital, Paulo reconheceu, que aqueles que estavam "no Messias" também desenvolvessem a disciplina da mente cristã. Nessa busca, ele utilizou todos os recursos que encontrou, incluindo ideias

[7]Gálatas 2:19.
[8]Filipenses 2:5.

e frases da filosofia contemporânea. "Levamos prisioneiros os pensamentos", escreve, "e fazemo-los obedecer ao Messias".[9] Essa, proponho, é uma das razões para o extraordinário sucesso de seu trabalho.

Tudo isso parece insinuar, no entanto, que Paulo era principalmente, ou talvez unicamente, um "pensador" — uma caixa encefálica independente, um computador ambulante, mas não é para tanto. Como vimos repetidamente, ele se definiu com palavras de amor: o amor de Deus no Messias, a dívida de amor que só o próprio amor poderia retribuir, o amor que o unia em um relacionamento rico e pessoal com o próprio Jesus ("Quero conhecê-lo, conhecer o poder da sua ressurreição e a parceria no seu sofrimento").[10] O amor que transbordava constantemente, aquilo que podemos chamar de atividade "pastoral", mas que para Paulo era simplesmente amor em ação. Vemos esse poderoso, mas também vulnerável amor nas constantes preocupações com a igreja de Tessalônica nos primórdios de sua fundação e em sua reação conturbada com a igreja de Corinto quando fez sua última viagem de Éfeso para exortá-la mais uma vez. Vemos esse amor, poderosa e astutamente em ação, na breve carta a Filemom.

É com base nesse amor e nessa preocupação pastoral que ao mesmo tempo perguntamos se ele estava "correndo em vão" e somos respondidos pelas Escrituras: *Você é meu servo*. Isaías 49 era trazido constantemente à sua memória — juntamente com tantas outras passagens, é claro, mas essa, e algum de seus versos em particular, deram-lhe forma a um hábito mental. A visão de Isaías do servo que iria trazer a luz de Deus aos gentios e as adversidades pelas quais ele passaria — incluindo questionar se seu trabalho estaria surtindo qualquer efeito — foram a companhia constante de Paulo, e essa era uma das coisas que lhe causava tremor.

É a partir dessa atitude servil que podemos entender melhor o conceito de *pistis* narrado por Paulo, que, como vimos anteriormente,

---

[9] 2Coríntios 10:5.
[10] Filipenses 3:10.

significa tanto "fé" (dentre os tantos significados da palavra em português, cada qual com seu respectivo uso) e "lealdade" ou "confiabilidade". Isso nos ajuda a responder uma das principais questões feita em nossos dias, assim como no passado, a respeito de Paulo: ele pensava em si mesmo como um judeu leal?

Se *pistis* pode tanto significar "lealdade" quanto "fé", podemos então dizer que a doutrina mais famosa de Paulo é a "justificação pela lealdade?" Talvez isso seja exagerar muito as coisas, mas, para Paulo, "justificação" significava algo bem diferente do que é normalmente compreendido pelo Ocidente, traçada por uma visão moralista ("Já fiz todas as coisas que Deus quer que eu faça?") e vinculada a uma escatologia platônica ("Como faço para ir para o céu?"). Para Paulo, justificação dizia respeito à declaração, por parte de Deus, de que esta ou aquela pessoa era parte da família prometida a Abraão — o que, por sua vez, significava que, embora "ímpias" por sua origem gentílica, tais pessoas foram "justificadas", aceitas, e, agora, faziam parte da família da aliança, pela conquista de Deus sobre os poderes que as escravizavam, pelo seu perdão de pecados e pela poderosa obra purificadora do espírito. O que foi dito sobre Fineias e antes sobre Abraão também seria dito a respeito deles: "Isso lhes foi creditado como um ato de justiça", pois eles serão membros da aliança. O "zelo" de Fineias e o "zelo" de Saulo de Tarso foram traduzidos como zelo pelo evangelho, e o ponto é que podemos reconhecer membros da família pela *pistis* que possuem, o que pode ser expresso como "fé *no* Deus que ressuscitou Jesus dentre os mortos" ou confessando Jesus como Senhor e acreditando *que este Deus* o ressuscitou dentre os mortos. Tito compartilhava dessa *pistis*; é por isso que Paulo e Barnabé insistiram que ele não fosse circuncidado. Os cristãos gentios em Antioquia compartilhavam dessa *pistis*, por isso Paulo confrontou Pedro quando, pelo seu comportamento, ele parecia sugerir o contrário. E assim por diante.

A "fé" em questão é, assim, a reação da totalidade de uma pessoa com a totalidade do evangelho. No latim tradicional ela pode ser tanto *fides qua*, a fé *pela qual* acreditamos, isto é, a própria confiança humana, a resposta pessoal à mensagem do evangelho, ou pode ser *fides quae*, a fé *na qual* acreditamos, isto é, as coisas específicas em que concordamos; mas "concordar" é apenas uma parte disso. O evangelho não produz apenas uma reação mental, um cálculo e uma conclusão. Isso é importante, mas nunca acontece sozinho, e provavelmente apenas um filósofo medieval antiquado pensaria o oposto. Mente e coração estão inextricavelmente ligados, e é por isso que a "lealdade" também é uma parte vital das *pistis*. "Fé obediente" — ou, em traduções mais comuns, "obediência da fé" — é a resposta completa e sincera à lealdade da mensagem sobre Jesus. Uma lealdade contestada, claro, mas, ainda sim, lealdade.

Para os judeus da época de Paulo, essa "lealdade" era expressa dia a dia, de fato várias vezes ao dia, na oração que vemos Paulo fazer durante sua juventude e, depois, de forma mais radical, em sua fase mais madura como seguidor de Jesus. Assim como acontece com vários salmos e com os profetas e com todo aquele estilo de adoração e liturgia judaicas, Paulo reencenou esses atos e essas palavras em torno dos eventos do evangelho. Isso era, e assim permaneceu, central à sua própria percepção, um profundo senso interno do que o fazia ser quem ele era: um judeu leal.

Isso é repetidamente enfatizado nos capítulos finais de Atos, e devemos resistir a tentativa de interpretar essa imagem em Atos fora do contexto das demais cartas do próprio Paulo. É claro, ele havia redefinido esse conceito de lealdade, mas isso não significava que, quando estivesse a comer com amigos gentios, ele evitaria comer a comida deles nem que ele iria guardar os sábados e as festas da mesma maneira em que fez quando mais jovem. Quando a realidade por fim chega, os sinais na estrada já não são mais necessários, não porque eram enganosos, mas porque já cumpriram com seu propósito. É desnecessário colocar uma placa com os dizeres "Siga aqui para Londres" quando se está em frente ao Palácio de Buckingham. Paulo não tomou a postura que tomou porque ele era algum tipo de "liberal" — o que quer que essa palavra tenha significado em seu tempo! — nem porque ele estava fazendo acordos pragmáticos na tentativa de atrair gentios para suas comunidades, tampouco, para dizer outra vez, porque ele secretamente odiava sua própria cultura e identidade. Era tudo por causa do Messias: "Fui crucificado com o Messias. Estou, entretanto, vivo — embora não seja mais eu, mas o Messias, o qual vive em mim".[11] *Se o Messias veio e se Deus o distinguiu em sua ressurreição, então ser um judeu leal é ser fiel a este Messias e ao Deus que agiu por meio dele.*

Mas se o Messias foi crucificado e ressuscitado, então a questão do que realmente significava ser um judeu leal foi radicalmente redefinida e agora significava seguir esse modelo de crucificação e ressurreição — refletindo, Paulo teria insistido, o modelo das próprias Escrituras de Israel. Significava descobrir a profunda verdade sobre o batismo: agora ele estava "no Messias", um membro de sua extensa e multinacional família, e o que era verdade sobre o Messias (crucificação e ressurreição) era também verdade sobre ele. É aqui que entra o "cálculo", carregando posteriormente consigo tons de "imputação". *Calculem-se mortos para o pecado,* diz o apóstolo aos membros das igrejas, *mas vivos para Deus em Jesus, o Messias.*[12] O que é verdade a respeito dele, Paulo teria dito, agora também é verdade sobre eles e eles devem viver de acordo. Eles já foram ressuscitados "nele"; *um dia irão* também ressuscitar corporalmente por seu espírito; portanto, a vida deles deve ser vivida completamente à luz disso. Isso requer fé, em todos os seus sentidos mais comuns, e, quando essa fé se faz presente, ela é de fato indistinguível da lealdade — lealdade ao Messias e lealdade ao Único Deus por meio dele. Isso, no final das contas, foi o que Paulo aprendeu na estrada para Damasco e em sua contínua reflexão sobre aquele evento brutal que o cegou.

TUDO ISSO NOS REMETE À RESPOSTA QUE, segundo creio, Paulo daria, bem como às respostas que nós mesmos gostaríamos de dar à

[11]Gálatas 2:19-20.
[12]Romanos 6:11.

nossa pergunta "extra": por que seu ministério foi bem-sucedido? Por que seu trabalho foi, em última análise, tão frutífero?

Há duas maneiras bem diferentes de abordarmos a pergunta, e creio que Paulo desejaria que ambas fossem consideradas. O apóstolo sabia o bastante sobre diferentes níveis de explicação. Sem dúvida, ele conhecia o texto de 2Reis, no qual o anjo do Senhor destruiu os assírios que cercavam Jerusalém, e é bem provável que estivesse familiarizado com a versão de Heródoto, segundo a qual ratos invadiram o acampamento assírio e devoraram arcos e correias de escudo dos sitiadores, forçando-os à retirada.[13] Certamente, o apóstolo entendia que alguém poderia contar histórias bem diferentes a partir do mesmo acontecimento, todas igualmente verdadeiras a seu modo. O relato de Lucas sobre como Paulo compareceu perante Agripa e Berenice variaria de modo significante da maneira como o próprio Paulo o teria contado ao seu carcereiro na mesma noite, e diferente também de como Agripa e Berenice o teriam narrado um ao outro enquanto caminhavam no dia seguinte.

Assim, o que poderia ser dito, de diferentes ângulos, acerca das razões subjacentes ao sucesso surpreendente e duradouro da obra de Paulo? Indo um passo além, como forma de nos ajudar a perceber a importância do trabalho do apóstolo, façamos a seguinte pergunta: como o próprio Paulo avaliaria seu sucesso, caso pudesse tê-lo antecipado?

Provavelmente, ele começaria com uma resposta teológica. Há um Único Deus, e esse Deus venceu o poder das trevas por meio de seu filho; devemos esperar que ele, por seu espírito, fará com que a luz do conhecimento de sua glória se espalhe pelo mundo — por meio do testemunho fiel, sofredor e intercessor dos seguidores de Jesus. Ou, colocando-o de outra maneira, o Único Deus já construiu seu novo Templo, seu novo *microcosmos*; a Igreja, formada por judeu-mais-gentio, é o lugar em meio ao qual o espírito divino já habita e revela sua glória como sinal do que acontecerá, um dia, em todo o mundo. Desse modo, cedo ou tarde, esse movimento está fadado a prosperar.

---

[13]2Reis 19:35; Heródoto, *Histories* [Histórias] 2.141.

Naturalmente, Paulo não esperaria que isso fosse acontecer de maneira fácil e tranquila, pois jamais presumiria que a transformação de comunidades pequenas e geralmente mistas em um corpo muito mais amplo, constituindo a maioria no mundo Romano, aconteceria sem sofrimento terrível e sem horrendos imprevistos. Sim, ele ficaria entristecido, mas não surpreendido, por erros cometidos nos séculos seguintes e pelas batalhas que teriam de ser travadas, mas, apesar disso, ele insistiria que o importante era Jesus e o espírito. O apóstolo reiteraria que *algo aconteceu* em Jesus, algo de importância cósmica, e esse movimento não segue em frente por seus próprios meios; tampouco é subproduto de trabalho árduo e oportunidade histórica. Deus está trabalhando no meio de seu povo para produzir o desejo e a realização, e isso está fadado a ter seu efeito mais amplo mais cedo ou mais tarde ou por quaisquer meios.

Entretanto, Paulo pensaria que essa explicação teológica seria suficiente? Em certo sentido, sim; em outro, não. Paulo estava atento a todos os aspectos que o historiador, em contraste com o teólogo, desejaria estudar e teria estado ciente da forma como Heródoto desmitificou a história de 2Reis. Além disso, ele sabia que outros em seu próprio tempo faziam a mesma coisa com as histórias de Homero.

Contudo, mesmo que ele não desejasse copiar Heródoto e dar uma explicação puramente naturalística, Paulo certamente não desejaria atribuir a coisa toda a poderes divinos ou angelicais, que operavam sem a agência humana. Paulo cria que, quando a graça divina estava em ação, os próprios agentes humanos eram, como resultado, chamados para trabalhar duro, principalmente em oração, e ele diz isso a seu próprio respeito.[14] O Criador trabalha de mil maneiras diferentes, mas uma das maneiras principais de seu agir é por intermédio de pessoas — pessoas que pensam, oram, tomam decisões difíceis e trabalham duro, especialmente em oração. Isso é parte do que significa ser um portador da imagem de Deus. A questão da ação divina e da ação

[14]1Coríntios 15:10; Colossenses 1:29.

humana é raramente um jogo de soma zero, portanto, se os mundos do céu e da terra convergem em Jesus e no espírito, devemos esperar diferentes camadas de explicação se intercalando a fim de reforçarem umas às outras.

Então o que há em Paulo e em seu trabalho que pôde, humanamente falando, ter feito a diferença? Particularmente, o que fez de Paulo — sejamos honestos — um dos intelectuais públicos mais bem-sucedidos de todos os tempos? Quais características lhe permitiam tirar vantagem das circunstâncias (uma língua franca, liberdade para viajar, cidadania romana) e estabelecer seu improvável movimento, não apenas pelo curso de sua vida, como também depois de sua morte?

A primeira característica, extraída diretamente de sua história, é sua pura vitalidade, a qual vemos pulsando de suas cartas. Observamos enquanto ele responde à violência em uma cidade indo diretamente para a outra, dizendo e fazendo as mesmas coisas. Ele era o tipo de pessoa a quem outros perguntariam: "você dormiu nos últimos dias?" O apóstolo está trabalhando o tempo todo, tendo as mãos enrijecidas pela construção de tendas e as costas encurvadas por horas de trabalho em sua bancada, mas está pronto a qualquer momento para o visitante que tem uma pergunta, para o jovem desconsolado cujos parentes o expulsaram de casa, para o oficial local preocupado com seu *status* se fosse descoberto como seguidor de Jesus. Paulo está pronto para deixar as ferramentas de lado por uma ou duas horas e ir de casa em casa com o objetivo de encorajar e advertir, orar e chorar. Ele é persistente. As pessoas sabem que não se livrarão dele, nem serão capazes de enganá-lo com desculpas, por mais bem elaboradas que sejam. Enquanto isso, o apóstolo está pensando no que falará em sua palestra vespertina na casa de Tício Justo, em Corinto, ou na escola de Tirano, em Éfeso. Ele tira uma folga para chamar um escriba e ditar uma carta. O apóstolo é incansável. Ele pausa para fazer a oração vespertina com amigos chegados; trabalha a noite toda, orando silenciosamente pelas pessoas que conheceu, pelos oficiais da cidade, pelos seguidores de Jesus em ouras cidades, pelo próximo dia de trabalho, pela próxima fase de projetos.

A segunda característica, o lado afiado de toda sua energia, é seu hábito franco e direto de falar as coisas conforme as vê, independentemente de quem o confronta. O apóstolo será assertivo a qualquer um, a despeito de posição social ou influência, e há uma razão pela qual o Saulo de Tarso dos dias iniciais em Damasco é aquele que entra em apuros, assim como há um motivo pelo qual os apóstolos de Jerusalém decidem enviá-lo para casa, em Tarso. Ele confronta Pedro em Antioquia. Sugeri que a única razão pela qual Paulo não se posiciona mais na Conferência de Jerusalém é porque Barnabé o persuade a se conter.

Paulo é o tipo de homem que você quer do seu lado em um debate, mas também capaz de alienar as almas mais sensíveis. Ele confronta magistrados em Filipos; luta para falar a uma vasta multidão em Éfeso; tenta explicar-se à turba de Jerusalém que tentava espancá-lo; repreende o sumo sacerdote. O apóstolo sabe como lançar as facções no Sinédrio umas contra as outras, e dá lições ao próprio governador romano sobre justiça, autocontrole e o juízo vindouro; diz ao dono do navio onde ele deve ou não passar o inverno, e diz "eu avisei!" quando tudo dá terrivelmente errado. Paulo descobre os marinheiros tentando escapar e pede ao centurião que os detenha. Como companheiro, sua presença devia ser emocionante quando as coisas estavam indo bem, porém exasperante quando estavam indo mal. Como oponente, levaria alguns a conjeturarem, como único recurso, matá-lo.

Atualmente, as pessoas escrevem dissertações de doutorado e livros de negócio sobre como começar empresas e organizações não governamentais bem-sucedidas. A cada cem casos, noventa e nove têm alguém enérgico como Paulo desde o início, fazendo as coisas acontecerem, confrontando autoridades locais, levantando recursos, persuadindo companheiros de trabalho sobre o que deve ser feito, nunca perdendo a visão. Alguém que enfrente o problema de frente, insistindo na tarefa até que ela se concretize.

Apesar disso tudo, há algo sobre o lado vulnerável de Paulo que o desarma; isso explica o porquê de, a despeito de sua energia implacável e incisiva, as pessoas o amarem, desejarem trabalhar com ele e chorarem quando se despediam dele. Ao dizer que seu coração foi escancarado e que não havia restrições em sua afeição pelas igrejas que fundou, Paulo transparece estar sendo verdadeiro.[15] Sua honestidade é evidente. Com Paulo, sua imagem corresponde a quem ele realmente é, mesmo que essa imagem não seja o que você gostaria. Com ele, você sabe onde está; sabe que ele fará qualquer coisa por você, visto que (reconheceria ele) Deus havia feito tudo por ele no Messias.

Paulo nunca pedirá que alguém enfrente qualquer coisa que ele mesmo não tenha enfrentado, incluindo sofrimento e privação — os quais ele então usará como auxílio visual na proclamação do evangelho. Eis a razão de sua reivindicação em prol de si mesmo ser tão digna de fé. Quando diz ter sido tão gentio quanto uma ama em Tessalônica, acreditamos nele; quando escreve o poema sobre o amor, sabemos que os coríntios teriam reconhecido um autorretrato. Quando diz aos filipenses, vez após vez, a se regozijarem, eles sabem que, diante de uma oportunidade, ainda que pequena, o apóstolo seria uma força vivificante e alegre entre as pessoas. Paulo modelava o que ensinava, e o que ensinava era o amor completo, exuberante e sacrificial do Messias.

Às vezes, alguns gostariam que ele não lhes desse tanto de si; a vida não era exatamente chata quando ele estava por perto, mas também não era particularmente relaxante, contudo, as pessoas teriam reconhecido que, ao estarem com ele, viam a verdade mais claramente, visto enxergarem-na na face do apóstolo e sentirem o amor de Deus mais calorosamente por saberem que era esse amor que motivava Paulo. O apóstolo dos gentios era o tipo de pessoa por meio da qual outros eram transformados, isto é, transformados para que elas mesmas levassem adiante o mesmo trabalho, com toda a força que podiam reunir. Se lealdade ao Único Deus e ao seu Messias era a palavra de ordem de Paulo, uma das razões pelas quais o estranho movimento por ele começado ter prosperado também foi por seus cooperadores terem sido, em grande parte, intensamente leais ao próprio Paulo. O apóstolo

[15] 2Coríntios 6:12.

os amava, e eles o amavam. É assim que as coisas funcionam; é assim que movimentos são bem-sucedidos.

Tudo isso ajuda a explicar, em certo nível, por que as coisas tomaram determinado rumo. Entretanto, dentre duas ou três gerações (como acontece com fundadores de empresas e instituições de caridade), essa memória pessoal teria se esmaecido. O que manteve viva a influência de Paulo, em seu tempo e depois de sua morte, foi, obviamente, as cartas que escreveu. O fluxo de palavras em seu ensino diário, argumentando e orando, bem como sua obra pastoral — tudo isso nos é refletido nesses documentos pequenos, inteligentes e desafiadores. As cartas (a conclusão não é nem um pouco original, mas, mesmo assim, importante) respondem às perguntas que fizemos, visto que atraem o leitor ao lugar onde Paulo está ensinando, à sua pequena loja abarrocada, ao seu círculo íntimo, ao seu coração. Não se trata apenas de seu conteúdo, original e poderoso. Paulo não estava apenas, como muitos erroneamente sugerem, sintetizando as palavras de Israel, Grécia e Roma; seu quadro era firmemente *judaico*, enraizado na história antiga de Israel, tendo, no centro, o Messias de Israel, levando as nações da terra, com suas melhores ideias, a uma nova coerência ao redor de Jesus. Nem mesmo estava ensinando "religião" ou "teologia"; se tratarmos Paulo do modo como merece, devemos ensiná-lo nos departamentos de política, história antiga, economia e filosofia, da mesma forma como o ensinamos em escolas de teologia e departamentos de religião.

O que importa, penso, é a maneira como as cartas cobrem tantas disposições e situações, o modo pelo qual, como uma grande música de nossa própria tradição clássica, podem se deparar com cada estágio da vida, em cada alegria e tristeza, acaso e desafio. Lembro-me de um dos melhores jornalistas britânicos da última geração, Bernard Levin, que falou sobre como os grandes compositores o acompanharam durante toda a vida: "primeiro Beethoven, para o garoto que queria endireitar o mundo; em seguida, Wagner, para o homem incapaz de se endireitar; por fim, Mozart, para me confirmar, no fim da vida, a crença cada vez mais forte de que há um universo 'onde tudo é conhecido, mas perdoado'".[16]

Semelhantemente, poderíamos dizer, no caso de Paulo: Gálatas para o jovem reformador, ávido por defender o evangelho e atacar hereges; 2Coríntios para o adulto que tristemente se dá conta de que as coisas são mais complicadas e incômodas do que imaginava; Romanos, por fim, para nos lembrar de que, a despeito de qualquer coisa, "nada poderá nos separar do amor de Deus no Rei Jesus, nosso Senhor".[17] Como os salmos que ele conhecia tão bem, as cartas de Paulo nos aguardam ao redor da esquina para pegar-nos pelo braço e sussurrar-nos uma palavra de encorajamento enquanto nos deparamos com uma nova tarefa; para nos relembrar das obrigações e advertir-nos de que há perigos traiçoeiros a enfrentar; para nos mostrar, de ângulos diferentes, o que significaria viver da forma genuinamente humana, genuinamente judaica, genuinamente cristã; para nos desvendar, vez após vez, o amor leal e poderoso do Deus criador.

Quando perguntamos o motivo pelo qual Paulo, tendo em média setenta ou oitenta páginas de texto atreladas ao seu nome na Bíblia, foi muito mais bem-sucedido que outros grandes escritores da antiguidade — os Cíceros e os Sênecas — e, nesse sentido, mais do que os grandes intelectuais públicos e fundadores de movimento de seu tempo e do nosso, essa gama de escritos — de insistente a cativante, de profético a poético, de rigor intelectual a defesa passional — deve ser central à resposta. O homem capaz de escrever Filemom e Romanos lado a lado era um homem para todas as estações.

Sim, mesmo ainda no século I, alguns reclamavam que Paulo às vezes era difícil de entender e que certos indivíduos o interpretavam de forma errada. Acontece, mas não é acidental o fato de muitos dos grandes momentos na história da Igreja — pense em Agostinho, Lutero, Barth — terem ocorrido após uma releitura da obra de Paulo.

[16]Bernard Levin, *Enthusiasms* [Entusiasmo]. Nova York: Crown, 1983, p. 195.
[17]Romanos 8:39.

Mesmo aqueles que pensam que esses grandes homens também em parte o descaracterizaram concordarão com a ideia. Paulo insistiu que o importante não era apenas *o que* você pensava, mas *como* pensava. O apóstolo modelava o que defendia, e geração após geração aprendeu a pensar de maneira diferente ao lutar para pensar da mesma maneira que ele. Seu legado tem gerado continuamente novos dividendos, e interpretá-lo era, e continua sendo, um desafio.

Tudo isso está na essência de quem era Paulo e do porquê ele ter sido bem-sucedido. Evidentemente, Paulo mesmo diria que o Único Deus estava por trás de tudo isso; evidentemente, também, céticos disputariam sua asserção, demonstrando que, desde que Alexandre fez o mundo de Paulo falar grego e os romanos facilitaram o deslocamento de um lugar para o outro, as condições eram perfeitas. "E daí?" — Paulo teria perguntado. Se o Messias foi enviado "quando chegou a plenitude do tempo",[18] talvez Grécia e Roma eram tanto parte da preparação quanto parte do problema. Não acho, entretanto, que o apóstolo teria concordado tão prontamente com alguns, cuja opinião era que, cansadas das antigas filosofias e religiões pagãs, as pessoas estavam prontas para algo novo. Em Éfeso, o problema não era que os cidadãos haviam parado de adorar Ártemis e, desse modo, estavam prontos para a mensagem de Paulo, mas que a mensagem do apóstolo a respeito do Único Deus havia entrado em cena e feito com que as pessoas cessassem a adoração a Ártemis. Condições sociais e culturais podem ser úteis na explicação de como as coisas funcionavam, mas não podem fazê-las desaparecer.

Uma explicação melhor pode ser encontrada no novo estilo de vida, o novo tipo de comunidade, que Paulo não apenas defendia, mas também possibilitava por meio de seus escritos. Paulo enfatiza, em carta após carta, a vida em família dos cristãos, o que ele começa a chamar, e gerações subsequentes geralmente chamarão, de "Igreja", *ekklēsia*. Não é à toa que o apóstolo repetidamente enfatiza a *unidade* e a *santidade* da

[18]Gálatas 4:4.

Igreja, tampouco é irrelevante o fato de ressaltar e, aparentemente, até mesmo celebrar o sofrimento pelo qual ele e outros passavam e passariam em decorrência de sua lealdade a Jesus. Essa explicação nos conta uma história diferente da ideia do ex-pagão entediado, procurando algo diferente para fazer com seu lado "religioso". Trata-se de um novo tipo de comunidade, um novo tipo de, ousamos dizer, "política".

Política diz respeito à *polis* — à cidade, à comunidade — e como ela funciona, como é administrada. Teorias sofisticadas foram propostas nos dias de Paulo, geralmente por teóricos (como Cícero e Sêneca), participantes ativos da elite governante. Obviamente, Roma — que havia unido o mundo, ou pelo menos era isso que reivindicava — dava a Paulo seu principal panorama político, mas essa unidade, uma uniformidade de cima para baixo, na qual a diversidade era bem-vinda, desde que não ameaçasse a soberania absoluta de César, era sempre duvidosa, sempre falha. "Diversidade" era, afinal, vista em termos estritamente hierárquicos: homem governando mulher, livre governando escravo, romanos governando o restante do mundo; e os rebeldes eram cruelmente suprimidos. "Eles criam um deserto", suspirou o britânico Calgaco, "e o chamam de 'paz.'"[19]

Nesse mundo imperial surgia, em grupos de seis aqui e de doze ali, por meio do trabalho efetivo deste estranho homem, Paulo, a visão de um tipo diferente de comunidade, cuja lealdade era dada a um tipo diferente de *Kyrios*, oferecendo visão e unidade diferentes, acolhendo um tipo diferente de diversidade. Unidade e diversidade eram pontos de pressão para Paulo, tanto para comunidades individuais (como a igreja de Corinto, desafiada pela visão de Paulo acerca do "corpo" único, mas diverso, do Messias) quanto para a "família" mundial (como as igrejas de gentios e judeus, ambas desafiadas pela coleta financeira encabeçada pelo apóstolo). Todavia, o que Paulo andava fazendo era sem dúvida "político" no sentido de estar fundando, e mantendo, uma rede inter-relacionada de comunidades, para as quais as únicas analogias,

[19]Tácito, *Agricola* [Agrícola] 30.6.

conforme vimos anteriormente, eram comunidades de sinagoga, por um lado, e o exército romano e o serviço público, por outro. As comunidades de Paulo, porém, eram muito diferentes de ambos.

Entretanto, elas tinham — e a obra de Paulo e sua conquista duradoura são impensáveis sem isto — as raízes mais profundas. As comunidades do Messias fundadas por Paulo não eram uma simples inovação independente. Roma já tinha cerca de mil anos de história; Augusto havia sido cauteloso em levar seus poetas e historiadores a explicar que seu governo inovador representava o auge apropriado à longa história de Roma e de suas nobres tradições. A sinagoga contava e recontava a história ainda mais antiga que remontava a Abraão, Isaque e Jacó; Moisés e Josué; Davi e Salomão. Paulo também contava essa história e explicava com frequência às comunidades que elas *haviam sido enxertadas nessa grande tradição*. Em certos aspectos, as comunidades cristãs eram uma novidade; em outros, elas reivindicavam — o apóstolo as ensinava a reivindicar — pertencer à família de Abraão, e essa característica do trabalho de Paulo tinha tanto força social e comunal quanto teológica.

Em outras palavras, pode ter existido um tipo bem diferente de vácuo pelo qual a mensagem de Jesus encontrou espaço. Não era tanto uma questão de pessoas abrindo mão de sua antiga "religião" e, então, encontrando uma nova, e também não era explicável como insatisfação com filosofias existentes e como a descoberta de um ensino novo, ministrado por Paulo. Antes, pessoas acostumadas com um tipo de realidade política, a despeito de sua própria história e variações, passaram a ter o vislumbre de uma visão mais ampla, de um mundo unido, embora diversificado — e então, enquanto olhavam ao redor, descobriam ao mesmo tempo que Roma, afinal, não poderia realmente cumprir com o que prometia. Quando as novas comunidades falavam de um tipo diferente de *Kyrios*, alguém cuja soberania foi obtida por meio de humildade e sofrimento em vez de riqueza e conquista, muitos podem ter achado o conceito atraente não apenas pelo que chamaríamos de razões "religiosas", mas precisamente pelo que elas mesmas chamariam de razões "políticas". Tratava-se de uma ideia que parecia real, não da miragem da retórica imperial.

Obviamente, Paulo não tinha o tempo ou a necessidade de desenvolver sua imagem de um tipo diferenciado de unidade do corpo do Messias em uma exposição mais ampla da Igreja como um todo. Ele não havia articulado uma teoria política que se encaixasse com aquela de Aristóteles e seus sucessores, mas era esse tipo de experimento social — o desenvolvimento de uma nova forma de convívio — que as igrejas dos séculos II e III estavam testando. E, quando perguntamos o que as inspirou, sua resposta remonta a Paulo. Naturalmente, a ênfase do apóstolo na unidade originava-se de sua visão teológica — ou seja, não se tratava de mero pragmatismo —, mas sua ênfase também tinha, e Paulo provavelmente o percebeu, o poder de gerar uma realidade sociocultural alternativa, cujo objetivo seria anunciar a um mundo observador que o Senhor era Jesus, não César. O que Paulo estava articulando em suas cartas, geralmente de maneira apressada e tendo em vista crises particulares, estava sendo reutilizado para encorajar os seguidores de Jesus a vislumbrarem e praticarem um novo e revigorante tipo de sociedade humana.

Se a ideia de um tipo diferente de sociedade intercultural e de diversidade-na-unidade tinha um apelo poderoso, o mesmo é verdadeiro no que diz respeito à santidade. O conceito é contraintuitivo para ocidentais modernos, que geralmente se ressentem, desde a juventude, do moralismo exigente ensinado em casa, na escola e na igreja: como um padrão novo e exigente de comportamento pode ser atraente? Entretanto, isso era, no mundo antigo, uma boa notícia para muitos, especialmente para alguns — mulheres, pessoas carentes, minorias étnicas, escravos, crianças — dentre os mais vulneráveis aos padrões normais de comportamento pagão. Essa percepção parece estar por trás da admiração furtiva (misturada, certamente, com perplexidade) expressa pelo famoso médico do século II, Galeno. Em sua única menção do movimento cristão, Galeno comenta a respeito de dois pontos que, para ele, soavam como se os adoradores dessa nova "seita" fossem loucos: eles criam em uma ressurreição corporal e não praticavam fornicação.[20] Ambos iam de mãos dadas. O corpo humano estava obtendo uma nova dignidade, um novo valor. Ninguém imaginara esse estilo de vida, mas Paulo o ensinava, e os primeiros cristãos colocavam seu ensino em prática.

Em particular, aqueles que estudam a vida da Igreja nos séculos II, III e IV enfatizam que, mais uma vez contra todas as expectativas do nosso tempo, a mensagem cristã provia à mulher um panorama muito melhor do que o mundo pagão. Para começar, havia mais mulheres do que homens, e era comum aos pagãos a prática de infanticídio para crianças indesejadas em geral e do sexo feminino em particular; contudo, os cristãos acompanhavam os judeus na renúncia de tal comportamento, e, como resultado, a escassez de mulheres núbeis no mundo pagão e seu excedente entre os cristãos cooperaram para que se realizassem muitos casamentos mistos. Mulheres cristãs se casariam com homens pagãos, os quais, se não se convertessem, ao menos consentiriam com a criação cristã dos filhos. E, mais uma vez, contra toda percepção comum de nossa época, a reavaliação do papel da mulher, embora originado com o próprio Jesus, foi mediada principalmente por Paulo — o mesmo Paulo que listou diversas mulheres entre suas colegas de trabalho e cooperadoras (incluindo uma "apóstola"); que observou, desde cedo, o fato de não haver, na família do Messias, "homem e mulher"; que encarregou Febe com a responsabilidade de entregar e, quase certamente, expor a carta aos Romanos.

Agora, devemos explorar uma linha de pensamento paralela. Se nos concentrarmos apenas em unidade e santidade, podemos perder de vista o fato de as comunidades fundadas por Paulo visarem essencialmente *aos de fora*, e que o olhar através do qual visavam aos de fora era o olhar do cuidado ativo. No mundo antigo, cuidados médicos eram reservados quase que exclusivamente àqueles que podiam pagá-lo;

---

[20]Galeno, *Summary of Platão's Republic* [Resumo da República, de Platão]. Em: Mary Beard, John North e Simon Price. *Religions of Rome* [Religiões de Roma]. Cambridge: Cambridge Univ. Press, 1998, p. 2338.

dentro de poucas gerações, os cristãos estavam estabelecendo hospitais e cuidando de todos ao seu alcance. Quando uma cidade ou vila era atingida por pestilência e os ricos e respeitáveis se retiravam para locais afastados, longe do risco de infecção, os cristãos permaneciam no local e cuidavam dos doentes, geralmente correndo, eles mesmos, risco de morte. Ninguém sequer havia imaginado um estilo de vida como esse antes. Paulo não menciona esse tipo de imperativo social, mas ele está incluído na obra de cura, caracterizada por seu próprio ministério, pelo menos de vez em quando, e fluindo diretamente das coisas que ele diz sobre a vida em comunidade, cujos membros brilhavam como luzeiros em um mundo tenebroso.

Da mesma maneira, a educação no mundo antigo era direcionada quase que exclusivamente à elite. Os meninos judeus eram ensinados a ler e escrever, afinal, eles deveriam estudar a Torá, no entanto, muitos pagãos comuns se enquadravam na categoria de analfabetos funcionais ou de gente capaz de ler apenas o básico exigido para tarefas diárias. Algumas estimativas colocam o nível de alfabetização entre 20% e 30%; algumas das cidades gregas e ilhas mais antigas tinham uma tradição de educação elementar para cidadãos, mas, para muitas pessoas — especialmente, mais uma vez, para a mulher e o escravo — essa educação teria sido mínima. Entretanto, os primeiros cristãos eram defensores da educação, particularmente a leitura, e quando nos perguntamos o que os "mestres" nas comunidades fundadas por Paulo ensinavam, suspeito que parte da resposta seja "leitura", visto que, se instruíam convertidos (como de fato faziam) nas Escrituras antigas de Israel, a prática envolvia habilidades básicas que, até então, muitos dentre eles não tinham.

Conforme sabemos, os primeiros cristãos foram pioneiros tecnológicos quando o assunto era livros, abandonando o rolo, com suas limitações naturais, e desenvolvendo em seu lugar o códice, ancestral do nosso moderno livro encadernado. A única razão de fazerem isso é porque queriam que cada vez mais pessoas lessem os livros produzidos pela comunidade. Essa insistência na educação, em particular na leitura, pode ser ligada diretamente a Paulo, pois foi ele, afinal de contas, que instruiu as igrejas a serem maduras em sua maneira de pensar, transformadas pela renovação da mente. O apóstolo queria que os seguidores de Jesus não apenas pensassem nas coisas certas, mas também pensassem da *maneira* certa, embora, até onde sabemos, ele próprio não tenha fundado o que hoje em dia chamaríamos de "escola", o ímpeto subjacente da instituição se deve a Paulo.

Tudo isso se resume no imperativo básico que vemos como norma implícita logo nas primeiras cartas de Paulo; e esse imperativo, por sua vez, torna-se uma das características principais e mais atrativas da Igreja em séculos subsequentes. "Lembre-se dos pobres", insistiam os apóstolos de Jerusalém com Paulo. "Sim", respondeu, "é precisamente isso que planejo fazer". Para Paulo, esse imperativo assumiu uma forma particular, a saber, a coleta para Jerusalém; entretanto, tudo indica que cada comunidade cristã local tinha, obviamente por causa do próprio Jesus, a mesma prioridade. Paulo elogia os tessalonicenses por seu "amor" prático, *agapē*, e estimula-os a desenvolvê-lo cada vez mais. "Façam o bem a todos", escreveu aos gálatas, "particularmente aos da família da fé". "Celebrem com os que celebram; chorem com os que choram". "Brilhem como luzeiros no mundo". O evangelho em si foi concebido para gerar um novo tipo de povo, "ansioso pela prática de boas obras;" de fato, o novo tipo de humanidade, que veio à luz por meio do evangelho, foi criado para o propósito específico de "boas obras".[21] Esse ponto tem sido geralmente perdido quando interpretamos a frase "boas obras" apenas com o significado de "desempenho de regras morais", especialmente quando "boas obras" são colocadas em oposição à "justificação somente pela fé". Moralidade é importante, fé é importante; contudo, a questão não é essa. Nesse contexto, a ênfase de Paulo diz respeito a comunidades, cuja prática regular faz do mundo ao seu redor um lugar melhor.

---

[21]Gálatas 2:10; 1Tessalonicenses 4:9-10; Gálatas 6:10; Romanos 12:15; Filipenses 2:15; Tito 2:14; Efésios 2:10.

Uma passagem rápida pelos séculos II e III é o bastante para confirmar que todas essas coisas, particularmente quando vistas em conjunto, oferecem boas explicações para a propagação de comunidades cristãs. Esses seguidores de Jesus, por mais que parecessem estranhos aos observadores, por mais antissociais que fossem tidos, faziam coisas que realmente transformavam a sociedade em geral. Pelo fim do século II, os oficiais romanos não estavam particularmente cientes das nuances do ensino cristão, porém, sabiam o que a palavra "bispo" significava: alguém cuja preocupação constante era relembrar a respeito das necessidades do pobre; em um aspecto após o outro, vertentes dessa vida comunal remontavam a Paulo, o qual havia plantado essas sementes. O apóstolo morreu muito antes de elas brotarem, porém, seu desabrochar deu origem a uma comunidade que desafiou o mundo antigo com uma nova visão e novas possibilidades, a visão de uma sociedade na qual um trabalhava por todos, e todos, por cada um. A possibilidade era de escapar das garras esmagadoras do paganismo antigo, com suas práticas sociais, culturais e políticas, encontrando, em vez disso, um novo tipo de comunidade, uma *koinōnia*, uma "comunhão". Uma família.

Porque a pergunta histórica atrai a pergunta teológica, não admira que teólogos dos séculos II e III geralmente enfatizassem, ao falarem da crucificação de Jesus, sua crença de que, na cruz, o Messias havia obtido vitória sobre todo poder das trevas. Não se tratava apenas de uma teoria teológica sobre uma "propiciação" abstrata. Era o fundamento necessário para a vida de comunidades nas quais eles viviam e trabalhavam. As comunidades poderiam existir apenas porque os deuses antigos, por mais que quisessem contra-atacar, haviam sido realmente derrotados. Mamon, Marte e Afrodite foram expostos como impostores, e o próprio César não era o senhor supremo. A teologia estava se escondendo sob a realidade histórica, a realidade política. Essas comunidades estavam demonstrando, na rua, em casa e na praça pública, o que significava seguir um Senhor diferente, adorar o Único Deus.

Foi Paulo também que proveu parte da infraestrutura intelectual mais importante de sua comunidade. Mais uma vez, isso aconteceu não porque outros construtos importantes do mundo antigo haviam perdido o fôlego. Estoicos, epicureus e os talentosos plantonistas ecléticos tinham porta-vozes sérios, articulados e, em muitos casos, atraentes. Entretanto, visto em retrospectiva, a visão paulina do Único Deus, criador de tudo e presente em Jesus, foi capaz de desafiar todas essas filosofias e vencê-las em seu próprio jogo. Afinal, todas elas eram, em última análise, formas de entender o mundo e maneiras de encontrar um caminho humano coerente e que lhe desse significado. Quando gerações posteriores quiseram articular a versão cristã da mesma coisa (que, saliento mais uma vez, era a versão judaica com uma remodelação centrada em Jesus), foi a Paulo que recorreram em busca de ajuda. Evidentemente, outras fontes continuaram vitais. O prólogo do Evangelho de João, trecho cuja escrita teria colocado o próprio Paulo de joelhos, é um exemplo óbvio, entretanto, foi o engajamento sólido de Paulo com tripla tradição de Israel, Grécia e Roma, assim como sua tradução no molde de Jesus e do espírito (Jesus como Messias de Israel e o espírito como o agente da ressurreição, a esperança final de Israel) que ofereceu uma plataforma para os grandes pensadores de gerações subsequentes.

Embora raramente os pensadores tenham estado entre aqueles que propagaram o evangelho — essa honra pertence às comunidades locais, cujo estilo de vida incorporava os imperativos do evangelho, geralmente sob a ameaça ou a realidade da perseguição —, a Igreja não teria sobrevivido ou prosperado sem o seu trabalho. Teologia é a espinha dorsal de uma igreja saudável, mas o corpo ainda precisa de membros e órgãos, juntas e pele. Paulo, com sua própria imagem do corpo do Messias, teria sido o primeiro a insistir nisso, isto é, que sem uma espinha dorsal o corpo não sobreviverá. A sobrevivência e o florescimento da Igreja de séculos subsequentes remontam à conquista de Paulo ao ensinar seguidores não apenas acerca do que pensar, mas como pensar. O apóstolo bem sabia o quanto isso custaria, mas cria que era esse o caminho verdadeiramente humano, um caminho que prevaleceria precisamente pelo poder dessa humanidade genuína; e, com isso, temos a nossa resposta.

Dessa maneira, há diversas linhas de explicação que convergem ao próprio Paulo, cuja visão era de uma Igreja unida, santa e orientada para o mundo. Ele foi precursor da ideia do apostolado sofredor, por meio do qual a mensagem do Jesus crucificado seria não apenas demonstrada, mas também eficaz no mundo, e ele não poderia ter previsto as diferentes maneiras nas quais essas comunidades se desenvolveriam, nem teria aprovado tudo que foi feito. No entanto, o historiador e biógrafo pode olhar para trás e discernir, na obra apressada e por vezes contestada de Paulo, raízes profundas de um movimento que mudou o mundo. Este não é o livro para abordar a questão de como o mundo seria diferente se a Igreja dos nossos dias reavaliasse sua política e prioridade à luz do trabalho de Paulo, afinal, vemos a revolução eletrônica produzir uma situação global de maneira tão dramaticamente nova, a seu próprio modo, como a que o mundo do primeiro século experimentou com o surgimento súbito de Roma. A pergunta que surge então é: como a Igreja deve responder, e qual deve ser sua responsabilidade, em um tempo como este?

A visão de Paulo, porém, de uma comunidade santa, de oração e enraizada na antiga história bíblica de Israel, deparando-se com hostilidade social e política, mas insistindo em fazer o bem para todas as pessoas, especialmente ao pobre, sempre seria central. Seu vigor pessoal implacável, sua clareza e vulnerabilidade e sua facilidade com palavras proveram o motor que impulsionaria essa visão; cada geração precisará de alguns capazes de imitá-lo. Sua conquista intelectual imponente, uma visão teológica do Único Deus, reformulada ao redor de Jesus e do espírito e desafiando o mundo da filosofia, proveriam o modelo sólido e necessário para tudo isso. Quando a Igreja abandona a tarefa teológica, com sua raiz exegética nas obras de Paulo e seus cooperadores, não devemos nos surpreender se unidade, santidade e cuidado pelo pobre também são marginalizados.

HÁ MAIS UMA COISA NA QUAL PAULO e seus sucessores insistiriam: oração. Enquanto sondamos com cuidado os últimos dias de Paulo, retornamos ao padrão de oração que ele havia aprendido desde a infância e desenvolvido à luz de Jesus e do espírito.

Paulo sempre soube que seu trabalho poderia custar-lhe a vida, e ele não esperava morrer em casa e em sua própria cama, mesmo supondo que, depois de deixar Antioquia no fim da década de 40, teve algum lugar ao qual poderia chamar de "lar". Independentemente de o apóstolo ter enfrentado a morte depois dos dois anos de aprisionamento mencionados no final de Atos ou feito viagens subsequentes antes de um segundo aprisionamento e julgamento finais, penso que devemos ver sua preparação para a morte, e mesmo sua morte em si, em relação à vida que ele viveu, particularmente as orações que fez no decorrer de seu percurso na terra.

Uma história famosa conta como o Rabi Aquiba, um dos grandes mestres judaicos de todos os tempos, continuou orando o *Shemá*, declarando sua lealdade ao Único Deus e sua determinação de defender seu reino, enquanto torturadores romanos, prendendo dissidentes judeus após a revolta de Bar-Kochba, em 135 d.C., passaram dentes de aço pela sua carne até ele morrer de modo horrível e vagaroso.[22] Aquiba continuou a orar: "*Shema, Yisrael* — Escute, ó Israel: o SENHOR, nosso Deus, o SENHOR é um. Ame o SENHOR, o seu Deus, com todo o coração, com toda a alma e com toda sua força..." ("alma" significa "vida" nesse contexto). Ao seu lado, amigos, como os amigos de Sócrates que presenciavam enquanto ele bebia a cicuta, perguntaram a Aquiba, horrorizados, como o rabi conseguia continuar orando o *Shemá* em um momento assim. Sua resposta, registrada muito tempo depois, mas refletindo o que sabemos a seu respeito, é um modelo sábio e humilde de pensamento judaico. Sua explicação foi que ele havia se preocupado com a frase "com toda a alma" durante toda a sua vida. Ele indagava o

[22]Babylonian Talmud Berakoth [Talmude Babilônico Berakoth] 61b; Jerusalem Talmud Berakoth [Talmude de Jerusalém Berakoth] 9:14b.

que a frase significaria e se algum dia teria a oportunidade de cumprir *essa* parte da oração. "Agora que a oportunidade chegou, não vou perdê-la", declarou. Aquiba morreu com a palavra *echad*, "um", nos lábios: "Escute, ó Israel: o SENHOR, nosso Deus, o SENHOR é *um*". *Echad*. Uma declaração de lealdade. Lealdade até a morte.

Num vislumbre mental, vejo Paulo, talvez também cercado por amigos, aguardando o executor. O apóstolo também está orando, e bem pode ser a oração de lealdade e amor, de lealdade ao estilo judaico, lealdade modelada no Messias, baseada no monoteísmo do reino inaugurado: "Para nós há um só Deus (o Pai, de quem se originam todas as coisas e para quem vivemos); e um só Senhor (Jesus, o Messias, por meio de quem se originaram todas as coisas e por meio de quem vivemos). *Ame o Senhor...*". A oração flui melhor em grego do que em português:

> *Heis theos, ho patēr, ex hou ta panta kai hēmeis eis auton,*
> *Kai heis kyrios, Iēsous Christos, di'hou ta panta kai hēmeis di' autou.*

Era isso que fazia dele quem ele era, e foi essa a realidade da qual se deu conta na estrada de Damasco. Essa, ele teria dito, é a explicação final do motivo de seu trabalho, tão contestado, agonizante e exigente, tão inevitavelmente aberto a descaracterizações, não ter sido desperdiçado, não ter sido improdutivo — não ter gerado apenas uma "religião", mas um novo tipo de humanidade: novas pessoas, uma nova comunidade, um novo mundo. Uma nova *polis*. Um novo tipo de amor. Sua obra resultaria em coisas que ele jamais ousara imaginar.

Paulo repete várias vezes a oração, e ora com o ritmo de sua respiração. O apóstolo faz essa oração com o sopro do espírito em seu íntimo, declarando sua *pistis*, sua lealdade, seu amor mais uma vez. Um só Deus, um só Senhor. Um. A obra de sua vida foi dar testemunho, aberta e desimpedidamente, do reino de Deus e do senhorio de Jesus, e é exatamente isso que ele faz em oração no momento em que o executor desembainha a espada. Amando o Único Deus com seu coração, com sua mente e com sua força. E, finalmente, com sua vida.

TABELA CRONOLÓGICA

NO QUE SE REFERE À HISTÓRIA ANTIGA, a maioria das datas é aproximada. Em diversos pontos, as datas dependem de argumentos particulares refletidos no texto. Viagens principais estão em negrito, e cartas, em versalete.

? 4 a.C.	Nascimento de Jesus de Nazaré.
? 5–10 d.C.	Nascimento de Saulo de Tarso.
30	Crucificação e ressurreição de Jesus de Nazaré.
? 33	Revelação de Jesus a Saulo na estrada de Damasco.
33–36	Paulo em Damasco, Arábia e de volta a Damasco.
36	Primeira visita pós-Damasco de Paulo a Jerusalém (Gálatas 1:18-24).
36–46	Paulo em Tarso; levado a Antioquia por Barnabé.
40	Calígula planeja erigir sua estátua em Jerusalém.
41	Assassinato de Calígula; ascensão de Cláudio.
46/47	Visita "humanitária" a Jerusalém (Atos 11:30; Gálatas 2:1-10).
47–48	Paulo e Barnabé na **primeira viagem missionária: Chipre e sul da Galácia**.
48	Pedro em Antioquia (Gálatas 2:11-21); crise na Galácia.

48	GÁLATAS.
48/49	Conferência de Jerusalém (Atos 15).
? 49	Cláudio expulsa os judeus de Roma.
49	Paulo e Silas na **segunda viagem missionária: Grécia**.
50/51	1 e 2 TESSALONICENSES.
51, início — 52, fim:	Paulo em Corinto.
52/53	Paulo em Jerusalém, Antioquia; **terceira viagem missionária: Éfeso**.
53–56	Paulo em Éfeso.
? 53	1CORÍNTIOS.
53/54	Visita curta e dolorosa a Corinto.
54	Morte de Cláudio; ascensão de Nero.
? 55–56	Aprisionamento em Éfeso.
? 55	FILIPENSES.
? 55/56	FILEMOM, COLOSSENSES, EFÉSIOS.
56	Libertação da prisão; **viagem de Éfeso a Corinto**.
56	2CORÍNTIOS
57	ROMANOS.
57	**Viagem de Corinto a Jerusalém**.
57–59	"Audiências" e aprisionamento em Jerusalém e Cesareia.
59, outono:	**Viagem a Roma; naufrágio em Malta**.
60, início:	**Chegada a Roma.**
60–62	Prisão domiciliar em Roma.
? 62–64	Outras viagens à Espanha, ao Oriente ou a ambos?
? depois de 62	1 e 2TIMÓTEO, TITO?
64	Incêndio em Roma; perseguição aos cristãos.
? 64 ou posteriormente:	Morte de Paulo.
66–70	Guerra judaico-romana.
68	Morte de Nero.
70	Queda de Jerusalém.

Este livro foi impresso em 2024, pela Assahi,
para a Thomas Nelson Brasil. A fonte usada no
miolo é Chaparral corpo 11.
O papel do miolo é pólen natural 80 g/m^2.